Romy Hausmann

True Crime

Der Abgrund in dir

Was den Menschen zum Mörder macht

ROMY
HAUSMANN

True Crime

DER ABGRUND IN DIR

WAS DEN MENSCHEN
ZUM MÖRDER MACHT

dtv

Von Romy Hausmann
sind bei dtv außerdem erschienen:
Liebes Kind
Marta schläft
Perfect Day

MIX
Papier | Fördert gute Waldnutzung
FSC® C083411

Originalausgabe 2022

Quellen: S. 387
Umschlaggestaltung: ZERO Werbeagentur GmbH
unter Verwendung eines Fotos von Christian Faustus
Satz: Uhl + Massopust, Aalen
Gesetzt aus der Stempel Garamond LT Std
Druck und Bindung: CPI books GmbH, Leck
Printed in Germany · ISBN 978-3-423-26000-8

Für Natalie

INHALT

Mein Tagebuch:
Warum an dieser Stelle kein Vorwort steht

Januar 2022

Ihr Name ist Natalie, und eigentlich habe ich schon seit Dezember eine Ahnung, wie ich sie kontaktieren könnte. Doch ich zögere, weil der Dezember nun mal der Dezember ist. Weil er Weihnachten im Gepäck hat, die Zeit der Familie, der Besinnung, der Erinnerung. Bestimmt ist der Schmerz immer da, keine Frage. Aber ich könnte mir vorstellen, dass er an Weihnachten noch einmal ganz andere Marker setzt. Ich bin selbst eine Mutter, genau wie sie. Mein inneres Archiv besteht aus bisher zwölf Weihnachtsfesten mit meinem Sohn. Für die Ewigkeit eingebrannte Bilder, wie er seine ersten Holzbauklötze bekommt und sie lieber essen möchte, anstatt einen Turm damit zu bauen. Die Christbaumspitze, im Kindergarten gebastelt, bestehend aus der Papprolle im Toilettenpapier, einem krumm ausgeschnittenen Tonpapier-Tannenbaum und aufgeklebter Watte, und wie stolz er ist, als er sie mir überreicht. Wie die Zeit vergeht und es ihm zunehmend peinlicher wird, dass die Christbaumspitze noch immer ihren festen Platz an unserem Baum hat. Wie sich aus dem vor Aufregung geröteten rundlichen Gesicht mit den riesigen Kulleraugen allmählich Züge formen, die Aufschluss über die Zukunft geben, und wie die dicken, kurzen Fingerchen, die gerade noch so ungeschickt die Tüten mit Lego-Teilen aufgerissen haben, sich nur fünf Jahre später langgestreckt und schlank kabellose Kopfhörer in die Ohren stopfen. Man könnte mich aus dem Tiefschlaf wecken, um mein inneres Archiv abzufragen, und ich hätte für jedes Weihnachtsfest ein passendes Bild und die dazugehörige Jahreszahl parat. Man könnte mir ein Foto zeigen und ich wüsste genau, an welchem der zwölf gemeinsamen Heiligabende es aufgenommen wurde. Und überhaupt, die Fotos. Ganze Familienchroniken lassen sich anhand von Fotos erzählen, die an Weihnachten entstanden sind. Bis es irgendwann ein Foto gibt, auf dem jemand fehlt, oder die Reihe einfach abbricht, weil es sinnlos wäre, etwas zu dokumentieren, das sowieso nur den Verlust aufzeigt.

Aber nicht nur deswegen, nicht nur wegen Weihnachten, scheint mir der Dezember der ungünstigste aller wohl ohnehin ungünstigen Zeitpunkte zu sein. Im Dezember ist es passiert. Im Dezember vor elf Jahren, genau 22 Tage vor Weihnachten. Aus Respekt beschließe ich, bis Januar zu warten.

Doch dann kommt er, der Januar, und ich verbringe die Wochen nicht mehr damit, mich zu fragen, wann ich sie anschreiben könnte, sondern ob es überhaupt in Ordnung wäre, das zu tun. Ich würde etwas in ihr aufrühren. Mit meiner E-Mail – selbst, wenn sie sie nur lesen und direkt wieder löschen würde – würde ich nur zusätzlichen Schmerz mitschicken. Das will ich nicht, dazu habe ich kein Recht. Ich verwerfe mein Vorhaben.

Und überlege dann doch wieder.

Ich denke, dass ich ein vertretbares Anliegen habe, eine gute Intention. Ich gehöre nicht zu denen, die gerne wüssten, ob sie ihre Tochter noch einmal gesehen hat, so wie der

Tod sie hinterlassen hat, und was sie als Mutter dabei empfand. Ich will nicht über die Abläufe sprechen, oder das viele Blut, im Gegenteil. Ich möchte über das Leben sprechen, darüber, wie es vorher war, darüber, wie es jetzt ist. Bei meiner Recherche in diesem Fall ist mir so manche Schlagzeile untergekommen, die mich wütend gemacht hat, weil ich sie unanständig und verletzend fand. Als ob Angehörige keine Zeitung lesen würden, als ob nicht gerade sie es täten, wenn es – so wie hier – noch dermaßen viele offene Fragen gibt.

Zum anderen – auch das weiß ich aus meiner Recherche – waren sowohl Natalie als auch ihr Vater bereit, in der Vergangenheit bei einigen Fernsehdokumentationen mitzuwirken, sind also nicht »abgetaucht« zum sicheren Zeichen, dass sie einfach nur ihre Ruhe haben wollen. Der Fall ihrer Tochter und Enkelin gilt zwar offiziell als geklärt, bleibt aber rätselhaft. So als fügten sich die Teilchen einfach nicht so richtig ineinander, so als stimmte da einfach etwas nicht. Eine neuerliche Untersuchung durch die Behörden scheint ausgeschlossen, die Rechtsmittel sind ausgeschöpft. Die einzige Möglichkeit, die die Familie noch hat, besteht darin, den Fokus der Öffentlichkeit weiterhin auf die vielen Ungereimtheiten zu richten. Dafür zu sorgen, dass die Geschehnisse nicht in Vergessenheit geraten, bis sich eines Tages vielleicht doch noch mal ein neuer Ansatz ergibt.

Wieder und wieder sehe ich mir die Dokumentationen an bei dem lächerlichen Versuch, eine Einschätzung zu treffen. Kann ich ihr schreiben? Ich werde bestimmt nicht dazu beitragen können, dass neues Licht auf den Fall geworfen wird, soviel steht fest. Was hätte Natalie also davon, mir ein Interview zu geben? Warum sollte sie das tun?

Dass ich sie bewundere, das weiß ich gleich, selbst aus der

Entfernung. Ich halte sie für klug und unheimlich reflektiert. Und während man sie mit der Kamera dabei begleitet, wie sie in dem Café Platz nimmt, das sie früher zusammen mit ihrer Tochter besucht hat, kommen mir die Tränen. Es sei ihr Ritual gewesen, erzählt sie der Reporterin. Einmal die Woche, jeden Freitag. Jetzt sitzt sie da allein, ihre schönen wilden Locken sind leicht ergraut. Die Aufnahmen stammen von 2016, damals ist Natalie 54 Jahre alt, ihre Tochter Phoebe ist zu diesem Zeitpunkt seit knapp sechs Jahren tot. Phoebe war 24, als sie starb. Ein grausamer, mysteriöser Tod, der für viele Spekulationen gesorgt hat. Sie war die Älteste von Natalies drei Kindern, ihre einzige Tochter.

Natalie erzählt der Reporterin, wie wichtig ihnen die wöchentlichen Treffen in dem kleinen Café am Stadtrand von Melbourne waren. Hier haben sie viele Gespräche geführt, haben zusammen gelacht und geweint. Mir fällt meine Studienzeit ein. Wie ich freitagnachmittags mit dem Zug nach Hause fuhr, meine Mutter mich vom Bahnhof abholte und wir das gleiche taten: wir gingen in »unser« Café, saßen an »unserem« Tisch und führten die Gespräche, die uns durch die Distanz unter der Woche verlorengegangen waren.

Vielleicht ist es das. Dass ich, als ich Natalie da so sitzen sehe, gar nicht anders kann als zu denken: Das könnte meine Mutter sein. Oder die einer guten Freundin. Das könnte ich sein. Oder einfach jede andere Mutter auf dieser Welt.

Und vielleicht ist das nun auch der Grund, warum ich es am Abend des 31. Januar doch noch tue: ich schicke Natalie eine E-Mail.

Darin schreibe ich, dass ich aus Deutschland komme und Thrillerautorin bin. Dass ich Geschichten über Menschen erfinde, die in ausweglose Situationen hineingeraten. Menschen, die aus den richtigen Gründen falsche Entscheidungen treffen, oder sich so verzweifelt an ihr angestammtes Weltbild klammern, dass sie es mit aller Macht verteidigen wollen. Geschichten, die sich genau so hätten zutragen können. Allein deswegen recherchiere ich viel über wahre Kriminalfälle und verbringe oft Stunden im Internet, um mehr zu erfahren über Hintergründe und Motive. Ich bin fasziniert und erschrocken zugleich, und manchmal kommen mir dabei eben auch die Tränen.

Ich schildere ihr meine Idee, die damit begann, dass ich einige der Fälle, auf die ich in den letzten Jahren im Zuge meiner Recherchen gestoßen bin, zusammentragen wollte. Sie alle haben mich auf unterschiedliche Art und Weise bewegt und haben doch eines gemeinsam: sie klingen, als entstammten sie der Fantasie von Autor*innen, die weit über das Ziel hinausgeschossen sind. Zu konstruiert – zu realitätsfern – niemals! – würden Leser*innen vielleicht urteilen, wenn sie mit diesen Fällen in Form von fiktionaler Unterhaltung konfrontiert werden würden. Mit einem Augenrollen würden sie das Buch zuklappen und dem Verfasser oder der Verfasserin eine vernichtende Ein-Sterne-Rezension hinterlassen.

Doch die Krux ist, dass es sich dabei eben nicht um irgendwelche verdrehten Fantasien handelt, sondern um das echte Leben echter Menschen.

Ich glaube, dass wir das manchmal vergessen. Wir hören True-Crime-Podcasts beim Kartoffelschälen oder zum Einschlafen. Wir lesen True-Crime-Literatur wie Unterhaltungsromane. Und bei all dem gerate ich an einen Punkt, an dem ich mich immer öfter frage: Ist das richtig? Begreifen wir, was ein Verbrechen *wirklich* bedeutet? Begreife *ich* es?

Mit Sicherheit nicht.

Ich erzähle ihr von diesem Buch, für das ich zu diesem Zeitpunkt bereits vier Fälle recherchiert und geschrieben habe. Ich habe Expert*innen angefragt, die mir helfen sollen, über bestimmte Themen und Hintergründe aufzuklären. Doch je mehr Material ich zusammentrage, je tiefer ich in die Fälle eindringe, desto klarer wird mir, dass dieses Buch eben nicht nur eine Sammlung von Geschichten werden soll. Sondern eine Erinnerung daran, was hinter »True Crime« wirklich steckt.

Ich drücke auf »Senden« und bereue es im nächsten Moment. Wahrscheinlich hält sie dieses ganze Projekt für Bigotterie. Jemand, der seinen Lebensunterhalt damit verdient, sich Verbrechen auszudenken, der sich für seine Romane anmaßt, in die Köpfe von Opfern, Täter*innen und Angehörigen zu steigen, will plötzlich wissen, was ein Verbrechen *wirklich* bedeutet? Trägt nicht in Wahrheit genau dieser Jemand maßgeblich dazu bei, dass die Grenzen zwischen Fiktion und Realität immer mehr verschwimmen?

Ich komme mir unsäglich dumm vor. Vielleicht habe ich ja Glück und meine E-Mail landet einfach im Spam.

Zwei Tage später, 2. Februar 2022. Ich schäme mich immer noch. Wer bin ich, dass ich als Fremde um derart intime Einblicke gebeten habe? Ganz genau das: eine Fremde, die das alles überhaupt nichts angeht. Ich habe nur zwei Personen davon erzählt, was ich getan habe. Sie fanden mich »mutig«, eine höfliche Umschreibung. Ich will nicht mehr darüber reden, verstehen aber schon. Es ist, als hätte sich in meinem Kopf eine Tür geöffnet, die sich störrisch gibt bei jedem neuen Ansatz, sie wieder zu schließen. Eine Klinke, die wackelt, ein Scharnier, das quietscht. Ich habe angefangen, meine Kollegin*innen zu fragen, warum sie schreiben, was sie schreiben. Warum wir uns freiwillig Verbrechen ausdenken, wo die echte Welt doch schon aus allen Nähten platzt vor schrecklichen Geschichten. Warum wir dem Bösen noch zusätzlichen Platz einräumen über die Fiktion. Ist es unser Versuch, die Welt zu begreifen? Uns mit unseren eigenen Ängsten auseinanderzusetzen? Gespannt warte ich auf ihre Antworten.

Es ist morgens, erst kurz nach fünf, zu früh für den Laptop. Bei meiner ersten Tasse Kaffee checke ich die E-Mails auf meinem Handy. Im Posteingang taucht Natalies Name auf. Ich fühle mich ertappt. Lege das Handy beiseite und beschließe, erst noch in Ruhe meinen Kaffee auszutrinken, in der Ahnung, dass ich mir für den Rest des Tages sowieso wie eine Idiotin vorkommen werde. Dann klicke ich die Nachricht an. Sie ist kurz, das sehe ich gleich, nur müsste ich sie erst größer ziehen, bevor ich ihren Inhalt lesen könnte. Aber sie ist ja kurz – natürlich ist sie das, weil eine Absage nie vieler Worte bedarf.

Ich irre mich.

Liebe Romy,
es kommt nicht oft vor, dass sich jemand dafür interessiert, wie sich der Verlust von Phoebe auf die Menschen ausgewirkt hat, die sie so sehr geliebt haben. Ich würde mich freuen, mit dir darüber zu sprechen, wie die letzten elf Jahre seit ihrem Tod unser Leben verändert haben.

Mit freundlichen Grüßen,
Natalie Handsjuk

*

Vielleicht ahnen Sie jetzt, liebe Leser*innen, warum an dieser Stelle kein Vorwort stehen kann, so wie Sie es aus anderen Büchern gewohnt sind. Ich hatte vor, eines zu schreiben, ich hatte dieses Buch genau geplant und strukturiert. Ich würde Ihnen elf Fälle vorstellen und entsprechendes Zusatzmaterial sammeln. Ich würde Interviews führen, Profis um ihre Expertise bitten, und vielleicht hätte ich auch die Chance, mit einer oder zwei direkt Betroffenen zu sprechen. Bloß hätte ich mir nie vorstellen können, wie sich der Kontakt in einem dieser Fälle entwickeln würde, und selbst jetzt, knapp zwei Wochen nach Natalies erster Nachricht, kann ich es noch immer nicht wirklich absehen. Ich merke nur: etwas verändert sich, etwas geschieht hier. Es hat sich ein Prozess in Gang gesetzt, den ich in einem Tagebuch festhalten möchte.

Denken Sie nicht, dass dieser eine Fall, der Fall Phoebe Handsjuk, in seiner Wichtigkeit den anderen zehn vorangestellt werden soll. Es geht eher um ein »pars pro toto« – Sie, liebe Leser*innen, haben sich entschlossen, mit mir zusammen die Frage zu ergründen, was True Crime *wirklich* bedeutet, oder der Antwort zumindest ein kleines Stückchen näher zu kommen. Natalie Handsjuk, eine Mutter, die ihre Tochter verloren hat, gibt uns die Chance dazu, und ich hätte wohl den Sinn meines eigenen Buches nicht verstanden, wenn ich dieser Chance nicht den entsprechenden Raum verschaffen würde.

Doch nun: Lassen Sie uns die erste von elf Fallakten öffnen, begeben wir uns auf die Reise.

Herzlich
Ihre Romy Hausmann

»Ich halte die Augen offen für alles, was in der Welt geschieht, und beschreibe es so, wie es wirklich ist. Das Böse kann eine private Beziehungstat sein oder ein terroristischer Akt. Ein Politiker, der einen Krieg beginnt. Ein Prominenter, der sich öffentlich rassistisch äußert – oder Freunde, Nachbarn oder Kollegen, die einander mobben. Zwischen einem Krieg und privatem Psychoterror liegen sicher graduelle Abstufungen des Bösen. Doch im Kern geht es immer um Macht.«

Jussi Adler-Olsen

True Crime ist …

VERRAT

Der Fall Cinnamon Brown

Garden Grove, Kalifornien/USA, 19. März 1985

Es ist so weit, Daddy ist weg. Cinnamon hat den Motor starten gehört und das Licht der Scheinwerfer durch das dunkle Wohnzimmer tanzen sehen. Daddy fährt oft mit dem Auto durch die Gegend um diese Uhrzeit, stundenlang manchmal. Er hat Schlafstörungen, der Ärmste. Oder Sorgen, die ihn nicht zur Ruhe kommen lassen, Ängste. Cinnamon hat auch Angst, aber davon darf sie sich nicht aufhalten lassen. Sie weiß, dass es keinen anderen Weg gibt.

Sie schleicht durch den Flur des schicken Bungalows; drei Schlafzimmer hat er: eins für Daddy und ihre Stiefmutter Linda, eins für Lindas Schwester Patti und eins für Baby Krystal. Für Cinnamon dagegen ist hier kein Platz. Wie ihr geliebter kleiner Dackel wohnt sie draußen im Garten – er in einer Hundehütte, sie in einem Wohnwagenanhänger. Vorsichtig öffnet sie die Tür. Linda liegt im Bett und schläft. Cinnamon betrachtet sie für einen Moment. Im Mondlicht wirken Lindas lange blonde Haare wie in Silber gegossen und ihre Gesichtszüge weich und freundlich. Eine Stiefmutter-Hexe weiß sich eben zu tarnen, das war schon bei Schneewittchen so. Aber Cinnamon lässt sich nicht mehr täuschen. Sie verfestigt den Griff um den kalten Gegenstand in ihrer rechten Hand, atmet tief durch und greift sich eines der Zierkissen vom Sessel neben dem Bett. Es soll den Knall dämmen. Dann drückt sie ab. Der Schuss reißt Linda aus dem Schlaf und gleichzeitig ein großes rotes Loch in ihre Brust. Panisch rennt Cinnamon aus Lindas Zimmer in das von Patti. Ihre 17-jährige Stieftante steht da, mit aufgerissenen Augen und Baby Krystal auf dem Arm. Noch ein Schuss, der allerdings nur in die Wand geht und niemanden verletzt. Baby Krystal schreit – und noch jemand, von weiter weg. Das ist Linda. Linda, die nicht tot ist. Cinnamon stürmt zurück ins Elternschlafzimmer. Ein weiterer Schuss in Lindas Brust, und endlich ist sie still.

Cinnamon lässt Daddys Waffe fallen, rennt ins Bad und spült mit einem großen Glas Wasser die vorher abgezählten Pillen hinunter. 36 Stück eines Blutdrucksenkers, dazu noch eine Handvoll Schmerztabletten. Dann taumelt sie in den Garten hinaus. Es regnet in Strömen in dieser Nacht, doch sie spürt nichts; alles an ihr ist taub. Ihren Abschiedsbrief fest umklammert, kriecht sie in die Hütte ihres Hundes hinein und rollt sich zusammen. Dass sie sich übergibt und einnässt, merkt sie schon gar nicht mehr.

Wie ein Lauffeuer wird sich diese Nachricht über das ganze Land verbreiten: Die 23-jährige Linda Bailey-Brown, Ehefrau des erfolgreichen Unternehmers David Brown, wurde kaltblütig ermordet. Von ihrer erst 14-jährigen Stieftochter, die sich daraufhin selbst das Leben nehmen wollte. Man habe das Mädchen nach der Tat in einer Hundehütte vorgefunden, ganz jämmerlich in einer Lache aus Urin und Erbrochenem. *»Bitte, lieber Gott, vergib mir. Ich wollte ihr nicht wehtun«*, steht in kindlich runden Buchstaben auf der Abschiedsnotiz.

Doch Cinnamon stirbt nicht. Sie ist benommen, aber ansprechbar, als die Polizei sie findet, und wird daher unverzüglich auf das Garden Grove Police Department gebracht. Um 8 Uhr 40 sitzt sie dort in einem Vernehmungsraum. Sie soll eine Aussage machen, nur kann sie sich kaum auf ihrem Stuhl halten. Der Raum dreht sich, der Boden schwankt, das grelle Licht der Neonröhren blendet sie so, dass ihr die Tränen kommen. Also schließt sie die Augen, nur für einen kurzen Moment. »Ms Brown!« Die strenge Stimme des Ermittlers, der ihr gegenübersitzt, schreckt sie wieder auf. Ihr ist schlecht, sie übergibt sich. »Ms Brown!«, erneut. Diesmal klingt der Mann alarmiert. Kann er sie nicht endlich in Ruhe lassen? Sie hat doch längst zugegeben, dass sie Linda erschossen hat. Und jetzt möchte sie schlafen, bitte, einfach nur schlafen. »Einen Krankenwagen!«, hört sie noch, bevor sie in die Bewusstlosigkeit hineinsackt. Zu diesem Zeitpunkt hat sie kaum noch Puls …

David Brown, Cinnamons Vater, versteht die Welt nicht mehr. Gerade noch war es kurz nach 24 Uhr in einer für ihn typisch schlaflosen Nacht. Leise, um seine Frau Linda nicht zu wecken, stand er auf, zog sich an und verließ das Haus. Mit dem Auto fuhr er zunächst zu einem Minimarkt um die Ecke, um sich eine Zeitung und ein paar Snacks zu kaufen, und anschließend weiter in Richtung Newport Beach. Das liegt nur ungefähr 20 Minuten von Garden Grove entfernt direkt am Meer. Hier ist er oft, wenn ihn die Schlaflosigkeit quält; die dunkle Weite und das Rauschen der Wellen wirken wie eine Gute-Nacht-Geschichte auf seinen unruhigen Geist. Gegen drei Uhr kehrte er nach Hause zurück. Kaum hatte er die Tür aufgeschlossen, stürzte ihm bereits seine Schwägerin Patti entgegen. Sie schrie: »Cinnamon hat Linda erschossen!« David griff sofort zum

Telefon und rief die Polizei. Als die Einsatzkräfte eintrafen, erwartete David sie an der geöffneten Haustür. In Tränen aufgelöst, flehte er die Polizisten an, nach Linda zu sehen. Er selbst hatte sich das nicht getraut. Er hätte den Anblick nicht ertragen. Seine geliebte Linda, sein Ein und Alles.

Nein, er versteht die Welt nicht mehr. Gerade noch war alles normal. Jetzt soll seine Frau tot sein – und seine Tochter eine Mörderin. Zitternd und blass sitzt David auf dem Polizeirevier und versucht die Fragen der Ermittler zu beantworten. *Was* Cinnamon getan hat, ist klar – sie hat es ja gestanden. Nur warum? Sicher wäre sie nicht die erste Vierzehnjährige gewesen, die mit ihrer Stiefmutter nicht zurechtgekommen ist. Aber deswegen einen Mord begehen?

»Ich weiß es doch auch nicht«, sagt David. Und: »Das kann einfach nicht wahr sein. Cinnamon würde doch nie …« Aber je länger er darüber nachzudenken scheint, desto mehr gerät er offenbar doch ins Zweifeln. »Wenn ich es mir recht überlege«, beginnt er schließlich und erzählt.

Er war 15, als er Cinnamons leibliche Mutter Brenda kennenlernte; es war Liebe auf den ersten Blick. So wie sie stammt auch er aus ärmlichen Verhältnissen. Sie hat zehn Geschwister, er sieben. Nach der achten Klasse brach er die Schule ab und arbeitete stattdessen als Aushilfe an einer Tankstelle oder als Kellner in einer Bar. Als sie 17 waren, heiratete er Brenda; zwei Monate später – im Juli 1970 – wurde Cinnamon geboren. Den Namen hatten sie ausgesucht, weil er so besonders war. Wenn ihr kleines Mädchen jemals berühmt werden würde, dann hätte sie diesen außergewöhnlichen Namen, der sofort jedem im Gedächtnis bliebe. David lächelt, als er das sagt. Dann verzerrt sich sein Gesicht. Zweifelsohne hat Cinnamon jetzt eine gewisse Berühmtheit erlangt. Nur leider gänzlich anders, als ihre Eltern es sich für sie vorgestellt hatten.

Zunächst lebte die Familie von der Wohlfahrt, doch David, der nun ein stolzer Daddy war, strebte nach mehr. Der perfekte Kandidat für den »American Dream«. Er holte seinen Schulabschluss nach und machte anschließend eine Ausbildung bei einem großen Computerhersteller – eine gute Entscheidung, wie sich in den nächsten Jahren herausstellen sollte. Die Techbranche steckte noch in den Kinderschuhen und bot ein schier unerschöpfliches Potenzial für schlaue Köpfe. Bald gründete David sein eigenes Unternehmen, das sich auf ein Wiederherstellungsverfahren für verlorengegangene Computerdaten spezialisierte. Er ist stolz auf das, was er erreicht hat, das merken die Ermittler schnell; sein Kopf ist das, was ihn ausmacht, worauf er sich immer verlassen konnte. Mit seinen Anfang 30 sieht er gut zwanzig Jahre älter aus, klein, ein bisschen untersetzt; jede Menge Fast Food und Zigaretten haben ihre Spuren hinterlassen. Sein dunkles Haar ist am Ansatz schon ein wenig zurückgegangen, sein Gesicht von der Akne aus Jugendtagen gezeichnet. Doch was kümmert einen Mann wie ihn sein Aussehen? Schließlich hat er seinen Kopf. Er ist eloquent und ein Blitzdenker, einnehmend charmant und stets lösungsorientiert. Aber in diesem Moment ist er eben auch ein Vater. Einer, der sich fragen muss, was er falsch gemacht hat, dass sein süßes kleines Mädchen zu einer Mörderin geworden ist.

»Sie war ja recht früh ein Trennungskind«, überlegt er stockend.

Cinnamon war drei, als ihre Eltern sich scheiden ließen. Während David bald darauf eine neue Frau namens Lori heiratete und mit ihr in das hundert Kilometer entfernte Riverside zog, blieb Cinnamon bei Brenda in Long Beach. Ihren Daddy besuchte sie nur an den Wochenenden. Dann sahen sie sich zusammen Filme an oder unternahmen Ausflüge nach

Disneyland. Das war ganz anders als zu Hause bei Brenda, die mit einem Bürojob vollzeitbeschäftigt war. Da musste Cinnamon funktionieren. Dass ihre Mutter ebenfalls nach einiger Zeit wieder heiratete und von ihrem neuen Mann ein weiteres Kind bekam, machte es nicht leichter. Cinnamon sehnte sich nach Aufmerksamkeit.

»Aber ich habe doch immer alles für sie getan«, sagt David und beginnt wieder zu weinen. Die Ermittler erleben einen gebrochenen Mann.

»Sie war eifersüchtig«, gibt indes Lindas Schwester Patti zu Protokoll. Sie ist 17 und damit gerade mal drei Jahre älter als Cinnamon. Ob sie Cinnamons Eifersucht auch zu spüren bekommen habe, wollen die Ermittler von ihr wissen. Und: Wie sei es überhaupt zu der ungewöhnlichen Lebenssituation im Hause Brown gekommen? Ein 32-jähriger Mann, der mit seiner 23-jährigen Frau, seiner 17-jährigen Schwägerin und einem sieben Monate alten Baby zusammenwohnt. Und im Garten, in einem Wohnwagenanhänger: seine 14-jährige Tochter.

Patti erzählt: Nachdem David mit seiner zweiten Frau Lori nach Riverside gezogen war, lernte er die Nachbarsfamilie Bailey kennen. Mutter Ethel, die von ihrem Ehemann sitzen gelassen worden war, mit ihren Töchtern Linda und Patti und weiteren neun Kindern. Das Geld war knapp bei den Baileys, zu essen gab es Cornflakes, Reis und Kartoffeln. Was vom Monatsbudget dann noch übrigblieb, investierte die überforderte Ethel in Bier und Zigaretten. David bot Ethel an, ihre älteste Tochter Pam als Haushaltshilfe zu beschäftigen, im Gegenzug unterstützte er die Familie finanziell. Ab und zu begleitete Linda, die zu diesem Zeitpunkt 14 war, Pam zu deren Arbeit bei David; vor seinen Augen entwickelte Linda sich zu einer schönen jungen Frau. Als sie 17 war, ließ sich David – nun 26 – von Lori scheiden und hielt bei Ethel um Lindas Hand an. Die beiden heirateten in Las Vegas, doch die Ehe wurde nach nicht einmal zwei Monaten wieder geschieden. Linda sei ihm doch noch zu unreif, urteilte David, und schickte sie kurzerhand wieder nach Hause. Ihre kleine Schwester Patti war ihm jedoch weiterhin willkommen. Sie erinnert sich daran, wie sie an den Wochenenden, wenn Cinnamon zu Besuch kam, immer mit dem kleinen Mädchen spielte. Ein wenig eigenartig sei sie ja damals schon gewesen, sagt Patti jetzt. Sie habe sich mit imaginären Freunden unterhalten und jedes Mal ein großes Drama veranstaltet, wenn ihre Mutter Brenda sie am Sonntagabend wieder von David abholte.

1982 heiratete David erneut – wieder Linda. Er war mittlerweile auf dem Höhepunkt seiner bisherigen Karriere angelangt. Sein Jahreseinkommen belief sich auf über 170.000 Dollar, was heutzutage mehr als dem Doppelten entsprechen würde. Nach der Hochzeit bezogen David und Linda ein neues Haus, den schicken Bungalow in Garden Grove. Gute Lage, großer Garten, nette Nachbarschaft und genügend Platz, sodass auch Patti bei ihnen leben konnte. Ethel hatte nichts dagegen, die damals 13-Jährige in die Obhut ihrer großen Schwester und ihres Schwagers zu geben: ein hungriger Magen weniger zu füllen, eine ordentliche Ersparnis.

»Cinnamon hasste es, dass ich ein eigenes Zimmer bei David und Linda hatte und wir jetzt eine richtige Familie waren«, erzählt Patti den Ermittlern. Vier Jahre vergingen, bis Cinnamon auch das Gästezimmer, das sie wenigstens an den Wochenenden belegen durfte, abtreten musste, denn Linda bekam ein Baby von David: Krystal. Zur gleichen Zeit geriet Cinnamon zu Hause immer häufiger mit Brenda aneinander; sie fing an, die Schule zu schwänzen, ihre Noten wurden schlecht und schlechter. Schließlich erlaubte Brenda ihr doch noch, zu David zu ziehen, der ihr aus Platzmangel den Wohnwagenanhänger im Garten einrichtete. Dort hatte Cinnamon zwar einen eigenen Fernseher, einen Kühlschrank und eine Stereoanlage, und David schenkte ihr sogar einen kleinen Hund – trotzdem fühlte sie sich wohl abgestellt, so wie man eben auch den Wohnwagenanhänger im Garten abgestellt hatte. Launisch. Depressiv. Dann wieder aufbrausend. Patti fallen jede Menge Beschreibungen für Cinnamon ein, die offenbaren, wie schwierig das Zusammenleben gewesen sein muss. »Zu Anfang war ich ja sogar noch bereit gewesen, mein Zimmer mit ihr zu teilen«, erzählt sie. »Aber das klappte nicht; ständig gerieten wir in Streit.« Auch David habe sich an Cinnamons jähzorniger Art gestört und versucht, sie mit Strenge auf den richtigen Weg zurückzuführen. Oft habe er ihr Hausarrest oder Telefonverbot erteilen müssen, so unmöglich, wie sie sich allen gegenüber verhalten habe. Besonders Linda sei ihr ein Dorn im Auge gewesen. »Für Cinnamon war Linda der Grund, warum sie ihren Daddy teilen musste«, berichtet Patti und weint herzzerreißend um ihre tote Schwester. Und nicht nur das: Sie ist auch fassungslos darüber, dass sie ihrem eigenen Schicksal womöglich nur haarscharf entgangen ist. Denn der zweite der drei Schüsse, die Cinnamon in der Nacht abgegeben hat, fiel in Pattis Zimmer. Er ging nur in die Wand und hat niemanden verletzt, aber Patti ist sich sicher: »Mich wollte sie auch töten.«

Am 15. August 1985, knapp fünf Monate nach dem Mord an Linda, wird Cinnamon vor Gericht gestellt. Gesundheitlich hat sie sich vollständig erholt – und das, obwohl die Tablettendosis, die sie geschluckt hatte, sogar dreifach tödlich gewe-

Dazu die Villa in Anaheim Hills, die er nun mit Patti bewohnt. Patti, die im Übrigen schwanger ist.

»Angeblich von einem gewissen Doug«, sagt Grandpa, hebt aber vielsagend die Augenbrauen. Auch die Reise, die David und Patti kürzlich nach Las Vegas unternommen haben, kommentiert er nur mit seinen Blicken. Doch er muss auch gar nichts sagen, Cinnamon hört sowieso nichts mehr – außer einem lauten Knacksen. Es ist ihre Welt, die in diesem Moment zerbricht, samt allen Hoffnungen, allen Versprechen.

»Wenn du mich wirklich liebst …«, hatte Daddy gesagt. Und: »Vertrau mir.«

Nein, denkt Cinnamon. Hier muss ein Missverständnis vorliegen. Opa Arthur ist alt, und alte Leute kriegen die Dinge manchmal einfach nicht mehr so richtig auf die Reihe. Cinnamon beschließt abzuwarten. Bestimmt wird sich alles aufklären, bestimmt holt Daddy sie bald hier raus.

Sie muss erst von der Geburt von Heather-Nicole im September 1987 erfahren, dem gemeinsamen Baby von Patti und dem angeblichen »Doug«, und davon, dass Daddy sich weitere 15 (!) Autos gekauft hat, inklusive dreier Nissans, einem Mercedes und einem Wohnmobil. Sie muss erfahren, dass Patti nach Lindas Tod begonnen hat, deren Kleider und Schmuck zu tragen, und dass bei der Trauung in Las Vegas ›Only you‹ von The Platters lief, bis sie es wirklich begreift. Drei Jahre sitzt sie nun im Gefängnis, während Daddy da draußen sein Leben genießt. Ein Leben, das niemand anderes als sie ihm ermöglicht hat.

Im Juli 1988 macht sie eine Aussage. Die Wahrheit über Lindas Tod. Es sei alles Daddys Idee gewesen. Er habe Angst gehabt, dass Linda ihn wegen seiner Lebensversicherung töten wollte. Er habe gesagt, dass ihm wohl nichts anderes übrigbleibe, als die Stadt zu verlassen und unterzutauchen, denn Linda schmiede bereits einen Plan, dessen sei er sich ganz sicher. *Bitte nicht, Daddy*. Er darf Cinnamon nicht verlassen. Und auch Patti will das nicht. Was sie tun können, wollen sie wissen. Wie sie ihm helfen können. Daddy sagt, ihm sei nicht zu helfen. Er werde sterben. Er weint. Er habe Schlafstörungen, aus Angst, was geschehen könnte, wenn er nachts wehrlos neben Linda im Bett liege. Cinnamon sagt: »Aber Daddy, doch nicht Linda. Sie ist ein guter Mensch.« Patti springt David bei: »Du kennst sie nicht. Ich schon, sie ist meine Schwester.« Und Daddy sagt: »Wenn du mich wirklich liebst …«

Cinnamon soll es tun. Sie ist erst 14, und bestimmt werde kein Gericht der Welt so ein junges Mädchen verurteilen. Und falls doch, dann werde Daddy dafür sorgen, dass die besten Anwälte sie ganz schnell wieder aus dem Gefängnis herausholen. »Vertrau mir, Cinny.«

Die Nacht des 19. März 1985. Es ist so weit. Für Daddy.

Patti kümmert sich um die Pistole, lädt die Kugeln ein. Cinnamon hat die Abschiedsnotiz geschrieben. Ihr Selbstmordversuch müsse unbedingt glaubwürdig wirken, das erhöhe die Chancen, dass das Gericht ihre Schuldfähigkeit anzweifle, sagt Daddy. Er fände es ja besser, Cinnamon würde sich nach der Tat selbst einen Streifschuss am Kopf verpassen. Aber davor hat sie Angst. Was ist, wenn dabei etwas schiefgeht? Sie sich um ein paar Millimeter verschätzt? Sie will doch nicht wirklich sterben. Das ist schließlich nicht der Plan. Stimmt's Daddy? Dann eben Tabletten. Nein, nein, die Dosis tue ihr nichts, das sei doch nur ein bisschen Aspirin.

Daddy verlässt das Haus. Er wird es später mit seinen

Schlafstörungen begründen und sich auf diese Art ganz nebenbei ein Alibi verschaffen. Er sagt: »Wenn ich zurückkomme, ist es erledigt, Mädchen. Okay?« Patti und Cinnamon nicken brav.

Der erste Schuss tötet Linda nicht, und das Kissen, das den Knall dämmen sollte, hat sich irgendwie mit der Pistole verklemmt. Cinnamon kann keinen weiteren Schuss abgeben, also rennt sie hilfesuchend zu Patti, die mit Krystal auf dem Arm in ihrem Zimmer steht. Plötzlich löst sich doch noch ein Schuss, aber zum Glück geht er nur in die Wand und verletzt weder Patti noch das Baby. Cinnamon stürmt zurück zu Linda und bringt es zu Ende.

Patti kann es nicht glauben. Es ist geschafft. Ihrer Zukunft mit David – mit dem sie schon, seitdem sie 15 ist, eine heimliche Affäre hat – steht nichts mehr im Weg. Als er nach Hause kommt, ruft sie: »Cinnamon hat Linda erschossen!«, und fällt ihm um den Hals.

Am 22. September 1988 werden David und Patti festgenommen. David streitet alles ab – lachhafte Vorwürfe seien das ja wohl. Er rechnet nicht damit, dass ausgerechnet Patti ihm in den Rücken fällt. Aus Angst, ihre kleine Tochter Heather-Nicole niemals wieder zu sehen, ist sie bereit, vollumfänglich auszusagen, und hofft dabei auf Strafminderung. Sie bestätigt Cinnamons Geschichte und auch den Verdacht, der seit geraumer Zeit in Cinnamon keimt: Ja, David wollte, dass auch sie stirbt. Die Medikamentendosis war bewusst gewählt. Eine tote Ehefrau und ein toter Sündenbock – so habe seine Vision des perfekten Verbrechens ausgesehen.

David will unbedingt verhindern, dass Patti ihre Geschichte vor Gericht wiederholt. Aus der Haft heraus schreibt er ihr rührende Briefe, um sie davon zu überzeugen, dass sie zusammenhalten müssen; einige davon sind unterzeichnet mit *»In Liebe, dein Doug«*.

Als Patti jedoch standhaft bleibt, beschließt David, das Problem auf andere Art und Weise zu lösen. Denn das war er schließlich immer: David, stets lösungsorientiert. Sein schlauer Kopf hat ihn noch nie im Stich gelassen. Er fragt unter seinen Mitgefangenen herum, ob nicht zufällig irgendjemand irgendjemanden kenne, der ihm einen kleinen Gefallen tun könne. Einen gut bezahlten kleinen Gefallen, versteht sich. Er sucht nicht weniger als einen Auftragskiller, der nicht nur Patti, sondern auch gleich noch den Staatsanwalt für ihn tötet. Er kann nicht ahnen, dass einer der Mithäftlinge, der scheinbar über genau den richtigen Kontakt nach draußen verfügt und sich bereit erklärt, das Geschäft für ihn einzufädeln, mit der Polizei kooperiert. Davids Vorhaben fliegt also auf und wird im darauffolgenden Gerichtsverfahren zusätzlich gegen ihn verwendet. Im April 1990 wird er in drei Fällen der Verschwörung zum Mord, der Aufforderung zum Mord und wegen Meineids angeklagt. Der Richter sagt bei der Urteilsverkündung: »Sie sind ein furchterregender Mann, Mister Brown. Gegen Sie wirkt selbst Charlie Manson wie ein kleines Mädchen.« Die Strafe: lebenslange Haft ohne die Chance auf Bewährung.

Patti bekennt sich schuldig. Obwohl sie zum Zeitpunkt ihrer Verhaftung schon 21 Jahre alt ist, wird sie nach Jugendstrafrecht verurteilt, da sie gegen David ausgesagt hat. Mit 25 wird sie aus dem Gefängnis entlassen. Sie kämpft um das Sorgerecht für ihre Tochter Heather-Nicole, heiratet einen Gefängniswärter und bekommt von ihm zwei weitere Kinder.

1991 – sechs Jahre nach ihrer Verurteilung – gibt Cinnamon ein Interview. Live aus der Gefängnisbibliothek ist sie der Talkshow von Oprah Winfrey zugeschaltet. Sie hat sich hübsch gemacht, ein bisschen Make-up aufgelegt, die langen, blonden Haare zu großen Außenwellen gedreht, so wie es damals Mode war, damals, in den Achtzigern, als sie noch am Leben draußen teilnahm. Sie ist jetzt 21 Jahre alt, und doch wirkt sie noch immer wie ein junges Mädchen. Ein wenig schüchtern und verunsichert antwortet sie mit leiser Stimme und in kurzen Sätzen auf die Fragen der Talklegende. Was sie für ihren Vater empfinde, nachdem sie inzwischen wisse, dass er auch ihren Tod geplant habe, will Oprah wissen. »Ich liebe ihn trotzdem«, sagt Cinnamon. »Egal, was er getan hat, er wird immer mein Vater bleiben.« Kontakt habe sie trotzdem keinen mehr zu ihm.

1992, ein Jahr später, wird sie entlassen – nach sieben Jahren statt der ursprünglich verhängten 27. Auch sie heiratet und bekommt zwei Kinder. Zu Patti und David hat sie weiterhin keinen Kontakt. Über ihren Fall hat die amerikanische Autorin Ann Rule in Zusammenarbeit mit Cinnamon ein Buch geschrieben: ›If you really loved me‹ – »Wenn du mich wirklich liebst …«

David stirbt im Alter von 61 Jahren 2014 im Gefängnis eines natürlichen Todes. Bis zu diesem Zeitpunkt bestreitet er seine Schuld vehement. Patti und Cinnamon haben ihn hereingelegt, ihn für ihren eigenen Vorteil geopfert, undankbare Bagage. Krystal, seine und Lindas Tochter, ist heute 37 Jahre alt. Ab und zu veröffentlicht sie kleine Videos auf YouTube, in denen sie Einblicke in ihren Alltag gibt. In ihrem Wohnzimmer hängen Bilder ihrer Mutter Linda, und auf der Kommode – neben weiteren Familienfotos und Engelsfigürchen aus Keramik – steht die Urne mit der Asche ihres Vaters David.

»Bis zur Hälfte habe ich mich geweigert, diese Geschichte als eine wahre zu begreifen.«

Im Gespräch mit Monika Wehr, Diplompsychologin und Therapeutin, München

R. H.: Mir ist klar, dass wir keine Ferndiagnosen stellen können. Trotzdem freue ich mich sehr, dass Sie mir dabei helfen, die Geschehnisse in psychologischer Hinsicht ein wenig besser einzuordnen.

Monika Wehr: Das ist wirklich ein Hardcore-Fall. Um ehrlich zu sein, habe ich mich bis zur Hälfte geweigert, diese Geschichte als eine wahre zu begreifen. Was muss passiert sein, dass ein Mensch – in diesem Fall der Vater – so viel Macht entwickeln kann? Und wie gelangt ein junges Mädchen wie Cinnamon zu dem Punkt, an dem sie davon überzeugt ist, nur dann weiter in Beziehung mit ihrem Vater bleiben zu können, wenn sie das tut, was er von ihr verlangt – nämlich zu morden?

R. H.: Vor allem mit Davids Zusatz »Wenn du mich wirklich liebst«. Mein erster Gedanke dabei war: Das ist emotionale Erpressung.

Monika Wehr: Sicherlich. Die Frage ist aber: Wieso ist Cinnamon darauf angesprungen? Ich vermute, dass das Mädchen in einem Familiensystem aufgewachsen ist, das wir als dysfunktional bezeichnen würden. Die grundsätzlichen Bedürfnisse, die Kinder haben, scheinen dabei nicht erfüllt worden zu sein – gerade im Hinblick auf Stabilität, emotionale Sicherheit, Anerkennung, Rückmeldung und Autonomie. Diese Versäumnisse nähren den Boden, damit solch eine Geschichte überhaupt in der Realität stattfinden kann. Umgekehrt ist so etwas meiner Meinung nach schwer denkbar, wenn ein Kind im Lauf seiner Entwicklung von den Eltern emotionale Rückmeldung und Halt bekommt.

R. H.: Wobei Cinnamon zum Zeitpunkt der Tat ja bereits vierzehn war – also eigentlich in einem rebellischen Alter, wo die Eltern es eher schwer haben, ihre Erwartungen und Forderungen durchzusetzen.

Monika Wehr: Das stimmt. Nur sind die Defizite bei der Erfüllung von Cinnamons Grundbedürfnissen über die Jahre wohl immer größer und größer geworden, und das hat dazu geführt, dass sich bestimmte psychische Funktionsbereiche nicht altersgerecht mitentwickeln konnten. Dazu kommt, dass sie, als sie zu David zog, in einen Haushalt geriet, in dem – profan ausgedrückt – ein Riesenkuddelmuddel an Altersstrukturen und Rollen herrschte. Wer war wer in diesem System? Wer war hier erwachsen, wer war das Kind? Ihre Stiefmutter war gerade einmal neun Jahre älter als sie, ihre Stieftante drei Jahre. Dann hat Linda auch noch ein Baby von David bekommen. Das muss unheimlich verwirrend für Cinnamon gewesen sein und hat vielleicht erst recht das Bedürfnis geschürt, dass sie sich im Gefüge ihres Vaters unbedingt einen Platz sichern wollte.

R. H.: Wie sehen Sie David Brown?

Monika Wehr: Möglicherweise wurden auch schon bei ihm bestimmte kindliche Bedürfnisse nicht nachhaltig befriedigt, was zumindest einen Teil der Erklärung liefern könnte, wie es zu dieser psychischen Deformität gekommen sein könnte. Er wollte unbedingt wichtig sein, wollte gesehen und wahrgenommen werden. Ich könnte mir vorstellen, dass es in Richtung narzisstische Persönlichkeitsstörung geht, aber da liegt wohl noch mehr im Argen. An manchen Stellen habe ich mich gefragt, inwieweit da auch eine pädophile Neigung mit im Spiel war. Er als Erwachsener hatte eine Affäre mit der 15-jährigen Patti. Das ist eine missbräuchliche Situation, das muss man ganz klar sagen. Wenn ich optimistisch wäre, würde ich behaupten, dass Familienkonstruktionen wie diese in unserer heutigen Zeit irgendwann auffallen würden. Sie sollten es zumindest. Wichtig ist, dass eine Gesellschaft hinschaut, damit solche Pathologien nicht aufblühen können und es letztlich nicht zu Tragödien wie diesen kommt.

R. H.: Hat man mit einer Biografie wie Cinnamons überhaupt eine Chance, jemals auch nur annähernd wieder ein normales Leben zu führen?

Monika Wehr: Die hat man, wenn man bereit ist, sich der eigenen Biografie bewusst zu stellen. Die Komplexität in Cinnamons Fall ist ja die, dass sie einerseits ganz klar das Opfer ihres Vaters ist, andererseits ist sie als Mörderin ihrer Stiefmutter aber auch eine Täterin. Es geht darum, sich mit diesen extremen Erfahrungen und Identitäten auszusöhnen. Manchmal muss man bestimmte Dinge verdrängen und abspalten, um überhaupt damit leben zu können, das ist nur allzu menschlich und auch völlig okay. Aber wenn es um die Frage geht, wie gesund kann ich werden, dann ist es wichtig, sich diesen Aspekten zu stellen. Wenn ich hingegen einzelne Teile meiner Biografie negiere, dann besteht die Gefahr, dass sich die verdrängten Teile mit Macht durch die Hintertür in mein aktuelles Leben drängen. Es ist sicherlich ein langer therapeutischer Prozess, aber es ist durchaus möglich, sich mit allen seinen Anteilen auszusöhnen, um den einzelnen damit nicht mehr so viel Macht zu geben.

R. H.: Man muss ja auch sagen, dass Cinnamon an bestimmten Punkten schon als Teenagerin – vielleicht unbewusst, aber dennoch – punktuell Stärke gezeigt hat. Zum Beispiel hat sie sich nicht, wie David es ursprünglich geplant hatte, den Streifschuss an der Schläfe verpasst.

Monika Wehr: Das stimmt, und es ist erstaunlich, zumal es ja nicht das einzige Mal war, wo sie sagte: *Nein, das mache ich jetzt nicht.* Erinnern wir uns an die Situation im Gefängnis, nachdem sie erfahren hatte, wie ihr Vater sein Leben draußen weiterlebte. Sie hat eine Weile gebraucht, aber dann hat sie eine ganz klare Grenze gezogen und gesagt: *Stopp, das machst du jetzt nicht mehr mit mir. Ab hier halte ich dich auf.*

R. H.: Was könnte der Grund dafür gewesen sein?

Monika Wehr: Ich denke, dass Cinnamon im Jugendgefängnis zum allerersten Mal in ihrem Leben überhaupt zuverlässige Strukturen und Regeln erfahren hat – vielleicht gab es eine Sozialarbeiterin oder Therapeutin, mit der sie sprechen konnte. Damit hatte sie ein Umfeld gefunden, wo sie in ihren Grundbedürfnissen nachreifen konnte. Vielleicht hat ihr das die Kraft gegeben, die sie brauchte, um innerlich stärker und erwachsener zu werden. Das fand ich sehr ermutigend an der Erzählung dieses Falls, denn man hätte ja auch denken können, dass sich Cinnamon im Gefängnis komplett aufgibt und sich gänzlich in ihrer Opferrolle verliert.

R. H.: Es gibt noch jemanden, über den ich gerne kurz sprechen würde: Krystal, die gemeinsame Tochter von Linda und David, Cinnamons Halbschwester, die zum Zeitpunkt der Tat neun Monate alt war. Ich habe zwei Tage lang mit ihr über Social Media geschrieben, denn das war etwas, das mich bei meinen Recherchen sehr irritiert hat: das Video, in dem die Fotos ihrer ermordeten Mutter neben der Urne mit der Asche ihres Vaters stehen. Ich habe Krystal schließlich doch nicht danach gefragt, weil ich bei unserer Unterhaltung das Gefühl hatte, dass sie noch immer sehr stark mit sich selbst zu kämpfen hat. Aber sie wirkt sehr entschlossen und hat sich vorgenommen, ein Buch über ihre Geschichte zu schreiben. Außerdem pflegt sie auf Facebook eine Gedächtnisseite für ihre Mutter.

Monika Wehr: Das spricht eigentlich alles dafür, dass Krystal für einen heilenden Umgang mit der Situation kämpft – selbst der Teil mit der Urne, der Sie so irritiert hat. In meinen Augen ist das eine nachvollziehbare und sogar recht gesunde Reaktion eines Kindes, das damit klarkommen muss, wer sein Vater war und was er getan hat. Es würde Krystals Psyche gar nicht guttun, David ausschließlich als ein Monster zu sehen – auch hier geht es, wie bei Cinnamon, darum, sich auszusöhnen – mit ihrem Vater und damit gleichzeitig auch mit sich selbst. Denn sie ist ja schließlich seine Tochter, und alles, was ihn betrifft, fällt auch auf sie zurück. Man darf nicht vergessen, welchen Stellenwert Eltern im Leben ihrer Kinder besetzen. Unsere Kinder sind in maximalem Ausmaß von uns abhängig, besonders in den ersten Lebensjahren. Da werden viele Karten schon mal gemischt, da fallen viele Würfel. Es gibt Studien zum Thema Resilienz, die besagen, dass Kinder einiges an Eigenkräften mitbringen und selbst unter wenig idealen Voraussetzungen stabil, kräftig und positiv in ihr Leben hineinwachsen können. Aber natürlich sind wir als Eltern die ersten Modelle, die Vorbilder. Das ist schon viel an Einfluss und Macht, dessen man sich bewusst sein sollte.

Mein Tagebuch: Erzähl mir, wie sie war …

Seit Tagen schiebe ich das auf. Ich laufe umher, denke mir in meinem Kopf Sätze zurecht, überlege, wo ich anfangen und wo ich aufhören soll. Weiß ich denn überhaupt, wie Phoebe wirklich war? Ich bin ihre Mutter, ich habe sie auf die Welt gebracht, deswegen kann ich dir nur davon erzählen, wie ich sie sah. Aus meinem Blickwinkel, aus meiner vermutlich recht eingeschränkten Perspektive …

So beginnt die E-Mail, die ich an diesem Morgen in meinem Posteingang finde. Vier Sätze, nach denen ich kurz mein Handy beiseitelege, weil sie eine Ahnung provozieren auf das, was mich erwartet. Natalie, die sich fragt, ob sie ihre Tochter wirklich kannte, allein das.

Ich erinnere mich an letzte Woche, an meine unbedarfte Euphorie nach Natalies erster E-Mail. Ich hatte sie für mein Interview gewonnen – ich war die Größte. So, wie ich manchmal die Größte war, wenn ich eine gute Idee für einen Roman hatte, oder eine Lösung für ein schwieriges inhaltliches Problem fand, das mich schon länger beschäftigte. So weit zur Theorie. In der Praxis ließ das Hochgefühl bereits nach, kaum dass ich meinen Laptop aufgeklappt hatte, um ihr zurückzuschreiben. Sie erwartete meine Fragen – und nun? Hier ging es nicht um eine Geschichte, die ich mir nach eigenem Belieben zurechtstricken konnte. Das hier war die Realität, in der ich keine Ahnung hatte, wie man mit einer Mutter sprach, die ihr Kind verloren hatte. Ich wollte wissen, wie Phoebe war. Ich wollte, dass aus »Melbourne woman (24)«, den Fotos aus der Presse, die eine junge Frau mit braunem Haar und strahlendem Lachen zeigten, und den kurzen Erzählsequenzen in den Fernsehdokumentationen ein Mensch wurde. Ein richtiger, echter Mensch. Ich musste – soweit es mir als Außenstehender möglich war – zuerst Phoebes Leben begreifen, bevor ich – soweit es mir als Außenstehender möglich war – verstehen konnte, was ihr Tod bedeutete. Nur: wie bewerkstelligte man das?

Erzähl mir, wie sie war, schrieb ich Natalie. Das war keine Frage, dafür ein sehr schwammiger Einstieg in ein Interview, aber etwas Besseres fiel mir einfach nicht ein. *Erzähl mir von eurer Beziehung*, wollte ich noch hinzufügen, ließ es dann aber. Dazu war das Gespräch, das ich mit Monika Wehr zum Fall von Cinnamon Brown geführt hatte, wahrscheinlich noch zu frisch, und mit ihm die Erinnerung daran, wie empfindlich die Beziehung zwischen Eltern und ihren Kindern ist. Wie nur ein paar wenige, schief eingedrehte Stellschrauben ein ganzes System stören oder gar irreparabel schädigen können. Wir wollen das Beste für unsere Kinder – Menschen wie David Brown vielleicht einmal ausgenommen –, aber gerade das macht es ja oft so schwer. Aus meiner Recherche wusste ich, dass Phoebe Probleme gehabt hatte, und aus meiner eigenen Erfahrung, dass Mütter die Gründe für die Probleme ihrer Kinder oftmals zuerst bei sich selbst suchen. Ich wollte alles erfahren, gleichzeitig wollte ich Natalie nicht zu Antworten drängen, die nur ihr selbst gehörten. Jede Recherche hat ihre Grenzen.

Eine Woche ist seitdem vergangen. Natalie hat Zeit gebraucht, um – wie sie mir schrieb – an Orte zurückzukehren, die sie elf Jahre lang versucht hat zu meiden. Innere Orte, wo sich so viel mischt: Liebe, Schmerz, Erinnerungen, Einsichten.

Ich greife mir mein Telefon und lese weiter.

Natalie nimmt mich mit nach Melbourne, zurück zum 9. Mai 1986, ein Freitag im Herbst auf der anderen Seite der Erde. Natalie ist mit dem Psychiater Len verheiratet. Er ist 38, sie 24, als ihre gemeinsame Tochter geboren wird. Ein Notkaiserschnitt, aber ein gesundes, kräftiges Baby, dessen Name nach mehr als nur seinem hübschen Klang gewählt ist. »Phoebe« bedeutet »die Leuchtende« und wurzelt in der griechischen Mythologie. Dort findet man die Titanin Phoibe als Göttin des Intellekts und der Prophezeiung. In der römischen Dichtung wird der Mond oft mit dem griechischen Wort »Phoibe« bezeichnet, und das könnte Zufall sein oder auch nicht, aber tatsächlich würde man in Verbindung mit Phoebe später noch oft über Extreme sprechen, über eine enge innere Verwobenheit von Licht und Düsternis.

Natalies Mann Len hat aus einer früheren Ehe bereits zwei Kinder, Natalie hingegen wird zum ersten Mal Mutter. Sie schreibt:

Ich glaube, Phoebes Geburt hat mich vor mir selbst gerettet. Ich war damals noch sehr jung, jemand, der kaum mit sich selbst zurechtkam. Und dann sollte ich mich plötzlich um dieses vollkommen hilflose kleine Wesen kümmern. Ich dachte: Jetzt musst du schnell erwachsen werden. Und das wurde ich. Es kommt mir zynisch vor, dass sie, die mir überhaupt erst einen Sinn im Leben geschenkt hat, ihr eigenes Leben im gleichen Alter verlor. Ich erinnere mich noch, wie ich sie im Krankenhaus in meinen Armen hielt. Sie war in eine weiche, pastellfarbene Decke gewickelt. Ich ging mit ihr zum Fenster unseres Zimmers und zeigte ihr die Aussicht über den Dächern von

Melbourne und darüber hinaus zu den wunderschönen Gärten voller Bäume mit ihren bunten Herbstblättern. Ich erzählte Baby Phoebe davon, wie viel Schönheit die Welt zu bieten hatte, und dass alles nur darauf wartete, von ihr entdeckt zu werden.

Wir lebten damals am Rand von Melbourne, einige der prächtigsten Parks der Stadt lagen nur wenige Gehminuten von unserem Haus entfernt. Dort habe ich viel Zeit mit ihr verbracht. Als sie älter wurde, wollte sie immer auf den Spielplatz. Sie liebte es, ihren kleinen Körper und seine Grenzen auszutesten …

Etwas, das Phoebe sich für den Rest ihres Lebens bewahren würde. Sie würde Kickboxen und Karate lernen, außerdem Basketball spielen und klettern – auf Dächer, auf Bäume, auf alles, was Höhe, Weite und damit ein Gefühl von Freiheit verspräche. Im Kontrast dazu würde sie Enge verabscheuen – im räumlichen wie auch im übertragenen Sinn – und dabei fast klaustrophobische Ängste entwickeln. Ich kenne ihren Fall, also weiß ich bereits, dass das später, bei der Analyse ihrer Todesumstände, noch eine große Rolle spielen wird.

Sie war sehr gesellig. Kaum war sie in die Schule gekommen, verging kein einziger Nachmittag mehr, an dem sie mich nicht fragte, ob sie sich noch mit einem anderen Kind zum Spielen treffen könne. Sie war eine hingebungsvolle und loyale Freundin, und wenn jemand, den sie ins Herz geschlossen hatte, mit einer Ungerechtigkeit konfrontiert war, dann stellte sie sich, ohne zu zögern, auf seine Seite und kämpfte. All ihre Freunde liebten sie, obwohl viele von ihnen auch heute noch sagen, dass Phoebe – so nah man ihr auch stand – immer ein Stück weit ein Mysterium geblieben sei. Ein freier, ungezügelter Geist, der kam und ging, wie es ihm gefiel.

Sie liebte ihre Familie und alle, die dazugehörten. Len, Phoebes Vater, war vor mir schon einmal verheiratet gewesen und hatte zwei Kinder aus dieser Ehe, Lucy und Oliver. Phoebe hatte also von Anfang an zwei Geschwister. Sie besuchten uns jeden Mittwochabend und jedes zweite Wochenende. Wie du vielleicht weißt, habe ich nach Phoebe noch zwei Söhne bekommen: Tom und Nikolai. Tom war zwei und Nikolai war sechs Jahre jünger als Phoebe. Tom stand sie besonders nahe. Dann waren da noch meine sechs Halbgeschwister, drei aus der jetzigen Ehe meines Vaters und drei, die der neue Mann meiner Mutter mit in die Beziehung gebracht hatte – also jede Menge Onkel und Tanten für Phoebe, die allesamt jünger waren als sie. Die Schulferien verbrachten wir oft in Mallacoota bei meiner Mutter und meinem Stiefvater. Das waren fantastische Ferien! Wir haben Buschwanderungen unternommen, sind geschwommen, Boot gefahren, waren Surfen und Angeln. Phoebe liebte das Meer.

Ich google Mallacoota. Von Melbourne aus nach Osten, zur Küste. Sechshundert Kilometer sind das. Ich sehe lang gestreckte Felsformationen, menschenleere weiße Strände, das Meer reflektiert den Himmel in Türkisblau. Buckelwale seien dort zu Hause, lese ich in einem Reiseblog, Koalas und Warane gehören zum alltäglichen Bild. Ich stelle mir vor, wie Phoebe, ihre beiden Brüder und die anderen Kinder der großen Familie einen der einsamen Strände beleben, wie sie ins Wasser stürmen, Phoebe vorneweg. Ich weiß nicht, ob das Wasser kühl ist oder die Wellen hoch sind – vielleicht nicht, aber falls doch, dann verzieht Phoebe keine Miene, als sie sich hineinstürzt. Das Meer kann ihr gar nicht wild genug sein, sie wird es bezwingen. Natalie schreibt, dass Phoebes Liebe zu Mallacoota aber nicht nur mit dem Ort an sich zu tun gehabt habe, sondern vor allem auch mit Jeanette, Natalies Mutter. Es sei ein besonderes Band gewesen zwischen Phoebe und ihrer Großmutter. Überhaupt spüre ich, dass die Liebe zu ihrer Familie nicht einfach nur eine Floskel ist. Natalie erzählt von Ritualen, von kleinen und großen gemeinsamen Feiern, von Phoebe und ihrem Bruder Tom, die denselben schrägen Humor teilten und am Tisch oft spontan in schallendes Gelächter ausgebrochen sind.

Wie der Rest der Familie daraufhin immer erst irritiert war und sich dann anstecken ließ. Sie erzählt von der Tradition der Ostereier-Suche, und wie sie dafür im Vorfeld nächtelang aufblieb, um kleine Zettel mit Hinweisen in Reimform zu schreiben – Hinweise, die Phoebe und ihre Geschwister entschlüsseln mussten, um ihre Osterbeute zu finden. Wie diese Art Schnitzeljagd zu den festen Bräuchen gehörte, selbst, als die Kinder längst erwachsen waren – bis zu Phoebes Tod. Genauso erzählt sie von anderen Momenten, solchen, in denen Phoebe nicht lachte, von ihrer anderen Seite, die sich erstmals im Teenageralter abzeichnete. Natalie schreibt:

Ich denke, die Scheidung zwischen mir und ihrem Vater spielte dabei eine entscheidende Rolle. Zur gleichen Zeit entwickelte sie Freundschaften mit einigen wilden Mädchen. Bei ihnen fand sie einen Platz, um sich auszutoben, durch sie wurde Phoebes eigene wilde Seite noch zusätzlich befeuert. Mit sechzehn lief sie von zu Hause weg. Sie war sechs Wochen lang verschwunden, und wir hatten keine Ahnung, wo sie sich aufhielt. Es war furchtbar, ich wusste nicht, was ich tun sollte. Die Polizei sagte uns, sie sei in einem Alter, in dem man sie nicht mehr zwingen könne, wieder nach Hause zu kommen. Wir mussten abwarten, bis es ihr ohne uns so schlecht ging, dass ihr gar keine andere Möglichkeit mehr blieb als zurückzukeh-

ren. Sie begann, Drogen zu nehmen und Alkohol zu trinken, Substanzen, die ihre Entscheidungen beeinflussten und durch die sie auf einen Weg geriet, der steinig war. Oft überkam sie die Scham über ihr Verhalten, weil sie sah, was das mit uns als Familie anrichtete. Wir alle machten uns ständig Sorgen um sie. Zwischendurch gab es immer wieder längere Zeiträume, in denen sie ganz bei sich selbst und auch in der Lage war, sich auf die positiven Dinge zu konzentrieren. Doch es endete regelmäßig damit, dass sie sich selbst und ihre eigenen Bemühungen sabotierte. Das machte ihr sehr zu schaffen. Es war, als lebten zwei Menschen in ihr: einer, der weise war und mutig und kreativ und unglaublich liebevoll, und ein anderer, der sie immer wieder in die Selbstzerstörung drängte.

Ich habe ganze Koffer voller Tagebücher, die sie über die Jahre hinweg verfasst hat. Sie hat andauernd geschrieben! Wenn sie in einem Restaurant oder in einem Café war und kein Notizbuch dabeihatte, dann musste eben eine Papierserviette dafür herhalten. Ich denke, sich kreativ auszudrücken, wirkte wie ein Ventil, wenn es wie von selbst aus ihr heraussprudelte. An anderen Tagen allerdings war sie unheimlich frustriert, wenn sie ihren Schaffensdrang zwar spürte, aber nicht umsetzen konnte. Phoebe hatte ein extrem komplexes Naturell. Sie hasste Einschränkungen jeder Art. Von Beginn ihres Lebens an war sie ein Mensch gewesen, der seine Erfahrungen selbst machen wollte. Sie hatte viele Seiten, aber nicht alle von ihnen hat sie mich sehen lassen. Ich war ihre Mutter und würde gerne glauben, dass ich auch ihre Freundin war. Doch es gab auch einiges, von dem ich nichts wusste. Erkenntnis ist an sich eine wunderbare Sache – aber nicht, wenn man nichts mehr damit machen kann, weil die Person, um die es geht, diese Welt bereits verlassen hat …

»Ich denke, das Schreiben über das fiktive Böse hilft mir, die Schrecken der realen Welt zu verarbeiten, es ist meine Art zu begreifen, warum Menschen die Dinge tun, die sie tun. Ich glaube nicht, dass ich jemals lernen werde, diesen Horror wirklich zu verstehen – was ich aber sehr wohl verstanden habe, ist, dass in jedem von uns etwas Gutes wie auch etwas Böses steckt, und dass beide Seiten manchmal nur durch eine feine Linie voneinander getrennt sind.«

Alice Feeney

True Crime ist …

ERKENNTNIS

Der Fall Lisa Stasi

Irgendwo in Illinois/USA, Juni 2000

Dein Name ist Heather Robinson. Du bist 15 Jahre alt. Dein Geburtstag ist am 12. Oktober. Du liebst dieses Datum, der Oktober ist schon immer dein Lieblingsmonat gewesen, wegen Halloween. Oh, Halloween. Verkleiden! Geister! Kürbisse! Halloween ist echt das Beste. Es gibt ein Foto von dir und Dad – wie alt magst du da gewesen sein? Vielleicht ein Jahr? Anderthalb? Ihr steht inmitten einer Kürbisernte, du auf seinem Arm, wie du einen der kleinen orangefarbenen Köpfe in den Händchen hältst. Du bist die Pumpkin Queen und ganz versunken, ganz konzentriert darauf, deinen wertvollen Schatz nicht fallen zu lassen. Dad lacht, so wie er auf allen Fotos lacht, auf denen ihr zusammen abgebildet seid. Es ist nicht wichtig, dass er nicht dein leiblicher Vater ist, das hat nie eine Rolle gespielt. Genauso wenig wie bei Mom. Sie haben dich adoptiert, im Januar 1985, da warst du gerade einmal vier Monate alt. Sie wollten schon immer ein Kind, aber es klappte und klappte einfach nicht, bis sie sich nach fünf Jahren schließlich damit abfanden und erstmals über eine

Adoption nachdachten. Und dann kamst du, ein Segen für alle. Mom und Dad hatten ihr langersehntes Wunschkind und du die besten Eltern, die du dir hättest vorstellen können.

Ein anderes Foto, aufgenommen zur Weihnachtszeit: Mom und Dad sitzen nebeneinander auf der Couch, beide tragen identische Strickpullover, rot mit weißem Schneeflockenmotiv, beide lachen. Und in ihrer Mitte du, zwei oder drei Jahre alt, in deinem roten Kleidchen mit dem weißen Spitzenkragen. Man sieht es einfach, man spürt es, auf jedem einzelnen von Hunderten von Fotos, die über die Jahre hinweg entstanden sind: ihr Drei gehört zusammen. Mom und Dad, die dir ein Zuhause und all ihre Liebe gegeben, dir das Laufen und das Fahrradfahren beigebracht haben, dir Gute-Nacht-Geschichten erzählt und dich getröstet haben, wenn du hingefallen bist. Die immer auf dich aufpassen und dich aushalten, auch jetzt, wo du mitten in der Pubertät steckst und gerne sowohl deine Grenzen als auch ihre Geduld austestest. Wobei: so schlimm bist du eigentlich gar nicht. Sie sind es, die sich so langsam mal ein bisschen lockerer machen müssten. Die einsehen sollten, dass du kein Baby mehr bist. Die Sache mit dem Telefonieren zum Beispiel: Nach neun Uhr abends darfst du nicht mehr mit deinen Freundinnen quatschen, damit du am nächsten Morgen ausgeschlafen genug für die Schule bist. So ein Quatsch, so eine Gemeinheit. Dann tust du es eben heimlich. Du verstehst ja, dass sie nur dein Bestes wollen, aber, zum Teufel, manchmal nervt es einfach nur.

Vor ein paar Wochen hat dein Cousin geheiratet. Da hast du mit seinem Vater, deinem Onkel John, getanzt. Onkel John ist Dads Lieblingsbruder. Eigentlich magst du ihn nicht besonders, auch wenn du gar nicht so recht sagen könntest, warum. Er ist immer freundlich zu dir. Trotzdem fühlst du dich in seiner Gegenwart immer ein wenig so, als würdest du mitten in der Nacht eine verlassene Straße entlanglaufen und müsstest ständig deinen Kopf nach hinten drehen, um sicherzugehen, dass dir niemand folgt. Und dann dieses seltsame Dauergrinsen, als hätte ihm jemand die Mundwinkel nach oben getackert – irgendwie unangenehm. An diesem Tag aber, auf der Hochzeit, während ihr miteinander getanzt habt, hat Onkel John etwas wirklich Nettes gesagt: Wenn du es mit Mom und Dad nicht mehr aushieltest, dann solltest du ihn kontaktieren. Er würde dir ein Flugticket schicken und dafür sorgen, dass du mal für eine Weile von zu Hause rauskämst. »Aber keinem verraten, okay, Heather?« – »Natürlich nicht, Onkel John«, hast du geantwortet und dich auch daran gehalten. Wer weiß, ob du sein Angebot nicht doch irgendwann einmal in Anspruch nehmen willst. Es ist immer gut zu wissen, wohin man kann, wenn man schon nicht weiß, woher man kommt. Mom und Dad sind, was deine Herkunft angeht, stets ehrlich zu dir gewesen: du weißt schon lange, dass du adoptiert bist. Über deine leibliche Mutter ist nicht viel bekannt. In den Adoptionspapieren steht anstelle ihres Namens nur »Jane Doe«, ein gängiger Platzhalter für eine nicht identifizierte Person, und dass sie zum Zeitpunkt deiner Geburt noch minderjährig gewesen ist. Aus Moms und Dads Erzählungen weißt du überdies, dass sie Selbstmord begangen hat. Manchmal fragst du dich, warum sie dich nicht ein kleines bisschen mehr lieben und in dir einen Sinn im Leben entdecken konnte. Mom und Dad beruhigen dich, wenn du solche Gedanken hast. Es liegt nicht an dir. Es gibt nun mal Menschen, die Probleme haben, gegen die selbst die Liebe machtlos ist.

Heute ist ein ganz normaler Abend. Du hast mit Mom und Dad zusammen gegessen und dabei von deinem Schultag berichtet. Inzwischen ist es kurz nach neun. Eine Freundin hat gesagt, dass sie sich vielleicht noch melden würde, also sitzt du vorsorglich direkt neben dem Telefon. Falls sie wirklich noch anrufen sollte, würdest du gleich beim ersten Klingeln den Hörer abnehmen, damit Mom und Dad es nicht mitbekommen. Tatsächlich klingelt es bald, aber du bist nicht schnell genug. Dad hat das Gespräch am anderen Anschluss des Haustelefons bereits entgegengenommen – Mist! Du kannst mithören und stellst fest, dass es nicht deine Freundin ist, die in diesem Moment anruft. Du lauschst. Nimmst die Hand vor den Mund, gegen den erschrockenen, verräterischen Laut, der aus deinem Mund herausdrängen will. Beginnst zu zittern. Du hörst, wie Dad anfängt zu weinen. Noch nie in deinem ganzen Leben hast du mitbekommen, dass er weint. Und er tut es selbst dann noch, als das Telefonat längst beendet ist. Sein Weinen, laut und verzweifelt wie das Geheul eines verwundeten Tieres, und Moms panische Stimme: »Wir werden im Gefängnis landen! Unser Leben ist vorbei!«

Und dann kommen sie zu dir. Weil sie mit dir reden müssen. Aber du weißt es ja schon, du hast alles mitangehört. Und so absurd dir diese Geschichte auch vorkommt, ahnst du, dass sie wahr ist.

Es ist *seine* Geschichte.

Geboren wird er im Dezember 1943 in Cicero in der Nähe von Chicago, Illinois, als drittes von fünf Kindern. Sein Vater ist Maschinist bei einem Unternehmen für Telekommunikationstechnik und ein schwerer Alkoholiker. Zu Hause führt die Mutter ein strenges Regiment. Sie ist eine Perfektionistin, alles muss so laufen, wie sie es sich vorstellt. Er ist ihr Lieblingskind, daraus macht sie keinen Hehl. Mit 14 ist er Pfadfinder, Mitglied der »Boy Scouts of America«, und trägt dabei den Eagle Scout, die höchstmögliche Auszeichnung. Zusammen mit anderen Eagle Scouts darf er nach England reisen. Als Chor singen sie im Londoner Palladium für keine Geringere als Queen Elisabeth II., und hinter der Bühne läuft er dann auch noch zufällig Hollywoodstar Judy Garland über den Weg. Sie ist ganz angetan von dem charmanten jungen Mann, und das Bild, wie sie ihn neckisch auf die Wange küsst, schafft es im Zusammenhang mit einer Riesenstory bis in den ›Chicago Tribune‹. »Ich sang für die Queen«, steht in dicken Lettern über dem Artikel. Es scheint, als wüsste er schon damals ganz genau, wie man Frauen – nein, Menschen überhaupt – um den Finger wickelt.

Mit 18 studiert er Röntgentechnologie. Seinen Abschluss schafft er nicht, aber das behält er für sich. Er wird schon irgendwie zurechtkommen, sich ganz geschmeidig durchschlängeln, schließlich hat er doch seinen Charme, sein Charisma. Drei Jahre später heiratet er seine Freundin Nancy und hat sich – auch ohne Diplom – eine Stelle als Röntgentechniker in einem Chicagoer Krankenhaus besorgt, die er jedoch nicht lange behält. Denn anstatt Röntgenbilder anzufertigen, schläft er sich durch die weibliche Belegschaft und stiehlt dem Krankenhaus Geld. Was folgt, ist die Kündigung.

Zusammen mit Nancy zieht er aus Illinois weg und arbeitet als Nächstes als Labortechniker bei einem Arzt in Kansas City, Missouri. Neben seinen Aufgaben im Labor kümmert er sich um das Büro der Praxis. Durch die Unterschlagung von Schecks und Bareinzahlungen betrügt er seinen Chef um mindestens 25.000 Dollar, bis er auffliegt, angezeigt und wegen Diebstahls zu einer dreijährigen Bewährungsstrafe verurteilt wird. Auch in den darauffolgenden Jahren spinnt sich dieses Muster weiter: Egal, ob er als Manager bei einem Elektrofachhandel, als Systemanalytiker bei einer Ölgesellschaft oder bei einer Versicherung arbeitet – immer wieder unterschlägt er Geld, woraufhin seine Bewährungsstrafe um weitere vier Jahre verlängert wird.

Ab 1974 gründet er immer wieder eigene Firmen, die in zwielichtige Machenschaften verwickelt sind, und während ihn die Justiz längst als wirtschaftskriminellen Dauergast in ihren Akten führt, baut er in der Gesellschaft seinen Ruf als erfolgreicher Geschäftsmann und Philanthrop aus. 1977 – er ist jetzt 34 Jahre alt – wird er im Rahmen eines pompösen Banketts für sein soziales Engagement als »Mann des Jahres« ausgezeichnet. Zwei Wochen später enthüllt die Zeitung ›Kansas City Star‹, dass er das alles selbst inszeniert hat. Den großen Saal in einem Hotel in Kansas City selbst angemietet, das Essen in Auftrag gegeben, die Einladungen verschickt, die Urkunde selbst verfasst und – wie auch immer – den Bürgermeister, der im Glauben war, es handle sich um ein echtes, offizielles Dokument, dazu überredet, sie zu unterschreiben. Und überhaupt: welches soziale Engagement? Angeblich setzt er sich für die Integration körperlich behinderter Menschen ein; Nachweise darüber – zum Beispiel eine eingetragene Paten- oder Schirmherrschaft oder Belege über finanzielle Zuwendungen – kann er nicht erbringen. »Mann des Jahres-Schwindel geht nach hinten los«, lautet die anprangernde Schlagzeile. Er fühlt sich bloßgestellt, enttarnt. Seine Familie und die Nachbarn bemerken Veränderungen an ihm, so sehr scheint die öffentliche Demütigung an ihm zu nagen. Er entwickelt einen Kontrollzwang, ist frustriert, sein früherer Charme weicht einer Härte, die er trotz seines schauspielerischen Talents kaum mehr verbergen kann. Seine Frau Nancy denkt an Scheidung, unerträglich ist er geworden, rüde und gemein. Er überredet sie zu einer Eheberatung und schließlich dazu, von ihren Scheidungsplänen abzusehen. Ha! Er kann es also doch noch, er hat es immer noch drauf. Er ist ein Menschenflüsterer.

Zusätzlich zu seinen eigenen Unternehmen nimmt er nun eine Stelle als Personalleiter bei einem großen Lebensmittelhersteller an. Wieder unterschlägt er Geld, das er unter anderem in den Kauf einer Wohnung in Olathe investiert. Olathe ist ein Vorort von Kansas City, liegt aber nicht wie die 500.000-Einwohner-Metropole in Missouri, sondern bereits im Nachbarstaat Kansas. Hier schafft er sich ein kleines Nest für den außerehelichen Spaß, von dem seine Frau nichts mitbekommen soll. Erneut fliegt er auf, als Wiederholungstäter droht ihm erstmalig eine Haftstrafe: sieben Jahre, von denen er letztlich nur zwei Monate absitzen muss. Alles nur ein geschäftliches Missverständnis, lässt er nach außen hin verlauten – und stößt abermals auf Menschen, die ihm glauben. Wieder und wieder.

Sein Ego spannt sich über seine Brust wie der feine Stoff seiner schicken Hemden. Er ist kein typischer Schönling, leicht untersetzt, aber er hat eben auch dieses Lächeln, diese einnehmende Art. Er will Geld, er will Sex, und er findet stets einen Weg, genau das zu bekommen. Man wird ihn später einen »Con Man« nennen, einen Bauernfänger, einen Trickser, Betrüger, dem es gelingt, sich das Vertrauen seiner Opfer zu erschleichen und sie von seinen Lügen zu überzeugen. Einen, der immer wieder davonkommt. Der ganz genau weiß, wie er sich aus der Affäre ziehen kann, wenn es brenzlig wird.

Im Herbst 1984 schaltet er eine Zeitungsannonce: Er sucht eine Außendienstmitarbeiterin für eine seiner Firmen. Es meldet sich die 19-jährige Paula Godfrey, die erst im Jahr zuvor ihren Highschool-Abschluss in Olathe gemacht hat. Paula ist eine hübsche junge Frau mit kurzen dunklen Haaren, eine leidenschaftliche Hobby-Eiskunstläuferin, fleißig und strebsam, eine, die etwas machen möchte aus ihrem Leben. Er stellt sie ein, sagt ihr, sie sei perfekt für den Job, nur müsse sie – so lauten nun mal die Vorgaben – zuerst ein kurzes Ausbildungstraining in San Antonio in Texas absolvieren; sämtliche Kosten dafür werden natürlich übernommen. Er selbst holt sie von zu Hause ab, um sie zum Flughafen zu fahren, und lernt dabei auch ihre Eltern kennen, bei denen sie wohnt. Ein netter Mann, finden diese, bestimmt ein toller Chef. Sie wünschen Paula viel Spaß und Erfolg in Texas. Als sie jedoch in den nächsten Tagen nichts mehr von ihrer Tochter hören, löst Sorge die anfängliche Euphorie ab. Sie rufen bei ihm an und fragen, was mit ihrer Tochter los sei. Wo sie stecke. Warum sie sich nicht melde. Er entgegnet: »Ich weiß gar nicht, wovon Sie reden.« Also wendet sich das Ehepaar Godfrey an die Polizei und gibt eine Vermisstenanzeige auf. Als sich im Zuge dessen nun auch die Behörden mit ihm in Verbindung setzen, erklärt er abermals, dass er keine Ahnung habe, wo sich die 19-Jährige mittlerweile aufhalte. Paulas Eltern wollen sich damit nicht zufriedengeben. Sie reisen nach San Antonio, um selbst nach ihrer Tochter zu suchen. Dabei erfahren sie, dass Paula niemals in das Hotelzimmer eingecheckt hat, das auf ihren Namen reserviert war.

Einige Tage später erreicht die Eltern ein Brief, abgestempelt in Kansas City, quasi direkt vor der Haustür. Er ist mit der Schreibmaschine getippt, aber handschriftlich unterzeichnet. Paula sagt darin, es sei alles in Ordnung, sie wolle von vorne anfangen und brauche eine Weile für sich, um sich neu zu orientieren. Obgleich der Brief einige grammatikalische Fehler aufweist, die laut ihren Angehörigen völlig untypisch für sie seien, und auch sonst so gar nicht nach ihr klingt, müssen sie zugeben, dass die Unterschrift tatsächlich und ganz eindeutig Paulas ist. Die Polizei stellt die Suche nach der Vermissten daraufhin ein; die Unterschrift auf dem Brief belege schließlich, dass Paula am Leben sei, und nicht zuletzt sei sie über 18 und könne somit tun und lassen, was sie wolle. Auch einen Neustart wagen, wenn ihr danach sei, ganz ohne Mommys und Daddys Einverständnis.

Rund um Weihnachten 1984, ungefähr drei Monate nach Paulas Verschwinden, stellt der »Con Man« sich bei einem Krankenhaus sowie bei einer Beratungsstelle für Schwangere namens »Birthright« vor. Zusammen mit einigen weiteren Geschäftsleuten aus der Umgebung habe er ein Wohltätigkeitsprojekt gegründet: die »Kansas City Outreach«. Ein Programm, das jungen Frauen und Müttern helfen soll. Solchen, die von ihren Partnern oder vom Leben gebeutelt sind, die geschlagen wurden, auf die falsche Bahn gerieten, die sich nach einem Reset sehnen, es allein aber oft schwer haben, wieder auf die Beine zu kommen. Das Programm möchte Hilfestellung leisten bei der Wohnungs- und Jobsuche, sich um den Papierkram kümmern, Therapien vermitteln, und es werde von zahlreichen großen Firmen wie Xerox und IBM gesponsert. Außerdem unterstützen sowohl eine Bank in Olathe, in deren Vorstand er sitze, und die presbyterianische Kirche in der Nachbarstadt Overland Park das Projekt. Sollten dem Krankenhaus oder der Beratungsstelle also passende Kandidatinnen unterkommen: Anruf genüge.

Während sich das Krankenhaus sofort begeistert zeigt, ist die Sozialarbeiterin von »Birthright« skeptisch. Nachdem er ihr Büro verlassen hat, tätigt sie durchaus ein paar Anrufe – nur andere als die, die er sich wohl erhofft hat. Sie will sichergehen, dass das Projekt Hand und Fuß hat; die Frauen, an die es sich richtet, haben schließlich schon genug durchgemacht, und eine weitere Enttäuschung möchte sie ihnen ersparen. Zuerst ruft sie bei der Kirche in Overland Park an und erfährt, dass er dort zwar als Mitglied bekannt ist, eine Kooperation mit einem Frauenhilfsprogramm bestehe jedoch nicht. Als Nächstes kontaktiert die Sozialarbeiterin die Bank in Olathe. Nein, in deren Vorstand sitze er ganz sicher nicht. Mehr noch: Man habe noch nie von ihm gehört. Wer er überhaupt sei. Genau das fragt sich die engagierte Sozialarbeiterin nun auch und versucht, mehr über ihn herauszufinden.

Inzwischen ist es Anfang Januar 1985. Das Krankenhaus vermittelt ihm den Kontakt zu einer jungen Frau, die seine Hilfe gut gebrauchen könnte: die 19-jährige Lisa Stasi. Lisa ist gerade mal seit einem halben Jahr verheiratet, doch ihre Ehe mit Carl liegt bereits in Trümmern. Vielleicht ist alles ein wenig zu schnell gegangen mit den beiden. 1983 kennengelernt, blitzverliebt. Nur ein paar Monate später stand fest: Lisa war schwanger. Vier Wochen vor der Geburt der gemeinsamen Tochter Tiffany folgte die Hochzeit, und nur weitere drei Monate später die Einsicht: nein, es funktioniert nicht. Zu viel Druck. Zwei junge Menschen ohne Versicherung, ohne finanzielle Stabilität, aber mit der überwältigenden Verantwortung, ein Baby großzuziehen. Nein, es ging einfach nicht. Da war nur noch Streit, da waren gegenseitige Vorwürfe, da war keine Aussicht auf die Art von Zukunft, die Lisa ihrer geliebten kleinen Tiffany gerne bieten wollte. Während Carl nach Illinois ging und sich dort zum Militärdienst meldete, ist Lisa mit ihrer vier Monate alten Tochter in ein Frauenhaus in Kansas City gezogen.

Aber jetzt wird alles anders, jetzt wird alles besser. Ein neues Leben, dank Mr Osborne. So zumindest stellt der »Con Man« sich bei ihr vor. Er wird dafür sorgen, dass Lisa eine Ausbildung machen kann, und eine Wohnung für sie und Baby Tiffany finden. Damit die beiden keine Nacht länger in dem lauten, überfüllten Frauenhaus bleiben müssen, bringt er sie im Rodeway Inn Hotel in der ungefähr fünfzehn Minuten von Kansas City entfernten Nachbarstadt Overland Park unter. Genau wie Olathe liegt Overland Park nicht mehr in Missouri, sondern gehört zum Bundesstaat Kansas.

Am 8. Januar besucht Mr Osborne Lisa im Hotel. Er hat eine gute Nachricht, aber auch ein merkwürdiges Anliegen. Er habe eine Reise nach Chicago für sie arrangiert, wo sie an einem Jobtraining teilnehmen könne. Sie solle doch bitte vier leere Briefbögen am jeweils unteren Ende mit ihrem Namen unterzeichnen, denn er werde sich, während sie in Chicago sei, um gewisse Korrespondenzen kümmern müssen – Schriftkram, Bürokratie, nichts Besonderes. Zudem benötige er auch noch die Adressen ihrer Familie. Lisa ist verunsichert. Als er kurz das Zimmer verlässt, ruft sie ihre Schwiegermutter an, die kaum versteht, worum es überhaupt geht, so aufgelöst erscheint ihr Lisa am Telefon. Sie solle irgendetwas unterschreiben? Bloß nicht! »Don't sign anything!« Sie müsse auflegen, entgegnet Lisa gehetzt. »Er kommt!«

Einen Tag später besucht sie mit Baby Tiffany ihre Schwägerin Kathy. Mittlerweile hat sie sich beruhigt, was die Blanko-Schriftstücke angeht, die sie unterschreiben sollte. Mr Osborne ist ihre einzige Chance auf das neue Leben, das sie sich so sehr wünscht; sie muss ihm vertrauen. Das sagt sie auch Kathy, die ebenfalls von der seltsamen Sache mit den Unterschriften erfahren hat: Mr Osborne sei ein Gentleman und ein erfahrener Geschäftsmann; er wisse schon, was er tue. Auf die bevorstehende Reise nach Chicago freut Lisa sich nun sehr. Kathy ist misstrauisch, besonders, als Mr Osborne plötzlich bei ihr zu Hause auftaucht, um Lisa und Tiffany abzuholen. Er macht einen wütenden Eindruck; es passt ihm nicht, dass Lisa Kathy vor ihrer Abreise unbedingt noch einmal besuchen wollte. Als Lisa sie mit Tiffany und Mr Osborne verlässt, steht Kathy in der Tür und beobachtet, wie die drei in Osbornes Wagen davonfahren. Später wird sie über diesen Moment sagen: »Der Mann machte mir Angst. Tief in mir drinnen wusste ich, dass dies das letzte Mal war, dass ich Lisa gesehen habe.«

Sie würde recht behalten. Als sie Lisa am nächsten Morgen im Rodeway Inn Hotel anrufen will, erfährt sie, dass diese bereits als »ausgecheckt« vermerkt ist. Von dem Tag an sind Mutter und Kind spurlos verschwunden. Es ist der 10. Januar 1985.

Es mag Zufall sein oder Fügung, doch auf denselben Tag ist ein Schriftstück an ihn datiert. Es ist eine Aufforderung von Steve Haymes, dem Bezirksleiter der Bewährungshilfe in Kansas City, die ihn wegen seiner wirtschaftskriminellen Vorgeschichte betreut. Eine besorgte Sozialarbeiterin von »Birthright« hat Haymes kontaktiert, nachdem ihre Recherchen ergeben hatten, dass der angebliche Wohltäter in Wirklichkeit vorbestraft war. Haymes möchte den Mann persönlich kennenlernen und lädt ihn dazu für die darauffolgende Woche in sein Büro ein. Weder Steve Haymes noch er können ahnen, wie schicksalhaft diese Begegnung sein wird.

Und du, Heather, ahnst es auch nicht. Denn zu diesem Zeitpunkt, im Januar 1985, bist du erst vier Monate alt und wirst gerade adoptiert …

»Ich sah von Anfang an etwas Böses in ihm.«

Im Gespräch mit Stephen »Steve« Haymes, ehemaliger Bezirksleiter der Bewährungshilfe in Kansas City, »Missouri Board of Parole and Probation«

R. H.: Können Sie sich noch an das erste Treffen mit ihm erinnern? Welchen Eindruck machte er auf Sie?

Steve Haymes: Ich schickte ihm am 10.1.1985 einen Brief mit der Aufforderung, am 17.1. bei mir zu erscheinen. Ironischerweise war das der Tag, an dem er Lisa Stasi aus dem Hotel auscheckte, woraufhin sie spurlos verschwand. Als er zu dem festgesetzten Termin nicht auftauchte, schickte ich ihm per Einschreiben einen zweiten Brief mit einem neuen Termin und dem Hinweis darauf, dass ein weiteres Nichterscheinen zu einem Haftbefehl führen würde. Er rief an und entschuldigte sich damit, dass er nicht in der Stadt gewesen sei. Er fragte, warum genau ich ihn treffen wollte, aber ich sagte, das würden wir dann in meinem Büro besprechen. Ich erzähle Ihnen das, damit Sie sich die Rahmenbedingungen unseres ersten Treffens vorstellen können. Angesichts all dessen, was er nebenbei heimlich trieb, müsste man nämlich meinen, dass sein Paranoia-Level in diesem Moment ziemlich hoch gewesen wäre. Aber weit gefehlt. Er kam zu unserem Termin in einem blauen Businessanzug und mit einem breiten

Lächeln. Er hatte ein rundes, jungenhaftes Gesicht und war etwas übergewichtig. Er war sehr freundlich, sympathisch. Überhaupt nicht aggressiv oder in anderer Hinsicht feindselig. Ich wusste zu diesem Zeitpunkt noch nichts von Lisa, aber als ich sein Treffen mit »Birthright« ansprach, schlug seine Stimmung in Empörung um. Da versuche er mit seinem sozialen Engagement etwas Wertvolles zum Wohl der Gemeinschaft beizutragen und werde dermaßen abgestraft. Er spielte das Opfer. Er war voll in seinem »Con-Man-Modus« und gab alles, um mich dazu zu bringen, ihm seine Lügen abzukaufen.

R. H.: Wie konnten Sie sich denn gleich so sicher sein, dass er Sie belog? Bei den meisten anderen Menschen, denen er in seinem Leben begegnet war, hatten seine Lügen ja immer ganz gut funktioniert.

Steve Haymes: Er hat mir von der Wohltätigkeitsorganisation erzählt, die er gegründet hatte, »Kansas City Outreach«, die jungen Müttern und ihren Babys helfen sollte, und von einem Apartment, das er angeblich angemietet hatte, um die Frauen dort unterzubringen. Der Sozialdienst eines Krankenhauses hatte sie ihm vermittelt. Er kam mir sehr beunruhigt vor bei der Aussicht, dass ich dort möglicherweise irgendjemanden kontaktieren und nachfragen könnte. Ich hatte sofort den Eindruck, dass er in etwas verwickelt war. Ich sah von Anfang an etwas Böses in ihm, aber ich hatte keine Ahnung, wohin mich das Ganze führen würde. Also spielte ich sein Spiel vorerst mit. Ich sagte ihm, dass ich verpflichtet sei, seine Angaben zu überprüfen und beim Krankenhaus nachzufragen. Aber da ich ihn nicht in Schwierigkeiten bringen wolle, würde ich es damit begründen, dass er sich an uns gewandt hatte, um auch uns sein Programm vorzustellen. Ich hatte gelernt, dass es manchmal mehr Ergebnisse brachte, das Spiel eines Betrügers zum Schein mitzuspielen, als ihn direkt zu konfrontieren. Und es klappte: Sein Gesicht hellte sich auf, im Glauben daran, dass seine Tour auch bei mir funktioniert hatte. Er verließ mein Büro und dachte offensichtlich, wir wären die besten Freunde.

R. H.: Und wie kamen Sie dann konkret auf Lisa?

Steve Haymes: Als ich beim Sozialdienst des Krankenhauses nachfragte, bestätigte sich, dass es wirklich eine Wohnung gab und dort einige Frauen mit ihren Kindern lebten. Ihnen gehe es gut, wurde mir gesagt, doch eine andere junge Frau, die ebenfalls an ihn vermittelt worden war, sei seit einigen Tagen verschwunden, samt ihrem Baby. Das waren Lisa und Tiffany. Ich nahm Kontakt mit Lisas Familie auf und erfuhr von einem Brief, der sie nach Lisas Verschwinden erreicht hatte und der angeblich von ihr geschrieben worden war. Die Familie erlaubte mir, eine Kopie davon zu machen, und erzählte mir, dass sie eine Vermisstenanzeige bei der Polizei von Overland Park aufgegeben hatte. Ich kontaktierte die Polizeistation und erhielt Akteneinsicht. Ich sah ein Bild von Lisa, dieser hübschen jungen Frau, und ihrem Baby Tiffany. Ihre Gesichter verfolgten mich von da an. Ich hatte selbst Töchter, die nicht viel älter als Tiffany waren, und wollte mir nicht vorstellen, wie es wäre, wenn ihnen etwas zustoßen würde. Aber da die örtliche Polizei nicht die Ressourcen hatte, um direkt jedem Vermisstenfall nachzugehen, gab es keine wirklich organisierte Untersuchung von Lisas Verschwinden. Ich hatte das Gefühl, dass ich (beziehungsweise das Amt für Bewährungshilfe) dafür verantwortlich war, sicherzustellen, dass Lisa und Tiffany nicht einfach nur zu einer Akte wurden.

*

Zwar hat Steve Haymes die Kopie von Lisas Brief zu seinem Treffen mit der Polizei in Overland Park mitgebracht. Ein Brief, der mit der Schreibmaschine getippt und mit ihrer Handschrift unterschrieben ist und in dem steht: »Ich möchte mich für all eure Hilfe bedanken. Ich habe mich entschlossen, von hier wegzuziehen, um ein neues Leben für mich und Tiffany aufzubauen. Ein Freund hat mir etwas Geld geliehen, Tiffany und ich verlassen Kansas City.« Doch obwohl den Beamten sofort auffällt, dass ein ähnlicher Brief auch im Fall der seit einigen Monaten verschwundenen Paula Godfrey eine Rolle spielt, und zudem sogar klar ist, wer Paulas letzter Arbeitgeber war, werden die beiden Vermisstenfälle nicht weiterverfolgt.

Steve Haymes hat genug von den Spielchen des »Con Man«. Er greift zum Telefonhörer und fragt ihn ganz direkt: »Wo ist Lisa Stasi?« Lisa? Welche Lisa? Ach, die! Na, die sei, soweit er wisse, nach Colorado durchgebrannt, mit irgend so einem Typen namens Bill.

Gut hat er das gemacht. Sollen sie ihm doch das Gegenteil beweisen. Aber das wird ihnen nicht gelingen, da ist er sich sicher. Unbeeindruckt frönt er seiner neu entdeckten Vorliebe für harten Sex und ist ständig auf der Suche nach geeigneten Partnerinnen. SM, BDSM. Er liebt es, die bösen Mädchen zu bestrafen, und ab und zu ist ihm auch selbst danach, sich zu unterwerfen. Über einen Bekannten lernt er die 21-jährige Theresa kennen, die sich mit Gelegenheitsjobs über Wasser hält. Er lädt sie zu einem Vorstellungsgespräch der anderen Art in ein Hotelzimmer ein und bietet ihr einen Job als seine »Herrin« an. Außerdem soll sie neben ihm auch noch andere Kunden bedienen – je nach Bedarf als Herrin oder Sklavin –, so kann er gleich noch etwas Geld verdienen. Im Gegenzug will er Theresa eine Wohnung zur Verfügung stellen und sie mit Marihuana und Amphetaminen versorgen.

Was er nicht weiß: Steve Haymes hat – nachdem die örtliche Polizei sich untätig zeigte – das FBI kontaktiert und ist auf offene Ohren gestoßen. Anfang Juni 1985 fahren zwei Ermittler auf gut Glück zu einer Wohnung, die auf seinen Namen läuft. Es ist die Wohnung, in der er Theresa untergebracht hat. Theresa, die nur noch ein Schatten ihrer selbst ist. Erst kürzlich hat der »Con Man« sie für Geld an einen Kerl verliehen, der sich selbst »der Richter« nannte. Ein Mann im Rentenalter, der im Keller seines Hauses ein Verlies mit mittelalterlichen Foltergeräten eingerichtet hat. Theresa will nicht mehr, sie hat genug. Sie will weg von ihm, doch der »Con Man« konnte sie zum Bleiben überreden. Und nicht nur das: In ein oder zwei Wochen, das hat er ihr versprochen, werden sie eine kleine Reise zu den Virgin Islands unternehmen. Zuvor solle sie aber noch ein paar leere Briefbögen für ihn unterschreiben.

Der Besuch des FBI kommt, so scheint es, gerade noch rechtzeitig. Theresa wird aus Sicherheitsgründen aus der Wohnung an einen geheimen Ort gebracht. Die beiden Ermittler setzen sich mit Steve Haymes in Verbindung und bringen ihn auf den neuesten Stand, woraufhin Haymes dem Gericht einen Verstoß gegen Bewährungsauflagen meldet. Begründung: sein Schützling habe Theresa mit Drogen beliefert. Mehr kann er nicht tun, denn andere, vor allem konkrete Belege für eine mögliche Straftat gibt es noch nicht. Tatsächlich hebt das Gericht die Bewährung auf, was eine Gefängnisstrafe zur Folge hätte. Zu der kommt es allerdings nicht. Denn dadurch, dass man Theresa inzwischen mit einem One-Way-Flugticket aus der Stadt geschickt habe, so heißt es, sei das verfassungsmäßige Recht eines Beschuldigten verletzt worden, seine Anklägerin direkt mit ihren Vorwürfen konfrontieren zu dürfen.

Er hat es geschafft. Erneut.

Wenigstens kurzfristig, denn als wieder einmal eines seiner dubiosen Firmengeschäfte auffliegt, wird er wegen Betrugs angeklagt und im Januar 1986 aufgrund seiner vielen Vorstrafen als Gewohnheitsverbrecher zu einer Freiheitsstrafe von sechs bis neun Jahren verurteilt. Er geht in Berufung, ist für eine Weile frei. Und muss dann doch im Mai 1987 seine Haft antreten.

Ungefähr zur gleichen Zeit wird bei der Polizei in Overland Park eine Vermisstenanzeige aufgenommen: Die 27-jährige Catherine Clampitt ist seit einigen Wochen verschwunden. Obwohl auch sie laut ihren Angehörigen erst kürzlich einen neuen Job angenommen hat, der in der Zeitung inseriert war, wird ihr Fall nicht weiterverfolgt.

So schlimm ist es im Gefängnis gar nicht, stellt er fest. Zumindest nicht, wenn man als Wirtschaftskrimineller einsitzt. Er bekommt einen guten Job im Wartungsbüro und freundet sich zudem mit dem Gefängnisarzt William Bonner und dessen Frau Beverly an. Beverly Bonner leitet die Gefängnisbibliothek. Bald wird er aus dem Wartungsbüro dorthin versetzt; zwischen ihm und Beverly hat sich eine Affäre entwickelt.

Im Frühjahr 1993 wird er entlassen. Er ist jetzt 49 Jahre alt. Im Bericht des psychiatrischen Dienstes des Gefängnisses ist zu lesen, dass er ein Musterhäftling gewesen sei, der das Beste aus seiner Haftzeit gemacht habe. Er sei eine gewaltfreie Person mit einem starken Wertesystem und stelle keinerlei Bedrohung für die Gesellschaft dar. Eine einwandfreie Sozialprognose.

Da ein Großteil des Familieneinkommens während seiner

Zeit in Haft weggefallen ist, hat seine Frau Nancy das Haus verkauft und ist in ein kleineres in Belton, Missouri, einem Vorort südlich von Kansas City, gezogen. Viele ihrer gemeinsamen Habseligkeiten musste sie aus Platzmangel in einem angemieteten Lagerraum unterbringen. Er vermisst sein schönes, großes Haus, arrangiert sich aber schnell. Er ist wieder frei, die Jagd ist wieder eröffnet – Sex und Geld, davon wird er niemals satt. Er ist ein Spieler ohne Gegner, niemand hat eine Chance gegen ihn und seinen Charme. Er führt die Affäre mit Beverly Bonner, der Gefängnisbibliothekarin, fort. Nur wenige Monate braucht er, bis sie ihren Mann für ihn verlässt und in seine Nähe zieht. Doch lange bleibt sie nicht, bis sie sich im Januar 1994 entscheidet, auf eine Weltreise zu gehen, wie sie ihren Angehörigen in Briefen mitteilt. Maschinengetippt und mit ihrer Handschrift versehen. Beverly wird niemals von ihrer Reise zurückkehren, doch auf ihre Angehörigen wirkt ihr Abschied glaubhaft. Niemand meldet sie als vermisst, zumal auch die Unterhaltsschecks, die ihr Ex-Mann ihr über ein Postfach zukommen lässt, weiterhin eingelöst werden.

1996 hat sich der »Con Man« finanziell erholt und zieht mit Nancy in ein neues Haus in Olathe, Kansas. Neben der Eingangstür installieren sie putzige Windspiele, und im Vorgarten steht eine Statue des Heiligen Franziskus von Assisi. Die Außendekoration, die das Haus zur Weihnachtszeit schmückt, ist im Viertel bald als die schönste und spektakulärste bekannt. Außerdem kauft er noch vier Hektar Farmland inklusive einem großen Fischteich außerhalb von Olathe. Dort stellt er ein Mobilheim auf und errichtet einen Schuppen. Ab und zu lädt er Freunde über das Wochenende zum Angeln ein, ansonsten verbringt er seine Zeit mit dieser irren neuen Sache namens Internet. Spezielle Foren machen ihm die Suche nach geeigneten Partnerinnen für seine speziellen Sexfantasien leicht. So lernt er die 21-jährige Kunststudentin Izabela Lewicka aus Indiana kennen. Bald teilt Izabela ihren Eltern mit, dass ihr von einem Mann aus Kansas über das Internet ein Praktikum angeboten worden sei. Details verrät sie nicht, nur, dass sie dabei ihre künstlerische Ausbildung nutzen könne. Mit Sack und Pack zieht Izabela nach Kansas City. Im Süden der Stadt hat er ihr eine Wohnung angemietet. Was Izabela ihren Eltern verschwiegen hat: Es ist kein Praktikum, für das sie umzieht, sondern eine vertraglich geregelte Beziehung zwischen einer Sex-Sklavin und ihrem Herrn.

Izabella verschwindet im August 1999. Spurlos.

Im Herbst 1999 lernt er – ebenfalls über das Internet – die 27-jährige Suzette Trouten aus Michigan kennen. Suzette ist Krankenschwester, hat zwei kleine Pekinesen namens Harry und Peka und bewegt sich in der BDSM-Szene. Er bietet ihr nicht nur – wie es in der Szene oft üblich ist – einen Sklavinnenvertrag an, sondern auch noch einen Job als Betreuerin für seinen Vater, einen netten alten Mann mit viel Geld und ungebrochener Reiselust, der aber wegen seiner fragilen Gesundheit phasenweise auf Hilfe angewiesen sei. In Wirklichkeit ist sein Vater bereits seit vielen Jahren tot. Suzette wird zum Vorstellungsgespräch eingeflogen. Es sei gut gelaufen, berichtete sie später ihrer Mutter Carolyn. 60.000 Dollar Jahreseinkommen werde sie haben, eine Wohnung und ein Auto bekommen. Zwar habe sie den Vater, den sie betreuen solle, noch nicht persönlich kennengelernt, doch stehe ihr erster Arbeitseinsatz bereits fest: eine organisierte Segeltour mit dem reiselustigen Rentner durch den Pazifik, von Kalifornien bis nach Hawaii.

Im Februar 2000 zieht Suzette von Michigan nach Kansas um – in ein Hotel, nur vorübergehend natürlich, wie er ihr sagt. Denn nach der großen Reise werde er sich selbstverständlich sofort um eine richtige Wohnung für sie kümmern. Sie unterschreibt ihren Sklavinnen- und Arbeitsvertrag und dazu noch einige leere Briefbögen, für eventuelle Korrespondenzen, die er während ihrer Abwesenheit für sie übernehmen müsse. In den kommenden zwei Wochen chattet Suzette noch regelmäßig mit einer Freundin über das Internet und telefoniert auch mit ihrer Mutter Carolyn. Zum letzten Mal am Dienstag, den 29. Februar. Es gehe ihr gut, berichtet sie. Ihr neuer Arbeitgeber sei sehr nett. Zwar habe sie seinen Vater noch immer nicht kennengelernt, aber morgen werde es dann endlich losgehen. Morgen starte die große Reise ...

Mittlerweile ist es April, und Suzettes Mutter macht sich Sorgen. Schon viel zu lange hat Carolyn nicht mehr mit ihrer Tochter telefoniert. Zwar erhält sie ab und zu E-Mails oder Briefe von ihr, aber die klingen im Ausdruck so gar nicht nach Suzette. Irgendetwas stimmt doch da nicht. Glücklicherweise hat Suzette ihrer Mutter die Telefonnummer ihres neuen Arbeitgebers hinterlassen, für den Notfall. Carolyn ruft ihn an. Suzette?, fragt er und gibt sich überrascht. Tja, die habe es sich offenbar in letzter Minute anders überlegt, mit dem Job und dem Segeltörn, und sei mit einem Kerl namens James durchgebrannt, sehr enttäuschend. Auch das, findet Carolyn, klingt überhaupt nicht nach Suzette. Wo ist ihre Tochter bloß? Und warum macht sie sich nach dem Telefonat mit Suzettes Chef nur noch größere Sorgen? Warum löst dieser Mann so ein verdammt schlechtes Gefühl in ihr aus? Ist Suzette vielleicht etwas zugestoßen? Verzweifelt setzt sie sich mit der Polizei in Kansas in Verbindung. Dabei erwischt sie aber nicht die Polizeistation von Overland Park, wo alle anderen bisherigen Vermisstenmeldungen eingegangen sind, sondern die in der Nachbarstadt Lenexa. Hier will man dem Verdacht der aufgelösten Mutter sofort nachgehen. Dabei beharrt Carolyn felsenfest darauf, dass Suzette ohne ihre beiden geliebten Pekinesen nirgendwo hingegangen wäre. Sie würde Harry und Peka niemals allein lassen und sich immer und unter allen Umständen um sie kümmern. »Es sei denn«, fügt Carolyn hinzu, belässt es dann aber dabei. Die Detectives verstehen trotzdem: Es sei denn, sie könnte es nicht mehr.

Der Plan: Suzettes Hunde finden. Das würde Aufschluss darüber geben, ob Carolyns Sorgen berechtigt sind. Dazu überprüfen die Detectives unter anderem die örtlichen Tierheime und Auffangstationen und stoßen so auf eine Familie, die kürzlich ein Pekinesenweibchen in Pflege genommen hat, das zusammen mit einem weiteren Pekinesen in einem Wohngebiet in Olathe aufgefunden worden war, beide ohne Halsbänder, also auch ohne Erkennungsmarken, vermutlich ausgesetzt. Einer der Ermittler sucht die Familie auf, um herauszufinden, ob es sich um einen von Suzettes Hunden handeln könnte. Er ruft: »Peka, komm!«, und tatsächlich: der Hund stellt die Ohren auf, wackelt mit dem Schwänzchen und läuft auf den Ermittler zu. Damit ist klar: Das ist einer von Suzettes Hunden, die sie laut ihrer Mutter niemals freiwillig verlassen würde. Unverzüglich wird eine Task Force zusammengestellt. Von Carolyn haben die Ermittler den Namen und die Telefonnummer des Mannes, der Suzette nach Kansas geholt hatte. Ein Name, der in den letzten Jahren schon öfter einmal mit verschwundenen Frauen in Verbindung gebracht wurde. Ein Mann, dem aber nie etwas nachgewiesen werden konnte, der sich geschickt zwischen Missouri und Kansas und damit zwischen zwei Staatsgrenzen bewegte, den man vielleicht auch gar nicht so richtig gründlich überprüft hatte, schließlich war er doch nur ein kleiner Wirtschaftskrimineller, einer, in dessen Gefängnisakte psychiatrisch attestiert stand, dass er zu keinerlei Gewalt neige und somit auch absolut keine Gefahr für die Gesellschaft darstellte. Und die Task Force stößt noch auf einen weiteren Namen, der ebenfalls immer wieder mit diesem Mann in Verbindung steht: den des Leiters der Bewährungshilfe in Kansas City – Steve Haymes. Haymes, der schon seit Jahren auf eine genauere Überprüfung diverser Vermisstenfälle drängt.

*

R. H.: 15 Jahre waren seit Ihrem ersten Treffen mit dem »Con Man« mittlerweile vergangen. Was war inzwischen passiert?

Steve Haymes: Ich hatte Hunderte von Stunden damit verbracht, Hinweisen nachzugehen. Ich hatte das FBI, den Secret Service, den USPIS[1] und das Overland Park Police Department aktiviert. Aber die Hinweise zerstreuten sich immer wieder, da er als Betrüger sehr gewieft darin war, falsche Informationen zu verbreiten, um die Ermittler in die Irre zu führen. Trotzdem habe ich die Fotos der vermissten jungen Frauen nie vergessen. Im Jahr 2000, nach Suzettes Verschwinden, gründete die Polizei in Missouri zusammen mit der Staatsanwaltschaft von Johnson County, Kansas, eine Task Force. Da die Bewährungszeit wegen seiner Wirtschaftsdelikte längst ausgelaufen war, hatte ich zu diesem Zeitpunkt schon fast zehn Jahre lang keinen direkten Kontakt mehr zu ihm gehabt. Doch dann bekam ich den Anruf der Task Force,

---

1 United Postal Inspection Service: mit Polizeibefugnissen ausgestattete Behörde des United States Postal Service (USPS)

die mich auch noch am gleichen Tag in meinem Büro aufsuchte, um sich mit mir zu unterhalten. Sie fragten mich, ob mir sein Name etwas sage. Ich antwortete: »Ja«, griff in die unterste Schublade meines Schreibtisches und zog eine dicke Akte heraus. Die Detectives waren fassungslos, als sie auf die Akte starrten. Ich erklärte ihnen, dass ich immer vermutet hatte, dass er für das Verschwinden mehrerer Frauen in den 1980er-Jahren verantwortlich gewesen war, und dass ich davon ausging, dass sie tot waren. Der neue Vermisstenfall um Suzette bestätigte nur, was ich längst wusste.

*

Der »Con Man« dagegen weiß von nichts. Ahnt nicht, dass man nach so vielen Jahren nun doch noch gezielt gegen ihn zu ermitteln beginnt. Dass man seinen Müll durchsucht und ihn dabei beobachtet, wie er sich mit jungen Frauen in Hotels trifft. Und gerade Letzteres veranlasst die Ermittler dazu, früher einzugreifen als ursprünglich geplant. Noch immer haben sie nichts Konkretes gegen ihn in der Hand, nur zahlreiche Vermutungen und einen insistierenden Steve Haymes. Doch sie wollen natürlich unbedingt verhindern, dass eine der Frauen, mit denen er sich trifft, möglicherweise in ernsthafte Gefahr gerät.

Am 2. Juni wird ein Konvoi von neun Polizeiwagen zu seinem Haus geschickt. Er wird festgenommen – das kann er gar nicht glauben. Was hier los sei. Genauso fassungslos: die Nachbarschaft, die beobachtet, wie man ihn in Handschellen aus seinem Haus führt und abtransportiert. Was könnte dieser nette Mann mit der Polizei zu schaffen haben? Er ist doch so beliebt hier, man trifft sich bei Barbecues und sonntags in der Kirche, und seine Weihnachtsdekoration ist legendär. Man nimmt ihn zur Befragung mit, »sexueller Übergriff« lautet die noch etwas vage Begründung. Die Uhr tickt, die Ermittler brauchen etwas Handfestes, echte Beweise müssen die schwammigen Indizien ablösen. Sie durchsuchen sein Haus. Finden fünf Computer, auf denen sie später seine Internetaktivitäten nachweisen werden. Finden ein Blatt Briefpapier, das leer ist, bis auf die Unterschrift am unteren Rand. »Lisa Stasi«, lesen sie dort. Sie finden den Beleg über eine am 10. Januar 1985 bezahlte Hotelrechnung aus dem Rodeway Inn Hotel in Overland Park. Dem Tag, an dem Lisa und ihre kleine Tochter Tiffany verschwanden. Sie finden Suzettes Geburtsurkunde, ihre Sozialversicherungskarte, ein paar blanke Briefbögen, unterzeichnet mit »Love ya, Suzette«, und einen ebenfalls unterzeichneten Sklavenvertrag. Sie finden Izabelas Führerschein und Fotos, die sie in ihrer Rolle als Sklavin zeigen. Sie finden Sexspielzeuge und einen Elektroschocker. Sie durchsuchen sein vier Hektar großes Wochenendgrundstück außerhalb der Stadt. Finden zwei Metallfässer. Eins davon kippt um, bevor sie es öffnen können. Eine rote Flüssigkeit tropft heraus. Sie ahnen es. Sie entfernen den Deckel und finden einen weiblichen Körper. Es ist Suzette, das sehen sie gleich. Das zweite Fass. Izabella. Sie lassen den Fischteich abpumpen. Nichts. Keine weiteren Leichen. Sie fahren zu dem Lagerraum, den er seit Jahren angemietet hat. Finden drei weitere Fässer, die mit dicken Lagen von Folien umschnürt sind. Es reicht schon, die Folien zu entfernen, um den Geruch wahrzunehmen. Drei Fässer, drei weitere Frauenleichen in einem Zustand, der darauf schließen lässt, dass sie sich schon seit vielen Jahren darin befinden müssen. Die starke Verwesung macht die Identifizierung zu einer schwierigen Aufgabe. Ein forensischer Odontologe wird mit Gebissabgleichen beauftragt, Krankenakten werden überprüft. Das

Ergebnis wird später lauten: Eine der Frauen ist zweifelsfrei Beverly Bonner, die ehemalige Gefängnisbibliothekarin. Die zweite Leiche trägt ein T-Shirt mit der Aufschrift »California State of Mind«. In ihrem Mund befindet sich ein künstliches Gebiss, das in zwei Teile gebrochen ist. Die dritte Leiche ist der Körper eines jungen Mädchens, ein Teenager. Eine Mutter und ihre 15-jährige Tochter, wie sich herausstellen wird: Sheila und Debbie Faith. Zwei Namen, die neu sind für die Ermittler. Bis 1994 hatten Sheila und Debbie in der kalifornischen Stadt Fullerton gelebt. Dort hatten sie sich nicht mehr als durchgeschlagen, waren auf Wohlfahrtsschecks und Essensmarken angewiesen gewesen. Tochter Debbie litt unter Zerebralparese und musste in einem Rollstuhl sitzen. Der »Con Man« hatte ihnen ein besseres Leben versprochen, er würde sich um sie kümmern. Er organisierte ihren Umzug nach Kansas und richtete ihnen ein Postfach ein, über das sie weiterhin der monatliche Scheck der Wohlfahrt erreichen würde. So wie er auch Beverly Bonner ein Postfach eingerichtet hatte, über das sie die monatlichen Alimente erhielt, die ihr Mann ihr nach der Trennung zahlte.

Der »Con Man« sagt nichts. Er sitzt schweigend und kalkweiß in den Vernehmungen. Lässt die immer neuen Entdeckungen, mit denen die Ermittler ihn konfrontieren, über sich ergehen. »Nicht schuldig« wird sein Anwalt später plädieren, und ansonsten: kein Kommentar.

Noch werden weder die Presse noch die Angehörigen informiert. Nur Steve Haymes erhält einen Anruf. Nach seinem jahrelangen Einsatz für den Fall soll er jetzt gleich von den Leichenfunden erfahren, und nicht erst später aus den Nachrichten. Überrascht ist er nicht. Doch Zufriedenheit will sich auch nicht einstellen. Die Ermittler haben nun zwar genug für eine Anklage, aber noch immer gibt es offene Fragen. Wo sind die anderen Frauen: Wo ist Paula Godfrey? Wo Catherine Clampitt? Wo sind Lisa Stasi und ihr Baby, die kleine Tiffany?

Der Beschuldigte schweigt. Kein. Kommentar.

Paula, Catherine und Lisa sind tot, daran hat niemand einen Zweifel.

Und dann ergibt sich doch noch eine Spur, eine, die wenigstens den Verbleib einer weiteren Vermissten klären könnte: eine gefälschte Adoptionsurkunde, datiert auf Januar 1985. Der Familienname, unter dem die Adoptiveltern eingetragen sind, lässt auf Unfassbares schließen. Robinson. So wie auch der »Con Man« mit Nachnamen Robinson heißt.

Jetzt weißt du es, Heather.

Der Anruf, den du mitgehört hast und der mit den Worten begann: »Wir glauben, dass etwas mit Heathers Adoption nicht stimmt …« Du hast erfahren, dass man ihn festgenommen hat. Du kennst jetzt seine Geschichte und stellst fest, dass sie auch ein Stück weit deine ist. Er ist ein Serienkiller, der mutmaßliche Mörder deiner Mutter. Und du kanntest ihn dein Leben lang als »Onkel John«.

John Robinson, Dads Lieblingsbruder.

Der Mann, dessen Gegenwart dir immer das Gefühl gab, als würdest du mitten in der Nacht eine verlassene Straße entlanglaufen und müsstest ständig deinen Kopf nach hinten drehen, um sicherzugehen, dass dir niemand folgt. Der Mann, der dir erst Wochen zuvor ein Flugticket spendieren wollte, damit du mal rauskämst von zu Hause. Hättest du es genommen, wärst du jetzt vielleicht tot. Genau wie deine Mutter.

Dein echter Name ist Tiffany Stasi, dein echtes Geburtsdatum ist der 3. September 1984. Irrtum ausgeschlossen, die Polizei überprüft deine Finger- und Fußabdrücke mit denen, die man nach deiner Geburt im Krankenhaus genommen hat. Überprüft deine DNS.

Du bist Tiffany Stasi, deine Mutter hieß Lisa.

Wussten deine Adoptiveltern von der ganzen Sache? Stecken sie mit Onkel John unter einer Decke? Haben sie, die jahrelang versucht hatten, ein Baby zu bekommen, ihn damit beauftragt, ihnen eines zu besorgen, um jeden Preis?

Nein, sagen sie und sind völlig fassungslos. Nein, stellen auch die Ermittler fest und rekonstruieren wie folgt: Am 10. Januar 1985 rief Onkel John deine Adoptiveltern an. Über seine Kontakte zu den sozialen Einrichtungen, die er betreue, habe er von einem kleinen Mädchen erfahren, dessen Mutter Selbstmord begangen habe und das nun dringend ein Zuhause suche. Er habe einen Anwalt an der Hand, der die Adoption für 5.500 Dollar sofort abwickeln könne – Geld, das er selbst einstrich, und ein Abwicklungsprozess, der darin bestand, eine Adoptionsurkunde zu fälschen. Mom und Dad waren begeistert. Schon am nächsten Tag flogen sie von Illinois ein, um dich kennenzulernen. Es gibt sogar ein Foto davon. Da sitzt du, umgeben von der gesamten Familie, im Wohnzimmer von Onkel John, auf dessen Schoß. Er grinst breit.

Auch Tante Nancy wusste von nichts. John hatte dich verlassenes kleines Geschöpf am Tag zuvor unangekündigt mit nach Hause gebracht. Auch sie hielt dich für ein Baby, das ihm von einem der Sozialdienste übergeben worden war. Derselbe Tag, Heather. Der 10. Januar. Möglicherweise hatte er nur Stunden zuvor deine Mutter getötet. Möglicherweise im Zimmer des Rodeway Inn Hotel, möglicherweise vor deinen Augen, in deiner Gegenwart. Er hat dich an seinen Bruder verkauft und dir all die Jahre beim Aufwachsen zugesehen. Bist du ihm wie eine lebende Trophäe vorgekommen? Eine stetige, befriedigende Erinnerung an seine Tat?

Deine biologische Familie, Lisas Angehörige und dein Vater Carl, wollen dich sehen. Dich kennenlernen, dich haben. Du gehörst zu ihnen. Deine Adoptiveltern wollen dich auch behalten, sie haben dich aufgezogen, lieben dich wie ihr eigenes Kind. Ein Streit entbrennt. Merken sie denn nicht, dass das alles viel zu viel für dich ist? Deinen nächsten Geburtstag, deinen echten am 3. September, verbringst du eingeschlossen in deinem Zimmer. Du weinst und wünschtest, du wärst niemals geboren worden. Wärst tot, genau wie deine Mutter.

Du bleibst bei deinen Adoptiveltern, deine andere Familie lernst du trotzdem kennen. Du willst wissen, wer sie sind, und vor allem, wer deine Mutter war. Deine Großmutter zeigt dir ein Babytagebuch, das Lisa für dich geführt hat. Darin sind Fotos von dir eingeklebt, deine winzigen Fußabdrücke dokumentiert, Erinnerungen festgehalten. Der letzte Eintrag lautet: »Wenn du alt genug bist, das hier zu lesen, dann, hoffe ich, wirst du immer noch die Liebe spüren, die ich in diesem Moment für dich empfinde. Denn es ist eine Liebe, die stärker ist als das Leben selbst.«

Wut entbrennt. Sie hat dich eben doch geliebt, so sehr. Und er hat sie dir weggenommen. Warum?

Er sagt nichts. Weiterhin nichts. Kein Kommentar.

2002 wird er wegen mehrfachen Mordes vor Gericht gestellt. Es ist der längste Prozess in der Justizgeschichte von Kansas. John Robinson wird – auch ohne ein Geständnis abgelegt zu haben – zum Tode verurteilt. Ein Urteil, das später in eine lebenslange Haftstrafe ohne die Chance auf Bewährung umgewandelt wird. Tante Nancy lässt sich von ihm scheiden, der Grund: »unüberbrückbare Differenzen«. Die sterblichen Überreste von Paula Godfrey, Catherine Clampitt und Lisa Stasi werden niemals gefunden.

Aber das kannst du nicht akzeptieren, Heather. Du bist inzwischen erwachsen, 37 Jahre alt. Lange hast du dich von der Öffentlichkeit ferngehalten. Du hast Zeit gebraucht, um dich mit deiner und der Geschichte deiner Mutter auseinanderzusetzen. Und du wolltest den Mann kennenlernen, der nie aufgegeben hatte, nach euch zu suchen: Steve Haymes.

*

R. H.: Wie verlief Ihr erstes Treffen mit Heather?

Steve Haymes: Das war etwas ganz Besonderes. Unglaublich, sie nun als erwachsene Frau zu sehen, nachdem ihr Babyfoto so lange in meinem Kopf verankert gewesen war. Ich habe diesen Fall seit 1985 *gelebt*. Selbst wenn ich zwischenzeitlich oft versucht hatte, einen Abschluss zu finden, konnte ich eben nie aufhören, mich zu fragen, was ich vielleicht übersehen hatte. Ich gebe zu, dass es mir eine persönliche Genugtuung war, als Tiffany (Heather) gefunden wurde. Wir sind Freunde geworden und haben regelmäßigen Kontakt.

R. H.: John Robinson ist mittlerweile 79 Jahre alt und sitzt noch immer in Haft. Glauben Sie, er wird jemals verraten, wo sich die sterblichen Überreste von Lisa und den anderen beiden Frauen befinden?

Steve Haymes: Ich glaube nicht, dass John Robinson jemals die Wahrheit gesagt hat, geschweige denn jemals sagen wird. Jede Äußerung wäre nur eine weitere Lüge zu seiner eigenen perversen Befriedigung am Leid der Angehörigen. Er wird niemals mit seinem Spiel aufhören.

R. H.: Wie ging es für Sie persönlich weiter, nachdem man Heather gefunden und John Robinson endlich gefasst hatte?

Steve Haymes: Dieser Fall hat sicherlich mein weiteres Leben beeinflusst. Ich durfte Menschen kennenlernen und an vielen

Projekten beteiligt sein, die ich sonst nie gemacht hätte. Von meiner Arbeit wurde in Zeitungen, Dokumentationen und Büchern berichtet. Ich habe einen Fußabdruck hinterlassen, den meine Kinder und Enkel noch sehen werden, wenn ich diese Welt längst verlassen habe. Viele Menschen arbeiten hart und leben dann ihr Leben. Ich muss noch ein bisschen mehr tun.

*

Und auch du, Heather, willst mehr tun.

Vor zwei Jahren hast du den Schritt in die Öffentlichkeit gewagt, hast in der ABC-Fernsehdokumentation ›Sole Survivor‹ (›Einzige Überlebende‹) dein erstes Interview gegeben. Du hast den Ort besucht, an dem früher das Rodeway Inn stand. Den Ort, an dem deine Mutter möglicherweise ihr Leben verlor. Das Hotel hat man inzwischen abgerissen, ein Bauzaun trennt das brachliegende Grundstück von der Straße. Du hast deine Hände an den Zaun geklammert und versprochen: »Ich werde dich finden.« Du fülltest etwas Erde und ein paar Grashalme in eine leere Plastikflasche, du wolltest dir etwas Greifbares bewahren von diesem Ort, der untrennbar mit Lisas Schicksal verbunden ist. Du hast John Robinsons Farm besucht, das vier Hektar große Land, auf dem man Suzette Trouten und Izabella Lewicka gefunden hatte. Hast den Tod gespürt, etwas Unheilvolles, das diesen Grund umgab. Du hast einen Podcast produziert und ein Projekt mit dem Namen »The Lisa Stasi Effect« gegründet.

Du willst sie finden. Du musst.

Sie ist deine Mutter, du bist ihr Kind. Und das ist »eine Liebe, die stärker ist als das Leben selbst.«

Mein Tagebuch: Eine andere Erkenntnis

A bird trapped behind tall glass
Flying into its own reflection
Bloodstained feathers, a broken wing
Wait, wait for the pain of new feathers
Breaking the surface of delicate skin
Wait, wait you will fly again
Spring is here, freedom is near.
Phoebe Handsjuk

Das würde kein gewöhnliches Interview werden. Eine Erkenntnis, die mich anfangs völlig überforderte und darin gipfelte, dass ich meinen Sohn am Morgen von Natalies erster ausführlicher E-Mail im Schlafanzug zur Schule fuhr. Er war irritiert über meinen Aufzug, diese Merkwürdigkeit, dass seine Mutter, anstatt sich anzuziehen, bis zur letzten Minute einfach nur am Küchentisch gesessen und vor sich hin gestarrt hatte. Ich erklärte es ihm mit einer unruhigen Nacht, ich sei wohl einfach noch ein bisschen müde. Er zeigte Verständnis, verzichtete aber trotzdem darauf, dass ich wie sonst an der Schule mit ausstieg, um ihn auf dem Weg vom Parkplatz bis zum Eingangstor zu begleiten. Auf der Heimfahrt drehte ich die Musik im Auto so laut, dass die Seitenscheiben vibrierten. Mein Kopf musste leer werden, mir dröhnte der Schädel von all den Dingen, die ich in nur einer einzigen Mail von Natalie erfahren hatte, mit all den Bildern und den im Schnelldurchlauf innerlich abgespielten Filmchen, die daraus resultiert hatten.

Mittlerweile weiß ich noch mehr, nur mit dem Unterschied, dass das Gefühl der Überforderung einer staunenden Dankbarkeit gewichen ist, für Natalies Vertrauen und ihre Offenheit.

Sie schreibt über kleine Details und große Zusammenhänge, manchmal folgt auf die Aneinanderreihung des einen der nahtlose Übergang in das andere, und ich merke: Sie ist in Bewegung geraten, in einen regelrechten Flow. Sie schreibt von Phoebe, die Weintrauben liebte und sich tagelang von nichts anderem hätte ernähren können. Und von Ace, einem silbergrau getigerten Kätzchen, das Natalie und Len ihrer Tochter geschenkt hatten, als sie neun Jahre alt war. Davon, wie für Phoebe eine Welt zusammenbrach, als Ace 2008 starb. Sie schreibt von Phoebe, die sich für Mode begeisterte und sich gerne schick machte und die sich doch am wohlsten fühlte in einem Paar alter Jeans und einem schlichten Top. Von Phoebe, die im Winter immer die dicksten Daunenjacken trug, weil sie so eine Frostbeule war. Von ihren Tattoos – *Texte oder Symbole, niemals Bilder!* –, mit denen Natalie sich so gar nicht anfreunden konnte, und von ihrer Vorliebe für ältere Männer. Schon ihre erste Beziehung hatte sie mit einem Partner, von dem sie 14 Jahre trennten. Derselbe Altersunterschied wie der zwischen ihren Eltern.

Phoebes Lebensreise wies viele Parallelen zu meiner eigenen auf. Im Jahr ihres Todes habe ich schon fast damit gerechnet, dass sie mich eines Tages anrufen würde, um mir zu sagen, dass sie schwanger sei. Ich war 24, als ich sie auf die Welt brachte – sie war 24, als sie starb. Wir wurden beide im chinesischen Jahr des Tigers geboren, waren beide leidenschaftlich, unabhängig und im ständigen Kampf mit uns selbst. Es ist hart für mich, bestimmte Aspekte an mir selbst zu akzeptieren, und als ich die gleichen in ihr erkannte, hätte ich sie fast von mir weggestoßen. Glücklicherweise hatte ich die Gelegenheit, mit ihr über unsere inneren Kämpfe zu sprechen, als sie noch am Leben war. Dieses gegenseitige Verständnis hat uns gestärkt und einander sehr nahegebracht.

Als Phoebe und ich nach meiner Trennung von Len zusammen in der Ramsden Street in Clifton Hill wohnten, liefen wir jeden Morgen um sechs eine Runde um den Yarra River. In dieser gemeinsamen Zeit erzählte sie mir dann immer, was in ihrem Leben gerade so vor sich ging. Ich habe versucht, ihr zu helfen, wenn ich das Gefühl hatte, dass sie in Schwierigkeiten steckte, allerdings ohne ihr etwas zu diktieren. Es war verlockend, aber keine gute Idee, denn sie war die Art von Mensch, der seinen eigenen Weg auf seine eigene Weise finden musste. Trotzdem hat sie zugehört, die Dinge aufgenommen und dann für sich bearbeitet.

Ich bin dankbar für diese frühen Morgen, die wir zusammen verbracht haben. Manchmal, im Winter, wenn es noch kalt und dunkel war und wir erst ein kurzes Stück unserer üblichen Runde gelaufen waren, sahen wir einander an und lächelten in dem Wissen, dass wir genau den gleichen Gedanken hatten: zurück nach Hause, in die Wärme, unter die Bettdecke, wo wir zusammen Kaffee trinken und uns eine Folge ›Sex and the City‹ ansehen würden. Daran denke ich gerne: wie wir nebeneinander auf meinem Bett saßen, beide entspannt und glücklich, und laut lachten. Meistens über Samantha. Ich schätze, Phoebe konnte sich gut mit ihr identifizie-

ren. Haha! Ihr Verstand war so scharf wie ihr Witz. Sie liebte Schönheit in all ihren Formen, und sie liebte die Liebe!

Ich weiß mittlerweile auch von den Antidepressiva, die Phoebe in ihrer Jugend zu nehmen begann. Davon, dass sie in therapeutischer Behandlung war und dass sie ihre Medikamente zwischenzeitlich immer wieder absetzte, wenn sie sie ihrer Meinung nach nicht mehr brauchte. Die Scheidung ihrer Eltern, die Tatsache, dass für eine Weile der Kontakt zu ihrem Vater abriss, und dazu noch all die anderen großen und kleinen Komplikationen, die das Erwachsenwerden mit sich brachte. Die ersten Schmerzen in der Liebe, die Frage nach der eigenen Identität. Vielen von Phoebes Freunden ging es ähnlich, nicht wenige nahmen ebenfalls Medikamente und waren in Behandlung.

Dazu der Alkohol, die Drogen. Ecstasy, Speed, Marihuana.

Bis zu ihrem Tod habe ich nicht gewusst, wie viel oder wie wenig sie wirklich konsumierte. Das war ein Thema, über das wir nicht viel redeten. Sie wollte nicht, dass ich mir Sorgen machte. Es gab immer wieder längerfristige Phasen, in denen sie etwas nahm, und dann wieder welche, in denen sie völlig clean lebte. Doch zu jeder Zeit hielt sie ihr Fitnesslevel aufrecht und aß sehr gesund. Es war seltsam, diese heftigen Schwankungen zwischen Selbstfürsorge und Selbstzerstörung.

Ich denke, Phoebe trug sehr viele starke Emotionen in sich und hatte noch keinen Weg gefunden, auf bessere Art und Weise damit umzugehen. Indem sie Drogen nahm, verschaffte sie sich selbst eine Auszeit und errichtete sich gleichermaßen einen Schutzschild vor dem, was sie als zu schmerzhaft empfand, um sich damit auseinanderzusetzen. Ich kenne das von mir selbst, ich habe solche Kämpfe auch mit mir ausgetragen. Meine Stütze für schwierige Zeiten war lange der Wodka. Ich habe sechzig Jahre gebraucht, um zu erkennen, dass man sich seinen Gefühlen stellen und mit ihnen arbeiten muss, auch wenn es wehtut. Aber nur dadurch wächst man an sich selbst. Ich bin mir sicher, dass auch Phoebe tief in ihrem Inneren bereits wusste, dass Drogen und Alkohol nicht der richtige Weg waren und dass sie dieses Problem angegangen wäre und auch bewältigt hätte, wäre ihr nur mehr Zeit geblieben. Sie verfügte über ein hohes Maß an Einsicht und war unglaublich weise für ihre jungen Jahre.

Zuerst denke ich, dass Natalie sich das vielleicht einfach nur wünscht. Und wäre das nicht zutiefst menschlich? Wir alle finden Trost in unseren Verklärungen, wir brauchen sie, um die Realität erträglicher zu machen. Doch dann stoße ich auf Phoebes Gedicht, das über den Vogel, der sich beim Aufprall gegen sein eigenes Spiegelbild den Flügel bricht. Der Qualen leidet, während neue Federn unter seiner empfindlichen Haut durchbrechen. Und der doch geduldig ist. Hoffnung hat. Der weiß, dass bald der Frühling und mit ihm die Freiheit kommen wird. Dabei wird mir wieder einmal bewusst, wie strikt, falsch und voreingenommen Außenstehende – Nicht-Betroffene – oft über Menschen urteilen, die an Depressionen erkrankt sind. Wie wir uns nur auf ihre innere Düsternis konzentrieren und dabei das Licht übersehen. Auch das wird später noch eine große Rolle bei der Diskussion um die Umstände von Phoebes Tod spielen. Man wird sie als depressive junge Frau mit Alkohol- und Drogenproblemen beschreiben. Als jemanden, der vielleicht gar nicht hätte anders enden können. Man wird Natalie wie auch dem Rest der Familie das nötige Urteilsvermögen absprechen. Ist man befangen, wenn es um jemanden geht, den man liebt? Ganz sicher. Ist man trotzdem dazu fähig, bestimmte Themen mit Klarheit zu betrachten? Manche sind es, vielleicht nur ganz wenige.

Andere hingegen verteidigen ihre eigenen Wahrheiten um jeden Preis. Um absolut jeden.

»Ich glaube nicht an das angeborene Böse. Menschen werden böse gemacht. In jedem Leben gibt es Zäsuren, die das Potenzial haben, es nachhaltig zu vergiften. Entscheidend ist die Frage, warum manche es schaffen, sich ihre Menschlichkeit zu bewahren, und andere nicht.«

Henri Faber

True Crime ist …

VERTUSCHUNG

Der Fall Tiahleigh Palmer

Chambers Flat, Queensland/Australien, 30. Oktober 2015

Frühling in Australien. Ein neuer Tag, die Sonne scheint, und Tiahleigh hat ausnehmend gute Laune. Endlich geht es ihr wieder besser. Beim Hiphop kam sie gestern mit den Schritten kaum hinterher, so heftige Bauchschmerzen hatten sie da plötzlich überfallen. Eine Magenverstimmung, richtig schlimm. Abbrechen wollte Tiahleigh den Tanzkurs trotzdem nicht; sie liebt die Musik, liebt es, sich zu bewegen. Keine Choreografie ist ihr zu schwer. Tiahleigh ist zwölf, ein auf den ersten Blick ganz normales Mädchen, das sich neben dem Tanzen für Pferde und seit Kurzem auch für Mode und Styling interessiert. Was sie aber doch ein wenig von ihren Freundinnen unterscheidet, ist ihre Lebenssituation. Seit inzwischen zehn Monaten wohnt sie bei einer Pflegefamilie: den Thorburns. Ein schönes großes Haus, ein weitläufiges Grundstück in Chambers Flat, einem ländlichen Stadtteil von Logan City, eingebettet zwischen Erdbeerfarmen und Pferdekoppeln, eigene Pferde, Hunde und sogar ein Pool. Rick, ihr Pflegevater, besitzt einen Food Truck und restauriert Old-timer, seine Frau Julene betreibt im Haus der Familie eine Kindertagesstätte, und mit ihren beiden neuen Brüdern, dem 18-jährigen Trent und dem 19-jährigen Josh, teilt Tiahleigh die Leidenschaft für das Tanzen. Sie hat Glück gehabt, lebt in einer Umgebung, von der viele andere Heimkinder nur träumen können.

Als sie sieben war, kam sie ins Pflegesystem. Nicht, weil ihre leibliche Mutter Cindy sich nicht um sie kümmern wollte. Im Gegenteil ist es Cindy nicht leichtgefallen, ihr geliebtes kleines Mädchen staatlicher Obhut zu übergeben. Doch es war besser so, davon ist Cindy überzeugt. Die beste Entscheidung, die sie – gerade aus Liebe zu ihrem Kind – zu diesem Zeitpunkt hätte treffen können. Denn Cindy kämpfte mit finanziellen Sorgen und war in einer Beziehung gefangen, in der sie sich jeden Abend vor dem Einschlafen fragte, ob sie den nächsten Morgen noch erleben würde. Ein gewalttätiger Partner, kein Ausweg, nur die dauerquälende Frage: Wer würde sich um Tiahleigh kümmern, wenn ihr als Mutter etwas zustieße? Einen Papa hatte Tiahleigh nicht, zumindest keinen, der jemals eine Rolle in ihrem Leben gespielt hätte. Und Cindys Mutter, Tiahleighs Grandma, wäre zu alt, um diese Aufgabe zu übernehmen.

Die nächsten vier Jahre verbrachte Tiahleigh im Heim und bei wechselnden Pflegefamilien. Mal blieb sie nur über Nacht, mal drei Jahre lang – die typischen Höhen und Tiefen in einem System, das sein Bestes versucht, langfristige Modelle zu schaffen, und doch oft nur auf kurzfristige Lösungen ausweichen kann. Tiahleigh trug es mit Fassung; durch ihr aufgeschlossenes Wesen gelang es ihr schnell, sich auf neue Menschen und Orte einzustellen. Das Wichtigste für sie war, dass sie sich – egal, wo man sie auch unterbrachte – immer noch regelmäßig mit ihrer Mama treffen konnte. Mama … Manchmal war es schön, sie zu sehen, manchmal fühlte es sich an wie ein Stich. Mama ging es nicht gut, das spürte Tiahleigh deutlich. Mama war dünn wie ein Strich, nachdem sie angefangen hatte, ihren Kummer mit Drogen zu betäuben. Sie wirkte müde und ungepflegt, nachdem sie sich zwar endlich von ihrem gewalttätigen Partner getrennt hatte, nun aber auf der Straße lebte. Und vor allem wirkte sie traurig. Sie würde so gerne um Tiahleigh kämpfen, sie zu sich zurückholen und ihr ein ganz normales Leben bieten. Aber noch fehlte ihr die Kraft dazu, sie hatte sich in einer Spirale verhakt, die nur eine einzige Richtung zu kennen schien. »Aber eines Tages, Mama, stimmt's?« – »Ja, mein Schatz, eines Tages …«

Und dann kamen die Thorburns. Eine Familie wie aus einer kitschigen Frühstücksflockenwerbung, die das Pflegesystem da aufgetan hatte. Ein hart arbeitendes Elternpaar – inklusive einer Mutter, die seit vielen Jahren professionell in der Kinderbetreuung tätig war – und zwei gut erzogene, hübsche Teeniejungs. Ein neues Zuhause, das wie ein Jackpot wirkte. Doch Cindy war skeptisch. Rick, das Familienoberhaupt, kam ihr schon beim ersten Treffen wie ein arroganter Protzer vor. Und hatte er ihr gegenüber tatsächlich damit angegeben, dass er in seinen jüngeren Jahren Mitglied einer Gang gewesen sei, mit Waffen und Prostituierten zu tun gehabt habe? Oder war es nur seine verschrobene Art, Cindy zu sagen, dass er wusste, wie es sich anfühlt, ganz unten zu sein? Seine Art, ihr als lebendes Beispiel vorzuführen, dass kein Schicksal festgeschrieben stand und jeder die Möglichkeit hatte, es wieder auf die Beine zu schaffen? Ein Trost, eine Ermutigung, eine Bitte um einen Vertrauensvorschuss? Möglich, aber Cindy störte sich nicht nur an Rick. Auch der Gedanke daran, dass ein Mädchen, das bald in die Pubertät kommen würde, mit zwei ausgewachsenen Teenagern wie Trent und Josh zusammenleben sollte, behagte ihr nicht. Oder gab es noch einen ganz anderen Grund für ihre Vorbehalte? Hatte sie in Wahrheit Angst davor, dass Tiahleigh aufhören würde, sie zu lieben, wenn sie erst zu den Thorburns gehörte, die ihr doch offensichtlich so viel mehr bieten konnten als sie selbst? Vielleicht, aber welche Rolle spielte das schon noch, nachdem Tiahleigh erfahren hatte, dass es in ihrem neuen Zuhause einen Pool gab? Und Pferde?

»Wir müssen los, Tia«, mahnt Rick seine Pflegetochter liebevoll an diesem Freitagmorgen und streckt ihr den Schulrucksack entgegen. Tiahleigh besucht die siebte Klasse der Marsden State High School, einer weiterführenden Schule für Kinder zwischen sieben und zwölf Jahren. Zu Fuß ist es vom Anwesen der Thorburns aus ein ganz schöner Marsch, mit dem Auto dagegen nur ein Katzensprung. Rick bringt Tiahleigh oft zur Schule, das macht ihm nichts aus. »Du bist ja gut gelaunt heute«, stellt er fest, als das Mädchen singend an ihm vorbeispringt und sich dabei seinen Rucksack greift. Sie fahren los, sind pünktlich wie immer. Rick hält den Wagen gegenüber der Schule. 30 oder 40 Sekunden lang, wird er später aussagen, habe der Stopp gedauert, gerade lang genug, um Tiahleigh aussteigen zu lassen. Sie verabschiedet sich von ihrem Pflegevater, der noch beobachtet, wie sie ein anderes Kind trifft, das sie zu kennen scheint. Gemeinsam gehen sie in Richtung Schulgebäude, und Rick fährt davon. Es wird das letzte Mal sein, dass er Tiahleigh gesehen hat.

Der Anruf kommt um 11.30 Uhr. Julene ist mit ihren Tageskindern beschäftigt, Rick werkelt an einem seiner Autos herum. Die beiden Söhne, Trent und Josh, die eine andere Schule besuchen als Tiahleigh, sind längst aus dem Haus. Rick ist es, der ans Telefon geht. Ein Anruf aus dem Schulsekretariat. Tiahleigh sei nicht zum Unterricht erschienen. »Den ganzen Tag schon nicht?« Rick ist irritiert. Er selbst hat sie doch vor der Schule abgesetzt, er selbst hat doch noch gesehen, wie sie zusammen mit einem anderen Kind in Richtung Gebäude gegangen ist. Nein, den ganzen Tag nicht, lautet die Antwort vom anderen Ende der Leitung, und sie wird von einem resignierten Seufzen begleitet. Tiahleigh ist eine gute Schülerin und noch dazu beliebt, aber es ist nicht das erste Mal, dass sie schwänzt. Gerade in letzter Zeit ist genau das bereits öfter vorgekommen. Für die Schule ist der Anruf bei den Thorburns daher eher als obligatorische Information gedacht und nicht dazu, eine akute Gefahr zu melden. Rick jedoch verfällt sofort in Panik. Diesmal ist etwas anders, das weiß er einfach. Er fährt zur Schule, um sich persönlich von Tiahleighs Fehlen zu überzeugen und um noch einmal Rücksprache zu halten, und schließlich zur Browns Plains Police Station in Logan City, wo er – völlig aufgelöst – eine Vermisstenanzeige aufgibt. Ob Tiahleigh schon einmal weggelaufen sei, wollen die Beamten von ihm wissen. »Ja«, muss Rick zugeben. »Schon öfter, gerade in letzter Zeit. Da hat sie sich dann bei einer ihrer Freundinnen versteckt.« Den Grund dafür kenne er nicht, vielleicht sei es einfach die Pubertät. Und sowieso: länger als ein paar Stunden sei sie bisher nie verschwunden geblieben.

Die Beamten leiten Suchmaßnahmen ein und informieren in diesem Zusammenhang auch Cindy, Tiahleighs leibliche Mutter. Und auch sie, die ebenfalls nicht zu wissen scheint, wo ihre Tochter sich aufhalten könnte, hat sofort ein merkwürdiges Gefühl. Da sie kein Auto besitzt, fährt Cindy mit den öffentlichen Verkehrsmitteln quer durch die Stadt, um Tiahleigh zu suchen. Währenddessen postet Rick einen Aufruf in den sozialen Medien: »Für den Fall, dass eine ihrer Freundinnen Tiahleigh wieder bei sich versteckt: Bitte tut das Richtige und sagt uns Bescheid. Sie muss nach Hause kommen, wo sie hingehört.«

Doch Tiahleigh bleibt unauffindbar, über den Rest des Tages hinweg und auch die ganze Nacht lang. Am nächsten Morgen – es ist Samstag, der 1. November – schreibt ein erkennbar aufgewühlter Rick um 6.12 Uhr auf Facebook: »Wir suchen immer noch nach Tia sie muss doch bei irgendwem untergekommen sein sie hat kein geld sie hasst es in der dunkelheit allein draußen zu sein sie kennt sich hier in der gegend doch noch gar nicht richtig aus, also muss sie bei jemandem sein bitte, alle, die in der umgebung von Logan leben, haltet weiterhin ausschau. wir und ihre mum sind krank vor Sorge um sie bitte.«

Nichts. Tage und Nächte, die vergehen. Tage und Nächte ohne Tiahleigh, ohne jegliche Spur. Cindy und die Thorburns sind erschöpft. Die ganze Stadt sucht nach dem Mädchen, die Polizei, Freunde, Bekannte und Dutzende Freiwillige. Alle fragen sich: Was ist geschehen? Wie ist es möglich, nur wenige Meter vor dem Schulgebäude spurlos zu verschwinden? Die Ermittler versuchen, das Kind zu identifizieren, das Rick zusammen mit seiner Pflegetochter gesehen hat, doch das gelingt nicht. Einige Schüler*innen wollen Tiahleigh an dem betreffenden Morgen gesehen haben, allerdings auch im Schulgebäude, sodass unklar ist, ob es sich dabei nicht auch um falsche Sichtungen, basierend auf Verwechslungen, handeln könnte oder auf Streichen des menschlichen Verstandes, der auf Routine gepolt ist. Nach dem Motto: Tiahleigh ist immer hier, also muss sie es auch an besagtem Tag gewesen sein.

Und dann erfährt Julene es am 6. November, sieben Tage nach Tiahleighs Verschwinden, aus den Morgennachrichten. Rick schläft noch, als sie ins Schlafzimmer eilt. Sie weckt ihn. »Im Pimpama River wurde gestern Abend eine Leiche gefunden. Könnte sie das sein?« Rick richtet sich auf. Nickt. Und antwortet mit: »Ja.«

Angler hatten den Fund gemacht. Ein kleiner toter Körper, ein Kind, ein Mädchen. Nackt bis auf die Unterwäsche lag es im flachen Wasser am Ufer des Pimpama River. Weggeworfen wie Müll. Unkenntlich durch den Verwesungsprozess, Wasser und Hitze hatten bereits ihre Spuren hinterlassen. Obwohl der Pimpama River mehr als vierzig Kilometer weit von Tiahleighs Zuhause entfernt liegt, bestätigt die Obduktion die sofortigen Vermutungen. Sie ist es: Tiahleigh Palmer, die zwölfjährige Schülerin, die vor einer Woche aus Logan City verschwand. Wie genau sie starb, kann bei dem Zustand ihrer Leiche nicht mehr geklärt werden. Sicher ist man sich nur in einem: Das Mädchen wurde ermordet.

Tiahleigh. Tot. »Ich fiel einfach zu Boden«, wird Cindy später den Moment beschreiben, als man ihr die Nachricht überbrachte. »Der Schmerz, den ich fühlte, war so stark, dass ich nichts mehr tun konnte. Ich konnte nichts mehr tun, nur noch weinen.« Und auch die Thorburns weinen um das Mädchen. Ihre süße kleine Tia, die für Rick und Julene wie eine eigene Tochter und für Trent und Josh wie eine kleine Schwester war.

Am 14. November, einem Samstag mit blauem Himmel und strahlendem Sonnenschein, wird Tiahleigh beerdigt. Sie liegt in einem weißen Sarg, der mit rosa-, creme- und lilafarbenen Blumen geschmückt ist. Hunderte von Menschen wollen sich von ihr verabschieden. Die meisten von ihnen, inklusive Cindy und den Thorburns, tragen lilafarbene T-Shirts mit einem weißen Herzaufdruck und den Worten »In liebender Erinnerung an Tiahleigh. R.I.P.« darauf. Lila, Tiahleighs Lieblingsfarbe. Cindy möchte die Trauerrede halten, doch sie kann nicht. Der Pfarrer übernimmt die Aufgabe. »Tia liebte ihre Musik und das Tanzen«, sagt er. »Sie hat sich gerne aufgestylt, ist Shoppen und ins Kino gegangen. Sie hat andauernd einen Handstand gemacht, konnte an keinem Spiegel vorbeigehen, ohne sich darin anzusehen, und hat im Zehn-Minuten-Takt ihre Kleidung gewechselt.« Erinnerungen – typisch Tia –, die die Anwesenden gleichermaßen zum Lächeln und zum Weinen bringen. Cindy umarmt den kleinen Sarg. Rick hilft, ihn zu tragen. Josh und Trent führen zum Gedenken eine extra einstudierte Tanzchoreografie vor. Hunderte von lilafarbenen Luftballons steigen zum Himmel empor, jeder der Anwesenden schickt Tiahleigh damit einen letzten Gruß.

Wer? Wer hat das getan? Während die Angehörigen noch taub sind vor Trauer, machen Detective Inspector Damien Hansen und seine Kollegen vom Morddezernat der Queensland Police Überstunden. Systematisch befragen sie Tiahleighs Umfeld und lassen zudem mehr als 350 registrierte Sexualstraftäter überprüfen. Ebenfalls beantragen sie die Funkmastdaten zahlreicher Mobilfunkanbieter, bezogen auf die Umgebung zwischen Tiahleighs Schule und dem Pimpama River. Ziel ist es, Handys zu identifizieren, die im Zeitraum vom 30. Oktober – dem Tag, als Tiahleigh verschwand – und der Auffindung ihrer Leiche am Abend des 5. November an beiden Orten eingeloggt waren. Ein enormer Aufwand aufgrund der umfangreichen Datenmenge und beispiellos in der Ermittlungsgeschichte des Bundesstaates Queensland –

eine Strategie jedoch, die – genau wie die Befragungen von Tiahleighs Umfeld und der Überprüfung der Sexualstraftäter – keine neuen Spuren ergibt.

»Difficult« – schwierig – nennt Hansen die Ermittlungen. Ein anderer Ausdruck für »wir stecken fest«. Doch der Druck wächst. Nicht nur Tiahleighs Angehörige fordern Aufklärung. Die ganze Stadt ist in Sorge: Was, wenn der Täter es wieder tut? Sich ein weiteres Kind holt? Ist das Leben in und um das ehemals so friedliche Logan City überhaupt noch sicher? Nein, lautet die Antwort für die meisten Einwohner. Eltern eskortieren ihre Kinder nun in die Kindergärten und Schulen hinein, neue Routinen werden etabliert, die bestimmen, dass Erziehungsberechtigte sofort benachrichtigt werden müssen, sobald ein Kind nicht pünktlich erscheint, Schulen und Tagesstätten installieren eigene Überwachungskameras. Schließlich wird sogar eine Belohnung von 250.000 Dollar ausgerufen für den- oder diejenigen, die einen Hinweis zur Aufklärung des schrecklichen Verbrechens liefern können.

Doch aus ergebnislosen Tagen werden ergebnislose Wochen, Monate und letztlich ein ergebnisloses halbes Jahr. Mittlerweile ist es Mai 2016.

Was niemand ahnt: Es gibt tatsächlich jemanden, der einen Hinweis liefern könnte, den entscheidenden Hinweis vielleicht sogar. Ein junger Mann, der mit sich ringt, denn er könnte sich genauso gut irren. Könnte mit seinem Verdacht, wenn er sich als unbegründet erwiese, viel zerstören. Ein Vertrauensverhältnis erschüttern, ein starkes persönliches Band durchtrennen. Andererseits sind inzwischen sechs Monate vergangen, in denen eine Mutter leiden musste. Eine Mutter, die die Trauer, aber auch die Suche nach Antworten grundlegend verändert haben. Cindy ist inzwischen clean. Eine starke und entschlossene Frau. Erst kürzlich hat sie einen

Appell an die Öffentlichkeit gerichtet: »Wir wenden uns an alle, die wissen, was mit Tiahleigh passiert ist. Meldet euch. Wir wollen nicht, dass eine andere Familie erleben muss, was wir gerade durchmachen.« »Der- oder diejenigen, die das getan haben«, hat die Polizei dem öffentlichen Aufruf hinzugefügt, »sollen wissen, dass wir nicht aufgeben werden. Wir haben ein ganzes Team, das sich mit nichts anderem beschäftigt als damit, die Wahrheit herauszufinden.«

Nein, es geht nicht anders, beschließt der junge Mann. Er muss es tun. Am besten anonym für genau den Fall, dass es eben doch nichts zu bedeuten hatte. Er will niemandem schaden, niemanden verleumden. Er will nur sichergehen. Also wendet er sich am 10. Mai 2016 an »Crimestoppers«, eine anonyme Telefonhotline, bei der man Hinweise zu Verbrechen liefern kann, ohne direkt in den Ermittlungsprozess involviert zu werden. Tippgeber erhalten eine Codenummer, anstatt nach ihrem Namen gefragt zu werden, und Anrufe werden nicht zurückverfolgt oder aufgezeichnet. Der unbekannte Anrufer, der sich später als ein Cousin identifizieren wird, stellt Screenshots einer privaten Unterhaltung auf Facebook vom 29. Oktober 2015, dem Abend vor Tiahleighs Verschwinden, zur Verfügung. Hierin wird er gefragt, ob er Zeit für ein Gespräch habe.

– *Hey, hast du Zeit zu reden? Ich muss dringend mit jemandem reden.*
– *Für dich immer! Was ist los?*
– *Ich stecke in Schwierigkeiten und weiß nicht, was ich tun soll. Ich weiß, dir wird es schwerfallen, mir zu glauben, aber es ist die Wahrheit. Bitte, bitte, hilf mir. Mum und Dad sind am Montag los, um Futter für die Pferde zu*

kaufen, und ich war daheim und habe Hausaufgaben gemacht. Nachdem Mum und Dad weg waren, ist Tia zu mir gekommen und hat gesagt, ich solle Sex mit ihr haben, sonst würde sie meinen Hund Lewis töten. Ich hatte vorher noch nie Sex, sie hat mich dazu gezwungen …

Weiter berichtet der Schreiber von den Bauchschmerzen, über die Tiahleigh früher am Tag des Chatwechsels geklagt habe, und macht sich Sorgen, sie könnte nach der Sache am Montag von ihm schwanger geworden sein. Die Unterhaltung schließt mit:

– *Ich will einfach nur, dass das Mädchen aus meinem Leben verschwindet, aber ich weiß ja, dass sie für Mum und Dad auch eine Einkommensquelle ist.*

Der Cousin rät:
– *Ich denke trotzdem, dass du dringend mit deinen Eltern reden solltest. Das ist eine wirklich ernste Sache.*

Und er bekommt zur Antwort:
– *Ja, das werde ich heute Abend noch tun, sobald Mum und Dad nach Hause kommen.*

Detective Inspector Damien Hansen ist fassungslos. Die ganze Abteilung des Morddezernats ist es. Welche Abscheulichkeit, ein zwölfjähriges Mädchen als Initiatorin eines Geschlechtsaktes darzustellen und sich selbst als wehrlos. Eine unfassbare Lüge, ohne Zweifel. Eine, die dem Verfasser der Nachrichten kein Richter der Welt abgekauft hätte, wenn Tiahleigh damit an die Öffentlichkeit gegangen wäre. Doch die Screenshots liefern den Ermittlern nicht nur ein starkes

Motiv, sondern natürlich auch den Namen des Absenders. Es ist Trent Thorburn, Tiahleighs Pflegebruder. Die Ermittler fragen sich, ob Trent am Abend vor Tiahleighs Verschwinden tatsächlich noch das Gespräch mit seinen Eltern gesucht hat. Und wenn ja, zu welchem Entschluss dieses Gespräch geführt haben könnte. Wäre es denkbar, dass …?

Sofort lässt sich Damien Hansen das Material mehrerer öffentlicher Sicherheitskameras schicken, die das Gebiet um Tiahleighs Schule überwachen. Sein Interesse gilt dem Morgen des 30. Oktober 2015, dem Zeitpunkt, als Rick das Mädchen laut seiner Aussage vor der Schule abgesetzt hat. Eine Kamera, welche exakt auf den Eingang der Schule gerichtet ist, gibt es nicht, doch betrachtet man umliegende Kameras wie Fixpunkte auf einem Zeitstrahl, lassen sich zuverlässige Berechnungen erstellen. Das Abgleichen der Bilder bestätigt Ricks Angabe, dass er um 8.10 Uhr die Schule erreicht hat; deutlich erfasst die erste Kamera, wie sein blauer Ford Falcon direkt hinter einem weißen Van in das überwachte Gebiet einfährt – und die nächste, wie er es – im exakt gleichen Abstand zu dem Van – wieder verlässt. Das heißt: es ist schlichtweg unmöglich, dass Rick, wie behauptet, 30 bis 40 Sekunden an der Schule gehalten hat, um Tiahleigh aussteigen zu lassen. Er muss an der Schule vorbeigefahren sein, sonst hätte sich der Abstand zu dem vorausfahrenden Van vergrößert. Nur: warum hätte Rick die Strecke an diesem Tag überhaupt fahren sollen, wenn nicht, um Tiahleigh zur Schule zu bringen?

Die Antwort vermutet Detective Inspector Hansen genau darin: im öffentlichen Videoüberwachungssystem. In ganz Australien wird das sogenannte »CCTV« (»Closed-Circuit Television«) schon seit den 1990er-Jahren im Rahmen der Kriminalitätsprävention und zu Aufklärungszwecken eingesetzt. Allein im letzten Jahrzehnt hat sich die Anzahl der öffentlichen Kameras auf über eine Million verdoppelt, sie sind ein fester Bestandteil der äußeren Umgebung – ihr Anblick ist in den Köpfen der Bevölkerung fest verankert. Und damit gewiss auch bei Rick Thorburn. Hansen sieht in Ricks Fahrt zur Schule am 30. Oktober 2015 ganz klar ein Ablenkungsmanöver. Mit Trent, der ein Motiv hatte, und seinem Vater, der mit seiner unnötigen Fahrt zur Schule möglicherweise versucht hat, die polizeilichen Ermittlungen in eine falsche Richtung zu steuern, festigt sich der grauenvolle Verdacht: War Tiahleighs Ermordung etwa eine Gemeinschaftstat, widerlich definiert als »Familienangelegenheit«?

Hansen bestellt die Thorburns zur Vernehmung ein, konfrontiert sie jedoch nicht direkt mit seinen Vermutungen. Er fragt Rick, ob er das Gebiet um den Pimpama River, wo Tiahleighs Leiche gefunden wurde, kenne. Rick verneint, das Gebiet sei ihm völlig unbekannt. Und auch, als er die Geschehnisse vom 30. Oktober noch einmal rekapitulieren soll, bleibt er bei seiner ursprünglichen Geschichte: ein Morgen wie jeder andere, eine ausnehmend gut gelaunte Tiahleigh. Dann die Fahrt zur Schule und wie sie sich dabei noch über einen geplanten Ausflug zu Seaworld unterhalten haben, weil Tiahleigh sich so sehr wünschte, einmal mit Delfinen zu schwimmen. Sein Halt vor dem Schulgelände und seine Beobachtung, wie Tiahleigh zusammen mit einem anderen Kind in Richtung des Gebäudes gegangen sei. Auch Julene, Trent und Josh bleiben bei ihren Aussagen: Sie haben Tiahleigh am Morgen des 30. Oktober zum letzten Mal gesehen.

Hansen hat nichts anderes erwartet. Wenn er recht hätte, dann würden die Thorburns ihr Geheimnis seit immerhin schon elf Monaten eisern bewahren. Warum sollten sie ausgerechnet jetzt einknicken? Aber der Ermittler hat vorgesorgt. Hat einen Beschluss erwirkt, der ihm erlaubt, die Thorburns zu Hause zu überwachen – und sogar abzuhören. Seine Hoffnung liegt darin, die vier mit seiner neuerlichen Befragung aufgeschreckt und Zweifel gesät zu haben. »Unsere Aufgabe«, so wird er sich 2018 in einem Interview mit der Fernsehsendung ›60 Minutes Australia‹ äußern, »bestand darin, diese starke familiäre Bindung aufzubrechen.«

Und das gelingt: Die Ermittler zeichnen eine Art Krisensitzung bei den Thorburns auf. »Wir müssen bei der Geschichte bleiben, dass sie am nächsten Tag zur Schule gegangen ist«, hört man Julene auf den Aufnahmen. Und Rick instruiert Trent für den Fall, dass die Polizei den Missbrauch herausfindet: »Du sagst einfach, dass sie in dein Zimmer gekommen ist. Du bist aufgewacht, du warst immer noch betrunken, du warst immer noch … was auch immer.« Doch Einigkeit und der unerschütterliche Entschluss zusammenzuhalten scheinen nur noch zu bestehen, solange sich alle vier Familienmitglieder in einem Raum aufhalten. Ein weiteres Gespräch wird aufgenommen, das Julene mit ihrem älteren Sohn Josh im Anschluss heimlich führt. »Wenn wir reinen Tisch machen müssen, dann liegt das an uns beiden. Wir müssen reinen Tisch machen, vor allem, um dich und mich und Trent zu schützen.« »Dad hat die Entscheidung getroffen, diesen Weg zu gehen, und wir sollen nun die Konsequenzen tragen«, fügt Josh hinzu.

Die Aufnahmen belegen: Die ganze Familie hat gelogen, als man sie befragt hat. Ein willkommenes Druckmittel für die Ermittler, denn Meineid ist eine Straftat, die eine langjährige Haftstrafe nach sich zieht. Die Thorburns werden also erneut zur Vernehmung einbestellt. Letzte Chance, lässt Detective Inspector Hansen sie wissen. Und wie er gehofft hat, brechen zwei der Familienmitglieder ein, als man ihnen in Absprache mit der Staatsanwaltschaft eine verminderte Strafe wegen des Meineids zusichert: Julene und Josh.

»Es ging darum, uns zu beschützen, unsere Familie, unser Leben, unseren Stand in der Gemeinde«, beginnt Julene ihr Geständnis. In einem anderen Raum sagt indes Josh: »Wir mussten das Geheimnis bewahren und so tun, als wüssten wir von nichts …« Übereinstimmend berichten die beiden nun, was sich am 29. Oktober 2015, dem Abend vor Tiahleighs Verschwinden, wirklich im Haus der Familie zugetragen hat.

Rückblende: In Tränen aufgelöst sucht der achtzehnjährige Trent das Gespräch mit seinen Eltern. Es sei etwas geschehen, zwischen ihm und Tiahleigh. Er habe Sex mit seiner minderjährigen Pflegeschwester gehabt. Was, wenn Tiahleigh das herumerzählen würde? Er käme ins Gefängnis, sein Leben wäre zerstört. Rick will das nicht zulassen. Diese dumme, unbedachte Sache darf seinen Sohn nicht die Zukunft kosten. Er denkt nach, für sich, im Stillen. Dann weist er seine Familie an, das Haus zu verlassen, für die nächsten mindestens drei Stunden …

In ihrer Vernehmung beharrt Julene darauf, dass sie nicht wusste, was Rick vorhatte. Doch sie fragte eben auch nicht nach, genauso wenig wie die Söhne Trent und Josh. Letzterer sagt aus: »Ich weiß nicht genau, was passiert ist. Dad meinte: ›Je weniger ihr wisst, desto weniger könnt ihr verraten.‹«

Bevor sie aus dem Haus gehen, sieht Julene noch einmal nach Tiahleigh. Das Mädchen sitzt im Schlafanzug auf seinem Bett, Julene sagt ihm Gute Nacht. Als Julene und die Söhne wie verabredet drei Stunden später wieder nach Hause kommen, ist Tiahleigh weg. Rick sagt: »Tia ist nicht mehr bei uns. Ich hoffe, ihr versteht, was das bedeutet.« Julene bohrt nach. »Ich fragte Rick, ob Tia okay ist, und er sagte: ›Es ist alles erledigt‹. Ich fragte: ›Was meinst du damit?‹ Und er antwortete: ›Mach dir keine Sorgen und stell keine Fragen. Ich habe mich darum gekümmert.‹« Josh wird die Situation so beschreiben: »Dad weinte nicht, er schien sehr davon überzeugt zu sein, das Richtige getan zu haben.«

Ricks Instruktionen an seine Familie lauten: Morgen werde ein ganz normaler Tag sein. Tia werde aufstehen, frühstücken und dann von ihm zur Schule gebracht werden. »Ihr werdet sie an diesem Morgen alle noch einmal gesehen haben, klar?«

Die Ermittler vermuten, dass Rick Tiahleigh noch am Abend des 29. Oktober 2015 getötet und ihre Leiche dann im Gartenschuppen abgelegt hat. Am nächsten Morgen fuhr er an der Schule vorbei, um seinem eigenen Szenario Glaubwürdigkeit zu verleihen. Nun wird auch klar, warum er bei dem Anruf aus dem Schulsekretariat sofort über die Maßen panisch reagierte. Warum er gleich wusste, dass diesmal etwas anders war als sonst, wenn Tiahleigh kurzfristig zu Freundinnen verschwand. Er wusste es wirklich. Am nächsten Abend, dem 31. Oktober 2015, fordert Rick seine Familie erneut dazu auf, das Haus zu verlassen. Er müsse tun, was er tun müsse, so seine Begründung. Die Ermittler gehen davon aus, dass er Tiahleighs Leiche aus dem Gartenschuppen geholt, sie in sein Auto verfrachtet und zum Pimpama River gebracht hat. Bewusst habe er dabei sein Handy zu Hause gelassen und sei gezielt nur Straßen gefahren, die außerhalb des Überwachungsbereichs des CCTV liegen.

Cindy ist am Ende. Das Entsetzen, die Wut. Die Menschen, denen sie ihre Tochter anvertraut hat. Die Seite an Seite mit ihr nach Tiahleigh suchten. Rick, der Tiahleighs Sarg getragen hat. Der Cindy umarmte und an ihrer Schulter weinte. Trent und Josh, die extra für Tiahleighs Beerdigung eine Tanzchoreografie einstudiert hatten. Julene, die selbst eine Mutter ist. Wie konnten sie? Sie alle? Elf Monate lang haben sie ihr ins

Gesicht gelogen. Haben alle Welt hinters Licht geführt, aus purer Feigheit, purem Eigennutz. Und doch ist es Cindy, die nun teilweise Morddrohungen bekommt, von Fremden, die ihr die Schuld am Schicksal ihrer Tochter geben. Die ihr vorwerfen, eine schlechte Mutter gewesen zu sein. Hätte sie sich um Tiahleigh gekümmert, wäre das alles nicht geschehen. Haben sie recht? »Ich habe meine Tochter nicht ermordet«, sagt Cindy. »Ich habe wirklich hart gearbeitet, um nicht mehr die Person zu sein, die ich früher war.« Sie weiß, dass ihr Entschluss, Tiahleigh dem Pflegesystem zu übergeben, nicht aus Egoismus heraus erfolgt ist. Sie wollte doch einfach nur das Beste für ihr Kind. Und trotzdem, die Zweifel, der Gedanke, versagt zu haben. »Ich hätte bessere Entscheidungen treffen sollen«, sagt sie leise.

Im Juli 2017 wird Josh Thorburn zu drei Monaten Haft wegen Meineids verurteilt, Julene wegen Meineids und Justizbehinderung zu achtzehn Monaten.

Trent Thorburn, der die Aussagen seiner Mutter und seines Bruders und damit die Gründe und den Ablauf der Geschehnisse zunächst bestreitet, bekennt sich schließlich doch noch schuldig. Im September 2017 wird er wegen Meineids, Strafvereitelung und Inzest zu vier Jahren Gefängnis verurteilt, von denen er letztlich aber nur 16 Monate absitzt.

Und dann ist da noch Rick. Rick, der leugnet. Rick, der sogar versucht, sich mit Tabletten das Leben zu nehmen, um seiner Strafe zu entgehen. Zu dem Vorwurf, Tiahleigh getötet zu haben, sind noch einige weitere hinzugekommen: Rick soll eines der Mädchen aus Julenes Kindertagesstätte vergewaltigt haben, dazu kommen eine versuchte Vergewaltigung an einem weiteren Mädchen und sieben Anklagen anderweitiger sexueller Übergriffe, die zwischen 2015 und April 2016 stattgefunden haben sollen. Im Raum steht damit nun gleichermaßen die Frage, ob er möglicherweise auch seine Pflegetochter missbraucht hat. Ob das der Grund gewesen sein könnte, warum Tiahleigh immer wieder versucht hatte wegzulaufen. Cindy will daran nicht denken. Sie könnte sich vorstellen, dass es so war, aber sie will es nicht. Es ist einfach zu viel. Rick selbst äußert sich auch nicht dazu. Nur des Mordes an Tiahleigh bekennt er sich schuldig und erklärt seine Tat in wenigen Sätzen damit, dass er versucht habe, seinen Sohn zu schützen. Zu den genauen Umständen von Tiahleighs Tod schweigt er sich aus. Am 25. Mai 2018 wird er zu lebenslanger Haft verurteilt.

Damit jedoch kann Cindy sich nicht abfinden. Sie will wissen, wie ihre Tochter sterben musste – eine Frage, die ihr die Rechtsmedizin nicht beantworten kann. Im Juni 2021 wird deshalb ein zusätzlicher Klärungsprozess eingeleitet, bei dem auch Rick erneut aussagen muss. Rick, der sich dafür eine neue Strategie zurechtgelegt hat: Seit einem Nervenzusammenbruch im Gefängnis leide er an partiellem Gedächtnisverlust, doch er habe eine Notiz gefunden, die er während einer Sitzung mit einem Psychologen vor vier Jahren geschrieben habe. Er präsentiert ein zerknittertes Stück Papier und beginnt schluchzend vorzulesen: »In der Nacht, als Tia starb, gerieten sie und ich in einen Streit. Sie packte ihre Tasche, verließ das Haus und ging die Auffahrt hinunter. Ich habe versucht, mit ihr zu reden und sie dazu zu bringen, zurück ins Haus zu kommen.« Dabei habe er seinen Arm um sie gelegt. »Aber sie fing an zu kämpfen. Sie hat mich angeschrien und beschimpft. Ich sagte ihr, sie solle aufhören.« Und dann habe er ihr die Hand auf den Mund gedrückt. »Ich muss sie versehentlich erstickt haben. Ich weiß, eine Entschuldigung kann den Schmerz nicht lindern, den ich vielen Menschen damit bereitet habe, aber es tut mir wirklich leid. Ich weiß, dass ich für Tias Tod verantwortlich bin, und das ist etwas, mit dem ich nur schwer leben kann.«

Das Gericht glaubt ihm nicht, hält die zerknitterte Notiz für im Nachhinein fingiert und stellt auch Ricks angeblichen Gedächtnisverlust infrage. Rick flippt aus. »Go fuck yourselves!«, schreit er durch den Saal, dann wird er abgeführt. Zurück ins Gefängnis, zurück in seine Zelle. Julene, die – wie die beiden Söhne – längst wieder in Freiheit lebt, besucht ihn regelmäßig. »Er hat doch niemand anderen«, wird sie in einem Interview von ›The Courier Mail‹ zitiert. »Ich habe ihm vor 30 Jahren das Versprechen gegeben ›in guten wie in schlechten Zeiten‹. Das ist eine Verpflichtung.«

Unfassbar findet Cindy Julenes Verhalten. Genauso wie das von Josh und Trent, die ausgelassen Trents 21. Geburtstag feiern und unter den Augen der Öffentlichkeit an einem Tanzwettbewerb teilnehmen. Wie sie dem äußeren Anschein nach einfach so weiterleben. »Das ist beleidigend«, sagt Cindy. Sie dagegen hat ihr Leben radikal geändert. Sie hat drei Kinder, lebt in einer stabilen Beziehung und kämpft für eine Neugestaltung des Pflegesystems, mit besonderem Augenmerk auf verbesserte Kontrollmechanismen und Schutzmaßnahmen. Tiahleighs Tod soll und darf nicht umsonst gewesen sein. »Meine anderen drei Kinder müssen ohne ihre Schwester aufwachsen. Ich vermisse sie jeden Tag, ein Teil meines Herzens fehlt.« Aber, so sagt sie bei ›60 Minutes Australia‹: »Ich will mich nicht auf Situationen konzentrieren, die böse Gedanken und schreckliche Bilder in mir auslösen. Ich versuche, positiv zu bleiben und mich an die schönen Zeiten zu erinnern. An das Lächeln in ihrem Gesicht und daran, wie sie tanzte …«

Mein Tagebuch: Woran erinnerst du dich am liebsten?

Meine Erinnerungen an Phoebe sind wie Schnipsel. Ihr Lächeln zum Beispiel. Das breite strahlende Lachen, wenn sie glücklich war, oder das freche Grinsen, das ihr Gesicht überzog, wenn sie eine fiese kleine Idee hatte. Dann, wie sie roch. Ihr Haar und ihre Kopfhaut hatten einen starken Eigenduft. Ich muss gestehen, ich mochte ihn nicht besonders. (Ich schätze, dass mein Kopf genauso riecht, weil wir Menschen von Natur aus davon abgestoßen werden, wenn uns etwas zu ähnlich ist.) Als ich nach ihrem Tod ihre Sachen aus der Wohnung von ihrem Freund Ant abholte, stellte ich fest, dass all ihre Kleidungsstücke von diesem speziellen Geruch durchdrungen waren. Zum ersten Mal liebte ich ihn. Ich wollte ihn sofort in mich einsaugen, so als wäre sie *dieser Geruch, ich wollte sie einsaugen und in mir behalten, sie einfangen und für immer bewahren. Ich ging auf direktem Weg in ein Geschäft, um ein paar Vakuumbeutel zu kaufen, in die ich ihre Kleidung verpackte. Es ist jetzt elf Jahre her, seit sie gestorben ist, und manchmal öffne ich einen der Beutel, nur ganz kurz. Der Geruch ist immer noch da.*

Zweimal seit ihrem Tod habe ich ihren Duft gerochen, einfach so, als wäre sie gerade an mir vorbeigegangen. Er war nur flüchtig, aber so deutlich, dass ich mich dabei ertappte, wie ich mit meiner gierigen Nase versuchte, ihm nachzufolgen; gierig, sie zu finden und zurückzuholen, wenn auch nur für ein oder zwei Sekunden. Doch da war nichts mehr. Ich fragte mich, ob ich mir das nur eingebildet hatte, aber dann dachte ich: Nein, das war echt. Sie war hier und hat mir ein Geschenk hinterlassen. Genauso, wie wenn sie mich in meinen Träumen besucht. Mein Lieblingstraum … einmal, sehr kurz nach ihrem Tod, träumte ich, wie ich inmitten eines riesigen Felds stand, ein Feld mit langem, trockenem Gras, das sich sanft im Wind wiegte. In der Mitte des Feldes stand ein mächtiger Baum. Er hatte ein ausladendes grünes Blätterdach (ein bisschen wie eine große Eiche) und einen ganz bestimmten, besonders starken Ast, der weit nach unten ragte. Während ich dastand und den Baum bewunderte, landete ein prächtiger orangefarbener Phönix mit seinen riesigen ausgebreiteten Flügeln auf dem niedrigen Ast vor mir. Er wendete seinen Kopf in meine Richtung und sah mir direkt in die Augen. In meinem Traum wusste ich, dass das Phoebe war. Ich wachte auf, mit einem unheimlichen Glücksgefühl, das ich noch tagelang in mir trug. Bis heute kann ich mich an diesen Traum erinnern, und er ist immer noch genauso lebhaft wie in jener Nacht.

Es macht mich traurig, dass manche Erinnerungen mit den Jahren verblassen und nur noch Fotos davon übrig bleiben. Andere Erinnerungen haben sich für immer in mir eingebrannt, in jede Zelle meines Seins. Das sind mit Abstand die wertvollsten. Ich muss einfach darauf vertrauen, dass sie für immer in mir sein werden, auch wenn ich vielleicht nicht in jedem Moment auf sie zugreifen kann. Aber sie sind trotzdem da, ganz bestimmt.

Ich will nicht behaupten, dass ich inzwischen wüsste, wer und wie Phoebe war. Ich kannte sie nicht persönlich, für mich wird sie niemals mehr sein können als die Erzählungen ihrer Mutter. Doch so wie Natalie ihre Erinnerungen als Schnipsel beschreibt, haben sich bei mir Schnipsel von Eindrücken angesammelt. Und natürlich bastele ich mir diese Schnipsel zu einem Bild zusammen, und natürlich halte ich es in manchen Momenten für echt. Aber es ist nur ein Bild, nur ein Bild, und vor allem auch sehr viel Einbildung. Mit Vernunft betrachtet ist mir das völlig klar. Bloß ist das mit der Vernunft wohl eben auch so eine Sache. Sie lässt sich gerne betrügen. Gestern Nacht zum Beispiel wachte ich grundlos auf und hatte plötzlich einen Geruch in der Nase. Lavendel und etwas Holzartiges. Ich knipste das Licht an. Keine Duftkerze in meinem Schlafzimmer, keine Räucherstäbchen, nichts dergleichen konnte ich als nachvollziehbare Quelle ausmachen. Ich habe nicht weiter bei Natalie nachgefragt, wie sie Phoebes Duft beschreiben würde, aber ich hatte einen ziemlich irrsinnigen Gedanken im ersten Moment. Im nächsten dachte ich, dass ich mit aller Wahrscheinlichkeit überhaupt nichts gerochen hatte. Dass ich mittlerweile einfach nur sehr tief in diesem Projekt steckte, dass es mich verfolgte, sogar bis in meinen Schlaf. Ich hätte genauso gut von einem orangefarbenen Phönix träumen können. So etwas kann der menschliche Verstand, für derlei Dinge sind wir anfällig, und als Autorin bin ich es vermutlich ganz besonders. Ein Teil von mir mahnt mich, einen Schritt zurückzutreten, etwas Abstand zu gewinnen. Ohne Abstand keine Objektivität. Ein anderer Teil findet, das widerspricht der Intention dieses Projekts. Wie soll ich auch nur ansatzweise etwas nachvollziehen können, wenn ich auf Distanz gehe, sobald die platte Theorie ein wenig Relief bekommt? Nein, das wäre nicht richtig. Ich will wissen, wie es Natalie bei all dem geht. Wie es sich für sie anfühlt, ihre Geschichten über Phoebe mit mir zu teilen. Sie antwortet:

Ich erzähle gerne Geschichten über sie, aber ich tue es nicht sehr oft. Und wenn, dann meist im Kreis der Familie. Aber ich denke natürlich viel an sie, und gerade bei den alltäglichen Dingen fällt mir immer wieder etwas ein, was sie einmal gesagt oder getan hat. Manchmal denke ich auch einfach: Das würde Phoebe jetzt gefallen. Zum Beispiel, wenn ich ein bestimmtes Kleidungsstück sehe und wünschte, ich könnte es ihr kaufen. Ich wünschte mir so vieles. Seitdem ich dir schreibe, sind viele Erinnerungen wieder hochgekommen, was wirklich gut ist. Ich empfinde diesen Prozess als eine reinigende Erfahrung. Ich habe das jahrelang vermieden und dabei gemerkt, wie viel Unausgesprochenes sich in mir angestaut hat. In meinen Gedanken habe ich das oft formuliert, aber ich habe es nie zu Papier gebracht.

Die Bilder, die ich in meinem Kopf habe, erhalten sie am Leben. Manchmal, wenn ich die 600 Kilometer zu meiner Mutter nach Mallacoota fahre, habe ich das Gefühl, Phoebe sitzt neben mir auf dem Beifahrersitz. Wir liebten es, zusammen an die Küste zu fahren, wir liebten es überhaupt, gemeinsame Ausflüge zu unternehmen. Ich denke, die Wahrheit ist, dass es mir wirklich schwerfällt, einzusehen, dass sie tot ist. In meinem Inneren lebt sie noch, ich fühle ihre Gegenwart.

Was die Liebe kann, denke ich und staune. Wie sie uns einfach alle am Leben erhält. Die, die gegangen sind. Die, die übrig bleiben. Wie sie keimen lässt, was wir brauchen, um durchzuhalten, oft über Jahre. Glaube, Liebe, Hoffnung. Was wären wir ohne all das? Wir würden existieren, das schon. Würden versuchen, uns irgendwie anzupassen. Wir wären ein Name und ein Körper, aber mehr auch nicht.

»Ich habe großen Respekt vor der wirklichen Welt und vor den Verbrechen, die da draußen in der Realität geschehen. Das erschüttert mich mehr, als jede fiktive Geschichte es jemals könnte. In der Fiktion halte ich die Fäden in der Hand und kann den Blick meiner Leser*innen bewusst lenken. Dabei ist es mir wichtig, meine Leser*innen nicht mit dem Grauen allein zu lassen, sondern ihnen auch immer einen Lichtblick aufzuzeigen.«

Bernhard Aichner

True Crime ist …

ANPASSUNG

Der Fall Shawn Hornbeck

Kirkwood, Missouri/USA, 8. Januar 2007

Shawn weiß, wie es ist. Weg zu wollen, aber nicht zu können. Er kennt die Angst. Er würde dem Jungen gerne sagen, dass sie nachlässt, oder dass man auf eine merkwürdige Art und Weise wenigstens lernt, mit ihr zu leben. So wie man – merkwürdigerweise – auch mit allem anderen zu leben lernt. Die Berührungen, die Gewalt – sie sind schlimm, aber sie werden dich irgendwann nicht mehr brechen. Nur vor einem sollte man sich hüten: vor der Hoffnung. Die Hoffnung ist der schlimmste Schmerz, und vor allem ein hartnäckiger. Wie ein Stachel, den man sich eintritt und einfach nicht mehr loswird.

Shawn lässt es, er sagt nichts von alledem. Er ahnt, dass es dafür noch zu früh ist. Ben, so heißt der Junge, würde das jetzt noch nicht verstehen, dazu muss er erst länger hier sein.

Ben ist 13. Sie haben ihn entführt. Haben ihn sich heute geschnappt, im etwa 60 Kilometer entfernten Beaufort, nahe einer Bushaltestelle, kurz nachdem er aus dem Schulbus gestiegen war. Es ging nicht explizit um ihn, es hätte jeden Jungen treffen können; Hauptsache, er passte ins Altersschema.

Ben war einfach nur da, zur falschen Zeit am falschen Ort. Er hat geweint und gestrampelt, als Michael ihn in den rostigen weißen Pick-up-Truck zog. Shawn wollte das nicht. Aber Michael ist derjenige mit der Waffe. Derjenige, dessen Hände sich schnell und gnadenlos um deinen Hals legen, wenn du einen Fehler machst. Er hatte darauf bestanden, dass Shawn dabei war, ganz bewusst hatte er ihn zu seinem Komplizen gemacht. Mitgefangen, mitgehangen.

Shawn weiß, dass er Ben vor Michael beschützen muss. Er weiß, wozu Michael fähig ist. Niemand kennt ihn so wie er, dabei leben sie nicht etwa abgeschieden auf einer Farm oder sonst wo in der Ödnis, sondern inmitten von Menschen, in einem mehrstöckigen heruntergekommenen Apartmentkomplex in Kirkwood, einer Gemeinde mit immerhin gut 27.000 Einwohnern. Als besonders nett würde sicherlich keiner der Nachbarn Michael beschreiben. Er gehört zu denen, die sofort einen Abschleppwagen rufen, wenn jemand auf dem Anwohnergelände auch nur ein paar Zentimeter falsch parkt, oder die sich beschweren, wenn die Kinder beim Spielen im Innenhof zu viel Lärm veranstalten. Ansonsten würden wohl alle sagen, dass der stämmige, dunkelhaarige Mann, der mit seinem fünfzehnjährigen Sohn Shawn ein Apartment im Erdgeschoss bewohnt, eher zurückgezogen lebt. Ein Regelverfechter, ein Kauz, ein Typ, der mit Sicherheit nicht den Titel »Nachbar des Jahres« gewinnen würde, aber im Grunde völlig harmlos ist. Bellende Hunde beißen nicht, heißt es. Michael schon. Und wie er beißt. Er zerfleischt dich, von innen und außen.

Ben weint. Er will nach Hause. Shawn versucht, ihn zu beruhigen. Ben wird noch schnell genug merken, dass das hier jetzt sein Zuhause ist. Sein Schicksal. Alles, was Shawn tun kann, ist, für ihn da zu sein. Sich Michael in den Weg zu stellen, wenn er Ben zu nahe kommt. Sich selbst anzubieten, um dem Jüngeren zu ersparen, was eine Seele irreparabel in Stücke reißt.

Pam und Craig suchen nach ihrem Sohn. Die Polizei sucht nach ihm. Vergeblich. Pams und Craigs gesamte Ersparnisse fließen in die Suche. Sie machen sein Bild publik, sorgen dafür, dass sein Gesicht in allen Zeitungen und auf allen Fernsehkanälen zu sehen ist. Jeder soll es kennen, irgendjemand muss doch einen Hinweis liefern können. Sie treten in einer Talkshow auf, bei Montel Williams auf CBS. Auch ein Medium ist eingeladen, eine sehr bekannte Frau, die schon oft bei Kriminalfällen hinzugezogen worden ist.

»Ist er noch am Leben?«, fragt Pam das Medium.

»Nein«, bedauert die Frau. Der Junge liege zwischen zwei Felsen in einem Waldgebiet begraben. Mutter Pam und Stiefvater Craig sind am Boden zerstört. Aufgeben werden sie trotzdem nicht. Sie werden nicht ruhen, bis sie ihn gefunden haben. Sie funktionieren, wie Maschinen, zumindest tagsüber. Nur abends erlauben sie sich emotionale Momente, erlauben sie es sich zu weinen.

»Wie lange werdet ihr nach eurem Sohn suchen?«, fragt sie ein gewisser Shawn Devlin eines Tages über die Kommentarfunktion der Website, die Pam und Craig eigens für die Suche eingerichtet haben. Als kenne die Welt die Antwort darauf nicht, denkt Craig, als er den Kommentar liest. Sie lautet: Wir werden niemals damit aufhören.

Warum geschieht dann nichts?, fragt sich Shawn. Haben sie nicht verstanden, dass er ihnen mit seinem Kommentar einen Hinweis schicken wollte? Nein, anscheinend nicht. Hoffnung, stellt Shawn wieder einmal fest, kann etwas sehr, sehr Schlimmes sein, nur eine schmerzhafte, schmerzhafte Illusion.

Oder doch nicht?

Sein Name ist Mitchell. Er ist fünfzehn Jahre alt und kennt Ben aus der Schule und der Nachbarschaft. Und: er hat eine verstörende Beobachtung gemacht. Ben, der gerade eben aus dem Bus stieg und im nächsten Moment verschwunden war. Hineingezerrt in einen rostigen weißen Nissan Pick-up-Truck, der daraufhin mit quietschenden Reifen davongefahren ist. Mitchell schlägt sofort Alarm, meldet sich bei Bens Eltern und bei der Polizei, der er das Fahrzeug von Bens Entführer bis ins kleinste Detail beschreibt. Das kann er, denn Trucks sind seine Leidenschaft, sein Hobby, er weiß alles darüber. Seine Beschreibung wird sofort herausgegeben, eine Fahndung nach dem Fahrzeug eingeleitet und auch ein öffentlicher Suchaufruf gestartet. Und der Wagen wird erkannt, mehrmals sogar in den nächsten drei Tagen. Der Betreiber einer Pizzeria stellt fest, dass einer seiner Angestellten ein solches Fahrzeug besitzt: Michael, ein netter Kollege – *total unscheinbar*. Hahaha, was für einen Spaß sich die Belegschaft daraus macht: Hey, Michael, hast du es so nötig, dass du neuerdings kleine Jungs entführst? Such dir endlich eine Freundin, Mann! Michael rollt mit den Augen, dann lacht er mit.

Ein paar aufmerksame Nachbarn erkennen das Fahrzeug ebenfalls. Solch eines sehen sie jeden Tag auf dem Gemeinschaftsparkplatz des Wohnkomplexes stehen. Es gehört Mr Devlin, unsympathischer Kerl, aber ansonsten – *total unscheinbar*. Und vor allem: ein Vater. Erst kürzlich hat er seinem Sohn Shawn in genau diesem Auto seine ersten Fahrstunden gegeben. Monster leben nicht unbemerkt in der Nachbarschaft. Monster kriechen nachts aus irgendeiner Ritze hervor, und dorthin verschwinden sie auch wieder.

Gleichzeitig stößt die Polizei selbst auf den rostigen weißen Pick-up-Truck auf dem Gelände des Apartmentkomplexes. Beamte sind eigentlich wegen eines anderen Bewohners gekommen, wegen einer Befragung zu einer ganz anderen Sache. Dieser Bewohner ist nicht zu Hause, doch der Besitzer des weißen Trucks ist es. Die Beamten kennen den Mann sogar, stellen sie fest, als er zufällig in diesem Moment den Müll rausbringen will. Es ist Michael aus der Pizzeria, in der sie manchmal zu Mittag essen. Sie plaudern ein wenig, Michael ist wie immer freundlich. Sie sprechen ihn auf das Auto an. Ja, das sei seins, gibt Michael zu. Als die Sprache jedoch auf den entführten Jungen aus Beaufort kommt, wird er merklich nervös, bricht das Gespräch ab und verschwindet in seiner Wohnung.

Die Beamten sind misstrauisch. Sie rufen das FBI, das nun an Michael Devlins Tür klopft. Er will die Männer nicht hereinlassen, aber sie bemerken, dass sich ein Junge in der Wohnung aufhält, und überreden Michael, sie mit ihm sprechen zu lassen. Der Junge kommt an die Tür. Er sagt, er heiße Shawn und sei in Michaels Obhut, solange sein Vater geschäftlich in New York zu tun habe. Die Ermittler ziehen ab, der Junge passt nicht auf Bens Beschreibung. Trotzdem lassen sie das Apartment und Michael Devlin nun überwachen, irgendetwas stimmt da nicht.

Am nächsten Tag geht Michael wie immer zur Arbeit und bekommt dort Besuch: Die Leute vom FBI tauchen in der Pizzeria auf. Sie sagen, sie haben Reifenspuren an der Stelle gesichert, wo Ben entführt wurde. Abdrücke, die sie gerne mit den Reifen von Michaels Pick-up vergleichen würden; Abdrücke, die im Übrigen immer individuell sind – selbst bei zwei baugleichen Fahrzeugen mit demselben Reifentyp – und somit forensisch sehr aufschlussreich.

Michael senkt den Kopf. Er weiß es sofort. Es ist vorbei.

Sie haben ihn. »Ich bin ein böser Mensch«, sagt er und gibt zu, dass Ben sich in seiner Wohnung aufhält. Die Ermittler nehmen Michael in Gewahrsam und fahren zurück zu den Kirkwood Apartments. Dort finden sie Ben. Vier Tage sind seit seiner Entführung vergangen. Ob sie hier seien, um ihn nach Hause zu bringen, fragt der Junge. Ja, das sind sie. Auf der Couch, still und in sich gekehrt, sitzt derweil Shawn. Es ist vorbei. Im Gegensatz zu Michael ist ihm nicht sofort bewusst, was das bedeutet. *Vorbei.* Nicht nach vier Tagen wie für Ben, sondern nach unfassbaren 1.558. Zwar sind die Ermittler nicht wegen ihm gekommen, sondern wegen Ben, dem Dreizehnjährigen, den Michael sich am Montag in Beaufort an der Bushaltestelle geschnappt hat. Aber durch Ben haben sie auch ihn gefunden: Shawn Hornbeck, der seit dem 6. Oktober 2002, seit mehr als vier Jahren, als vermisst gilt. Shawn Hornbeck, den zu suchen – fast – alle aufgegeben hatten. Den man für tot gehalten hat, begraben zwischen zwei Felsen in einem Waldgebiet.

Elf Jahre war er alt, als es geschah, und er lebte in Richwoods, Missouri, knapp 90 Kilometer von Kirkwood entfernt. Eine kleine Gemeinde mit 1.500 Einwohnern, idyllisch im Grünen gelegen, sicher in jedermanns Wahrnehmung. Ein Ort, wo man nachts seine Türen unverschlossen ließ. Es war ein Sonntag, als Shawn mit seinem Fahrrad durch die Gegend fuhr. Derselbe Tag, an dem der damals 37-jährige Michael Devlin mit seinem Truck in derselben Richtung unterwegs war. Michael kannte die Gegend, in der Shawn wohnte. Nur wenige Kilometer von dort entfernt ging er an einem der zahlreichen Seen regelmäßig zum Angeln oder Campen. Devlin mit seinem Truck streifte Shawn auf seinem Fahrrad. Er hielt das Fahrzeug, stieg aus, tat besorgt, Shawn könnte verletzt sein. Im nächsten Moment zerrte er den Jungen in seinen

Wagen. Michael, 150 Kilo schwer, über 1,80 Meter groß, mit einer Waffe, und der kleine Shawn, ein Fliegengewicht, das keine Chance hatte.

Michael missbrauchte das Kind mehrmals, anschließend legte er seine Hände um den Hals des Jungen, drückte, drückte, drückte zu. Shawn röchelte, krächzte, bettelte verzweifelt. Er würde alles tun, wenn der Mann ihn nur am Leben ließe. Ein Deal mit Devlin, ein Deal mit dem »Devil«.

Die ersten Monate verbrachte Shawn gefesselt und mit Klebeband über dem Mund in Devlins Apartment, ausgeliefert, jederzeit. Devlin selbst lebte nach außen hin ganz normal weiter. Manchmal, in der Mittagspause, entschuldigte er sich bei seinem Boss, er müsse kurz nach Hause, um sich um seine kranke Katze zu kümmern. Nach und nach jedoch gestand er Shawn immer mehr Freiheiten zu. Shawn durfte Xbox spielen und sogar ins Internet, wo er am 1. Dezember 2005 – gut drei Jahre nach seiner Entführung – heimlich einen Kommentar auf der Website hinterließ, die seine Eltern für seine Suche eingerichtet hatten. Er hatte Freunde in Kirkwood, die ihn regelmäßig besuchten und mit denen er sogar draußen unterwegs war. Alle hielten ihn für Michael Devlins Sohn. Einzig ungewöhnlich schien zu sein, dass der Junge offenbar keine Schule besuchte. Doch auch dafür ließen sich Erklärungen finden. In früheren Jahren Homeschooling, später ein Schulabbrecher – so was kam vor.

Einmal – ungefähr zehn Monate nach seiner Entführung – hatte Shawn sogar direkten Kontakt mit der Polizei. Sein Fahrrad war aus dem Hof des Apartmentkomplexes gestohlen worden, Shawn und sein »Vater« zeigten den Diebstahl an. Alles in allem würde über diese Umstände und Gelegenheiten im Nachhinein noch viel diskutiert werden, denn: Warum hatte Shawn sich seinen Freunden nicht anvertraut?

Die Nachbarn nicht um Hilfe gebeten? Oder die Polizisten, die die Anzeige wegen des Fahrraddiebstahls aufgenommen hatten? Warum hatte er nicht versucht zu fliehen, wenn er ohne Michaels Aufsicht draußen unterwegs war?

In diesem Moment aber zählt nur eins: Mit Ben Ownby wurde auch Shawn Hornbeck gefunden.

Bei Pam und Craig klingelt das Telefon. »Ich werde mich für den Rest meines Lebens an diesen Anruf erinnern«, wird Shawns Stiefvater Craig später von der Presse zitiert. »Man darf niemals die Hoffnung verlieren. Hoffnung bringt uns durch die dunkelsten Zeiten. Was hier geschehen ist, zeigt, dass es sich immer lohnt, sich seine Hoffnung zu bewahren.«

Shawn und Ben kehren zu ihren Familien zurück. Die Presse berichtet ausgiebig über »Das Wunder von Missouri«. Beide Jungs leben, doch was sich im Detail hinter der Tür der Erdgeschosswohnung in Kirkwood abgespielt haben muss, hat Spuren hinterlassen. Mithilfe von Therapien und dem Beistand ihrer Familien machen Shawn und Ben erste anstrengende Schritte zurück in ihr altes Leben.

Dass sich mitten unter ihnen ein Monster bewegte, ist für viele Menschen aus Michael Devlins Umfeld unbegreiflich. Sein Chef beschreibt ihn als intelligent und belesen, als einen, der immer wusste, was in der Welt vor sich ging, und deshalb mit der Kundschaft gut Small Talk machen konnte. Er erzählt von Devlins Übergewicht, von dessen Diabetes-Erkrankung und wie ihm deswegen zwei Zehen amputiert werden mussten. Aber: »Es wirkte nicht so, als hätte er Komplexe. Er schien völlig normal zu sein. Bis zu dem Zeitpunkt, als man ihn in seinem orangefarbenen Gefängnisoverall im Fernsehen zeigte, war ich davon überzeugt, dass sie den Falschen hatten. Ich konnte mir das alles einfach nicht vorstellen.« Dass jahrelang ein Junge bei Devlin gewohnt hatte, sei ihm ebenfalls neu gewesen. »Wir dachten alle, er lebt allein.«

Im Oktober 2007 beginnt das Strafverfahren gegen Michael Devlin. Über 80 Anklagepunkte stehen auf der Liste der Staatsanwaltschaft, darunter Missbrauch, Entführung und versuchter Mord. Das Urteil: mehr als zwanzigmal lebenslänglich. Der heute 56-jährige Michael Devlin wird das Gefängnis nie wieder verlassen.

Warum Shawn sich nie bemerkbar gemacht habe. Niemals einen Fluchtversuch unternommen habe. Als die öffentliche Ehrfurcht über das »Wunder von Missouri« langsam abklingt, werden Fragen laut. Fragen, die Shawns Mutter Pam wütend machen. »Shawn ist hier das Opfer«, stellt sie bei ›Good Morning America‹ im Fernsehen klar. »Niemand hat das Recht, über ihn zu urteilen.«

Denn niemand hat erlebt, was Shawn erleben musste.

Doch damit ist die öffentliche Neugier nicht gestillt. Die Medien ziehen Vergleiche heran, erinnern an ähnliche Fälle. An den der Millionenerbin Patty Hearst, die 1974 im Alter von 19 Jahren von einer linksradikalen Gruppierung entführt wurde, sich in einen ihrer Entführer verliebte und der Gruppe schließlich bei mehreren gewalttätigen Aktionen half. An den Fall der Österreicherin Natascha Kampusch. Oder an die Entführungen von Cleveland. Hierbei hatte der damals 42-jährige Busfahrer Ariel Castro von 2002 bis 2004 drei junge Frauen im Alter von 21, 17 und 14 Jahren entführt und in seinem Haus gefangen gehalten. Eines seiner Opfer bekam ein Kind von Castro, ein weiteres erlitt mindestens fünf Fehlgeburten. Erst im Mai 2013 endete das Martyrium der Frauen, als es einer von ihnen gelang, einen Nachbarn zu alarmieren.

In den beiden letzten Fällen sind Jahre vergangen, bis die Opfer sich befreien konnten – und das, obwohl es vermutlich schon früher Möglichkeiten zur Flucht gegeben hätte. Im Fall von Patty Hearst musste die Polizei die junge Frau sogar erst zusammen mit ihren Kidnappern verhaften, denn freiwillig hätte Patty ihr neues Leben mit der Gruppe zu diesem Zeitpunkt nicht aufgegeben.

Wie kann das sein?

»Nach der erschreckenden Hilflosigkeit in den ersten Momenten der Entführung setzt eine Art Anpassung ein«, erklärt Dr. Robert Pynoos vom »UCLA Duke National Center for Child Traumatic Stress« in einem Interview mit dem Fernsehsender ABC. Diese Anpassungen nehmen oft die Form des sogenannten Stockholm-Syndroms an, ein Phänomen, das nach einem Banküberfall in Schweden im Jahr 1973 benannt ist. Sechs Tage lang hielten die Räuber die Bankmitarbeiter als Geiseln – Opfer, die mit der Zeit eine emotionale Verbindung zu ihren Geiselnehmern aufbauten, die selbst noch über den Zeitpunkt ihrer Befreiung hinausdauerte. Vor allem aber ein Phänomen, das man nicht bewerten sollte, wenn man das Glück hat, niemals in die Lage eines Opfers geraten zu sein.

»Eine instinktive Rückkehr in die frühe Kindheit«

Im Gespräch mit Dr. Frank Ochberg, Psychiater und Pionier der Traumaforschung, Florida

Dr. Frank Ochberg, geboren 1940 in New York City, gilt als Mitbegründer der modernen Psychotraumatologie. Als Absolvent der medizinischen Fakultät der Harvard-Universität und der Johns Hopkins Medical School hat er unter anderem an der Definition und Erforschung der posttraumatischen Belastungsstörung (PTSD) mitgewirkt. Außerdem hat er das Stockholm-Syndrom nach seiner Entdeckung durch den Psychiater Nils Bejerot Anfang der 1970er-Jahre weiter erforscht und anhand seiner Erkenntnisse unter anderem Scotland Yard und das FBI bei der Lösung von Geiselnahmen und Entführungen vor Ort unterstützt. Für seine Arbeit erhielt er zahlreiche Auszeichnungen, unter anderem den »Lifetime Achievement Award« der »ISTSS« (»International Society for Traumatic Stress Studies«).

R. H.: Ich kann es kaum fassen, dass ich mit Ihnen telefonieren darf.

Dr. Ochberg: Ach, ich telefoniere gerne, besonders über den großen Teich hinweg. Von solchen Gesprächen profitiert und lernt man selbst in meinem Alter mit 82 noch.

R. H.: Von mir werden Sie wohl eher nichts lernen, aber andersrum könnte ein Schuh draus werden. Ich versuche nämlich, das Stockholm-Syndrom zu verstehen.

Dr. Ochberg: Wunderbar, legen Sie los!

R. H.: Bei einigen Kriminalfällen – bei Entführungen oder Geiselnahmen – beobachten wir das Phänomen, dass ein Opfer sich mit dem Täter solidarisiert, mit ihm zu sympathisieren beginnt oder sich zumindest widerstandslos in die Rolle fügt, die ihm der Täter zugedacht hat. Manchmal sogar über viele Jahre hinweg, und obwohl es mitunter sogar Fluchtmöglichkeiten gäbe. Ich denke, dass dieses Verhalten wohl ausgelöst wird, weil wir unter allen Umständen überleben wollen, oder?

Dr. Ochberg: In manchen Fällen ja. Aber beim Stockholm-Syndrom basiert die Erklärung *nicht* so sehr auf einem *Willen* als eher auf einem *Instinkt.* Sie verfehlen meinen Standpunkt zum Stockholm-Syndrom, wenn Sie den Ausdruck »Überlebenswille« verwenden.

R. H.: Sie meinen, weil unser Wille auf etwas Bewusstem fußt?

Dr. Ochberg: Richtig! Es geht vielmehr um eine instinktive Rückkehr in die frühe Kindheit. Sie können das vergleichen mit einem Baby, das Gefühle zu seiner Mutter entwickelt. Und die Mutter, die in diesen Fällen normalerweise ein Mann ist, entwickelt gleichermaßen positive Gefühle gegenüber der Geisel. So kann es geschehen, dass die Außenwelt zu einem gemeinsamen Feind wird, der fähig wäre, etwas weitaus Schlimmeres zu tun als das, was man sich in dieser »Eltern-Kind-Beziehung« antun könnte.

R. H.: Aber nicht jedes Opfer wird ja ausschließlich gut behandelt. Viele werden missbraucht oder geschlagen oder anderweitig bestraft, wenn sie sich dem Willen des Täters widersetzen. Wie ist es da möglich, so eine Bindung zu entwickeln?

Dr. Ochberg: Denken Sie an Kinder, die in einem Haushalt mit einem missbräuchlichen Elternteil aufwachsen. Diese Kinder lieben und verteidigen ihre Eltern trotzdem. Oder denken Sie an Frauen, die von ihren Partnern geschlagen werden, und dennoch bei ihnen bleiben. Sie werden abwechselnd gut und dann wieder grausam behandelt, ein Zyklus aus Belohnung und Bestrafung. So etwas nennt man »Traumabindung«. Es gibt viele Varianten davon, das Stockholm-Syndrom ist nur eine.

R. H.: Kann man sagen, wie lange es ungefähr dauert, bis so eine Bindung zwischen Opfer und Täter aufgebaut wird?

Dr. Ochberg: Das ist unterschiedlich. Manchmal geschieht es innerhalb der ersten paar Minuten, manchmal nach Tagen. Bei den meisten Fällen, die ich studiert habe, ging die Tendenz in Richtung eines Tages.

R. H.: In vielen Fällen wird immer wieder über ungenutzte Fluchtmöglichkeiten diskutiert. Ist das fair den Opfern gegenüber?

Dr. Ochberg: Ihre Frage impliziert, dass Sie sich Ihre Meinung dazu bereits gebildet haben. Und ich stimme Ihnen völlig zu. Nehmen wir zum Beispiel die drei Frauen, die von Ariel Castro in Cleveland entführt wurden. Eine hielt er elf Jahre lang in seinem Haus gefangen, eine zehn und eine neun. Sogar ein Baby wurde während dieser Zeit geboren! Ich trat in der Gerichtsverhandlung als Sachverständiger auf, und natürlich lautete eine der Fragen, warum die Frauen nicht schon viel früher einen Fluchtversuch unternommen hatten, obwohl es – von außen betrachtet – einige Möglichkeiten dazu gegeben hätte. Aber: Woher hätten die Frauen wissen sollen, dass es wirklich sicher war zu fliehen? Oder dass der Entführer nicht doch im letzten Moment noch auftauchte? Sie dachten, er hätte die Haustür mit Sprengstoff verdrahtet. Und nicht zuletzt gab es da ja auch noch das Kind, das sie unter keinen Umständen in Gefahr bringen wollten. Zusammengefasst würde ich sagen: Es gibt gute Gründe, warum Opfer sich so verhalten, wie sie es tun, und man sollte sich davor hüten, von außen ein Urteil zu fällen. Wobei ich glaube, dass diese Diskussionen überhaupt erst entstehen, weil viele Opfer ihr Verhalten später selbst nicht mehr so recht begründen und erklären können. Das ist ein nicht zu unterschätzender Teil des Stockholm-Syndroms und ein klarer Hinweis darauf, dass wir es nicht mit dem freien Willen zu tun haben, sondern mit Instinkt.

R. H.: Verstehe. Was geschieht denn eigentlich danach? Das Opfer wurde befreit oder konnte eben doch fliehen. Wie lange besteht diese Bindung zum Täter im Nachhinein noch?

Dr. Ochberg: Auch das ist unterschiedlich. Es können Tage oder Jahre sein. Oft wird das Ende dieser »Beziehung« von einer Depression begleitet oder von einem Trauergefühl, so als wäre ein geliebter Mensch gestorben.

R. H.: Ich muss ehrlich sagen, dass mir nicht bewusst war, wie schwer das Ganze tatsächlich wiegt.

Dr. Ochberg: Ich finde es toll, dass Sie das zugeben können. Sie wollen wirklich etwas lernen. Und ich freue mich, wenn Sie aus diesem Telefonat etwas mitnehmen können. Selbst, wenn Sie letztlich zu einer anderen Schlussfolgerung kommen als ich, dann wird sich unser Austausch trotzdem gelohnt haben. Denn darum geht es im Leben: um den Austausch. Sehen Sie uns an! Uns trennen in diesem Moment Tausende von Kilometern, Jahrzehnte an Lebenserfahrung und kulturelle Unterschiede, und dennoch schaffen wir über diesen Austausch eine Verbindung.

R. H.: Das haben Sie schön gesagt. Eine letzte Frage habe ich noch.

Dr. Ochberg: Ich bin gespannt.

R. H.: In den langen, langen Jahren Ihrer Karriere haben Sie es sicher schon mit den unglaublichsten und mitunter auch grausamsten menschlichen Verhaltensweisen zu tun gehabt. Glauben Sie da noch an das Gute im Menschen?

Dr. Ochberg: Und wie ich an das Gute glaube! Das gilt für echte Menschen, aber auch für die Menschen, die in der Poesie, im Drama oder ganz allgemein in der Fiktion dargestellt werden. Sie, Romy, und Ihre schreibenden Kolleg*innen sind wichtig, gerade in Zeiten von Finsternis, Zerstörung und Realitätsverleugnung. Nutzen Sie Ihre Chance, andere zu inspirieren!

Mein Tagebuch: Der Schnitt

In der Woche vor ihrem Tod arbeitete ich in der Wüste bei einer abgelegenen Aborigine Community. Acht Monate hatte ich dort bereits verbracht und war währenddessen nur einmal zu Hause gewesen, um meine Familie zu sehen. Kaum zurück in der Wüste, bekam ich einen Anruf von Phoebe. Sie war gerade mit ihrem Hund Yoshi beim Gassi im Park gegenüber der Balancea Apartments, wo sie mit ihrem Freund Ant lebte. Sie sagte, sie fühle sich sehr durcheinander wegen ihrer Beziehung mit Ant. Sie liebe ihn, aber die Dinge seien schwierig, und sie wisse nicht, ob sie bleiben oder ihn verlassen solle. Das war ungewöhnlich, da sie ihre Beziehung mit Ant normalerweise sehr verteidigte und kaum über Probleme sprach. Ich riet ihr, auf ihre innere Stimme zu hören. Bei aller Verwirrung wusste sie tief in ihrem Inneren bestimmt schon genau, was sie tun wollte. Es ist die Angst, sagte ich ihr, die uns oft davon abhält, das zu tun, was wir eigentlich für uns tun müssten, und vielleicht würde es sich lohnen, sich einmal näher mit dieser Angst zu beschäftigen, zu hinterfragen, wovor genau sie sich eigentlich fürchtete. Dazu schlug ich ihr einen Clip mit dem Titel ›Fear‹ von Neale Donald Walsch[2] *auf YouTube vor. Sie*

2 Neale Donald Walsch ist ein US-amerikanischer Autor spiritueller Bücher. Bekannt durch seine Bestseller-Trilogie ›Gespräche mit Gott‹.

sagte, den würde sie sich ansehen, und wir legten auf. Später an diesem Tag schickte sie mir eine Nachricht, dass sie sich das Video angesehen habe, und fügte hinzu: Danke, Mama. Genau das habe ich gebraucht.

Noch immer sehe ich mir das Video von Zeit zu Zeit selbst an und frage mich dabei, ob es möglicherweise genau die Entschlossenheit in ihr ausgelöst hat, die sie letzten Endes in ihr Verderben stürzte. Die Antwort darauf werde ich nie erfahren, aber der Gedanke beunruhigt mich …

Ich glaube, wir spüren es beide. Wir bewegen uns auf den Punkt zu, an dem wir über Phoebes Tod sprechen werden, über den konkreten Tag, der alles verändern würde. Natalie weiß, dass ich bestimmte Fragen nicht stellen werde, dass wir nicht über die Abläufe reden werden, das Blut oder den Zustand, in dem man Phoebe fand. All diese Informationen habe ich bereits, es gibt jede Menge offizieller Berichte dazu. Doch selbst auf einer anderen Ebene können wir Phoebes Todestag nicht ganz ignorieren, denn er ist nun mal der Schnitt, der das Leben, wie es vorher war, von dem trennt, wie es jetzt ist. Wir erreichen diesen Punkt, wir sehen ihn kommen, wie ein Gewitter, das bereits den Horizont verdunkelt, das näher und näher rückt, aber noch tun wir so, als könnten wir uns ein Stückchen blauen Himmel bewahren. Wir reden über Bäume. Bei Natalie, die auf der anderen Seite der Erde lebt, ist es gerade Sommer und sehr heiß. Sie schimpft über die Hitze, während sie in ihrem Garten sitzt und Schatten unter einem der vielen Gummibäume sucht. Ich schreibe, dass wir in Deutschland gerade Winter haben und dass ich friere. Und dass ich noch nie einen Gummibaum in freier Wildbahn gesehen habe. Ich kenne nur die mickrigen Dinger, die man, in Plastiktöpfe gepflanzt, in der Gartenabteilung im Baumarkt kaufen kann. Natalie schickt mir ein Foto – *schau, das ist ein Gummibaum* –, dafür habe sie keine Ahnung, wie ein deutscher Wald aussehe. Ich habe ihr längst erzählt, dass ich in einem kleinen Haus am Waldrand lebe, und sage: Ein deutscher Wald – das sind lauter nackte Weihnachtsbäume. Wir verabschieden uns nicht mehr mit Grüßen, sondern mit Umarmungen, und berichten einander von unseren Wochenendplänen. Samstags muss Natalie meistens arbeiten. Sie hatte schon viele Jobs, viel Gemeinnütziges war dabei, Arzthelferin oder jetzt aktuell im Gastgewerbe. So oft wie möglich fährt Natalie nach Mallacoota zu ihrer Mutter. Sie schickt mir ein Foto, ein Ausblick vom Balkon zum Sonnenuntergang. Man sieht darauf das Meer und darüber einen mit schwarzen Wolken durchzogenen dramatischen Himmel in Orange und Blau. Als Antwort schicke ich ihr den Ausblick von meinem Balkon, nackte Weihnachtsbäume biegen ihre Spitzen im Sturm, kein Fitzelchen Sonne, nur Grau.

So seltsam es auch klingt: Natalie ist innerhalb kurzer Zeit zu einem festen Bestandteil meines Alltags geworden. Es ist wie ein Ritual: Während es draußen noch dämmert, mache ich mir meinen ersten Kaffee und öffne meine Nachrichten in dem sicheren Wissen, von ihr zu lesen. Bis zu diesem Morgen. Keine E-Mail von Natalie. Dafür hat jemand anders mir geschrieben, und im ersten Moment mache ich mir Sorgen. War das Ganze doch zu viel für sie? War es vielleicht doch nicht nur eine ausschließlich »reinigende Erfahrung«?

Hat sie *ihn* vorgeschickt, um mir mitzuteilen, dass sie eine Pause braucht?

Die E-Mail stammt von Lorne Campbell.

»Ich schreibe über das Böse, weil ich es als Antagonisten für das Gute brauche – und da beides in jedem von uns steckt, schreibe ich letztlich über Menschen.«

Andreas Winkelmann

True Crime ist ...

ENTSCHLOSSENHEIT

Der Fall Phoebe Handsjuk

Melbourne, Victoria/Australien, 10. Dezember 2010

Victoria Police Melbourne, Morddezernat. Lorne Campbell ist nicht gekommen, um gleich wieder zu gehen. Sie sollen ihm erklären, wie sie so schnell und ohne jegliche Zweifel zu ihrer Schlussfolgerung gelangt sind. Wo ist das Problem? Sie können sich doch auf Augenhöhe mit ihm unterhalten; er kennt ihre Sprache, er kennt das Vorgehen. Immerhin ist er einer von ihnen. *War* einer von ihnen. Ist das der Grund, warum sie sich so bedeckt halten? Ihm das Gefühl geben, sie sähen ihn lieber gleich wieder von hinten? Natürlich laufen manche Dinge etwas anders, seit damals, als er 1959 in den Polizeidienst eintrat. Inzwischen ist Lorne 70, seit 1993 in Rente. Die Methoden haben sich verändert, die Möglichkeiten, schon klar. Aber – damals wie heute: Man klappt eine Akte verdammt noch mal nicht einfach so zu und versenkt sie in einem Büroschrank, nur weil es kompliziert wird. Dann doch erst recht nicht! Aber genau darin liegt wohl im Moment das größte Problem. Für die Detectives vom Morddezernat scheint hier nämlich gar nichts kompliziert zu sein, im Gegenteil. Für sie ist der Fall gelöst. Vorgestern haben sie die Eltern der Toten darüber informiert. Haben ihnen mitgeteilt, zu welchem Ergebnis ihre fünftägige Ermittlungsarbeit geführt hat. Als Lorne davon erfuhr, konnte er es nicht fassen. Nur fünf Tage in Anbetracht dieser Umstände? Umstände, die ihnen nicht mal ansatzweise merkwürdig vorkommen? Das kann nicht ihr Ernst sein, findet Lorne, doch mehr als ein Schulterzucken haben die Ermittler anscheinend nicht für ihn übrig.

Es geht um eine junge Frau: Phoebe Handsjuk. Sie war 24 Jahre alt und lebte in Apartment 1201 im Balencea, einem schicken 23-stöckigen Hochhaus in Melbourne. Schwarz verglast erhebt sich das Gebäude 60 Meter hoch über der St Kilda Road, einer der Hauptschlagadern Melbournes, zwischen dem Geschäftsviertel und der Port Phillip Bay, wo der Pazifische Ozean auf die Millionenmetropole trifft. Eine Adresse für die High Society, riesige, teure Wohnungen. So richtig passte Phoebe nicht in diese Umgebung hinein, ein wenig blieb sie hier immer ein Fremdkörper. Wie ein farbiger Fleck auf einer feinen weißen Tischdecke.

Womöglich hatte sie versucht, sich an ihr neues Lebensumfeld anzupassen. Sich einzufügen in diese Umgebung, gerade weil die auf den ersten Blick so viel mehr Struktur versprach als das, was sich oft in ihrem Inneren abspielte. Sie ließ sich die langen braunen Haare kurz schneiden und schwarz färben, so wie Kristina sie trug, die Schwester ihres Lebensgefährten Ant. Ihm gehörte das Luxusapartment in der zwölften Etage des Balencea. Ant, ein erfolgreicher Eventmanager, 43 Jahre alt, dessen Vater ein ehemaliger Richter am Obersten Gerichtshof, die Stiefmutter Richterin am Amtsgericht. Phoebe, die inzwischen drei Tage in der Woche bei einer Werbeagentur arbeitete, hatte Ant vor anderthalb Jahren als Kunden bei ihrem früheren Job am Empfang eines Friseursalons kennengelernt. Nach ungefähr sechs Monaten zog sie bei ihm ein. Ein neues Leben, neue Impulse – aber auch viele Probleme.

»Sie kämpfte jeden Tag damit, die einfachsten Dinge zu bewältigen«, wird Ant später zu Protokoll geben. »Manchmal war sie nicht in der Lage, zur Arbeit zu gehen oder grundlegende Aufgaben zu erledigen. Wenn es ihr zu viel wurde, trank sie, und dann sah ich eine komplette Persönlichkeitsveränderung. Sie handelte und sprach wie jemand, den ich überhaupt nicht kannte, und benahm sich sehr selbstzerstörerisch. Sie war wütend, irrational, aufgeregt und fühlte sich wertlos. Oft führte dieser Zustand zu einem Streit, und sie verschwand für Stunden oder sogar über Nacht, ohne dass ich wusste, wo sie war.«

Zuletzt erst war das am Montag – drei Tage vor ihrem Tod – geschehen. Phoebe hatte nach einem Streit über ihren Alkoholkonsum das gemeinsame Apartment verlassen, sich mit einem Freund getroffen und anschließend im Haus ihrer Mutter Natalie übernachtet. Erst in der Nacht von Dienstag auf Mittwoch war sie zurückgekehrt und verbrachte den folgenden Tag hauptsächlich im Bett. Ant ging zur Arbeit und erhielt, wie auch Phoebes Familie, eine merkwürdige SMS, gesendet von ihrem iPhone. Darin stand: »Hallo Familie, ich liege im Bett und werde gleich schlafen, und wenn ich aufwache, dann werde ich mich in den unglaublichsten Menschen verwandelt haben, den ihr euch vorstellen könnt – nicht! Ich werde ins Krankenhaus gehen, dort ist es viel sicherer. Außerdem soll es zum Abendessen Tomatensuppe geben. Lecker! Nahrhaft! Ich liebe euch alle sehr, aber nicht genug, um jedem eine individuelle SMS zu schicken – sorry dafür.

Zeit ist Schlaf und ich muss mich auf den Weg machen – fröhlich, fröhlich, fröhlich, das Leben ist nur ein Traum. Kuss.« Jeanette, Phoebes Großmutter, bat Ant, nach Hause zu fahren, um nachzusehen, ob es Phoebe gut ging. Ja, bestätigte er bald darauf. Alles sei gut, sie ruhe sich aus. Wie er später aussagen wird, hatte Phoebe dazu zwei Tabletten des Schlafmittels »Stilnox« genommen.

Ant und Phoebe, Phoebe und Ant. Eine schwierige Liebe. Ein paarmal war Phoebe bereits aus- und wieder eingezogen, Gedanken an eine Trennung hatten sie in den letzten Wochen häufig beschäftigt. Gedanken, die sie sowohl mit ihrer Therapeutin, mit ihrer Familie als auch mit ihrer Freundin Vanessa geteilt hatte. Ant, den Phoebe bisweilen als kontrollierend empfand, der ihr zufolge schnell eifersüchtig wurde auf ihre männlichen Freunde oder Kollegen. Auf der anderen Seite Phoebe, die das Gefühl plagte, den Ansprüchen des wesentlich älteren Mannes nicht gerecht zu werden, und mit der es nicht immer leicht war, umzugehen, wenn sie getrunken hatte. »Wir haben nie offiziell Schluss gemacht«, wird Ant später aussagen. Dass sie sich allein in den sechs Wochen von Oktober bis zum Zeitpunkt ihres Todes viermal getrennt hatten, sei wahr, aber nicht ernst zu nehmen. Im Gegenteil, für den 21. Dezember hatten sie eine gemeinsame Reise nach Paris geplant, und darauf habe Phoebe sich sehr gefreut. »Phoebe wusste nicht, ob sie wirklich mit Ant nach Paris reisen sollte«, wird dagegen ihre Therapeutin sagen. Und das ist nur eine kleine Unstimmigkeit in einem Fall, der von Widersprüchen und gegensätzlichen Meinungen geprägt sein wird.

Lorne Campbell will Klarheit. Er will genau wissen, was sich acht Tage zuvor in den Balencea Apartments abgespielt hat, und vor allem: wie es dazu kommen konnte. Er hat bereits mit Phoebes Eltern Natalie und Len geredet. Ausführlich haben sie ihm berichtet, zu welchem Ergebnis man beim Morddezernat gekommen ist. Aber das reicht Lorne nicht. Er will es von den Ermittlern selbst hören. Er will, dass sie ihm seine Fragen beantworten.

Letzte Woche Donnerstag also, der 2. Dezember 2010. Der Tag, an dem es geschah. Morgens, um kurz nach neun, verließ Phoebes Freund Ant das gemeinsame Apartment, um wie gewohnt zur Arbeit zu gehen. Phoebe und Staffordshire Bullterrier Yoshi schliefen noch. Die letzten Tage waren anstrengend für Phoebe gewesen, jetzt musste sie sich auskurieren, fit werden für den Abend, denn da waren sie und Ant mit ihrem Vater Len verabredet. In einem Restaurant würden sie Lens Geburtstag nachfeiern. Und morgen würde Nikolai, Phoebes jüngster Bruder, seinen 18. Geburtstag nachfeiern. Eine große Party war geplant; auch Natalie, Phoebes Mutter, die zurzeit in der Wüste von Alice Springs arbeitete, war extra dafür schon auf dem Weg nach Hause.

Um kurz nach halb zwölf am Mittag schrillte ein Feueralarm durch das Balencea; sämtliche Bewohner mussten das Gebäude verlassen. Dabei erfasste die Überwachungskamera im Eingangsbereich auch Phoebe. Sie trug eine blaue Jeans, ein olivgrünes Top und eine große Sonnenbrille. Über ihrer Schulter hing ihre schwarze Handtasche; neben sich führte sie Yoshi an der Leine. Ein paar Minuten später war klar, dass es sich bei dem Sirenengeplärr um einen Fehlalarm gehandelt hatte. Die Bewohner durften wieder ins Haus; auch Phoebe kehrte mit Yoshi zurück in ihre Wohnung. Wie sie die nächsten Stunden verbrachte, ist ungewiss – fest steht nur, dass Phoebe irgendwann zwischen mittags und abends erneut ihre Wohnung verlassen haben muss. Das Ziel: der kleine

Raum am Ende des langen Flurs, dort, wo der Müllschacht sich befindet. Jede Etage im Balencea verfügt über so einen Müllschacht. Klappe auf, Müllbeutel rein, über eine Röhre hinab, durch eine Müllpresse hindurch und schließlich hinein in einen von insgesamt fünf Sammelcontainern, die in einem separaten Raum im Erdgeschoss stehen.

Um kurz nach halb sieben am Abend beschwerte sich ein Bewohner bei Beth, der diensthabenden Concierge im Balencea. Jemand habe im Aufzug eine Riesensauerei veranstaltet, dort sei alles voller Krümel. Beth versprach, sich darum zu kümmern. Sie holte den Staubsauger aus dem Putzschrank, um den Lift zu saugen, stellte jedoch fest, dass das Gerät nicht funktionierte. Ein technischer Defekt vielleicht. Beth beschloss, das Chaos stattdessen mit Schaufel und Besen zu beseitigen. Diese beiden Putzutensilien fände sie im Müllraum des Erdgeschosses. Beth öffnete die Tür, doch mehr als einen Spalt gab sie nicht frei, von innen schien ein Widerstand dagegen zu wirken. Beth stemmte sich mit der Schulter gegen die Tür, bewegte den Widerstand nur mit viel Kraft. Der Sensor für das automatische Licht sprang an und gab den Blick auf ein noch größeres Chaos als das im Aufzug frei: einer der Sammelcontainer war umgefallen, Müll ergoss sich über den Boden. Noch mehr Arbeit für Beth. Aber sie kam nicht mehr dazu, deswegen schlechte Laune zu entwickeln, denn im nächsten Moment sah sie es. Das Blut. Eine gewaltige Spur, die sich von dem umgekippten Container in Richtung Tür zog. Und schließlich: Der wahre Grund für den Widerstand, der den Eintritt blockierte. Rechts hinter der Tür lag etwas. Jemand. Eine reglose junge Frau.

Phoebe Handsjuk ist an diesem Tag nicht zum Müllschacht in der zwölften Etage gegangen, um eine Mülltüte darin zu versenken. Phoebe Handsjuk soll die Klappe geöffnet, sich in die schmale, gerade mal laptopgroße Öffnung hineingezwängt haben und gefallen sein. Einen Meter, zwei Meter, über dreißig Meter in die Tiefe, durch die Müllpresse hindurch, bis ihr Körper in einem der Container im Erdgeschoss landete. Sie blutete stark, die Müllpresse hatte ihren rechten Fuß zerfetzt. Aber sie lebte noch, schaffte es sogar, sich aus dem Container herauszuziehen und durch den Müllraum zu kriechen, in Richtung Tür, in Richtung Hilfe. Vergebens. Phoebe Handsjuk verblutete. Sie starb allein und einsam auf dem dreckigen, kalten Boden im dunklen, stinkenden Müllraum des Luxushochhauses – freiwillig, so lautet das Ergebnis der Polizei. Phoebe Handsjuk – daran besteht für die Ermittler kein Zweifel – hat Suizid begangen. Sie hat ein Alkoholproblem gehabt und außerdem unter Depressionen gelitten. Dazu die Schwierigkeiten in der Beziehung mit ihrem Freund. Liebe, Trennungen, Selbstzweifel. Eine typische Selbstmordkandidatin – Fall geklärt.

Lorne Campbell spürt ein Ziehen in der Brust. Er versucht, ein Polizist zu sein, ein Profi. Aber es ist schwer, den nüchternen Ausführungen der Männer vom Morddezernat zu folgen, ohne ausfällig zu werden. Denn Lorne Campbell ist nicht nur ein ehemaliger Kollege.

*

Liebe Romy,

ich bin Lorne Campbell, Phoebes Großvater mütterlicherseits. Vielen Dank für Ihr Interesse an Phoebes Fall. Ich würde mich freuen, Ihnen bei der Beantwortung Ihrer Fragen behilflich zu sein. Der Schmerz über Phoebes Verlust wird uns nie verlassen, auch wenn die Zeit versucht, die Wunden zu heilen. Es wühlt mich nicht auf, wenn jemand nach meinen Ansichten fragt, im Gegenteil; mit wirklich interessierten Menschen darüber zu sprechen, birgt eine eigenartige Möglichkeit der Katharsis in sich. Also zögern Sie nicht, mich zu fragen. Ich werde mein Bestes tun, um Ihnen alles zu beantworten.

Mit freundlichen Grüßen,
Lorne

*

Man hatte die junge Frau im Müllraum gefunden. Auf dem Rücken liegend, das Gesicht zur Decke gerichtet, der rechte Fuß fast abgetrennt, bloß noch von ein paar Muskelsträngen mit dem Körper verbunden. Ihre Jeans hing unterhalb ihrer Knie, der nietenbesetzte Gürtel war nur durch die ersten beiden der fünf Gürtelschlaufen gefädelt, so als hätte sie sich keine Zeit genommen – oder gehabt –, um sich richtig anzuziehen. Unter anderem Blutergüsse an den Handgelenken, dem rechten Oberarm, dem Hals. Eine Schürfwunde am rechten Kiefer und – wie bei der Obduktion später festgestellt werden würde – linksseitig ein subdurales Hämatom, also eine Blutung zwischen harter Hirnhaut und Gehirn. Der Notruf wurde gewählt, die Polizei und die Rettungssanitäter wurden gerufen – wobei Erstere Letztere gleich wieder wegschickte. Der Tatort sollte nicht verunreinigt werden. Außerdem kam doch sowieso jede Hilfe zu spät, das war ja wohl offensichtlich. Die erste fehlerhafte Entscheidung der Polizei. Denn somit prüfte nun auch niemand die Körpertemperatur der Toten. Und dementsprechend würde auch niemals der genaue Todeszeitpunkt bestimmt werden können. Um wen es sich bei der Frau handelte, war in diesem Moment ebenfalls noch nicht klar.

Zur gleichen Zeit, zwölf Stockwerke weiter oben, in Apartment 1201. Phoebes Freund Ant war ungefähr eine Stunde zuvor von der Arbeit nach Hause gekommen. Seine elektronische Schlüsselkarte hatte seine Einfahrt in die Tiefgarage des Balencea auf kurz nach 18 Uhr gespeichert. Nur Hund Yoshi begrüßte ihn, Phoebe schien nicht da zu sein. Dabei lag doch ihre Handtasche auf dem Küchentresen, samt ihrem Portemonnaie und vor allem ihrer Schlüsselkarte, ohne die sie nicht mehr in das Apartment hineingekommen wäre. Neben der Tasche: zwei leere Trinkgläser auf dem Tresen. Auf dem Fußboden: Glasscherben. An der Computertastatur, an der Maus und an einem Türrahmen: kleine verschmierte Blutspuren. Um 18.51 Uhr rief Phoebes Vater Len auf dem iPhone seiner Tochter an, um nachzufragen, wann sie sich zum Essen im Restaurant treffen würden. Doch Ant hatte das Gerät laut seiner späteren Aussage an diesem Morgen zu einem Reparaturshop gebracht, also ging Lens Ruf ins Leere. Um 18.52 Uhr rief Ant Len von seinem Handy aus an. Ein Zufall, so würde es später im Untersuchungsbericht geschrieben stehen. Ein Zufall, wie er im Leben manchmal vorkommt, in einem ausgesprochen ungünstigen Moment. Denn Zufälle sorgen für Misstrauen, manchmal berechtigt, manchmal nicht. Len würde sagen, dass Ant ihn zuvor noch nie angerufen habe, ausgerechnet heute tat er es, ausgerechnet jetzt, nur eine Minute, nachdem er, Len, es bei Phoebe versucht hatte. Allerdings hatte Ant auch guten Grund, Len in diesem Moment anzurufen. Schließlich waren sie zum Essen verabredet, und Phoebe war verschwunden. Eine beunruhigende

Information für Len, doch sie kamen überein, dass Phoebe ohne ihre Handtasche und ihre Schlüsselkarte nicht weit sein konnte und sicher bald zurückkäme. Für den Moment jedoch schien das gemeinsame Abendessen auszufallen, ihnen bliebe nichts anderes übrig als abzuwarten. Nachdem sie aufgelegt hatten, fütterte Ant den Hund und bestellte sich Essen bei einem Lieferdienst.

Um 20.03 Uhr – ungefähr eine Stunde, nachdem man die Tote im Müllraum gefunden hatte –, klingelte der Bote vom Lieferservice bei Apartment 1201, um Ant das bestellte Essen zu bringen. Dabei machte er ihn auf das Aufgebot von Polizisten in der Lobby aufmerksam. Was da wohl los sei? Ant beschloss, selbst nachzusehen, und erfuhr von dem grausamen Fund im Müllraum. Er identifizierte sich gegenüber den Detectives als Bewohner des Gebäudes und gab an, dass seine Freundin verschwunden sei. Einer der Detectives folgte ihm nach oben in das Apartment und ließ sich ein Foto zeigen, um festzustellen, ob es sich bei der Toten tatsächlich um Ants verschwundene Freundin handelte. Sie war es. »Ich glaube, dass Phoebe sich heute Abend infolge ihrer Depressionen und ihres Alkoholproblems das Leben genommen hat«, äußerte Ant vor dem Detective. Er wollte den Mann von der Polizei nicht zurück nach unten begleiten, er wollte Phoebe so nicht sehen. Er musste telefonieren. Zuerst rief er seine Mutter und seinen Stiefvater an. Dann Len. Len, der bei der Nachricht von Phoebes Tod zu Boden ging. Der es nun wiederum Natalie sagen musste, die gerade erst zurück nach Melbourne gekommen war, wegen Nikolais Geburtstagsparty. Nach Hause, zu ihrer Familie. Len, der sie auf dem Handy erreichte und versuchte, ihr beizubringen, dass ihre Familie von einer Sekunde auf die nächste nicht mehr vollständig war. Natalie, die wie Len zusammenbrach.

Die Welt hat einen Riss bekommen, die Welt ist jetzt ein Krater und hat eine ganze Familie verschluckt. Die nachfolgenden Seiten im Tagebuch bleiben unbeschrieben, keine Gedichte auf Papierservietten mehr, kein breites, lautes Lachen, keine Freitagstreffen im Café. Eine unbegreifliche neue Realität.

Ich verkroch mich unter meiner Bettdecke und betete, dass das alles nur ein Albtraum war, aus dem ich bald erwachen würde, erinnert sich Natalie. *Sie sagten, dass sie sich das Leben genommen habe. Am Anfang dachte ich, dass das vielleicht stimmte. Es war der schlimmste Gedanke, den ich jemals hatte! Es ist grausam genug, sein Kind zu verlieren. Wenn das aber auch noch durch Selbstmord geschieht, zerbricht es einen völlig. Sich vorzustellen, dass das eigene Kind so verzweifelt war und man es in dieser Situation nicht trösten und beschützen konnte, ist ein unsäglicher Schmerz. Als ich dann noch erfuhr, wie sie gestorben war, fragte ich mich, ob sie sich in dem Moment möglicherweise selbst für ein Stück Müll gehalten hatte. Dass sie das so für sich empfunden haben könnte, war kaum zu ertragen.*

Dann jedoch wurde uns sehr bald klar, dass einige Aspekte dieser Theorie nicht zusammenpassten.

Und genau das versucht Phoebes Großvater Lorne acht Tage nach dem Tod seiner Enkelin nun den Ermittlern beim Morddezernat klarzumachen: Hier stimmt etwas nicht, hier muss noch einmal genau hingeschaut werden. Hier gibt es Details, die berechtigte Zweifel aufkommen lassen. Die Detectives jedoch wollen nicht von ihrem Standpunkt abrücken. Phoebe sei, laut Ergebnis der Rechtsmedizin, zum Zeitpunkt ihres Todes stark alkoholisiert gewesen; 1,6 Promille habe man in ihrem Blut gefunden, dazu den Wirkstoff Zolpidem, wie er in dem Schlafmittel »Stilnox« vorkommt. Von Ant wissen sie von Phoebes Problemen, von ihren Depressionen, den Drogen- und Alkoholphasen. Und Ant hat schließlich mit ihr zusammengewohnt. Müsste er nicht am besten wissen, wie es zuletzt um ihren Zustand bestellt war? Und was ist mit der seltsamen SMS, die Phoebe einen Tag vor ihrem Tod an ihre Familie geschickt hat? Lässt die nicht tief blicken? *Ich muss mich auf den Weg machen*, und: *Das Leben ist nur ein Traum.* Könnte das nicht Phoebes Art gewesen sein, ihren Abschied einzuläuten?

»Ich denke, sie wurde ermordet.«

Im Gespräch mit Lorne Campbell,
ehemaliger Detective Sergeant der Victoria Police und
Phoebe Handsjuks Großvater, Milawa/Victoria

R. H.: Was kommt Ihnen als Erstes in den Sinn, wenn jemand Phoebes Namen erwähnt? Ist es eher etwas Positives, wie eine bestimmte Erinnerung, oder denken Sie sofort an die polizeilichen Ermittlungen?

Lorne Campbell: Das ist ganz unterschiedlich – was aber immer da ist, ist ein Gefühl von großer Trauer und Verlust. Ich denke an das wunderschöne Kind, das sie war, und an die Momente, die wir gemeinsam erlebt haben. Ich war insofern kein typischer Großvater, als dass ich meine Enkelkinder nicht annähernd so oft sah, wie ich es mir gewünscht hätte, oder wie es die meisten Großeltern tun. Wissen Sie, ich habe nach meiner Scheidung von Natalies Mutter noch einmal geheiratet und mit meiner zweiten Frau noch einen Sohn und zwei weitere Töchter bekommen, die ungefähr in Phoebes Alter sind. Wir leben fast 300 Kilometer nordöstlich von Melbourne, eine Entfernung, die es mir nicht leicht machte, immer da zu sein. Dafür war die Zeit, die wir miteinander verbracht haben, umso wichtiger und wertvoller. Die Liebe in unserer Familie ist und war schon immer sehr stark.

Allein deswegen vergeht praktisch kein Tag, an dem ich nicht an Phoebe denke. Aber an vielen Tagen kommt eben auch die enorme Frustration hoch über die entsetzliche Art und Weise, wie ihr Fall behandelt wurde.

R. H.: Wann hatten Sie zum ersten Mal den Verdacht, dass die polizeilichen Ermittlungen möglicherweise in eine sehr vorgefertigte und vielleicht sogar falsche Richtung liefen?

Lorne Campbell: Das war, nachdem Natalie und Len von den Beamten der Mordkommission mitgeteilt wurde, dass Phoebe sich ihrer Meinung nach das Leben genommen hatte. Das war am Mittwoch, also sechs Tage nach ihrem Tod. Ich bin am darauffolgenden Freitag nach Melbourne gefahren und habe mich mit den Detectives getroffen. Der tatsächlichen Menge an Ungereimtheiten war ich mir zu diesem Zeitpunkt noch nicht bewusst, aber ich fand ihre Schlussfolgerung lächerlich voreilig. Nachdem Ant ihnen gesagt hatte, dass Phoebe Depressionen und ein Alkoholproblem gehabt hat, schien die Sache für sie erledigt zu sein. Von Anfang bis Ende weigerte sich die Mordkommission, Phoebes Tod als verdächtig einzustufen.

R. H.: Glauben Sie, man wäre anders an die Ermittlungen herangegangen, wenn Phoebes Probleme nicht von Anfang an bekannt gewesen wären?

Lorne Campbell: Davon bin ich überzeugt. Es hat mich sehr gestört, dass man Ants Aussagen zu diesem Thema als gesetzt hinnahm. Phoebe hatte ja wirklich ein Alkoholproblem und war depressiv, aber das bedeutet nicht zwangsläufig, dass sie auch suizidal gewesen sein musste. Natürlich hätten die Ermittler Ants Aussagen dazu zur Kenntnis nehmen müssen, aber sie hätten sich dadurch nicht davon abhalten lassen dürfen, gewissenhafte Nachforschungen anzustellen. Das war einfach nur unprofessionell. Abgesehen davon ist es doch höchst ungewöhnlich, dass jemand sich in einen Müllschlucker stürzt. Soweit ich weiß, war so etwas bis dato in der Geschichte Australiens noch nie vorgekommen. Wäre ich Teil des Ermittlungsteams gewesen, hätte ich mich anders verhalten; mir wäre das alles sofort verdächtig vorgekommen, und ich hätte nichts unversucht gelassen, bis ich wirklich jeden Zweifel ausgeschlossen hätte. In diesem Fall aber sagte einer der Detectives vor Ort noch am selben Abend zu Beth, der Concierge, die Phoebe gefunden hatte und die sehr verzweifelt war, dass sie sich nicht allzu viele Sorgen machen solle, weil »das Mädchen sich das Leben genommen hat«. Eine so prompte Schlussfolgerung ist schier unglaublich. Sie hatten ja noch nicht einmal überprüft, ob es für Phoebe allein von der Körperstatur her möglich gewesen wäre, in diesen Schacht zu gelangen. Ich wusste, wie die typischen Müllentsorgungsluken in Wohnblocks aussahen, und dachte nur, dass es einiges an körperlichem Gleichgewichtssinn und Koordinationsvermögen erfordern würde, um dort hineinzuklettern. Phoebe jedoch hatte zum Zeitpunkt ihres Todes einen Blutalkoholspiegel von 1,6 Promille. Ich wusste aus erster Hand, wie wenig Alkohol es dazu brauchte, ihr Gleichgewicht und ihre motorische Kontrolle merklich zu beeinträchtigen; sie hatte eine sehr geringe Toleranz gegenüber Alkohol. Meine Zweifel wurden noch größer, als ich die Luke, durch die sie in den Schacht gestiegen sein soll, später mit eigenen Augen gesehen habe. Als ich dann noch den Obduktionsbericht zu lesen bekam, in dem ihre Verletzungen aufgeführt waren, wich mein Verdacht einer Gewissheit, an der sich bis heute nichts geändert hat: Ich denke, dass sie ermordet wurde.

*

Während die Polizei dabei bleibt, dass Phoebes Tod ein Selbstmord war, trägt ihr Großvater zusammen, was ungereimt, versäumt und fehlerhaft wirkt. Eine lange Liste mit offenen Fragen entsteht. Beginnend damit, dass die Polizisten, die zuerst vor Ort waren, die Sanitäter nicht zu Phoebe durchgelassen hatten, was dazu führte, dass sie erst neuneinhalb Stunden später – um 4.35 Uhr am 3. Dezember – im Western General Hospital medizinisch untersucht wurde. War sie also wirklich tot gewesen, als man sie gefunden hatte? Und wenn ja, wie lange schon?

Dann ihre Auffindesituation: Zumindest wurde untersucht, ob Phoebe missbraucht wurde. Das Ergebnis: negativ. Die Frage, warum ihre Hose heruntergezogen war, bleibt trotzdem unbeantwortet, genau wie die nach einigen von Phoebes Verletzungen. Rühren die Blutergüsse, die Verletzung an ihrem Kiefer und das subdurale Hämatom wirklich von dem Sturz durch den Müllschacht? Oder könnten das nicht auch Verletzungen sein, die durch einen Kampf vor ihrem Tod entstanden sind? Außerdem wurde in Phoebes Hosentasche ein Zettel mit einer Telefonnummer gefunden. Es verging viel Zeit, bis man sich der Nachverfolgung dieser Nummer widmete – so viel Zeit, dass der Besitzer oder die Besitzerin das dazugehörige Prepaidhandy längst stillgelegt hatte. Der- oder diejenige konnte also nie ermittelt werden – man vermutet aber, dass es sich um den Kontakt zu einer Dealerin gehandelt haben könnte.

Der Zustand der Wohnung. Die beiden Trinkgläser auf dem Küchentresen, die Scherben auf dem Boden. Weder an den Gläsern noch an den Scherben konnte man Phoebes Fingerabdrücke feststellen. Zudem war an den Scherben kein Blut, was die Theorie hinfällig macht, dass Phoebe sich daran geschnitten hat, als sie sie aufräumen wollte. Doch warum ist dann wiederum Blut an der Computermaus, an der Tastatur und am Türrahmen? Und was ist mit dem Blut auf dem Boden des kleinen Raums, in dem sich der Müllschacht des zwölften Stocks befindet? Dieses Blut stammt definitiv von Phoebe, genau wie das am Türrahmen in der Wohnung. Das Blut an der Computertastatur und an der Maus hingegen wurde nicht auf seine DNS untersucht, sodass es theoretisch auch zu jemand anderem hätte gehören können.

Einer der Detectives, der am Abend von Phoebes Tod vor Ort war, entdeckte Schuhabdrücke, die über den Flur der zwölften Etage führten. Warum wurden diese nicht gesichert? Warum wurde auch das Material der Sicherheitskameras nicht sofort gesichert, was dazu führte, dass ein Großteil der Aufnahmen überschrieben wurde und somit unwiederbringlich verloren gegangen war? Hätte Phoebe nicht Besuch bekommen können, von einem Dealer zum Beispiel? Hätte sie nicht mit irgendjemandem in einen Streit geraten können, der ausgeartet war? Denn wäre ein Streit sowohl angesichts des zerbrochenen Glases in der Wohnung als auch auf Phoebes Verletzungen – wie den blauen Flecken an ihrem Handgelenk oder der Wunde an ihrem Kiefer – kein Szenarium, das man durchaus hätte in Betracht ziehen müssen?

Warum wurden die beiden Computer in der Wohnung nicht gesichert? Und was ist mit Phoebes beiden Handys? Eines davon, ein Nokia, ist verschwunden und bis heute nicht mehr aufgetaucht. Das zweite Handy, ein iPhone, befand sich zum Zeitpunkt ihres Todes angeblich in Reparatur, also außerhalb der Wohnung. Trotzdem fand man ein Ladegerät in Phoebes Handtasche. Warum hatte sie es eingepackt, wenn sie zu diesem Zeitpunkt gar kein Gerät hatte? Oder war es einfach noch von einem anderen Tag in ihrer Tasche und sie hatte vergessen, es auszupacken? Warum war im Bad ihr

Glätteisen in die Steckdose eingesteckt, und warum fand man neben ihrer Leiche ihre Sonnenbrille? Hatte Phoebe vor, das Haus zu verlassen? Falls ja: Wohin wollte sie? Vielleicht hätte man das nachvollziehen können, wenn man die Handys und die Computer sofort überprüft hätte.

Und schließlich die Frage aller Fragen: Wie hat Phoebe es in ihrem Zustand – alkoholisiert und unter der Wirkung eines Schlafmittels – in den Müllschacht geschafft? Dessen Klappe ist in einer Höhe von ungefähr einem Meter in die Wand eingelassen, Fingerabdrücke wurden daran nicht gefunden. Wie hatte Phoebe die Klappe also geöffnet? Und überhaupt, die Luke an sich: sie lässt sich lediglich in einem Winkel von 45 Grad öffnen und ist von ihren Abmessungen gerade mal 37,2 x 22 Zentimeter groß. Passt ein Mensch da wirklich hinein?

Doch, doch, entgegnen die Ermittler. Phoebe sei schließlich sehr schlank gewesen. Und haben nicht alle, die sie kannten, bestätigt, wie gern sie geklettert ist?

Lorne merkt, dass er nur durch Reden nicht weiterkommt, und entschließt sich zu einem Experiment, das durchzuführen eigentlich Aufgabe der Polizei gewesen wäre. Er bittet zwei von Phoebes Freundinnen um Hilfe – Sarah und Viviana. Sie haben ungefähr Phoebes Statur und sind sehr sportlich. Mithilfe des Herstellers, der auch den Müllschacht im Balencea gebaut hat, organisiert Lorne einen Versuchsaufbau – eine Wand samt einer Luke, die in ihrer Größe der im Balencea entspricht und in derselben Höhe angebracht ist. Unter Zeugen wird der Versuch auf Video aufgezeichnet. Aufgrund von Phoebes Verletzungen weiß man, dass sie mit den Füßen vorausgerutscht sein muss. Das Ergebnis: Ja, tatsächlich ist es möglich, sich mit Phoebes schmaler

Statur in die Öffnung zu zwängen. Möglich, aber dennoch kaum machbar. Sarah und Viviana haben sichtlich Probleme, ihr Gleichgewicht zu halten, noch dazu, da es an der glatten Wand – wie auch im Balencea – keine Möglichkeit gibt, sich abzustützen oder festzuhalten. Die Freundinnen benötigen mehrere Anläufe, bis sie es geschafft haben, in der aufgeklappten Luke überhaupt erst einmal zu *sitzen*. Bis sie sich komplett hindurchgezwängt haben, vergeht nicht nur noch mehr Zeit – es ist laut ihren Aussagen auch sehr schmerzhaft. Sarah bleibt sogar stecken, ihre Schultern haben sich verkeilt. Lorne lässt das Experiment wiederholen, das Ergebnis ist dasselbe: Es ist möglich, aber äußerst schwierig. Zumal: Sarah und Viviana sind nüchtern – im Gegensatz zu Phoebe, die die ganze Aktion unter Alkohol- und Medikamenteneinfluss bewerkstelligt haben soll. Lorne testet noch ein weiteres Szenarium: Er lässt Viviana und Natalies Lebensgefährten Russel simulieren, wie Phoebe in bewusstlosem Zustand von einer weiteren Person in den Schacht hineinbugsiert wird. Es funktioniert – nicht nur problemlos, sondern sehr, sehr einfach. Lorne reicht seinen Versuchsbericht und die dazugehörige Videoaufnahme an die Ermittler weiter – vergeblich. Für sie bleibt Phoebes Tod ein Suizid, Fremdeinwirkung ausgeschlossen, Akte zu. *Gehen Sie nach Hause, Mr Campbell. Lassen Sie es gut sein, trauern Sie.*

Doch wie soll das gehen? Wie sollen sich Phoebes Angehörige damit abfinden, dass sie bestimmte Antworten womöglich niemals erhalten werden? Fronten bilden sich. Ant und seine Familie wollen abschließen, Phoebes Familie und Freunde können es nicht, nicht so. Zwei verschiedene Trauerfeiern werden organisiert, jede Partei bleibt für sich. Ant richtet seine Trauerfeier im Jachthaften von Melbourne aus, die

Handsjuks in einem alten Kloster am Yarra River. Die Beisetzung findet schließlich an einem See in Mallacoota statt – dort, wo Phoebe immer so glücklich war –, ohne Ant. Phoebes Vater Len hat für die letzte Reise seiner Tochter extra ein kleines Boot gebaut. Darauf wird nun ihre Asche gesetzt, inmitten von Ringelblumen und Briefen, in denen ihre Familie und ihre Freunde ein paar letzte Worte an sie gerichtet haben. Wie bei einer Wikingerzeremonie wird das Boot anschließend angezündet und aufs Wasser hinausgeschoben.

Ein Abschied, aber kein Abschluss. Die Familie beginnt Geld zu sammeln und engagiert damit einen Anwalt, der eine zweite Untersuchung der Todesumstände beantragt. Ziel ist es, zu prüfen, ob nicht doch eine oder mehrere andere Personen an Phoebes Tod beteiligt gewesen sein könnten. Ant engagiert seinerseits einen Anwalt, der das Vorhaben abwenden soll. Die Gründe dafür kennt nur er selbst. Es mag sein, dass er einfach keinen Sinn darin sieht, weil für ihn von Anfang an feststand, dass Phoebe Selbstmord begangen hat. Doch könnte er nicht – gerade, weil er so fest davon überzeugt ist – auch Phoebes Familie und Freunden zugestehen, an den Punkt einer Überzeugung zu gelangen? Sie dabei unterstützen, Gewissheit zu erhalten und dadurch abschließen zu können? Zumal Ant für die Polizei zu keinem Zeitpunkt als verdächtig galt, in irgendeiner Form in Phoebes Tod verwickelt gewesen zu sein. Vielleicht – doch das ist nur die Spekulation einer Autorin, die zu verstehen versucht – rührt der Druck auch von einer ganz anderen Stelle: Phoebes Geschichte ist inzwischen in den Medien angekommen, zahlreiche Artikel erscheinen in der Presse. Als »mysteriös« wird ihr Tod betitelt, als »bizarr« und »schockierend«. Wer würde sich allen Ernstes freiwillig in einen Müllschacht stürzen? Der

Tenor ist immer derselbe, die Berichte haben keine Varianten. Eine junge Frau, die Probleme hatte, mit sich selbst und mit ihrem Freund. Und auch wenn Ant nie als Verdächtiger galt, kann man diese Geschichte einfach nicht ohne ihn erzählen. Die Beziehung war nun mal schwierig. Es gab nun mal oft Streit, besonders, wenn Phoebe getrunken hatte. Und es ist nun mal eine Tatsache, dass zwischen seinem Heimkommen am Abend des 2. Dezember 2010 und dem Auffinden von Phoebes Leiche ein Zeitfenster von ungefähr einer Stunde lag, in dem – theoretisch – viel hätte geschehen können. Explizit heißt es in jeder Berichterstattung, dass man nicht den Eindruck erwecken wolle, Ant habe etwas mit Phoebes Tod zu tun. Und trotzdem wird sein Name immer wieder mit ihrem Tod in Verbindung gebracht, und die Frage, ob da nicht doch ein Streit ausgeartet sein könnte, der zu einer Kurzschlusshandlung führte, wird spätestens in diversen Crime-Foren offensiv diskutiert. Nur ist es vielleicht gerade deswegen umso wichtiger, die Todesumstände noch einmal genau unter die Lupe zu nehmen. Denn geht es nicht manchmal auch bloß darum, bestimmte Möglichkeiten mit Sicherheit auszuschließen, gerade um Spekulationen zu verhüten, die nicht nur unangenehm sind, sondern schlimmstenfalls eine gesamte Existenz zerstören könnten?

Nein, man kann diese Geschichte nicht ohne Ant erzählen. Es wäre auch sinnlos, seinen Namen abzuändern, denn der ist ohnehin überall zu lesen. Ant ist als erfolgreicher Eventmanager bekannt, und auch der Rest seiner Familie gehört in Melbourne zur Prominenz. Und es ist keine schöne Geschichte, mit der man gerne immer wieder konfrontiert wird – verständlich. Auf der anderen Seite kann man diese Geschichte auch nicht erzählen ohne Phoebes Depressionen, den Alkohol und die Drogen. Dinge, die, werden sie nicht differenziert erklärt, ebenfalls ein zweifelhaftes Bild aufkommen lassen könnten. Phoebe nahm Drogen, aber sie war kein Junkie. Phoebe hatte schlechte Phasen, aber auch gute. Phoebe war bis zu ihrem Tod in Therapie, nicht, weil sie selbstmordgefährdet gewesen wäre, sondern weil es ihr Ernst war, an sich und an einer gesünderen Zukunft zu arbeiten. Immer wieder stellt sich Natalie der Presse, um genau das klarzumachen. Immer wieder muss sie erklären, warum ihre Tochter, die nachweislich unter Depressionen litt, sich dennoch nicht das Leben genommen hätte.

Für eine Mutter ist es sehr schwer, das Leben ihres Kindes so öffentlich zu machen, schreibt sie mir, als ich sie danach frage, wie es sich anfühlte, als Phoebes Fall in den Fokus der Medien geriet. *Aber mir war klar, dass ich meine eigenen Befindlichkeiten zurückschrauben musste, wenn ich Gerechtigkeit wollte. Ich musste einen Weg finden, Fakten zusammenzutragen, ohne die ganze Zeit daran zu denken, dass es hier eigentlich um meine Tochter ging. Meine wunderschöne Tochter! Ich erinnere mich noch daran, wie ich den Obduktionsbericht per Post erhalten habe. Vorne auf der Akte stand eine Warnung, dass ich sie nur in Gegenwart eines Arztes lesen sollte. Ich öffnete sie trotzdem und ging systematisch sämtliche Dokumente durch, die detailliert das ganze Ausmaß von Phoebes Verletzungen beschrieben. Dabei kamen mir viele medizinische und anatomische Begriffe unter, die ich einen nach dem anderen nachschlagen musste, bis ich sie alle verstanden hatte. Letztlich ergaben sich dadurch nur noch mehr Fragen nach dem, was wirklich mit Phoebe passiert war. Als auch die Medien immer mehr über die Unklarheiten in diesem Fall berichteten, musste ich sehr darauf achten, meinen Selbstschutz aufrecht zu erhalten. Ich musste den Teil von mir, der die Wahrheit herausfinden wollte, von meinen Gefühlen als Mutter abspalten. Das half mir, die vor mir liegende Arbeit zu bewältigen, zusammen mit meinem Dad, der absolut großartig war. Wir wuchsen zu einem unerschütterlichen Duo zusammen, in unserem hartnäckigen Kampf für Wahrheit und Gerechtigkeit.*

Und die Hartnäckigkeit zahlt sich aus: Der Antrag der Familie Handsjuk wird bewilligt. Ant muss die Entscheidung hinnehmen, stellt aber seinerseits einen weiteren Antrag mit der Forderung, ihn durch die neue Untersuchung offiziell zu entlasten. Ab August 2013 befasst sich eine Untersuchungskommission nun also noch einmal mit den Umständen von Phoebes Tod. Den Vorsitz der Kommission bekleidet Coroner[3] Peter White, assistiert unter anderem von Barrister[4] Deborah Siemensma. 30 Zeugen werden erneut angehört und über tausend Seiten Aktenmaterial geprüft. Phoebes Familie hofft auf ein »open finding«, einen offenen Befund, der gleichbedeutend wäre mit einem offenen Fall, in dem weiterhin ermittelt werden könnte. Doch dafür müsste Coroner White von der Selbstmord-Theorie abrücken und die Möglichkeit einer Fremdbeteiligung anerkennen.

---

3 Als »Coroner« wird im angelsächsischen Rechtskreis ein Untersuchungsbeamter bezeichnet, der bei zweifelhafter oder unnatürlicher Todesart oder in Katastrophenfällen in einem rechtsförmlichen Verfahren mit Feststellung der Identität der oder des Toten und/oder der Klärung der Todesumstände beauftragt wird.

4 In der Rechtstradition von England, Wales sowie anderen Ländern des Commonwealth, inklusive Australien, ist die Rechtsanwaltschaft in Solicitors und Barristers unterteilt. Während ein Solicitor Mandantengespräche führt und den Prozess vorbereitet, entwirft ein Barrister die gerichtsrelevanten Schriftstücke und plädiert vor Gericht. Er oder sie ist also ein Experte für Prozessrecht, Zeugenbefragungen und Plädoyers.

Am 10. Dezember 2014 – vier Jahre und acht Tage nach Phoebes Tod, nach vier Jahren und acht Tagen voller ungeklärter Fragen – legt White seinen 365 Punkte umfassenden Bericht vor. Nach der Wiedergabe sämtlicher Zeugenbefragungen und Expertenmeinungen rekonstruiert White wie folgt: Phoebe hat am Nachmittag ihres Todes Wodka getrunken und zusätzlich das Schlafmittel »Stilnox« genommen. Nachdem sie aus Versehen ein Glas zerbrochen hatte, wollte sie die Scherben in eine Mülltüte sortieren und schnitt sich dabei. Dadurch seien die gefundenen Blutspuren entstanden. Später habe sie die Tüte mit den Scherben in den Müllraum gebracht, eigentlich nur mit der Intention, sie zu entsorgen, doch – so schreibt er:

Zolpidem, welches in Australien als Schlafmittel »Stilnox« verkauft wird, ist in seiner Pharmakologie ähnlich gelagert wie Benzodiazepine[5]*. Wie von Professor Drummer, Associate Professor Gunja und Dr. O'Dell erklärt, kommt es vor, dass ungewöhnliche Reaktionen im Zusammenhang mit der Verwendung des Arzneimittels auftreten, insbesondere, wenn die Einnahme mit dem Konsum von Alkohol verbunden ist. Eine solche Verwendung ist stark kontraindiziert und kann die*

---

5 Benzodiazepine gehören zur Gruppe zentral dämpfender Wirkstoffe, die zur Behandlung von Angststörungen, Schlafstörungen und weiteren psychischen Erkrankungen wie Panikattacken und Panikstörungen eingesetzt werden. Zu den festgestellten Nebenwirkungen gehören: Tagesmüdigkeit, Beeinträchtigung von Aufmerksamkeit und Reaktionsvermögen, Muskelschwäche, Bewegungsstörungen, Verwirrtheit, Depression, aber auch sogenannte »paradoxe Wirkungen«, das heißt Reaktionen, die genau gegenteilig zu dem erwünschten Effekt wirken, wie zum Beispiel Hyperaktivität, Euphorisierung, Erregungszustände, Schlaflosigkeit und Aggressivität.

bewusstseinsverändernde Wirkung von Zolpidem verstärken. Einige Fälle von ungewöhnlichen Reaktionen, von denen angenommen wird, dass sie durch die Einnahme von Zolpidem verursacht werden, sind mit Schlafwandeln vergleichbar.

Und das sei, so Whites Fazit, genau der Zustand gewesen, in dem Phoebe sich am 2. Dezember 2010 befunden habe, als sie in den Müllschacht kletterte: geistig »zutiefst verwirrt« und »unfähig zum rationalen Denken«, motorisch aber agil und kontrolliert – so, als würde sie schlafwandeln.

Ich bin davon überzeugt, dass Phoebe – hätte sie nicht unter der Wechselwirkung des Alkohols mit dem Schlafmittel gestanden – nicht in den Schacht geklettert und somit das Risiko einer schweren Verletzung oder sogar das ihres Todes eingegangen wäre.

Die Intervention einer oder mehrerer anderer Personen schließt der Coroner aus. Nichts deute darauf hin. Ausgerechnet Whites Assistentin, Barrister Siemensma, stimmt mit dieser Auffassung nicht überein. Ihrer Ansicht nach sei eben nicht definitiv auszuschließen, dass nicht auch ein Tötungsdelikt vorliegen könnte. Doch Coroner White ignoriert ihre Empfehlung, die Untersuchung mit einem »open finding« zu beenden. Einzig räumt er ein, dass es bei den Ermittlungen zu einigen schwerwiegenden Versäumnissen seitens der Polizei gekommen ist, wie zum Beispiel der zu spät erfolgten Sicherung des Materials der Überwachungskameras. Seinen Bericht schließt White mit den Worten:

Schlussendlich ist klar, dass im Anfangsstudium dieser Untersuchung bestimmte Annahmen, basierend auf den damals verfügbaren Beweisen, getroffen wurden und dass sich die Fronten infolgedessen verhärtet haben. Dazu kommt, dass die Umstände dieses Todes so ungewöhnlich waren, dass sie ein beträchtliches öffentliches Interesse hervorgerufen haben. Die zusätzliche öffentliche Aufmerksamkeit führte zu vielen Spekulationen darüber, wie Phoebe starb, und unnötigerweise auch darüber, wer für ihren Tod verantwortlich gewesen sein könnte.

Laut White also: kein Selbstmord. Kein Fremdverschulden. Stattdessen: ein Unglück, ein Unfall unter dem Einfluss einer verheerenden Kombination aus Alkohol und dem Schlafmittel »Stilnox«. Phoebes Familie ist entsetzt. In einem Statement, das Lorne veröffentlicht, nachdem er den Bericht des Coroner noch einmal genau durchgearbeitet hat, schreibt er:

Die weltweit dokumentierten Fälle, in denen Zolpidem (»Stilnox«) bizarre Verhaltensweisen hervorgerufen hat, sind relativ selten. Zudem sollte beachtet werden, dass diese »bizarren Verhaltensweisen« darin bestehen, dass eine Person im Schlafzustand Dinge tut, die sie normalerweise in wachem Zustand in ihrem Alltag tut, zum Beispiel spazieren gehen, Auto fahren, malen, sexuelle Aktivitäten, usw. In einen Müllschacht zu klettern war keine normale Aktivität für Phoebe (das wäre sie wohl für niemanden). Was man mit Sicherheit über das Zolpidem sagen kann, ist, dass es Auswirkungen auf Phoebes zentrales Nervensystem gehabt und die körperlichen Auswirkungen der Alkoholeinnahme verstärkt hätte, wodurch die ihr vom Coroner zugeschriebenen Kletterleistungen allerdings noch unrealistischer erscheinen.

Überhaupt seien auch nach Coroner Whites Untersuchung viele der entscheidenden Fragen weiterhin offengeblieben und ihre Antworten durch Spekulationen ersetzt worden. Zum Beispiel bei der Frage nach einigen von Phoebes Verletzungen.

Die ungeklärten Verletzungen an Phoebes Schädel könnten bei dem Sturz entstanden sein, aber auch dadurch, dass ihr mit Kraft gegen den rechten Kiefer geschlagen wurde, woraufhin sie mit dem Kopf gegen einen festen Gegenstand wie eine Wand prallte. Man hatte bei der Obduktion eine 1 Zentimeter große Schürfwunde, begleitet von Blutergüssen auf der rechten Seite ihres Kiefers und eine Subduralblutung über dem linken parietalen Cortex (obere linke Seite des Gehirns), festgestellt. Letzteres kann zu Bewusstlosigkeit führen … Zudem wurde eine weitere 1 Zentimeter große Schürfwunde an der Außenseite über ihrem linken Ohr festgestellt, was ebenfalls darauf hindeuten könnte, dass sie von etwas getroffen worden war. Genauso ungeklärt sind die »kreis- und eiförmigen Blutergüsse an ihrem rechten Oberarm«, die Griffspuren ähneln, genauso die Blutergüsse an ihrem linken Handgelenk und ihrem Hals. Natürlich könnte es für all diese Verletzungen auch andere Erklärungen geben, aber Spekulationen in beide Richtungen sind kein Beweis. Tatsache ist, dass nichts in dem vorgelegten Material die Möglichkeit eines körperlichen Angriffs wirklich ausschließt. Sogar Dr. Lynch, der Rechtsmediziner, erklärte in seinem Obduktionsbericht wortwörtlich: »Ich bin nicht in der Position, die Möglichkeit einer Beteiligung anderer Parteien auszuschließen.«

Lorne fährt fort:

Weiterhin stellt Coroner White spekulativ fest, dass Phoebe am Nachmittag ihres Todes ein Trinkglas fallen gelassen und zerbrochen hat. Nichts belegt das. Das Glas hätte ihr genauso gut aus der Hand geschlagen worden sein können oder jemand hätte es sogar nach ihr werfen können. Umgekehrt hätte sie es auf jemanden werfen und damit eine heftige Gegenreaktion provozieren können. Sie war eine lebhafte junge Dame. Abgesehen davon stellt sich durch das Vorhandensein von zwei Gläsern doch eine ganz offensichtliche und noch immer unbeantwortete Frage: War noch eine andere Person mit Phoebe in der Wohnung, die mit ihr getrunken hat?

Ebenfalls noch immer unklar: die Sache mit den Glasscherben. Coroner White geht davon aus, dass Phoebe sich an den Scherben geschnitten hat. Er vermutet, dass sie zumindest einige davon in eine Mülltüte sortiert habe, um aufzuräumen. Kein grundsätzlich falsches Szenario, denn folglich wären dann wohl gerade die Scherben, auf denen man später Fingerabdrücke und Blut hätte finden müssen, in der Mülltüte gelandet. Dass auf den anderen keine Spuren zu finden waren, würde sich dann damit erklären lassen, dass Phoebe diese gar nicht mehr berührt hat, nachdem sie sich an den vorigen geschnitten hatte. White vermutet weiterhin, dass Phoebe die Mülltüte mit den aussortierten Scherben zum Müllschacht getragen und sie darin versenkt hat, bevor sie – in ihrem »schlafwandlerischen Zustand« – selbst in den Schacht hineinkletterte. Nur: In dem Container, in den sie gestürzt war, wurde keine Mülltüte mit Scherben gefunden. Genauso wenig wie im Mülleimer in der Küche. Drei weitere Mülleimer in der Wohnung wurden gar nicht erst untersucht. Doch es ergäbe wohl ohnehin wenig Sinn, wenn Phoebe die Scherben in einen Mülleimer in der Wohnung geworfen hätte, um dann wiederum ohne Mülltüte zum Müllschacht außerhalb des Apartments zu gehen. Auch die Frage nach Phoebes Jeans zum Zeitpunkt ihres Auffindens bleibt ungeklärt. Die Hose war geöffnet, der Gürtel nur durch zwei von fünf Gürtelschlaufen gezogen, die Hose hing in ihren Knien. Lorne glaubt, dass Phoebe möglicherweise beim Anziehen gestört wurde. Er zweifelt daran, ob ihr das ohnehin schwierige Unterfangen, in den Schacht hineinzuklettern, mit der zusätzlichen Behinderung durch eine offene Hose gelungen wäre.

Die Hauptzeugin bezüglich der Jeans, Forensic Science Officer Louise Brown, vermutete, dass die Jeans erst nach dem Kontakt mit den Klingen des Müllverdichters herunterrutschte, doch in dieser Version würde das Muster von Phoebes Verletzungen nicht mit den Schäden an ihrer Jeans übereinstimmen. Auch hierbei ist der Sachverhalt noch nicht abschließend geklärt, was erneut zu der offenen Frage nach einer möglichen Beteiligung einer weiteren Person führt.

Abschließend schreibt Lorne:

Es gab einige Ungereimtheiten, die von Coroner White in seiner Ermittlung jedoch als irrelevant oder nicht bedeutsam genug betrachtet wurden … Die polizeilichen Versäumnisse in diesem Fall, bei dem Beweismittel übersehen, nicht untersucht, nicht fotografiert, nicht gesichert oder notiert wurden und damit für alle Zeit verloren gegangen sind, sind zahlreich und schwerwiegend. Als ehemaliger Polizist bin ich darüber schockiert und enttäuscht. Dies war ein Tod, der auch ein Mord gewesen sein könnte. Vielleicht werden wir es nie erfahren, aber die bisher angeführten Beweise sind nicht schlüssig und können nichts anderes als einen offenen Befund dieser zweiten Untersuchung rechtfertigen.

Ein offener Befund, so wie Coroner Whites Assistentin Barrister Siemensma es empfohlen hatte. Ein offener Befund, der so wichtig gewesen wäre, damit der Fall weiterhin untersucht werden und eines Tages vielleicht doch noch zu einem klaren Abschluss gebracht werden könnte. Ohne Zweifel, ohne offene Fragen. Doch Coroner White hat seine Entscheidung getroffen, und damit wird Phoebes Akte – erneut – geschlossen. Diesmal womöglich für immer. Natalie erklärt mir die rechtliche Lage:

Wenn ein Coroner im Bundesstaat Victoria zu einem Befund gekommen ist, kannst du diesen Befund nicht anfechten, es sei denn, es gelingt dir nachzuweisen, dass der Coroner einen Rechtsfehler begangen hat. Du müsstest beweisen, dass er das absichtlich getan hat, aber das wäre wohl ein utopisches Vorhaben. Wenn Phoebe im Bundesstaat New South Wales gestorben wäre, wären wir rechtlich in einer anderen Situation.

Zusammen mit einer weiteren Familie haben wir sehr hart dafür gekämpft, dass das Gesetz geändert wird, um es Familien wie uns leichter zu machen, in Berufung zu gehen. Es wurden einige Änderungen vorgenommen, aber das kam uns selbst nicht zugute, weil wir laut der neuen Bestimmungen außerhalb der Einspruchsfrist lagen. Ich denke, sie haben den Zeitrahmen extra so gewählt, um uns diesen Weg zu verbauen. Solange also niemand neue Beweise vorlegt, die explizit darauf hindeuten, dass jemand anderes an Phoebes Tod beteiligt war, können wir nichts mehr tun.

Fast nichts.

Lorne Campbell ist inzwischen 81 Jahre alt. Er gibt nicht auf. Er ist ein Polizist, und man hört nicht einfach so auf, Polizist zu sein; es steckt einfach in einem drin. Vor allem aber hört man niemals auf, ein Großvater zu sein. Zuletzt hat er sein Müllschacht-Experiment im Fernsehen wiederholt, bei ›Channel Nine's‹ ›Under Investigation‹. In der Sendung wurde Phoebes Fall dokumentiert und mit Experten aus dem ermittlerischen und juristischen Bereich diskutiert.

*

R. H.: Wie kam es zu der Zusammenarbeit mit ›Channel Nine‹?

Lorne Campbell: ›Channel Nine‹ hat uns angesprochen. Sie sagten, sie würden eine Folge ›Under Investigation‹ drehen, die sich mit Phoebes Tod befasst, und fragten, ob Natalie und ich bereit wären, daran teilzunehmen. Wir haben zugestimmt, denn nur wenn der Fall im öffentlichen Gedächtnis bleibt, besteht die Chance, dass sich doch noch etwas Neues entwickelt. Die Wahrscheinlichkeit ist gering, aber wir glauben, dass es irgendjemanden gibt, der weiß, was wirklich geschehen ist, und vielleicht wird dieser Jemand sich eines Tages dazu entschließen, aus der Deckung zu kommen.

R. H.: Welches Feedback haben Sie bekommen?

Lorne Campbell: Von buchstäblich allen – inklusive des gesamten Fernsehteams – lautete die Rückmeldung einstimmig, dass Phoebe sich nicht von allein in diesen Schacht begeben hat.

R. H.: Es ist jetzt elf Jahre her, seit sie gestorben ist – eine lange Zeit. Wie bewahren Sie sich Ihre Entschlossenheit? Gibt es Momente, in denen Sie denken: ›Ich kann nicht mehr‹?

Lorne Campbell: Ich denke, es ist eine Frage der Geduld. Ich begreife meinen Zustand nicht als verzweifelt. Was ich in mir trage, ist die Wut über ein schreckliches Verbrechen, meine Trauer um Phoebe und die ewige Hoffnung, dass wir eines Tages eine Erklärung für das Ganze erhalten werden. Ansonsten bleibt mir nur der Glaube, dass Karma sich um Phoebes

Mörder kümmern wird. Vielleicht wäre alles anders, wenn die Polizei einfach nur ihren Job gemacht hätte. Wovon ich aber definitiv überzeugt bin, ist, dass Phoebe nicht in diesen Schacht hineingeklettert ist. Sie wurde in bewusstlosem Zustand von jemand anderem dort hineingeschoben. Sie *muss* bewusstlos gewesen sein, ansonsten wäre sie für jeden Angreifer, egal wie groß oder wie stark, eine ernst zu nehmende Herausforderung gewesen. Sie war eine sehr athletische, körperlich starke junge Frau mit Kampfkunsterfahrung, und sie hatte Mut. Nichts könnte mich jemals glauben machen, dass sie Selbstmord begangen hat, ganz gleich, wie deprimiert oder berauscht sie auch gewesen sein mag. Das passt einfach nicht zu ihr. Sie freute sich schon sehr auf den nächsten Tag, an dem sie Natalie nach Monaten wiedersehen würde. Zusammen wollten sie die Feier zum 18. Geburtstag ihres Bruders Nikolai vorbereiten. Sie stand ihm sehr nah.

R. H.: Ich denke, man muss nicht darüber diskutieren, ob Verbrechen verfolgt und bestraft gehören. Nur weiß man ja in Phoebes Fall nun mal einfach nicht, was wirklich geschehen ist. Was bedeutet diese Ungewissheit für den Trauerprozess?

Lorne Campbell: Wenn man jemanden festnehmen kann, dann hat man zumindest eine Erklärung. Jemand hat eine Tat begangen und wird dafür zur Rechenschaft gezogen. Das Ganze bekommt eine Logik, und die Hinterbliebenen bleiben nicht mit dem Thema in der Schwebe. Sie können einen Abschluss finden.

R. H.: Was ist Ihrer Meinung nach am 2. Dezember 2010 wirklich – oder wahrscheinlicher – geschehen?

Lorne Campbell: …

Mein Tagebuch:
Ich hasse True Crime.

Googelt man den Namen »Phoebe Handsjuk«, kommt man aktuell auf 15.800 Ergebnisse. Wenig im Vergleich zur Suche nach Elisa Lam beispielsweise, der kanadischen Backpackerin, die 2013 tot in einem Wassertank auf dem Dach eines Hotels in Los Angeles aufgefunden wurde. 8.880.000 Einträge findet man hierzu. Elisa litt an einer bipolaren Störung, nahm Medikamente. Um ihren Tod ranken sich bis heute unzählige Theorien, ausgelöst vor allem durch ein Video aus dem Fahrstuhl des Hotels, in dem Elisa wohnte. Elisa scheint sich im Aufzug zu verstecken, drückt wild auf den Etagenknöpfen herum, gestikuliert ausschweifend und verdreht, vielleicht ins Leere, vielleicht in Richtung einer Person, die sich außerhalb des Aufnahmebereichs der Kamera befindet. Wurde sie ermordet? Hat sie sich umgebracht? Fakt ist: Man weiß nicht, was in Elisa vorging und was wirklich mit ihr geschah; man kann nur Wahrscheinlichkeiten abwägen und sich, bei aller Faszination für ungelöste Rätsel, eingestehen, dass die simpelste Lösung manchmal auch einfach die richtige ist. Ein Tod als Ergebnis einer akuten Psychose. Hatte sie Angst und wollte sich in dem Wassertank verstecken, so wie sie sich laut ihrer Schwester bei früheren Episoden unter dem Bett versteckt hatte? Oder war es schlichtweg die Idee, schwimmen zu gehen? So wenig ich als Nichtbetroffene nachempfinden kann, wie sich ein psychischer Super-GAU anfühlt, würde ich zumindest Letzteres verstehen, die romantisierte Vorstellung eines Bads unter dem Sternenhimmel, dem man auf dem Dach eines Hochhauses umso näher ist, die Vorstellung vom schwerelosen Treiben auf dem Wasser, eine fehleingeschätzte Gefahr.

Phoebe hingegen soll in einen Müllschacht hineingeklettert sein. In eine enge, dunkle Röhre, an deren Ende die unbarmherzigen Klingen eines Müllverdichters warteten. Gibt es einen Zustand – egal, ob ausgelöst durch die Psyche oder die Kombination von Alkohol und Medikamenten –, in dem ein Mensch sich von solch einer Idee angezogen fühlen könnte? Kann man einerseits noch klar genug sein, an das Aufräumen eines zerbrochenen Glases zu denken, um sich dann im nächsten Moment völlig verwirrt in einen Müllschacht hineinzuquetschen? In diesem Fall macht es mich verrückt, dieses Jonglieren mit den Wahrscheinlichkeiten. Dieses verdammte »Vielleicht, vielleicht auch nicht«. Tagelang halte ich mich an dem fast 100 Seiten starken Bericht von Coroner White auf. Spreche mit Natalie. Recherchiere die Nebenwirkungen von Zolpidem. Ich schreibe meinen Text zu Phoebes Fall neu und neu und wieder neu. Ich will objektiv bleiben, trotz meiner Verbundenheit zu Phoebes Familie. Ich will mich auf die Fakten konzentrieren und nicht in die Versuchung geraten, spekulativ zu werden. »Spekulationen in beide Richtungen sind kein Beweis«, hat Lorne in unserem Interview gesagt, und er hat recht. Aber das ist schwer bei einem Fall, der aufgrund so vieler offener Fragen kaum etwas anderes übrig lässt, als zu spekulieren, stelle ich fest. Nein, es ist nicht nur schwer, es macht mich fertig. Ich habe das dringende Bedürfnis, Erklärungen zu finden – als wäre ich da die Erste. Ich kann trotzdem nicht anders.

Eine ganze Nacht verbringe ich damit, Todesfälle zu recherchieren, die ebenfalls mit einem Müllschacht in Zusammenhang stehen, und stoße dabei auf vier Fälle aus den USA. 2012 starb ein 16-jähriger Junge im Müllschacht eines 48-stöckigen Hochhauses in Chicago, im Jahr darauf eine 80-jährige Frau, die in demselben Gebäude lebte. Beide Fälle wurden als Unfälle eingestuft, und in beiden Fällen kann ich es nachvollziehen, denn: der betreffende Schacht ist gänzlich anders gebaut als der im Balencea. Sogar die Tochter der 80-jährigen äußert sich dazu in einem Zeitungsinterview: »Der Schacht ist ungewöhnlich groß. Er befindet sich in einer Höhe von ungefähr 1,20 Meter und ist sehr, sehr breit. Dort würde der Körper eines erwachsenen Mannes hindurchpassen.« Auch in Illinois starb 2013 ein Mann – allerdings, als er sein Handy retten wollte, das in einen – ebenfalls um einiges größeren – Müllschacht gefallen war. Ein weiterer Unfall, tragisch, aber nachvollziehbar. Nur ein paar Millimeter, die man sich zu weit vornüberbeugt, nur ein paar Millimeter, die es braucht, um das Gleichgewicht zu verlieren. Doch diese Erkenntnis bringt mich nicht weiter; abgesehen davon, dass der Schacht in Phoebes Fall nur 37,2 x 22 Zentimeter groß war, hat sie sich ganz offensichtlich nicht hineingebeugt, sondern ist mit den Füßen voraus gerutscht.

Schließlich entdecke ich die Berichte über die 48-jährige Lara Prychodko aus New York. Lara, die in den Medien als »socialite«, also Teil der feinen Gesellschaft beschrieben wird, steckte gerade mitten in der Scheidung von ihrem Mann, in einem hässlichen Ringen um den gemeinsamen Sohn und den Anspruch auf ein sechs-Millionen-Dollar-Vermögen, als sie am 10. Juli 2018 tot aufgefunden wurde. Den Nachmittag hatte sie mit Freunden in einer Bar verbracht, um sich das Halbfinale der Fußballweltmeisterschaft anzusehen. Um

16.10 Uhr kehrte sie in das 29-stöckige Hochhaus zurück, in dem sie lebte – offenbar stark alkoholisiert, wie die Aufzeichnung einer Sicherheitskamera zeigt, die Lara beim Einsteigen in den Lift erfasst hat. Gegen halb fünf hörte eine von Laras Nachbarinnen laute Geräusche im Flur. Sie verließ ihre Wohnung, um nachzusehen. Zwar sah sie niemanden auf dem Flur, dafür fiel der Blick der Nachbarin auf eine Handtasche vor der Tür des Müllraums. Die Tasche würde später als Laras identifiziert werden. Nur wenige weitere Minuten später fand ein Angestellter des Wohnkomplexes Laras verstümmelte Leiche in der Müllpresse im Keller.

Auch dieser Tod wurde als Unfall eingestuft, vor allem da in Laras Blut ein Alkoholwert von 2,9 Promille gemessen wurde. Sicherlich reagiert jeder Körper anders auf Alkohol, aber zu den regulären Nebenwirkungen bei solch einem Wert kann man unter anderem von starken Gleichgewichts- und Konzentrationsstörungen, Verwirrtheit, Gedächtnis- und Bewusstseinsbeeinträchtigungen ausgehen. Zudem könnte sich Lara, obwohl sie offenbar keine psychischen Erkrankungen hatte, durch die laufende Scheidung durchaus in einer psychisch angespannten Lage befunden haben. Noch dazu soll sie, nachdem sie seit fünf Jahren keinem Job mehr nachgegangen war, hohe Schulden angehäuft haben. Andererseits hätten sich ihre Geldprobleme nach der Scheidung natürlich erledigt; sie wäre wieder eine reiche Frau gewesen.

Familie und Freunde widersprechen der offiziellen Einschätzung vehement: Weder, so sagen sie, hätte Lara einen Grund gehabt, sich das Leben zu nehmen, noch könne ihr Tod ein Unfall gewesen sein. Dazu führen sie allein schon ein sehr praktisches Argument an: die Abmessungen des Müllschachts. Lara war 1,77 Meter groß und wog knapp 60 Kilo. Hätte sie sich damit in einen Schacht von 38,1 x 45,7 Zentimetern hineinzwängen können? Ein Schacht, der zumindest etwas größer ist als der im Balencea, das schon. Aber genau wie Phoebe ist auch Lara mit den Füßen vorausgerutscht; ein Sturz, verursacht dadurch, dass sie sich hineingebeugt und das Gleichgewicht verloren haben könnte, fällt somit als Erklärung aus.

Nachdem ihm das Ergebnis der Behörden vorliegt, engagiert Laras Vater einen unabhängigen Gerichtsmediziner, der sich noch einmal genauer mit dem Obduktionsbericht beschäftigen soll. Dabei entdeckt dieser auf den Fotos von Laras Leiche eine blasse blaue Linie um ihren Hals, die ihn zu der Annahme führt, dass Lara an den Folgen einer Strangulation gestorben sein könnte und danach im Müllschacht entsorgt werden sollte. Laras Vater und ihre Freunde sehen dafür auch ganz klar ein Motiv, oder sogar mehrere: die Scheidung, die Tatsache, dass Lara 24 Stunden nach ihrem Tod das Sorgerecht für ihren Sohn erhalten hätte, und eine Affäre, die sie zum Zeitpunkt ihrer Ehe gehabt hatte. Während die Behörden an ihrer Einschätzung festhalten, dass Laras Tod selbst verschuldet war, kämpft ihr Vater weiterhin darum, dass der Tod seiner Tochter erneut untersucht wird; er vermutet einen Auftragsmord. Unterstützt wird er bei seinen juristischen Anstrengungen von Laras Freunden. Vesna, eine ihrer engsten Vertrauten, sagt dazu in einem Interview: »Wäre sie eine Treppe hinuntergestürzt, okay. Aber in einen Müllschacht? Das ist kein tragischer Unfall. Jemand hat ihr das angetan.«

Als ich um vier Uhr morgens meinen Laptop zuklappe, um dieser Nacht wenigstens noch eine Stunde Schlaf abzuringen, kommt mein übermüdeter Schädel zu einem sehr lapidaren Schluss: Ich hasse True Crime. Ich hasse es, dass all diese Dinge auf der Welt geschehen. Ich hasse es, dass manche Spekulationen wahr sein könnten und ein Verbrechen möglicherweise niemals bestraft wird, genauso wie den Umstand, dass ein Unschuldiger ins Fadenkreuz geraten könnte, weil ein mögliches Motiv mit einem grausamen Zufall kollidiert ist. Vor allem aber hasse ich den Gedanken daran, dass manche Angehörige niemals Gewissheit bekommen sollen. Ich glaube, dass wir das Schlimmste verkraften können, solange wir etwas Konkretes vor uns haben, etwas Handfestes, mit dem wir arbeiten können; unser Verstand giert nach Erklärungen, besonders dann, wenn er mit Grausamkeiten konfrontiert ist, nach einer Logik, die das Unverständliche – wenn schon nicht auf einer emotionalen, dann wenigstens auf einer rationalen Ebene – eben doch nachvollziehbar macht. Wir sind nicht gemacht für die Ungewissheit. Für die Zweifel. Zweifel fressen uns auf, sie schlucken uns mit Haut und Haar und Seele und spucken uns nie wieder aus. Ich denke an meine Bücher, mein Schreiben. Ein Thriller funktioniert nicht ohne die Zweifel, ohne die Nebenschleusen, die man als Autor*in seiner Leserschaft eröffnet. Aber eines würde man seinen Leser*innen niemals zumuten: ein offenes Ende. Ich denke an Phoebe, an Lara und an alle, die sie liebten. Ich wünschte, ich könnte ihnen ein Ende schreiben. Das geht nicht, schon klar. Das hier ist das echte Leben und keine Geschichte, die man sich nach seinem Willen zurechtbiegen kann. Wobei: Stoßen wir darauf nicht auch oft bei wahren Kriminalfällen? Auf Menschen, die eben keine Grenze ziehen zwischen Wunsch und Realität? Auf Menschen, die alles dafür tun würden, die Vorstellungen in ihrem Kopf Wirklichkeit werden zu lassen? Die ihr eigenes Skript schreiben, mit dem Blut eines anderen?

»Sich Verbrechen auszudenken, bedeutet gleichzeitig, sich Rätsel auszudenken. Sich dabei auch in Täter hineinzudenken und zu -fühlen, ist wie Achterbahn und Geisterbahn gleichzeitig fahren. Ich suche meine innere Killerin und finde sie tatsächlich – allerdings tief vergraben und zu Morden nur in der Theorie fähig.«

Ursula Poznanski

True Crime ist …

BESESSENHEIT

Der Fall Cari Farver

Macedonia, Iowa/USA, Sommer 2013

Eine Mutter, die keine Beweise hat, sondern bloß ihr Gefühl. Das passt nicht zu ihrer Tochter, dieses Verhalten sieht ihr nicht ähnlich. Nancy kann sich nur wiederholen. Aber die Polizisten schenken ihr kein Gehör. Nancy musste ihnen davon erzählen, dass Cari unter Depressionen und einer bipolaren Störung leidet, natürlich, diese Information konnte sie ihnen ja schlecht vorenthalten. Das Problem ist nur, dass Diskussionen anscheinend ein schnelles Ende finden, sobald Worte durch den Raum geistern, die nur annähernd im Zusammenhang mit einer psychischen Erkrankung stehen. Dass diese Worte sich aufblähen zu einer Erklärung, zu einem logischen Schluss, der jegliche Dringlichkeit sofort vom Tisch fegt. Es sei denn, Nancy hätte Grund zu der Annahme, dass ihre Tochter sich etwas antun könnte? – Nein, hat sie nicht. Cari ist ein lebensfroher Mensch, der gut mit seinen Erkrankungen umgehen kann. Sie nimmt Medikamente und ist in therapeutischer Behandlung. Man hat ein falsches Bild von ihr, wenn man sie sich unter der Bettdecke verkrochen vorstellt, bei geschlossenen Vorhängen und wimmernd vor Schmerz. So ist sie nicht. Cari ist lustig und lebensfroh, eine große, schlanke Frau, neugierig und kreativ, mit ständig wechselnden Frisuren und einem ansteckenden Lachen. Sie hat einen sicheren Job als Programmiererin und ein kleines Haus im beschaulichen Örtchen Macedonia, in der Nähe ihrer Eltern. Hier wohnt sie zusammen mit ihrem Teenager-Sohn Max, und Max, ihr Max, ist doch ihre ganze Welt. Zumindest war das so bis zu Caris Verschwinden letztes Jahr im November, vor inzwischen neun Monaten. Nancy weiß nicht, wie oft sie seitdem schon auf der Polizeiwache vorgesprochen hat. Versucht hat, den Polizisten klarzumachen, dass die Situation ernst ist – auch wenn sie nicht befürchtet, dass Cari sich selbst etwas antun könnte. Trotzdem muss sie in Gefahr sein, nichts anderes kann Nancy sich vorstellen. Niemals hätte Cari ihren Max einfach so zurückgelassen und sich davongemacht, um – wie in den SMS steht, die Nancy von ihr erhält – ein neues Leben zu beginnen.

Aber genau die sind das nächste Problem: die SMS. Für die Polizisten sind sie ein Beleg dafür, dass Cari eben nicht wie vom Erdboden verschluckt ist. Im Gegenteil, sie hat sich doch immer regelmäßig gemeldet! Sie hat geschrieben, es gehe ihr gut. Sie lebe und arbeite jetzt in Kansas, ein persönliches Reset, ganz ohne den alten Ballast. Und das, so sagen die Beamten Nancy nun schon zum x-ten Mal, sei ihr gutes Recht. Es mag schmerzhaft sein für die Angehörigen und auch ein zweifelhaftes Licht auf Caris Charakter werfen – aber vielleicht hing sie ja doch nicht so sehr an ihrer Familie und hatte ihr Leben so gut im Griff, wie Nancy behauptet. Und neigt ein Mensch, der psychisch angeschlagen ist, nicht dazu, Entscheidungen zu treffen, die irrational wirken? Besonders auf die, die so gerne ein anderes Bild von der betreffenden Person hätten, die reinweg aus Liebe gar nicht objektiv sein *können*?

Die Vermisstenanzeige haben die Polizisten natürlich trotzdem aufgenommen, letztes Jahr schon, als Nancy zum ersten Mal bei ihnen aufschlug. Das mussten sie tun, das ist ihr Job. Für eine groß angelegte Suche jedoch fehlte ihnen die Grundlage. Immerhin ist Cari kein kleines Mädchen mehr; sie ist eine 37-jährige Frau, die nun mal tun und lassen kann, was sie will.

Nancy ist verzweifelt, fühlt sich im Stich gelassen von der Polizei. Warum traut man ihrem Gefühl denn nicht? Was, wenn Cari gekidnappt wurde? Wenn gar nicht sie, sondern derjenige, der sie gefangen hält, die Nachrichten in ihrem Namen verschickt? Oder haben die Polizisten doch recht, indem sie Caris psychischen Erkrankungen so viel Bedeutung beimessen? Könnte sie ihre Medikamente abgesetzt haben? Nancy muss sich eingestehen, dass das in der Vergangenheit durchaus schon vorgekommen ist. »Ich fühle mich taub, wenn ich die Tabletten nehme«, hatte Cari Nancy ihren Entschluss einmal erklärt. Nancy machte sich Sorgen; die Tabletten waren Cari schließlich nicht grundlos verschrieben worden. Aber was sollte Nancy schon tun, außer abzuwarten, bis Cari von selbst zu der Einsicht kam, dass es ihr mit den Medikamenten besser ging? Nein, da half keine Diskussion. Denn auch das ist Cari: Wenn sie sich einmal etwas in den Kopf gesetzt hat, dann zieht sie es auch durch.

Für den Moment kann Nancy nichts anderes tun, als nach Hause zu gehen, und ihrem Enkel Max erklären, dass sie bei der Polizei wieder nur auf taube Ohren gestoßen ist.

Ortswechsel nach Omaha, das ungefähr eine dreiviertel Stunde von Macedonia entfernt liegt. Hier hat Cari bis zu ihrem Verschwinden als Programmiererin gearbeitet, ist jeden Tag des Jobs wegen über die Staatsgrenze nach Nebraska gefahren. Hier hat sie im Herbst 2012 auch Dave kennengelernt, den netten Typen aus der Autowerkstatt, der eigentlich nur ihren schwarzen Ford Explorer reparieren sollte. Es hat auf den ersten Blick gefunkt zwischen ihnen, dabei waren weder Cari noch Dave auf der Suche nach einem kitschigen Liebesmärchen. Etwas Lockeres sollte es sein. Besonders Dave war das wichtig. Er hatte sich erst ein paar Monate zuvor nach zwölf Jahren von seiner Lebensgefährtin Amy getrennt, mit der er zwei Kinder hat: eine elfjährige Tochter und einen neunjährigen Sohn. Ihnen zuliebe hatten Dave und Amy es noch eine ganze Weile miteinander versucht, bis sie schließlich einsahen, dass es einfach nicht mehr ging. Sie wollte heiraten, er nicht – darüber stritten sie ständig. Was für sie Sicherheit bedeutete, klang für ihn wie eine Falle. Dave zog aus der gemeinsamen Wohnung in Council Bluffs in ein kleines Apartment nach Omaha. Die beiden Städte trennt ebenfalls die Staatsgrenze zwischen Iowa und Nebraska, zwanzig Minuten Fahrtzeit und der Missouri River liegen dazwischen. Für Dave immer noch nah genug, um seine Kinder regelmäßig zu sehen, und gleichzeitig weit genug weg, um ein neues Leben zu beginnen.

Doch der Neustart erwies sich als schwierig. Dave hatte sämtliche Möbel Amy überlassen; sein neues Apartment war leer und ohne seine Familie ungewohnt still. Er war ein Fremder in Omaha, der Stadt, die mit knapp 476.000 Einwohnern fast achtmal so groß war wie seine frühere Heimat Council Bluffs. Sein soziales Umfeld bestand vorerst nur aus den Kollegen in der Autowerkstatt; ansonsten besuchte er nach Feierabend seine Kinder. Dave fand, dass das nicht alles sein konnte. Er war noch jung, erst 34, und wollte sein Leben genießen. Also richtete er sich nicht nur seine Wohnung ein, sondern auch ein Profil auf einer Datingwebsite. Mit Sue ins Kino. Mit Joyce ins Museum. Mit Sandra zum Chinesen. Kurze Intermezzi, die gerade ausreichten für eine gemeinsame Unternehmung oder eine gemeinsame Nacht. Dann lernte er Liz kennen. Dunkle, schulterlange Haare, braune Augen, große Brüste. Das gefiel Dave, und mehr als Körperlichkeiten hatte er ja momentan eh nicht im Sinn. Liz ging es ähnlich: Sie wollte nichts Festes. Sie hatte – wie Dave – zwei Kinder, dazu ihre Haustiere und ihre Selbstständigkeit mit einem kleinen Putzservice. Für mehr als ein bisschen Spaß sei auch in ihrem Leben derzeit kein Platz, versicherte sie ihm. Trotzdem trafen sie sich in den nächsten Monaten regelmäßig. Bis zu dem Moment, als Cari ihren schwarzen Ford Explorer in Daves Werkstatt lenkte …

Neun Monate sind seither vergangen, es ist August 2013, mitten in der Nacht. Flammen fressen sich in den schwarzen Himmel hinein. Die Schreie ihrer Katze und das Gebell ihrer beiden Hunde sind verstummt. Die Feuerwehrleute geben ihr Bestes, aber Liz weiß, dass es zu spät ist. Vor ihren Augen brennt ihr Haus zu einem Haufen Asche nieder. Weinend steht sie auf der anderen Straßenseite; die Decke, die ein Sanitäter ihr gegeben hat, hängt schwer über ihren Schultern. Mit zittrigen Fingern holt sie ihr Handy aus der Hosentasche und wählt Daves Nummer. Seine Stimme klingt hellwach, so als hätte er schon damit gerechnet, dass wieder etwas Schreckliches geschehen ist. Er ahnt nur noch nicht, wie weit Cari diesmal gegangen ist. Dass sie offenbar keine Grenzen mehr kennt.

»Bist du verletzt?«, will Dave wissen. »Was ist mit den Kindern?« »Nein«, entgegnet Liz. Allen gehe es gut, niemand sei zu Hause gewesen, als das Feuer ausbrach. »Aber meine Tiere …«, schluchzt sie in den Hörer. »Und ich werde auch sterben.«

Dave würde Liz gerne vom Gegenteil überzeugen. Aber das kann er nicht; er weiß es selbst: Cari ist völlig außer Kontrolle. Eine Irre. Und das Allerschlimmste: Es ist seine Schuld, dass sie sich auf Liz eingeschossen hat und nun ihr perfides Spiel mit ihr treibt. Es ist seine Pflicht, sich um Liz zu kümmern und sie zu beschützen. »Ich komme«, sagt er ins Telefon. »Es ist sicherer, wenn wir zusammen sind.« Zuerst ziert sich Liz ein wenig, denn eigentlich sind sie ja gar kein Paar. Doch dann gibt sie Dave recht: Nur gemeinsam haben sie eine Chance gegen Cari. Vielleicht ist es Schicksal. Die eine, große Liebe, die alles übersteht. Sogar die Grausamkeiten einer gefährlichen Psychopathin.

Dave steht am Fenster seines Apartments; jede Bewegung draußen lässt ihn zusammenzucken. Es ist der Morgen nach dem Feuer. Er wartet auf Liz, die gerade auf dem Polizeirevier ist. Wieder eine Aussage, wieder betroffene Blicke und letztlich wieder nur ein Schulterzucken. Das Untersuchungsergebnis zu dem Feuer in Liz' Haus wird »Brandstiftung« lauten, das weiß Dave jetzt schon. Täter: unbekannt – so werden es die Ermittler in den Akten vermerken. Sie können Cari nicht finden, das ist das Problem. Sie ist untergetaucht, seit Mitte November letzten Jahres schon. Und doch ist sie hier, ganz nah, und sie nutzt jede Gelegenheit, um ihn das wissen zu lassen. Sie schreibt ihm SMS und E-Mails, Nachrichten wie *›Ich hasse dich so sehr, dass ich dir ein Messer ins Herz rammen möchte‹*.

Dave begreift nicht, wie es so weit kommen konnte. Dinge wie die, die er und Liz in den vergangenen neun Monaten erlebt haben, geschehen in Büchern oder Filmen. Sie passieren nicht im normalen Leben. *Normal.* Darüber muss Dave fast lachen. *Normal* ist lange her, zumindest kommt es ihm so vor. Wie konnte er sich nur dermaßen in Cari täuschen? Er hatte sie für den »Jackpot« gehalten. Hübsch, witzig, klug, eine, die ihn nicht unter Druck setzte und wirklich zu verstehen schien, dass er so bald nach der Trennung von Amy erst mal nichts Festes wollte. Ganz anders als Liz, Caris Vorgängerin, mit der es – trotz eindeutiger Absprache – häufig Differenzen gegeben hatte, weil er ihrer Meinung nach zu viel Zeit mit Amy und den Kindern verbrachte. Er erinnert sich noch an das erste Date mit Cari, und wie sie beim Verlassen seiner Wohnung ausgerechnet Liz über den Weg lief, die gekommen war, um ein paar Sachen bei ihm abzuholen. Da hatte er schon befürchtet, dass es das gleich wieder gewesen sein könnte, doch zu seiner Überraschung reagierte Cari weder verunsichert noch verärgert. Im Gegenteil, bei ihrem nächsten Treffen lachten sie über die Situation, die peinlichen, wortlosen Sekunden des Zusammenstoßes zwischen der Alten und der Neuen. Cari, der Jackpot, oder besser: Dave, der Idiot. Wie selbstverständlich er ihr anbot, ruhig auch ab und zu mal bei ihm zu übernachten. Dann konnten sie ihre gemeinsamen Abende noch mehr genießen und mussten nicht ständig auf die Uhr schauen, weil Cari noch die lange Fahrt nach Hause bevorstünde. Cari nahm das Angebot gerne an; um ihren Sohn musste sie sich dabei keine Sorgen machen, ihre Mutter kümmerte sich um ihn.

Es war der Morgen des 13. November 2012, jener Tag vor neun Monaten, der alles verändern würde. Cari hatte die Nacht bei Dave verbracht und richtete sich, noch im Schlafanzug, mit ihrem Laptop auf der Couch ein, als Dave sich von ihr verabschiedete. Er musste zur Arbeit, Cari hingegen würde zuerst etwas Homeoffice machen. »Bis heute Abend«, sagte Dave, gab Cari einen Kuss und verließ die Wohnung. Gegen zehn Uhr bekam er eine SMS. Darin fragte Cari, ob es nicht schöner wäre, wenn sie ihr momentanes Übernachtungs-Arrangement ausweiten und dauerhaft zusammenziehen würden. Dave war perplex. Immerhin kannten sie sich seit gerade mal zwei Wochen und hatten doch außerdem beschlossen, es entspannt anzugehen. Ohne Druck, ohne Stress, ohne Verpflichtungen. Genau das schrieb er Cari zurück, die mit einer weiteren Textnachricht so reagierte: *›Alles klar. Ich hasse dich. Ich will dich nicht mehr sehen.‹*

Und tatsächlich: als Dave an diesem Abend nach Hause kam, war Cari weg.

Und damit begann es.

Die Nachrichten.

E-Mails, SMS. Hasstiraden und Drohungen, dann wieder Liebesbekundungen.

›Ich werde dein Leben zerstören und dir dein Glück nehmen.‹
›Ich werde alles tun, um dich leiden zu lassen.‹
›Wir gehören zusammen, Dave.‹

Auch Liz meldete sich bei Dave; Cari bombardierte plötzlich auch sie mit Nachrichten: *»Du bist also Daves neue Hure«*, schrieb sie ihr über Social Media. *»Du bist genauso hässlich wie seine anderen Huren. Es wird nicht schwer sein, dich zu finden.«* Offensichtlich, denn nur zehn Tage später entdeckte Liz, als sie von der Arbeit heimkam, die Schmiererei an ihrer Garage. Jemand hatte die Worte *»Daves Hure«* an eine Wand gesprüht. Liz rief sofort bei der Polizei an; sie meldete sowohl den Vorfall als auch ihren Verdacht, wer dahintersteckte. Diesmal war es nur die Garage gewesen – aber was, wenn Cari beim nächsten Mal in ihr Haus eindringen würde? Das Risiko wollte Liz nicht eingehen, schließlich war sie eine Mutter, sie musste ihre beiden Kinder schützen.

Die Polizei nahm den Vorfall auf und setzte sich im Zuge dessen auch mit Dave in Verbindung. Der hatte inzwischen Hunderte Nachrichten von Cari bekommen, von denen die meisten auf Liz abzielten. *»Sie ist eine fette Kuh«*, lautete nur eine davon. *»Vielleicht sollte sie uns allen einen Gefallen tun und sich umbringen.«* Er hatte die Nachrichten von »Crazy Cari«, wie er sie mittlerweile nannte, nicht sonderlich ernst genommen. Sie nervten – das schon, er wollte endlich seine Ruhe – das auch. Aber letztlich waren es nur Worte gewesen, keine Taten. Bis jetzt.

Auch Nancy in Macedonia hatte in den letzten Monaten immer wieder Nachrichten von Cari erhalten. Zuerst die, in der Cari schrieb, dass sie ein neues Leben in Kansas beginnen wolle. Sie berichtete von ihrem neuen Job. Sie versprach, zur Hochzeit ihres Bruders zu kommen. Sie versprach Max, ihn nach Kansas nachzuholen. Nichts von alldem hielt sie ein. Sie tauchte nicht zu Thanksgiving auf, verpasste Max' fünfzehnten Geburtstag und sogar die Beerdigung ihres Vaters. Nancy versuchte immer wieder, Cari zu einem Telefonat zu bewegen. Sie hatte ihre Tochter als vermisst gemeldet, so merkwürdig war ihr die ganze Sache vorgekommen. Aber Cari gab sich stur, sie wollte nicht mit Nancy sprechen, und fing an, sie zu beleidigen. Nancy sei eine schlechte Mutter gewesen und Cari habe ein für alle Mal genug von ihrer kontrollierenden Art. Immer stärker wuchs in Nancy ein schrecklicher Verdacht: War das überhaupt Cari, die diese Nachrichten schickte?

Auch Max, Caris Sohn, hatte seine Zweifel. Über den privaten Facebook-Chat schrieb er Cari an, um ihre Identität zu überprüfen. ›*Wie lautet mein zweiter Vorname?*‹, wollte er wissen. ›*Wie war der Name unseres ersten Hundes? Wer war mein bester Freund im Kindergarten?*‹ Antworten darauf bekam er keine, stattdessen verfasste Cari einen allgemeinen Post auf ihrem Profil: »*Ich habe euch jetzt lange genug Rede und Antwort gestanden. Ihr könnt entweder glauben, dass ich die Mutter, Tochter, Schwester und Freundin bin, die ihr euer Leben lang schon kennt, oder ihr lasst es eben. Ich habe genug davon, mich andauernd zu rechtfertigen. Ich bin aus freien Stücken gegangen und habe es satt, dass mir jeder das Leben schwer macht, weil ich mir erlaube, das zu tun, was ich nun mal tun muss. Ihr müsst keine Vermisstenanzeige aufgeben, denn ich werde ja nicht vermisst, ich will einfach nur momentan nicht nach Hause kommen. Ich bin eine erwachsene Frau, und wenn ich gehen möchte, dann habe ich jedes Recht dazu. Ich habe meinen Sohn Max (Maxwell James) darum gebeten, mit mir zu kommen – aber du wolltest nicht. Ich werde nach Hause zurückkehren, wenn ich so weit bin. Es tut mir leid, wenn ich euch damit verletzt habe, dass ich einfach abgehauen bin. Ich hoffe, ihr könnt mir eines Tages verzeihen. Ich liebe euch alle sehr, aber ich brauche noch etwas Zeit, um ein paar Dinge zu regeln.*«

»*Maxwell James*«, hatte Cari geschrieben und damit die Frage nach Max' zweitem Vornamen beantwortet. Woher hatte der Verfasser oder die Verfasserin diese Information, wenn es sich dabei nicht um das Wissen der Person handelte, die den Namen überhaupt erst ausgesucht hatte? Oder genügten hierfür auch einfach ein paar Recherchen im Internet?

Caris Familie hatte Angst. Immer wieder baten sie sie eindringlich um Telefonate oder Treffen. Niemand wollte Cari unter Druck setzen, es ging ihnen nur darum, sich mit eigenen Ohren oder Augen davon zu überzeugen, dass ihre Nachrichten und Entscheidungen wirklich ihrem freien Willen entsprangen. Vergebliche Bitten, Cari sperrte sich. Nur einmal schrieb sie an eine Freundin: »*Ich möchte wieder nach Hause. Ich habe einen großen Fehler gemacht.*« Zu einem Treffen ließ sie sich dann aber doch nicht überreden. Es schien, als wäre dieser Gedanke nur kurz aufgeblitzt, denn eine neue Entwicklung schürte ihren Hass: Dave und Liz kamen einander wieder näher. Und so warnte Cari Liz: »*Wenn du deine Hände nicht von meinem Mann lässt, werde ich dir wehtun.*«

Auch Dave bekam weiterhin Nachrichten, bis zu 60 am Tag. Dabei hatte er nun schon mehrmals seine Telefonnummer geändert. Außerdem schien Cari ihn zu beobachten. Eines Abends saß er zu Hause beim Fernsehen, als sein Handy piepte, und auf dem Display erschien: »*Ich sehe dich. Du hast die Füße auf dem Tisch abgelegt und trägst ein blaues T-Shirt.*« Ein paar Tage später entdeckte er Caris Ford Explorer vor seinem Haus. Das Auto: leer – aber eben da, unübersehbar, direkt vor seinem Haus. Er rief die Polizei, die den Wagen untersuchte. Er schien akribisch gereinigt worden zu sein, nur auf einer Kaugummiverpackung in der Mittelkonsole konnte man einen einzigen Fingerabdruck sichern. Leider erzielte dieser keinen Treffer in den Datenbanken.

Als Nächstes: eine E-Mail mit einem Foto. In einem Kofferraum krümmte sich gefesselt eine dunkelhaarige Frau, die Ähnlichkeit mit Liz hatte. Doch ihr Kopf lag abgewendet, sodass Dave sich nicht sicher war. Sofort versuchte er, Liz zu erreichen. Es gehe ihr gut, bestätigte sie ihm. Sie war nicht die Frau im Kofferraum. Sie war jedoch die Frau, deren Name kurz darauf bei remember.com auftauchte, einer Website, auf der man zum Gedenken an eine verstorbene Person einen

Online-Altar einrichten kann. Und schließlich, der bisherige Höhepunkt: das Feuer in Liz' Haus.

August 2013 und neun Monate voller Angst. Die einen – Mitglieder von Caris Familie – haben Angst *um* sie, die anderen – Dave und Liz – *vor* ihr. Die Polizei ist – anders, als Dave befürchtet hat – fest entschlossen, Cari aufzuspüren und ihrem Treiben ein Ende zu setzen. Die Ermittler wissen inzwischen, dass sie im Nachbarstaat Iowa als vermisst gilt, doch die Information hilft ihnen nicht wirklich weiter. Es scheint ja klar zu sein, wo Cari die letzten neun Monate verbracht hat: nämlich in Omaha. Auch mehrere Versuche, ihr Handy zu orten, schlagen fehl. Sie führen die Ermittler höchstens zu den Orten, an denen sie Cari als Stalkerin ohnehin vermuten: zu den Adressen von Dave und Liz. Und jedes Mal kommen sie zu spät, Cari ist ihnen wieder entwischt.

Zwei Monate später, im Oktober 2013, erlebt Dave die nächste böse Überraschung: In leuchtendem Orange hat jemand »Dave prügelt Frauen« an eine Wand der Autowerkstatt gesprüht, in der er arbeitet. Und am 1. November 2013, zum Jahrestag ihres ersten Treffens, schickt Cari ihm eine E-Mail mit dem Betreff »An meinen Ehemann«. Darin das Foto eines Messers und der Text: *»Ich war bei dir zu Hause.«*

Jetzt kauft Dave sich eine Waffe, eine 9mm Smith & Wesson. Es ist genug. Seit einem Jahr geht das nun schon so, die Belästigungen, der Psychoterror. Wenn die Polizei ihm nicht helfen kann, dann muss er im Notfall eben selbst reagieren können. Paranoid fühlt er sich, müde und ausgelaugt. Nachts schläft er kaum noch, ein Teil von ihm ist immer wach, er lauscht auf jedes kleinste Geräusch in seiner Wohnung. Und dann ist da noch Liz, um die er sich sorgt. Und Amy, denn auch sie bekommt mittlerweile Todesdrohungen. So wie letztlich jede Frau, mit der Dave auch nur annähernd Kontakt hat, mit er in der Öffentlichkeit redet oder über Social Media schreibt.

Zwar kommt die Waffe nicht zum Einsatz, aber an ein Ende des Albtraums ist trotzdem nicht zu denken. Weitere Wochen vergehen, weitere Monate, ein ganzes Jahr, geprägt von Hass und Vandalismus. Eingeritzte Tiraden in den Kotflügel von Daves Auto. Ein Ziegelstein, der nachts durch die Fensterscheibe seines Badezimmers fliegt. Drohungen gegen Liz, Amy und sogar gegen die Kinder. Hässlich seien sie, schreibt Cari. Geradezu prädestiniert, ihnen im Schlaf die Kehlen aufzuschlitzen. Immer wieder Anzeigen, immer wieder die Polizei, immer wieder Cari, die genau zu wissen scheint, wie man die Ermittler daran hindert, einen aufzuspüren, wann man verschwinden, sein Handy ausschalten oder sich eine neue E-Mail-Adresse zulegen sollte. Mal lautet der Absender DavesgirlCari, dann KroupaCari76 oder LeaKroupa – »Lea«, nach Caris zweitem Vornamen, und »Kroupa«, so wie Dave mit Nachnamen heißt. Die Polizei fühlt sich mittlerweile bestätigt: Man hatte Nancy gegenüber von Anfang an die Vermutung geäußert, dass Caris psychische Erkrankungen eine Rolle spielen könnten, den Beweis liefern zweifelsfrei ihre Taten. Doch diese Erkenntnis ändert nichts an der Tatsache, dass man Cari einfach nicht zu fassen bekommt. Die Ermittlungen ziehen sich, bis sie langsam, aber sicher eingestellt werden. So wie Cari im wahren Leben verschwunden ist, verschwindet auch ihre Akte als eine unter vielen im Stapel ungelöster Fälle.

Erst im Frühjahr 2015, zweieinhalb Jahre nach Beginn der Drohungen, kommt es zu einer Wendung. Zwei Detectives, Ryan Avis und Jim Doty, vom Sheriff's Department in Council Bluffs, verbeißen sich in den ungelösten Fall. Bipolare Störung hin oder her, für sie ergibt Caris Verschwinden einfach keinen Sinn. Da sind zwar Tausende von Nachrichten, die offenbar von ihr stammen – Fakt ist aber: Seit Mitte November 2013 hat Cari niemand mehr gesehen. Könnte es doch sein, dass ihre Mutter richtig lag? Dass es vielleicht sogar noch schlimmer ist, als Nancy befürchtete, und Cari schon gar nicht mehr am Leben ist? Die Detectives überprüfen Caris Bankkonto und stellen fest, dass es dort seit dem Zeitpunkt ihres Verschwindens keine Bewegungen mehr gab. Nur: Wenn Cari wirklich tot ist, wo ist dann ihre Leiche? Wer hat sie getötet und warum? Und wer bedroht in ihrem Namen Dave und Liz?

Avis und Doty holen sich einen Spezialisten für digitale Forensik zu Hilfe. Dieser soll sich die inzwischen mehr als 15.000 Nachrichten ansehen, die Dave in den letzten zweieinhalb Jahren erhalten hat. Auch Liz händigt bereitwillig ihr Handy aus. Und: Sie erstaunt die Ermittler mit einem Verdacht. Liz glaubt nämlich auch nicht mehr, dass Cari hinter den Bedrohungen steckt, sondern: Amy, Daves Ex-Freundin und Mutter seiner beiden Kinder. Liz erklärt: Zwölf Jahre seien Dave und Amy zusammen gewesen, und Amy habe ihn immer heiraten wollen. Doch Dave wollte seine Freiheit, andere Frauen daten – Huren in Amys Augen, Konkurrentinnen, die sie – laut Liz – um jeden Preis loswerden musste. Auch der Betreff einer E-Mail, die Dave einmal erhielt, lautete passend zu Liz' Vermutung: ›An meinen Ehemann‹. »Sie muss total besessen von ihm sein«, schließt Liz ihre Erklärungen mit einem tiefen Seufzen und einem resignierten Kopfschütteln ab. Avis und Doty nehmen ihren Verdacht zur Kenntnis. Sie haben ebenfalls ein paar wichtige neue Informationen, behalten diese aber vorerst für sich.

Währenddessen: ein neuer Schock für Dave. Er stellt fest, dass die Waffe weg ist, die er sich zu seinem Schutz gekauft und in einer Schachtel in seinem Kleiderschrank aufbewahrt hat. Es ist vermutlich dieselbe Waffe, mit der am 5. Dezember 2015 im Big Lake Park in Council Bluffs geschossen wird. Council Bluffs – dort wohnt Amy. Es ist schon dunkel, spätabends, als von einem öffentlichen Telefon im Park ein Notruf ausgeht. In der Leitung ist Liz, die wimmert und weint. Sie sei spazieren gegangen, um den Kopf frei zu bekommen, als ihr plötzlich jemand ins Bein geschossen habe; sie blute stark. Hilfe wird sofort geschickt, Liz kommt ins Krankenhaus. Wer ihr das angetan habe, wollen Avis und Doty wissen. Liz antwortet, der Schütze habe sich ihr von hinten genähert, deswegen sei sie sich nicht sicher, aber … Amy. Eigentlich könne es ja nur Amy gewesen sein.

Für Avis und Doty ergibt nun alles einen Sinn. Sie bitten Liz nach ihrer Entlassung aus dem Krankenhaus erneut auf das Polizeirevier. Sie brauchen ihre Hilfe, um Amy zu überführen. Denn, so erklären sie Liz, wenn Amy wirklich die Stalkerin und noch dazu fähig sei, auf Liz zu schießen, dann müsse man in Betracht ziehen, dass sie auch Cari etwas angetan haben könnte. Sie bitten Liz, dass – sollte Amy ihr weiterhin Drohnachrichten schreiben und dabei etwas über Cari verraten – sie ihnen diesen Schriftverkehr unbedingt weiterleiten solle. Das sei Gold, der Durchbruch, ein wichtiger Beweis für Amys Schuld. Liz stimmt zu, und tatsächlich erhält sie bald eine Nachricht. Darin steht: *›Als ich Crazy Cari traf, wollte sie einfach nicht aufhören, darüber zu reden, dass Dave bald ihr Ehemann sein würde. Sie versuchte, mich anzugreifen, aber ich hatte ein Messer. Ich stach ihr drei- oder* *viermal in die Brust und in den Bauch. Dann habe ich versucht, sie zu verbrennen, und ihre Leiche in einen Müllcontainer gestopft.‹*

Und Amy verrät auch, wo sich der Mord abgespielt hat: in Caris Ford Explorer. Dieser wird daraufhin erneut untersucht und wirklich: unter dem Bezug des Beifahrersitzes findet man Blut. Es stammt von Cari.

Wieder wird Liz auf das Polizeirevier gebeten. Avis und Doty haben gute Nachrichten für sie: Sie haben jetzt die Täterin, die Stalkerin, die Mörderin von Cari, die Schützin aus dem Park. Es ist Liz. Die Ermittler wissen es schon, seitdem der Digitalforensiker auf Liz' Handy Fotos von Caris Auto und mehrere falsche E-Mail-Accounts gefunden hat, die er den Drohnachrichten zuordnen konnte. Sie wissen nun auch, dass der Fingerabdruck, den man vor knapp drei Jahren auf der Kaugummiverpackung in Caris Wagen sichergestellt hat, zu Liz gehört. Sie wissen, dass sie die Bedrohung durch Cari inszeniert hat, um Dave wieder näher zu kommen. Sie wissen, dass sie – als die Ermittler langsam an der Cari-Theorie zu zweifeln begannen – die Schuld einfach auf Amy weiterschob, denn wenn diese im Gefängnis säße, hätte Liz Dave endgültig ganz für sich allein. Was sie nur noch nicht wissen, ist: Wo ist Caris Leiche?

Liz streitet alles ab. Nichts von alldem habe sie zu verantworten. Und nun möchte sie bitte ihren Anwalt sprechen.

Dave ist fassungslos. »Sperrt sie ein oder ich töte sie«, sagt er, als er von den neuen Entwicklungen erfährt. »Ich kann für nichts mehr garantieren.« Jahrelang lebte er in Angst vor Cari und mit der Schuld, dass er es war, der die Bedrohung auch in Liz' Leben gebracht hatte. Jahre, die einen anderen Menschen aus ihm gemacht haben. Die ihn paranoid werden ließen und seine Fähigkeit, sich vertrauensvoll auf andere Menschen einzulassen, nachhaltig gestört haben.

Im Dezember 2016 – mehr als vier Jahre nach der Tat – wird Liz wegen des Mordes an Cari vor Gericht gestellt. Es ist ein schwieriger Prozess, denn es gibt keine Leiche, keine Tatwaffe, keine Zeugen, kein Geständnis. Was es aber gibt: eine Mini-SD-Karte aus Liz' Besitz. Sie ist leer, doch der Digitalforensiker kann ihren ursprünglichen Inhalt wieder herstellen. Dabei findet er ein Foto, das die Nahaufnahme eines menschlichen Fußes zeigt. Ein Fuß mit einem Tattoo. Ein Fuß, der bereits Anzeichen von Verwesung aufweist. Es ist Caris Fuß; ihre Familie kann das Tattoo eindeutig identifizieren.

Im Mai 2017 hält die Staatsanwältin ihr Abschlussplädoyer. Sie sagt: »Wir haben es hier mit einer völlig besessenen Frau zu tun, die vor nichts haltgemacht hat, um zu bekommen, was sie wollte.« Mit Liz, die Cari eiskalt aus dem Weg räumte, ihr Handy an sich nahm und in ihrem Namen Chaos und Angst verbreitete. Die Cari in doppelter Hinsicht tötete – die ihr nicht nur das Leben nahm, sondern auch ihren Ruf. Man hat Cari nicht nur für eine gefährliche Stalkerin gehalten, sondern auch für eine Mutter, die ihren Sohn verlassen hat. Für eine Tochter, die nicht einmal die Beerdigung ihres Vaters besucht hat. Für eine psychisch kranke, schwer gestörte Frau, die ihre eigenen, bösartigen Ziele über das Wohl aller anderen gestellt hat.

Zehntausende von Nachrichten hat Liz geschrieben. Hat Todesdrohungen formuliert, um sich und Dave zusammenzuschweißen. Hat ihr eigenes Haus in Brand gesteckt, ihre Haustiere getötet und sich – um als Opfer glaubhaft zu wirken – sogar selbst ins Bein geschossen. Sie hat sich für schlauer gehalten als die Polizei – bis sie sich schließlich in dem Netz verhedderte, das sie selbst gesponnen hatte. Dies, so lautet die einhellige Meinung der Ermittler, sei ein Fall, der »so bizarr ist, dass man kaum glauben mag, dass er sich wirklich zugetragen hat«.

Doch er hat sich zugetragen. Die Realität hat eine Frau das Leben gekostet. Hat einer Familie die Mutter, Tochter, Schwester genommen. Man geht davon aus, dass Liz Cari am 13. November 2012 beim Verlassen von Daves Wohnung aufgelauert hat. Möglicherweise hat Cari sich in ihr Auto gesetzt und Liz ist dazugestiegen, bewaffnet mit einem Messer. Der weitere Tathergang lässt sich aus der Nachricht erschließen, die Liz in ihrer Rolle als Amy an sich selbst geschickt hat. Demnach hat sie Cari erstochen, versucht, ihre Leiche anzuzünden, und ihre Überreste schließlich in einem Müllcontainer entsorgt. Zu welchem Zeitpunkt genau sie das Foto von Caris Fuß gemacht hat, bleibt unklar. Dennoch ist die Jury von Liz' Schuld überzeugt. Das Urteil lautet lebenslang für Mord ersten Grades, plus mindestens 18 Jahre Anschlusshaft wegen Brandstiftung. Seit 2017 sitzt Liz nun also im Frauengefängnis von Nebraska. Noch immer hat sie kein Geständnis abgelegt. Im Gegenteil: In einem Brief an die Autorin Leslie Rule, die ein Buch über den Fall geschrieben hat, poltert sie: »Ich werde nicht aufhören zu kämpfen, bis ich freikomme und man den wahren Mörder findet.«

Caris Familie ist zufrieden mit dem Urteil. Ihre Mutter Nancy sagt in einem Interview: »Liz ist genau da, wo sie hingehört.« Die Detectives Avis und Doty, die es geschafft haben, Caris Schicksal nach Jahren voller Zweifel, Irrungen und Spekulationen aufzuklären, nennt Nancy liebevoll »meine Jungs«. Nur ein Detail trübt die Erleichterung: Bis zum heutigen Tag sind Caris sterbliche Überreste verschwunden geblieben. Darunter leiden Nancy, Max und der Rest der Familie: Cari hat kein Grab, und damit haben auch sie keinen Platz, den sie aufsuchen können, um zu trauern. Ein wenig Trost findet Nancy in einem Traum, den sie einmal hatte: »Es war ein Traum, der sich sehr echt anfühlte«, erzählt sie. »Darin sah ich Dennis, meinen verstorbenen Mann. Er sagte: ›Mach dir keine Sorgen um Cari. Sie ist jetzt bei mir.‹«

»Das Ziel der stalkenden Person ist es, Macht und Kontrolle über das Opfer zu erlangen.«

Im Gespräch mit Polizeidirektor Joachim Schneider, Geschäftsführer der Polizeilichen Kriminalprävention der Länder und des Bundes, Stuttgart

R. H.: »Der/die stalkt mich« – den Ausspruch benutzen wir im Alltag recht inflationär. Dabei geht es oft um die Ex-Freundin, die uns weiterhin auf Social Media folgt, oder um den Typen, mit dem es beim Tinder-Date nicht gefunkt hat und der nun trotzdem immer noch anruft. Können Sie mir erklären, ab wann man wirklich von Stalking spricht?

Joachim Schneider: Stalking bezeichnet das wiederholte widerrechtliche Verfolgen, Nachstellen, penetrante Belästigen, Bedrohen und Terrorisieren einer Person gegen deren Willen bis hin zu körperlicher und psychischer Gewalt. In der Regel handelt es sich dabei nicht um eine klar abzugrenzende Einzeltat. Es setzt sich vielmehr aus einer Reihe von Tathandlungen über einen längeren Zeitraum zusammen, die aus strafbaren Handlungen wie übler Nachrede, Verleumdung, Sachbeschädigung, Nötigung, Körperverletzung sowie Nachstellung bestehen können. Viele Sachverhalte aus dem Bereich Stalking entwickeln sich aus (Ex-)Beziehungen. Dabei sind häufige Motive das Ausüben von Macht, Dominanz und Kontrolle sowie das übersteigerte Bedürfnis, von der oder dem Betroffenen wahrgenommen zu werden, Kontakt zu der Person aufzunehmen oder zu halten. Stalking ist ein dynamischer Prozess, der auch durch das Verhalten der Betroffenen mitbestimmt wird. Es kann in Handlungsweisen und Frequenz stabil bleiben, sich mit der Zeit aber auch qualitativ und quantitativ verändern. In seltenen Einzelfällen eskaliert der Sachverhalt bis hin zu schweren Gewalt- und Tötungsdelikten.

R. H.: Ist es ratsam, mich allein mit meinem Stalker oder meiner Stalkerin auseinanderzusetzen, zum Beispiel das Gespräch zu suchen?

Joachim Schneider: Das Ziel der stalkenden Person ist es, Macht und Kontrolle über ihr Opfer zu erlangen. Dies geschieht meist aus Rache oder Liebeswahn. Hier besteht immer die Gefahr körperlicher und sexueller Angriffe. Man sollte dem Stalker oder der Stalkerin sofort und unmissverständlich klarmachen, dass man jetzt und in Zukunft keinerlei Kontakt wünscht. Auf keinen Fall sollte man sich auf ein »abschließendes klärendes Gespräch« oder Ähnliches einlassen, denn jede Reaktion ließe ihn oder sie wieder hoffen und sich noch stärker um die andere Person bemühen. Wichtig: auf keine weiteren Versuche des Täters eingehen, Kontakt aufzunehmen, sondern unbedingt konsequent bleiben! Oberstes Ziel muss sein, dass die stalkende Person das Interesse an Ihnen verliert.

R. H.: Ab welchem Zeitpunkt sollte ich mich an die Polizei wenden? Und wie kann ich überhaupt »beweisen«, dass ich gestalkt werde?

Joachim Schneider: Viele Betroffene denken, dass sie zumindest eine Mitschuld daran haben, wenn sie gestalkt werden. Das ist definitiv nicht der Fall. Diese Gedanken oder auch Schamgefühle dürfen auf keinen Fall dazu führen, auf Hilfe und Unterstützung zu verzichten. Dabei ist es wichtig, schon erste Anzeichen ernst zu nehmen. Häufig haben die Betroffenen ein ungutes Gefühl, sind sich jedoch nicht sicher, ob es sich wirklich um Stalking handelt. Auch wenn Sie unsicher sind, sollten Sie sich jederzeit an Ihre zuständige Polizeidienststelle wenden und das weitere Vorgehen besprechen. Es hat sich gezeigt, dass durch ein schnelles und konsequentes Einschreiten der Polizei die Belästigungen häufig aufhören. Wenn Sie betroffen sind: Dokumentieren Sie alle Anrufe, Nachrichten oder Briefe. Führen Sie Tagebuch, notieren Sie jeden (versuchten) Kontakt und die für Sie daraus entstandenen Auswirkungen. Ein gutes Hilfsmittel zur Dokumentation ist dabei die »NO STALK-App« des »Weißen Rings«. Dort können Sie sehr einfach alle Stalking-Vorfälle per Foto-, Video- sowie Sprachaufnahmen chronologisch und lückenlos mit Ihrem Smartphone (Betriebssystem: mindestens iOS 11 oder Android 4.4) dokumentieren.

R. H.: Und wenn ich nicht im echten Leben, sondern online belästigt werde? Wird das genauso ernst genommen?

Joachim Schneider: Oftmals lassen wir uns im Netz mehr gefallen, da die digitale Welt zunächst keine akute Bedrohung durch eine Person darzustellen scheint. Aber: Cyberstalking hat die gleichen Auswirkungen auf Menschen wie die klassische Form des Stalkings. Die Folgen können sogar noch gravierender sein, denn die Täterinnen und Täter können Betroffene rund um die Uhr belästigen oder bedrohen. Ein deutliches Signal ist, wenn Nachrichten über Wochen und über unterschiedliche digitale Kommunikationskanäle verbreitet werden. Wenn die Inhalte zudem bedrohlich, anzüglich oder beleidigend sind, sollte man möglichst schnell reagieren: zum Beispiel die Passwörter für Accounts ändern oder die Sicherheitseinstellungen auf »nur Freunde« einstellen und den Stalkenden dadurch gezielt blockieren. Wenn Bilder oder andere sehr intime Informationen über Betroffene verbreitet werden, sollte dies außerdem den Netzwerkbetreibern gemeldet werden. Man kann nur an die Betroffenen appellieren, auch bei Cyberstalking so früh wie möglich zu reagieren, Grenzen zu ziehen und sich Hilfe zu suchen. Grundsätzlich müssen Bedrohungen, Beleidigungen und Erpressung *niemals* – auch nicht im Netz – hingenommen werden und können bei der Polizei angezeigt werden. Hier wird jegliche Art von Nachstellung ernst genommen, und unabhängig von der Form der Nachstellung wird bei Straftatbestand die Strafverfolgungspflicht ausgelöst.

R. H.: Wenn ich mich aus irgendwelchen Gründen heraus trotzdem nicht zur Polizei traue, wo finde ich sonst noch Hilfe? Gibt es zum Beispiel eine Notrufnummer explizit für Stalkingopfer?

Joachim Schneider: Neben der Polizei können auch Beratungsstellen wie die des »Weißen Ring« oder das »Hilfetelefon Gewalt gegen Frauen oder Männer« weiterhelfen. Man kann auch Rat bei einer Fachberatungsstelle für Stalking-Opfer einholen, um gemeinsam das eigene Verhalten anzupassen und die weiteren Schritte zu planen. Genauso ist die Suche nach Beratungsstellen über die Onlinedatenbank für Betroffene von Straftaten möglich: https://www.odabs.org/index.html.

Mein Tagebuch: Veränderungen

Das Interview mit Joachim Schneider zum Thema »Stalking« kam mir gerade recht – konkrete Definitionen, Vorgehensweisen, Hilfsangebote, die Beschäftigung mit Fakten und konkreten Möglichkeiten, die mich abgelenkt haben von zweierlei Dingen.

Zum einen von der Emotionalität, die ich entwickelt habe, und von der ich nicht weiß, ob sie mir überhaupt zusteht. *Phoebe hätte dich gemocht*, hat Natalie mir geschrieben. Das hat mir das Herz zerfetzt. *Ich hätte sie gerne gekannt*, antwortete ich, und das stimmt. Aber sie ist tot. Natürlich ist sie tot, und natürlich war sie das auch schon, bevor ich angefangen habe, dieses Buch zu schreiben. Doch Natalies Erinnerungen, die vielen kleinen Filmchen, die ihre Worte in meiner Vorstellung ausgelöst haben, haben Phoebe für einen Moment wieder lebendig werden lassen. Jetzt, nachdem ich mit ihrem Fall auch ihren Tod erzählt habe, fühle ich eine seltsame Art von Verlust. Ist das anmaßend Phoebes Familie gegenüber? Ja, ich glaube schon, und es tut mir leid. Ich möchte nicht so sein.

Zum anderen ist da noch etwas, ein Konflikt, den ich in mir trage, seitdem ich das Interview mit Phoebes Großvater Lorne geführt habe. Ich habe ihm eine Frage gestellt, die meiner Meinung nach essenziell ist, und eine Antwort erhalten, die ich aus verschiedenen Gründen so nicht wiedergeben kann. Ich war mit Sicherheit nicht die Erste, die ihm diese Frage gestellt hat, und genauso sicher sind vor mir auch schon andere an genau den Punkt gelangt, an dem ich mich gerade aufreibe. Das Problem ist: diese Antwort klingt verdammt plausibel – gleichzeitig ist sie ohne das, was laut allgemeingültiger Definition als Beweis zählt, erneut nur wieder Spekulation und somit nicht nur moralisch, sondern auch juristisch gesehen ein Problem. Und genau hier geraten wir vermutlich an eine Stelle, die im Bereich des True Crime häufig unterschätzt wird: Was darf man eigentlich veröffentlichen? Wo verläuft die Grenze zwischen der Freiheit, eine eigene Theorie zu entwickeln, und – möglicherweise – falscher Verdächtigung?

Für den Moment jedoch versuche ich, diesen Konflikt zu verdrängen, genau wie ein paar andere Befindlichkeiten. Ich grabe ihnen ein Loch in meinem Kopf und schütte es auf mit To-do-Listen, Recherchen, Interviewanfragen, mit sämtlichen Themen und Aufgaben, an denen ich handfest arbeiten kann und darf. Mittlerweile liegen stapelweise Computerausdrucke neben meinem Bett, die Ränder der Vorderseiten vollgekritzelt mit Notizen, auf den Rückseiten Notizen für mein Tagebuch.

Sosehr ich mich auch abzulenken versuche, so lässt mich doch die Sache mit der Ungewissheit nicht los, und noch immer kann ich es kaum fassen, dass ich mit dem Fall Lara Prychodko einen Fall gefunden habe, der Phoebes in seinen Rahmenbedingungen unfassbar ähnlich ist. Eine Frau, ein Hochhaus, ein Müllschlucker. Beziehungsprobleme, Alkohol. Ermittler, die von Selbstmord ausgehen, und eine Familie, die daran nicht glaubt. Hört sich an wie der Pitch für einen neuen Roman, wobei ich mir sehr sicher bin, dass meine Agentin mir den Müllschlucker ausreden würde. Sie würde sagen, dass ich mir damit keinen Gefallen täte, zu abstrus für mein Lesepublikum. Dann die vielen Zufälle, der Zeitpunkt des Todes der Hauptfigur: ausgerechnet in dem Moment, in dem es Probleme in der Beziehung gibt, ein Umstand, der einem ein Motiv förmlich vor die Stirn prügelt. Und natürlich: der Kampf gegen Windmühlen, David gegen Goliath, ein überzeugter Vater oder, im anderen Fall, ein Großvater, der zufälligerweise selbst bei der Polizei war, gegen ein ganzes System – viel zu plakativ. Ich bin mir, ehrlich gesagt, nicht sicher, ob ich solcherlei Einwände nach diesem Projekt jemals wieder richtig ernst nehmen kann. Was bist du für eine Autorin, Realität? Was ist mit dem Grundsatz »Vermeide Klischees«? Was mit dem eines lückenlosen Plots? Und warum, bei all deinen Grausamkeiten, kannst du den Menschen nicht wenigstens ein Ende geben? Warum zwingst du ihnen auch noch die Ungewissheit auf, als hättest du sie nicht schon genug gequält?

Es ist, als bestünde mein Leben aus zwei Teilen, lese ich in Natalies neuer E-Mail, die wieder pünktlich um fünf Uhr morgens in meinem Postfach wartet. *Der Teil vor Phoebes Tod und der danach. Nicht nur, weil sie nicht mehr hier ist, sondern weil ihr Tod von einer Sekunde auf die nächste einen komplett anderen Menschen aus mir gemacht hat. Es fühlt sich so tiefgreifend an, als hätte diese Veränderung auf zellulärer Ebene stattgefunden. Ich werde niemals mehr die sein, die ich vorher war. Ohne Phoebe ist da dieses riesige klaffende Loch aus Nichts. Ich habe mir angewöhnt, vorsichtig um das Loch herumzugehen, damit ich nicht hineinfalle. Aber das ändert nichts an der Tatsache, dass dieses Loch eigentlich gar nicht existieren sollte. Ich vermisse es, sie anzurufen und mich auf einen Kaffee mit ihr zu verabreden. Ich vermisse es, sie zu umarmen, und ich vermisse ihren Geruch. Manchmal, wenn es mir schlecht geht und ich mich selbst bemitleide, denke ich daran, wie sie mich trösten oder mir eine Tasse Tee bringen würde. Was ich auch vermisse, sind unsere Familientreffen, von denen es früher immer so viele gab. Mit Phoebes Tod brach alles entzwei, alles fiel weg, auch die Familienzusammenkünfte. Weder hatte ich die Energie, irgendwelche Feiern zu organisieren, noch war mir überhaupt zum Feiern zumute. Phoebes Rolle war eine so zentrale in unserer Familiendynamik, sie war ein wichtiges Verbindungsglied, ohne das die Kette zwangsläufig reißen musste.*

Meine Mutter leidet unter posttraumatischem Stress und Angstzuständen. Sie stand Phoebe näher als jeder andere. Sie ist jetzt zweiundachtzig Jahre alt, neben dem Tod ihrer geliebten Enkelin muss sie auch noch den Tod des Mannes verkraften, der vierzig Jahre lang an ihrer Seite war. Nachdem ich die Nachricht von Phoebes Tod erhalten hatte, brach ich voller Schock und Ungläubigkeit vor meinem Haus in Clifton Hill zusammen. Aber um ehrlich zu sein, galt meine erste Sorge meiner Mutter. Ich dachte: Oh mein Gott, das wird sie umbringen! Nichtsdestotrotz war und ist sie meine Mutter, die ihren eigenen Schmerz und ihre Trauer ein Stück weit verdrängt hat, um sich in dieser Situation um mich zu kümmern. Das hat sie mit den Jahren sehr viel Kraft gekostet. Inzwischen verlässt sie kaum noch das Haus und verbringt ihre Zeit mit Lesen und Kreuzworträtseln. Dabei war sie früher so unabhängig und unternehmungslustig. Es ist traurig, mitanzusehen, was der emotionale Stress mit ihr angerichtet hat.

Was meinen Dad betrifft: Trotz des Schocks und seines Schmerzes über Phoebes Tod vermutete er schnell, dass an den Ermittlungen etwas faul war. Also setzte er seine Polizeimütze auf und machte sich an die Arbeit. Es verlangte ihm einiges ab, sich von der Tatsache zu distanzieren, dass Phoebe seine Enkelin war, doch das musste er tun – genau wie ich – zugunsten unserer Pflicht, die Wahrheit herauszufinden. Er ist sehr stark, aber die ganze Situation hat auch von ihm ihren Tribut gefordert.

Len … er ist zu einem hoffnungslosen Herumtreiber geworden. Unfähig, sich irgendwo niederzulassen. Er ist regelrecht zerfressen von Trauer und Wut. Wir sprechen oft miteinander, und er tut mir wahnsinnig leid. Er liebte Phoebe so sehr. Sie hatten nicht die einfachste Beziehung, aber zu einem Großteil resultierte ihr Konflikt daraus, dass er sich immer Sorgen um sie machte. Er wird nie wieder derselbe sein. So wie keiner von uns.

Tom und Nikolai finden Sicherheit und Stabilität in ihren Beziehungen. Was das angeht, sind sie ganz anders als der rast- und ruhelose Rest von uns. Tom hat eine zuverlässige, liebevolle Frau gefunden, seinen Fels in der Brandung. Er hat sich ein Leben aufgebaut, in dem alles nach Plan verläuft und in dem er alles bestmöglich voraussehen kann. Dem zugrunde liegt wohl die Angst, dass jederzeit etwas passieren kann, das das Leben für immer verändert. Also versucht er nach allen Kräften, genau das zu verhindern. Er hasst Überraschungen. Schon kleinste Änderungen in der Routine können ihn aus der Fassung bringen. Nikolai ist nach Darwin gezogen, so weit wie möglich weg von uns. Er arbeitet als Zimmermann und hat seine Jugendliebe geheiratet. Zusammen haben sie sich ein Haus gekauft. Er lässt nicht oft von sich hören, und zu Besuch nach Darwin zu fahren, ist schwierig für mich, zum einen wegen der Pandemie, aber auch aus Kostengründen.

Die Veränderungen, die ich insgesamt in unserer Familie

bemerkt habe, geben mir das Gefühl, dass einfach alles kaputt ist. Natürlich geht mein Alltag irgendwie weiter. Ich bin am Leben – auch, wenn ich mir manchmal wünschte, ich wäre es nicht. Aber dann denke ich an die, die noch übrig sind und die ich liebe, und rufe mir in Erinnerung, dass wir alle den gleichen Schmerz empfinden. Selbstmord wäre nicht der richtige Weg. Und vielleicht ist der Tod ja auch nur ein kurzer Moment in einem viel längeren Prozess, und wir Menschen sind hier, um bestimmte Schwierigkeiten zu meistern und daraus zu lernen. Und dann kommen wir zurück und lernen noch mehr. Uns vorzeitig davonzustehlen, würde nur bedeuten, dass alles wieder von vorn beginnt. Das ist zumindest das, was ich glaube.

Ich schließe Natalies E-Mail. Trinke noch eine weitere Tasse Kaffee im Morgengrauen auf der Terrasse und höre, wie sich in der Ferne die ersten Vögel bemerkbar machen. Der Frühling kommt, denke ich. Dann wecke ich meinen Sohn. Er beschwert sich über eine Umarmung: viel zu fest, viel zu lang, viel zu uncool in seinem Alter. Aber ich kann nicht anders. Dann bin ich heute eben eine peinliche Mutter, die ihn lieber nicht bis direkt vor das Schultor begleiten soll – nicht, weil sie wieder im Schlafanzug unterwegs wäre, sondern aus Angst vor der öffentlichen Blamage einer weiteren Umarmung. Als ich wieder nach Hause komme, schreibe ich eine WhatsApp an meinen Vater. Er geht jeden Tag eine bestimmte Strecke spazieren, einmal um den See hinter seinem Haus herum, ein Ritual, zu dem er mich schon öfter eingeladen hat, aber, na ja … die Zeit, so viel zu tun, Papa, ich muss noch hier, ich muss noch da, beim nächsten Mal vielleicht. Aber genau diese »nächsten Male« sind das Problem, das ist mir jetzt klar. Die nächsten Male, die wir immer wieder aufschieben, bis es sie eines Tages nicht mehr gibt. Ich tippe, dass ich ihn heute begleiten werde. *Wie kommt's?*, fragt mein Vater zurück, das beigefügte Emoji reißt ungläubig die Augen auf. Ich antworte: *Einfach so*. Alles andere wäre in einer Nachricht zu schwierig zu erklären. Später, beim Spazierengehen, erzähle ich ihm dann die Geschichte einer Familie. Eine Geschichte, die er zunächst – als hätte ich es geahnt – für den Plot eines neuen Romans hält. Aber sie ist wahr, das ist ja das Schlimme daran.

»Eigentlich interessiere ich mich gar nicht für das Böse. Mich faszinieren die individuellen Kippmomente, in denen normale – also ›gute‹ – Menschen an ihre Grenzen geraten, ihre Ideale verraten, ihre Zivilisation abstreifen. Beim Schreiben kann ich diese Stelle aufspüren.«

Judith Merchant

True Crime ist …

INSZENIERUNG

Der Fall Sherri Papini

Redding, Kalifornien/USA, 2. November 2016

Es war einmal …

… Mitte der 1990er-Jahre im »Golden State« Kalifornien, in einer Stadt namens Redding. Da ist ein Junge, da ist ein Mädchen. Er geht in die siebte Klasse der örtlichen Middle School, sie in die achte. Begegnungen auf dem Schulflur, verschämte erste Blicke. Bald der zittrige Austausch von Zettelchen, Sympathiebekundungen, formuliert von unbedarften Teenie-Herzen in runder Schrift auf kariertem Papier. Und schließlich, na klar, der erste Kuss – was auch sonst? Das hier ist schließlich ein Märchen. Oder zumindest eine filmreife Lovestory. Keith und Sherri, Sherri und Keith.

Fortan sind die beiden ein Paar, alles läuft auf glatter Linie, über Jahre hinweg, bis zum Ende der Highschool. Nur leider verlieren glatte Linien mit der Zeit manchmal an Faszination – besonders, wenn sie den Herzschlag messen. Da schleicht sich die Unsicherheit ein, der Gedanke, ob das Schicksal einem das Für-Immer wirklich so anstandslos und früh auf dem Silbertablett servieren würde. Kann das sein? Kann das vor allem schon *alles* gewesen sein? Um das herauszufinden, müssen die beiden Hauptfiguren sich trennen. Sherri muss wegziehen, so weit weg, dass sie und Keith den Kontakt verlieren. Sie müssen andere Menschen kennenlernen, andere Herzen testen. Sherri heiratet sogar. Aber natürlich wird sie nicht glücklich mit dem anderen Mann – wie sollte sie? Ein Teil von ihr kann Keith einfach nicht vergessen. Deswegen muss sie sich auch bald wieder scheiden lassen und zurück in ihre Heimatstadt ziehen, wo sie kurz darauf – so will es der Zufall oder das Gesetz der Lovestory – Keith begegnet. Sie müssen sich verabreden, um sich auszutauschen über die Zeit, in der sie keinen Kontakt hatten. Klar, es steht im Grunde schon bei dieser ersten Verabredung fest, dass es ein nächstes Mal geben wird. Und dieses nächste Mal, das nächste Date, das muss dann ein Candlelight-Dinner auf einem Bootssteg sein, zu dem Keith Sherri ein Geschenk mitgebracht hat. Eine Schachtel mit all den Zettelchen darin, die Sherri ihm in der achten Klasse geschrieben hatte. Denn selbstverständlich hat er sie aufgehoben. Ein drittes Date, okay, wenn es sein muss – aber wirklich nur, um ganz sicherzugehen. Und damit haben die beiden nun bitte endgültig verstanden, dass sie zusammengehören und nie wieder einen Tag ohne einander verbringen wollen.

Und wenn sie nicht gestorben sind …

… dann geht Keith an Sherris Geburtstag vor ihr auf die Knie, um sie zu bitten, seine Frau zu werden, und sie schreit »YES!!!!« – in Großbuchstaben, ganz richtig, und mit vier Ausrufezeichen. So zumindest hat Sherri diesen Moment auf ihrer Hochzeitswebsite festgehalten.

Ende.

Oder auch nicht. Denn das Leben ist ein unberechenbarer Autor und entscheidet sich dafür, der Geschichte von Sherri und Keith noch einen zweiten Teil folgen zu lassen. Eine Fortsetzung, die so gar nicht märchenhaft daherkommt.

Es ist der 2. November 2016. Das Ehepaar Sherri und Keith Papini ist inzwischen seit sieben Jahren verheiratet. Sherri ist 34 Jahre alt, Keith 33. Zusammen mit ihrem vierjährigen Sohn Tyler und der zweijährigen Violet bewohnen sie das frühere Haus von Keiths Eltern in Mountain Gate, außerhalb von Redding. Die Gegend, die ungefähr zweieinhalb Autostunden von der kalifornischen Hauptstadt Sacramento gelegen ist, ist weitläufig besiedelt und von atemberaubender Natur. Hier erhebt sich der Mount Shasta, überall Wälder, Wasserfälle und zahlreiche Seen, so weit das Auge reicht. Keith arbeitet bei einem Fachmarkt für Unterhaltungselektronik in der Stadt, Sherri organisiert den Familienalltag. Von den anderen Müttern in ihrem Umfeld wird sie »Supermom« genannt.

Bevor Keith sich an diesem Mittwochmorgen zur Arbeit verabschiedet, warnt er Sherri noch vor, dass es heute wieder etwas später werden könnte. Normalerweise kommt er zum Mittagessen nach Hause, nur ist derzeit viel los in der Firma. Sherri hat Verständnis, schließlich sind sie doch ein gutes Team, eine feste, starke Einheit, an der nichts rütteln kann, schon gar nicht so eine Kleinigkeit wie ein paar Überstunden. Nachdem ihr Mann das Haus verlassen hat, bereitet Sherri das Frühstück für die Kinder zu, fährt anschließend zur Tagesstätte und erledigt danach die Einkäufe. Um kurz nach halb elf ist sie wieder zu Hause und schreibt Keith eine Nachricht: ›*Schatz, würdest du bitte nach Hause kommen und zum Mittagessen Sex mit deiner Frau haben?*‹ Eine Antwort darauf erhält sie nicht, Keith wird ihre Nachricht erst am Nachmittag lesen. Also kein gemeinsames Mittagessen, oder was auch immer Sherri sonst im Sinn hatte. Sie räumt die Einkäufe weg und zieht sich zum Joggen um. Im Dezember wird ein Marathon stattfinden, an dem sie unbedingt teilnehmen will; schon seit Wochen trainiert sie dafür eisern. Dann verlässt sie das Haus in Richtung des Old Oregon Trail, ihrer angestammten Joggingstrecke …

Um 17.51 Uhr geht ein Notruf beim Shasta County Sheriff's Office ein. In der Leitung ist ein irritiert klingender Keith Papini. Er will seine Frau Sherri als vermisst melden. Weder sei sie zu Hause gewesen, als er vor ungefähr einer Stunde von der Arbeit kam, noch habe sie die gemeinsamen Kinder aus der Tagesstätte abgeholt. Beim Versuch, Sherri zu finden, habe er eine Tracking-App benutzt, die sie beide auf ihren Handys installiert haben, für den Fall, dass diese verloren gehen. Laut der App hielt sich Sherri ungefähr eine Meile vom Haus entfernt auf – dort, wo sämtliche Briefkästen für das weitläufige Wohngebiet installiert sind, an der Kreuzung zwischen dem Sunset Drive und dem Old Oregon Trail. Keith fuhr hin, doch: keine Sherri. Dafür habe er eine andere Entdeckung gemacht, die er auch sofort fotografierte: Im Gras, neben dem Briefkasten der Familie, lag Sherris Handy, Musik lief noch – ›Everything‹ von Michael Bublé, in Endlosschleife. Das Lied, das sie bei ihrer Hochzeit gespielt haben. Die Kopfhörer waren im Gerät eingesteckt, ein paar lange blonde Haare hatten sich um das Kabel verheddert – lange blonde Haare, so wie Sherri sie trägt. Etwas muss passiert sein, da ist sich Keith ganz sicher. Er weiß, dass Sherri vorhatte, joggen zu gehen. Was, wenn sie dabei überfallen wurde? Die Frau von der Notrufzentrale versucht, ihn zu beruhigen. Er soll jemanden organisieren, der die Kinder aus der Tagesstätte abholt, und dann nach Hause fahren. Ein paar Officer würden gleich vorbeikommen und das weitere Vorgehen mit ihm besprechen.

Keith braucht nicht lange, um den angerückten Männern zu vermitteln, dass Abwarten keine Option ist. Sherri ist Sherri. Sie ist zuverlässig, sie ist eine liebevolle, verantwortungsbewusste Mutter. Niemals hätte sie einfach so ihre Kinder in der Tagesstätte gelassen. Die Polizisten nehmen Keiths Bedenken ernst; die Suche nach Sherri beginnt sofort. Ihre Joggingstrecke wird abgesucht, Anwohner werden befragt. Tatsächlich wurde Sherri in ihrer pinkfarbenen Sportjacke beim Laufen gesehen. Ein Zeuge sagt, das sei gegen elf gewesen, ein weiterer meint, das könnte auch gegen zwei Uhr am frühen Nachmittag gewesen sei. Nur in einem sind sich die beiden Zeugen einig: Da war nichts Ungewöhnliches. Da war einfach nur eine joggende blonde Frau.

Eine joggende, blonde Frau auf dem Old Oregon Trail … genau wie damals – Tera Smith. Klar, das ist lange her, im August 1998 war das, vor über achtzehn Jahren, und klar war Tera viel jünger als Sherri, erst 16, als sie an einem Sonntagabend zum Joggen ging und nie wieder zurückkehrte. Aber: 1998 war auch Sherri erst 16 Jahre alt, und: sie und Tera besuchten dieselbe Klassenstufe derselben Highschool – sie kannten sich. Ein Zufall?

Ins Visier der damaligen Ermittlungen geriet Teras Taekwondo-Lehrer Troy, der zu diesem Zeitpunkt 29 Jahre alt war und mit dem Tera eine heimliche Affäre hatte. Eine, die Tera, so würde man ihrem Tagebuch entnehmen, beenden wollte. Wie Troy zugab, hatte er sich tatsächlich am Abend von Teras Verschwinden in der Nähe ihres Elternhauses mit ihr getroffen. Sie habe ihn um Geld gebeten, sagte ihm, sie brauche 2.000 Dollar. Troy fragte, wofür, doch das habe Tera ihm nicht beantworten wollen. Wütend sei sie geworden, berichtete er, habe sich dann aber trotzdem noch ein Stück von ihm im Auto mitnehmen lassen – zum Old Oregon Trail, wo sie joggen wollte.

Damit war Troy offiziell der Letzte, der Tera lebend gesehen hatte, und nicht minder ein Mann, dem man einiges zutraute. 1992, sechs Jahre zuvor, hatte seine Ex-Frau ihn angezeigt. Der Vorwurf: er habe sie mit einem Messer bedroht und zum Sex gezwungen. Und: Troy besaß mehrere alte Sportgewehre und Schrotflinten, wie man feststellte, als man nach Teras Verschwinden sein Taekwondo-Studio durchsuchte. Konkrete Beweise für seine Schuld gab es jedoch nicht, und eine Verurteilung fand höchstens durch die Gesellschaft statt, durch die misstrauischen Blicke, die Spekulationen, das Getuschel. Hatte Troy befürchtet, dass Tera, die laut ihrem Tagebuch Schluss machen wollte, ihre Affäre auffliegen lassen würde? Durch ein sexuelles Verhältnis mit einer Minderjährigen hätte Troy sich zweifelsohne strafbar gemacht. Wollte er den möglichen Konsequenzen also vorbeugen, indem er Tera tötete und ihre Leiche dann verschwinden ließ?

Nein, sagte die Polizei, dafür gebe es keine Anhaltspunkte.

Ja, sagt Teras Familie bis heute.

Heute, der Tag, an dem Sherri Papini verschwunden ist, eine Frau mit einer persönlichen Verbindung zu Tera Smith, genauso blond, und noch dazu unter den gleichen Umständen: beim Joggen auf dem Old Oregon Trail. Ganz zu schweigen davon, dass heute – am 2. November 2016 – im nur 40 Kilometer entfernten Lewiston auch noch eine weitere Frau als vermisst gemeldet worden ist: die 52-jährige Stacey Smart. Deren Tochter Nicole war es ungewöhnlich vorgekommen, dass sie seit Tagen nichts mehr von ihrer Mutter gehört hatte. Eine persönliche Verbindung zu Sherri besteht in diesem Fall nicht, nur eins haben die beiden Frauen gemeinsam: Auch Stacey ist blond.

Was ist hier los, in dieser sonst so friedlichen Gegend? Hat man es schlimmstenfalls mit einem Serientäter zu tun? Die Polizei beschließt, Staceys Fall im Blick zu behalten; zuständig ist man hierfür allerdings nicht, denn Lewiston gehört zu einem anderen County.

Was Sherri angeht, laufen die Ermittlungen schon am nächsten Tag auf Hochtouren. Fast 300 registrierte Sexualstraftäter aus der Umgebung werden überprüft, zudem werden die Suchtrupps rund um den Old Oregon Trail aufgestockt. Keith muss sich trotzdem fragen lassen, ob nicht doch die Möglichkeit bestehe, dass Sherri ihre Familie freiwillig verlassen hat. Nein, sagt er mit absoluter Bestimmtheit, nie im Leben hätte sie das getan. Warum auch? Sie sind doch so glücklich miteinander.

Wirklich? Und was ist dann mit den beiden Telefonnummern, die Sherri unter Frauennamen in ihrem Handy abgespeichert hat und die eigentlich, so stellen die Ermittler bei der Untersuchung des Geräts fest, zu zwei Männern gehören? Ex-Freunde von Sherri, zwei getestete Herzen aus der Zeit, in der sie von Keith getrennt war. Mit einem, so findet man heraus, hatte sie – ausgerechnet für den Tag ihres Verschwindens – Pläne für ein Treffen gemacht. Der Mann, der in Michigan lebt, sei beruflich in San Francisco und bei der Gelegenheit auf einen Abstecher nach Redding vorbeigekommen. Doch dann änderten sich seine Pläne und er flog schon früher wieder zurück nach Michigan. Sowohl bei ihm als auch bei dem anderen Ex-Freund kann schnell ausgeschlossen werden, dass sie etwas mit Sherris Verschwinden zu tun haben.

Dennoch: Es geht ums Prinzip, um eine kleine matte Stelle auf der so sorgfältig polierten Oberfläche. Hat Keith vielleicht herausgefunden, dass Sherri Kontakt zu anderen Männern hatte? Könnte er eifersüchtig geworden sein? Und ist es nicht merkwürdig, dass ausgerechnet er Sherris Handy entdeckt und seinen Fund noch dazu sofort fotografiert hat? Er wäre nicht der erste Ehemann, der seine Frau verschwinden lassen und dann versuchen würde, seine Tat zu vertuschen, indem er den Besorgten gab. Lächerlich, sagt Keith. Von den anderen Männern habe er nichts gewusst, aber das kann nur etwas Platonisches gewesen sein – muss es ja, schließlich haben beide ausgesagt, nur ab und zu mit Sherri telefoniert, sie aber seit Jahren nicht mehr persönlich getroffen zu haben. Und selbst die geplante Verabredung für den 2. November – mehr als einen Kaffee mit einem alten Freund hätte Sherri garantiert nicht im Sinn gehabt. Sie würde Keith nie betrügen. Um weiteren Missverständnissen direkt vorzubeugen und die Aufmerksamkeit nicht unnötig von der Suche nach seiner Frau abzulenken, bietet Keith an, sich einem Lügendetektortest zu unterziehen. Er besteht ihn problemlos, noch dazu kann er ein lückenloses Alibi vorweisen: Er war die ganze Zeit bei der Arbeit.

Obwohl die Polizei ihn als Verdächtigen jetzt so gut wie ausschließt, kommt es dennoch zu Spannungen. Keiths Meinung nach tun die Beamten nicht genug, um Sherri zu finden. Er selbst fährt großräumig die Gegend ab, klopft an jede Haustür, organisiert eigene Suchtrupps und versammelt ein privates Ermittlerteam, dessen Hauptzentrale das Wohnzimmer der Papinis wird. Betroffenheit und Mitgefühl gehen wie ein Ruck durch die gesamte Stadt; alle sind bewegt vom

Schicksal der jungen Familie und beten für Sherris sichere Heimkehr. An jeder Ecke, jeder Schaufensterscheibe, jedem Strommast hängt ein Vermisstenflyer. Sherri strahlt darauf, so wie sie immer strahlt, mit ihrem breiten Lachen und ihren leuchtend blauen Augen, viel zu glücklich in Anbetracht des traurigen Anlasses. Aber welches Foto hätte man sonst auf die Suchplakate drucken sollen? Es gibt nun mal einfach keines, auf dem sie anders aussieht als genau so: lachend, strahlend und überhaupt so schön, mit ihrer tollen Figur und den langen blonden Haaren. »Supermom«, die genauso gut ein Model sein könnte und deren Fall vielleicht auch deswegen von Anfang an mehr öffentliche Aufmerksamkeit auf sich zieht als der der ebenfalls vermissten 52-jährigen Stacey Smart aus Lewiston.

Am 4. November 2016 – zwei Tage nach Sherris Verschwinden – schaltet sich die »Secret Witness of Shasta County« ein, eine gemeinnützige Bürgerinitiative, die sich für die öffentliche Sicherheit engagiert. 10.000 Dollar stellt die Organisation zur Verfügung, als Belohnung für Hinweise, die zu Sherris Auffinden führen. Zusätzlich richtet Keith eine GoFundMe-Seite ein, auf der er weitere finanzielle Mittel für die Suche sammelt. Innerhalb kürzester Zeit ist der Betrag bereits auf 49.000 Dollar angewachsen. *»Vielen Dank für eure Spenden«*, schreibt Keith am 7. November auf der Seite. *»Die Familie Papini schätzt eure Großzügigkeit, euer Mitgefühl und eure Gebete sehr.«*

Doch: nichts. Zwar gehen beim Sheriff's Office in der nächsten Zeit mehr als 400 Hinweise ein, aber kein einziger erweist sich als brauchbar. Mit jedem Tag, der ohne Sherri vergeht, wächst die Angst ihrer Familie. Die Statistiken sind schlagkräftig und lassen sich nur schwer mit dem Glauben an ein gutes Ende beschwichtigen: Rund 600.000 Menschen verschwinden jährlich in den USA; allein in Kalifornien, dem Heimatstaat der Papinis, über 2.000. Viele Schicksale können innerhalb von zwölf Monaten aufgeklärt werden – doch dazu gehört auch der Fund von über 4.000 Leichen im ganzen Land.

Nein, nicht Sherri, Sherri wird nicht dazu gehören. Keith ist fest entschlossen, die Hoffnung nicht zu verlieren. Ihre gemeinsame Geschichte darf noch nicht zu Ende sein. All die Jahre, all die schönen Erinnerungen. Wie sie sich beim Zähneputzen immer gegenseitig den Rücken zudrehen mussten, weil sie sonst angefangen hätten zu lachen. Wie Sherri von der Bettkante fiel, in ihrer ersten gemeinsamen Nacht. Wie sie einmal krank war und er, um sie gesund zu pflegen, Tomatensuppe für sie kochte, mit allem Drum und Dran, mit käseüberbackenen Crackern und Petersiliendekoration. Wie der Löffel senkrecht in der Suppe stand, weil Keith so darauf konzentriert gewesen war, alles besonders gut zu machen, und dabei ein ganz entscheidendes Detail vergaß: er hatte die Suppe ohne Wasser gekocht. Wie Sherri darüber lachte, so wie nur sie lachen konnte, so breit und strahlend. All die Momente, die kleinen und großen. Und nun? Nun muss er versuchen, seinen Kindern zu erklären, was los ist, ohne sie dabei zu verstören. Muss sich immer wieder dieselbe Frage anhören, auf die er einfach keine Antwort weiß: Wann kommt Mami wieder nach Hause?

Am 17. November 2016 – Sherri ist inzwischen seit gut zwei Wochen verschwunden – geht eine Website online. Wer sie eingerichtet hat, bleibt schleierhaft, vertreten jedoch wird sie durch einen gewissen Mr Gamble im Auftrag eines anonymen Spenders, der über Facebook auf das Schicksal der jungen Mutter aufmerksam geworden sein soll. Mr Gamble, der im Rotary Club in Redding bereits Vorträge über Menschenhandel und die damit in Verbindung stehenden Entführungen gehalten hat, sei als Mittelsmann bestimmt worden. Er selbst bezeichnet sich als Experte für Kidnapping-Fälle, sein Slogan lautet: »Where you go is your business. Getting you home is mine.« Nun ist er auf der für Sherri eingerichteten Website in einem Video zu sehen, gerichtet »an die Person, die Sherri Papini hat«. Das Angebot: eine sechsstellige Summe im Austausch gegen Sherris Heimkehr. »Dieses Angebot ist in weniger als 100 Stunden vom Tisch«, sagt er und blickt dabei direkt in die Kamera. »Ich kenne dein Motiv nicht. Ich weiß nicht, wer oder wo du bist, aber das ist mir auch egal. Alles, was mich interessiert, ist, dass wir Sherri zurückbekommen.« Außerdem gibt er eine Telefonnummer an, unter der er rund um die Uhr erreichbar sei.

Der leitende Ermittler, Sheriff Tom Bosenko, ist wenig begeistert von der Idee der Website. Er besteht darauf, dass es nicht genügend Beweise gebe, um Sherris Verschwinden eindeutig als Entführung einzustufen. Zudem warnt er davor, dass die Familie Papini nun zum Ziel von Betrügern werden könnte, die es nur auf das Lösegeld abgesehen haben. Doch die Frist verstreicht, ohne dass jemand das Geld eingefordert hätte – aber auch ohne neue Spuren.

Und dann das Wunder, pünktlich zu Thanksgiving, dem Fest der Dankbarkeit, am 24. November, nach 22 Tagen Ungewissheit. Es ist noch früh am Morgen, noch dämmerig und dazu kalt. Eine Frau steuert ihr Auto über die Interstate 5 durch das ungefähr 150 Kilometer entfernte Yolo County, als wild nach Hilfe gestikulierend eine Gestalt auf die Fahrbahn hetzt. Gerade noch rechtzeitig kann die Fahrerin ausweichen. Sie hat Angst, anzuhalten – zu viel ist schon geschehen auf den amerikanischen Straßen, zu viele Unbedarfte wurden durch solcherlei Tricks schon zum Anhalten gezwungen und dann überfallen. Gleichzeitig will sie nicht riskieren, dass es sich bei der Gestalt, die sie als eine Frau ausgemacht hat, möglicherweise doch um jemanden handelt, der dringend Hilfe braucht. Also wählt sie den Notruf und meldet ihre Beobachtung. Sofort werden Einsatzkräfte losgeschickt. Sie finden die Frau, die sich am Straßenrand entlangschleppt. Eine Frau in besorgniserregendem Zustand, abgemagert bis auf die Knochen, offensichtlich schwer verprügelt, mit abgeschnittenem Haar und mit einer Metallkette um die Taille. Es ist Sherri Papini.

Sherri, die sofort in ein Krankenhaus gebracht wird. Sherri, die die Ermittler sofort befragen wollen. Doch das erweist sich als schwierig, denn Sherri scheint schwer traumatisiert zu sein. Sie hat Angst vor den Polizisten, richtiggehend Panik. Eine ihrer Entführerinnen habe sie ausgelacht. Niemand werde ihr glauben, habe sie ihr eingetrichtert. »Und weißt du auch, wieso?«, zitiert Sherri kryptisch. »Der Käufer ist ein Polizist, sie werden dich niemals finden.« Und dann blockiert sie, sagt keinen Ton mehr. Während sie medizinisch untersucht wird, bitten die Ermittler den ins Krankenhaus geeilten Keith um seine Mithilfe. Er soll mit Sherri sprechen, soll ihr, ausgerüstet mit einem Aufnahmegerät, vorsichtig eine Aussage entlocken. Und das gelingt Keith. Sherri erzählt ihm ihre Geschichte, einen wahr gewordenen Albtraum.

Der Tag ihrer Entführung. Sherri beim Joggen. Ein dunkler SUV, der sich ihr von hinten näherte. Der erst an ihr vorbeifuhr und dann zurücksetzte. Eine weibliche Stimme mit spanischem Akzent: »Können Sie mir helfen?« Sherri, die sich dem Fahrzeug arglos näherte, während auf der Beifahrerseite die Frau ausstieg, zu der die Stimme gehörte. Sie trug eine Sonnenbrille. Und sie hatte einen kleinen Revolver in der Hand, mit dem sie Sherri dazu zwang, ihr Handy abzulegen und in den Fond des Wagens zu steigen. »Wir wollen dich nicht töten«, habe die Frau gesagt. Am Steuer eine weitere Frau, die auf einmal Gas gab. Sherri, die nicht wusste, wie ihr geschah, und irgendetwas, das sie plötzlich über dem Gesicht hatte. Sie konnte nichts mehr sehen. Vielleicht ein Sack, den man ihr über den Kopf gestülpt hat?, vermutet Keith. »Ich erinnere mich nicht mehr, ich weiß es nicht«, gibt Sherri zurück. »Ich könnte mir vorstellen, dass sie mich mit einem Elektroschocker außer Gefecht gesetzt haben.«

Keith fragt nach der Fahrt. Wie lange sie unterwegs gewesen seien, ob sie Höhenunterschiede bemerkt habe, inwiefern sie das Auto beschreiben könne. »Ich erinnere mich nicht an viel«, sagt Sherri noch einmal. »Ich habe das Zeitgefühl verloren. Es stank im Auto, nach Abwasser. Sie hat mich mit irgendetwas gestochen. Ich bin immer wieder eingeschlafen.« Aufgewacht sei sie dann schließlich in einem Zimmer mit verbarrikadierten Fenstern, bekleidet mit fremden Sachen, nur die Unterwäsche sei noch ihre eigene gewesen. Und dann: 22 Tage Martyrium. Eine Metallkette als Fessel um ihre Hüfte, das andere Ende im Zimmer verschraubt, lang genug, dass Sherri das Bett, aber nicht die Tür erreichen konnte. Manchmal, wenn sie unartig war, zu laut oder zu aufmüpfig, wurde sie in den Wandschrank gesperrt. Als Toilette habe ein Eimer, gefüllt mit Katzenstreu, parat gestanden. Die Frauen, ihre beiden Entführerinnen, haben sie geschlagen und gedemütigt, haben ihr nur einmal am Tag etwas zu essen gebracht, Reis oder Tortillas oder ein paar Äpfel. Erwachsenenwindeln habe sie tragen müssen. »Sie haben laute Musik gespielt. Diese wirklich nervige mexikanische Musik. Es gab einen

Kamin, das konnte ich riechen. Ich konnte auch das Geräusch hören, du weißt schon, wenn man den Griff bewegt, um den Kamin zu öffnen. Es war ein quietschendes Geräusch. Und es war kalt. Es war immer kalt. Und es schien fast jede Nacht zu regnen.« Keith fragt nach Details, nach Beschreibungen. Der Wagen. Der Ort, an dem sie gefangen gehalten wurde, vielleicht ein spezielles Geräusch, wie Verkehrslärm, Bahnrattern, Wasserrauschen, irgendetwas, womit sich die Lokalität eingrenzen ließe. »Ich hörte Vögel«, antwortet Sherri. »Sonst nichts. Sie haben die Stereoanlage direkt vor meiner Tür aufgebaut und sie superlaut aufgedreht.«

Und *sie*? Ihre beiden Entführerinnen? Wie sahen sie aus? Irgendwelche besonderen Merkmale? Hispanische Herkunft, erklärt Sherri. Starker Akzent. Die eine zwischen 20 und 30 Jahren alt, mit dunklen Locken, dünn gezupften Augenbrauen und Ohrringen, die andere älter, zwischen 40 und 50, mit buschigen Augenbrauen und glatten, schwarz-grau melierten Haaren. Näher kann sie die Frauen nicht beschreiben, sie sagt, dass sie ihre Gesichter mit Bandanas vor ihr verhüllt hielten. Sherri ist sich sicher, dass sie vorhatten, sie an einen Cop zu verkaufen. Seinen Namen habe sie nicht mitbekommen, überhaupt haben sich die Frauen untereinander nur auf Spanisch unterhalten, sodass Sherri außer ein paar Wörtern nicht viel aufschnappen konnte. Was sie verstand: »Medikamente«, »Verkehrsüberwachungssystem«, »Liefertermin« und »Glücksspiel« sowie einige Beleidigungen, die sich gegen sie richteten.

Ob Sherri sexuell missbraucht worden sei, will Keith wissen. Sie verneint. Da war kein Mann. Da waren immer nur sie und die beiden Frauen. Da waren die Schläge, die Bestrafungen. Und eines Tages der Tisch, der in ihr Zimmer gebracht und auf den sie bäuchlings gefesselt wurde. Da waren das knisternde Geräusch und der darauffolgende Schmerz, als heißes Eisen die Haut an ihrer Schulter versengte. Sherri wurde gebrandmarkt. Zur Strafe, sagt sie, nach einem Fluchtversuch. Oder war es doch der Kunde, der es so wünschte? Auch das sagt Sherri, nur einige Minuten später in dem Gespräch mit Keith. Eine ihrer Entführerinnen habe ihr das offenbart: Der Kunde wolle, dass sie gebrandmarkt werde, das möge er.

Offenbar ist es zur Kaufabwicklung aber nicht gekommen; im Gegenteil: Sherri ist frei. Wie das gekommen sei, fragt Keith. Doch auch daran erinnert sich Sherri nur noch bruchstückhaft. Sie habe gehört, wie zwischen ihren Entführerinnen ein Streit entbrannt sei, und glaubt verstanden zu haben, dass die jüngere der beiden Frauen meinte, Sherri brauche dringend Medikamente. Und dann, plötzlich, ein lautes Geräusch, eins, das klang wie ein Schuss, auf den das Knallen der Haustür folgte, und schließlich: Stille, Stille für eine quälend lange Zeit. Sherri bekam Angst und begann aus Leibeskräften zu schreien. War das wirklich ein Schuss gewesen, den sie gehört hatte? War eine der beiden Frauen nun tot? War die andere geflohen und hatte Sherri hier zum Sterben zurückgelassen? Sherri schrie und bettelte, bis sie vor Erschöpfung einschlief. Zeit muss vergangen sein, schwer zu sagen, wie viel, bis die jüngere der Frauen sie aufweckte. Ab da sei alles sehr schnell gegangen. Der Kissenbezug, der ihr über den Kopf gestülpt wurde, wann genau, wisse sie nicht mehr. Die Autofahrt, während der sie sich bemüht habe wach zu bleiben, und doch immer wieder eingeschlafen sei. Die Frau, die den Wagen anhielt und Sherri anwies auszusteigen. Der Wagen, der daraufhin davonraste, und Sherri, die sich den Kissenbezug vom Kopf riss und losrannte. Zu einer Kirche zuerst, gegen deren Tür sie mit den Fäusten eindrosch, sinnlos, sie war verschlossen, niemand da um diese Uhrzeit. Daraufhin sei sie weitergerannt, einfach immer weiter, bis sie zur Interstate gelangte.

Keith wird den Moment, als Sherri versuchte, Hilfe heranzuwinken, in einem Fernsehinterview später so beschreiben: »Sie hat sich die Seele aus dem Leib gebrüllt, um jemanden zum Anhalten zu bewegen. Sie hat so sehr geschrien, dass sie anfing, Blut zu husten. Sie hat gesagt, sie dachte, dass die Leute möglicherweise nicht anhielten, weil sie eine Metallkette um die Taille hatte, so, als wäre sie gerade aus dem Gefängnis ausgebrochen. Also versuchte sie, die Kette unter ihrer Kleidung zu verstecken.«

Doch die Hauptsache ist, dass Sherri lebt. Dass sie wieder da ist. Es ist die Nachricht des Tages, das Wunder von Thanksgiving, ein Moment des Dankes, der Ehrfurcht, des Durchatmens. Bereits um 10.31 Uhr hat Sheriff Bosenko die Neuigkeit erstmals öffentlich verkündet. Jetzt, um 14 Uhr, tritt er erneut vor die Presse und teilt mit, dass Sherri eine Aussage machen konnte. Gesucht werden nun zwei Frauen hispanischer Herkunft, die einen dunklen Geländewagen fahren und zudem bewaffnet seien. Auf weitere Details geht Bosenko nicht ein, vielleicht aus ermittlungstaktischen Gründen, vielleicht auch, weil sich die Polizei selbst noch etwas schwertut, Sherris Aussage einzuordnen. Mit ihr haben sie eine Frau, die auf knapp 44 Kilo abgemagert ist. Mit zahlreichen blauen Flecken, Prellungen, Hautausschlägen, kleineren Verbrennungen an den Armen, einem Brandmal an der Schulter und Fesselspuren. Der man die Haare abgeschnitten und die Nase gebrochen hat. Ein Opfer, ganz offensichtlich – aber auch eine schwierige Zeugin. Eine, deren Gedächtnis Lücken aufweist, eine, die sich widersprüchlich geäußert hat. Einmal hat sie von einem Eimer mit Katzenstreu als Toilette gesprochen, einmal von einer Windel. Von dem Brandmal zur Strafe für einen Fluchtversuch, von dem Brandmal auf Wunsch des Käufers. Kann man von einer schwer verstörten und verängstigten Frau eine Aussage erwarten, druckreif für den Zeitungsartikel? Möglicherweise ergeben all diese auf den ersten Blick unzusammenhängenden Fragmente am Ende doch ein Gesamtbild, das Sherri einfach noch nicht imstande ist zu formulieren. Sie muss sich erst erholen, muss nach Hause, muss nach Keith nun endlich auch ihre beiden Kinder in die Arme schließen können.

»Sherri hat gerade ein sehr traumatisches Ereignis durchlitten und braucht jetzt Zeit mit ihrer Familie«, erklärt Sherris Schwester Sheila am 25. November vor der Presse. Auf Fragen zum Stand der Ermittlungen äußert sie sich nicht, stattdessen betont sie, dass im Moment reinweg die Freude über Sherris Heimkehr zähle und die einzige Sorge aller ihrer Heilung gelte. Ein frommer Wunsch nach etwas Privatsphäre, der nur mäßig von der Öffentlichkeit respektiert wird. Alle wollen wissen, was genau mit Sherri geschehen ist. Die einen erfasst Panik: Stecken Menschenhändler hinter der Entführung? Menschenhändler, die vielleicht bald wieder auf die Jagd gehen und sich die nächste Frau aus der Gegend schnappen? Die anderen reagieren eher misstrauisch darauf, dass zwei Frauen als mutmaßliche Täterinnen gesucht werden. Und ausgerechnet hispanischer Herkunft sollen sie sein? In den sozialen Medien macht plötzlich ein alter Blogpost die Runde. Er wurde im Jahr 2003 verfasst, unter Sherris Mädchennamen. Aus der Ichperspektive erfährt man von einer jungen Frau, die schon in der Schulzeit immer wieder mit Mitgliedern der hispanischen Community aneinandergeriet. »Das Hauptproblem war«, ist zu lesen, »dass ich keine Drogen nahm, noch dazu war ich weiß und stolz auf mein

Blut und meine Herkunft.« Beschimpft sei sie worden, mit dem Hitlergruß verspottet, verprügelt. Einmal habe sie sich allein gegen eine achtköpfige Gruppe wehren müssen, die ihr auflauerte, sie trat und schlug und ihr mit einem Vierkantholz das Bein brach. Die Verfasserin schreibt, Mädchen sollten nicht kämpfen, zu zerbrechlich seien sie eigentlich dafür – aber was bliebe einem schon übrig, wenn gerade kein Skinhead verfügbar war, der einem das Problem abnahm?

Ein schockierendes Statement, das strotzt vor Rassismus. Das soll von Sherri stammen? Nein, sagt sie selbst, so etwas Schreckliches hätte sie niemals von sich gegeben. Nein, sagt geschlossen auch ihre Familie. Dieser Post stamme nicht von Sherri, sondern von jemandem aus ihrer Highschool, der sich an ihr rächen wollte. Sherri sei keine Rassistin. Nichtsdestotrotz ist der Blogpost mit ihrem Namen überschrieben und sorgt in diesem Moment – da sie nun mal ausgerechnet zwei Frauen hispanischer Herkunft beschuldigt – für Zweifel. Nicht nur an ihrer Person, sondern an ihrer ganzen Geschichte. Wer steckt wirklich hinter ihrer Entführung? Warum wurde sie überhaupt wieder freigelassen?

Wäre das der Modus, mit dem ein Menschenhändler-Ring operieren würde? Hätte man im Gegenzug für ihre Freilassung nicht wenigstens das angebotene Lösegeld eingefordert? Verdreht Sherri die Situation, um ihre – scheinbar – rassistischen Überzeugungen zu verbreiten?

Keith ist außer sich. Er sieht nur eine Möglichkeit, um den Fokus wieder auf die Tatsachen zu lenken: eine öffentliche Stellungnahme. Er schreibt: *»Wir leben in Zeiten freier Meinungsäußerung, begleitet von einer Technologie, die es möglich macht, jederzeit und überall alles zu veröffentlichen. Das ist ein zweischneidiges Schwert … Es ist anstrengend und widerlich, sich plötzlich mit Gerüchten, Vermutun-*

gen, Lügen und Hass auseinandersetzen zu müssen. Jene, von denen all das ausgeht, sollten sich schämen für ihr bösartiges, unmenschliches Verhalten.« Sehr bildhaft beschreibt er nun den Anblick, der ihn erwartete, als er Sherri zum ersten Mal im Krankenhaus wiedersah. Die schlimmen Verletzungen, die gebrochene Nase, die Hämatome, das Brandmal, weitere Verbrennungen an den Armen, die abgeschnittenen Haare, das Untergewicht, und wie er, bei all der Freude, Sherri endlich zurückzuhaben, gleichzeitig seinen Brechreiz unterdrücken musste, als ihm klar wurde, was man ihr angetan hatte. *»Meine Sherri hat enorm gelitten«*, schließt er seine Erklärung. *»Und ich versichere euch, dass die Vorstellung, die ihr jetzt von ihrem Zustand habt, nicht annähernd der grausamen Realität entspricht.«*

Sheriff Bosenko und sein Team sind nicht begeistert von Keiths Veröffentlichung. Sämtliche Details, besonders auch die über Sherris Verletzungen, hat man von Polizeiseite aus ermittlungstaktischen Gründen bisher zurückgehalten. Denn noch gibt es einfach zu wenig, mit dem sich konkret arbeiten lässt. Es gibt die Kleidung, die Sherri am Tag ihrer Rückkehr trug und die man natürlich sofort zur Spurenanalyse ins Labor geschickt hat – ein Ergebnis, das man dringend erwartet. Und es gibt Sherris erste Aussage, die Keith mit dem Tonbandgerät an ihrem Krankenbett aufgezeichnet hat. Eine Aussage, die geprägt ist von Erinnerungslücken, von Widersprüchen, vom Schock.

Am 28. November – vier Tage nach Sherris Rückkehr – dürfen die Ermittler Sherri, die inzwischen aus dem Krankenhaus entlassen wurde, zu Hause besuchen, um sie noch einmal selbst zu befragen. Das, darauf besteht sie, darf aber nur in Gegenwart ihres Mannes stattfinden. Noch immer misstraut sie den Polizisten – schließlich sollte sie laut ihren Kidnapperinnen an einen von ihnen verkauft werden. Einfühlungsvermögen ist jetzt gefragt, die Ermittler wollen Sherri nicht überfordern. Manche Fragen, so erklären sie ihr, mögen ihr trivial, vielleicht sogar dumm vorkommen, aber sie müssen sie ihr trotzdem stellen. Sherri zeigt Verständnis, immerhin sieht sie sich oft Krimiserien im Fernsehen an; sie weiß schon, wie das läuft. Also gut, dann noch einmal von vorn.

Der Tag der Entführung. Sherri beim Joggen. Der dunkle SUV. Die Frau, die plötzlich mit einem Revolver vor ihr herumfuchtelte. Wie sie in das Auto kam, weiß Sherri nicht mehr. Wie der Kissenbezug über ihren Kopf kam, auch nicht, aber sie erinnert sich daran, dass er nach Waschmittel gerochen hat. Schlecht sei ihr gewesen, sie habe gefroren und Schmerzen bekommen von ihrer unbequemen Liegeposition im Fond des Wagens. Wie lange es gedauert habe, bis die Schmerzen aufgetreten seien, will ein Detective wissen. 40 Minuten, schätzt Sherri, ungefähr so lange wie eine Folge ihrer Lieblingsserie ›The Blacklist‹ dauert. Wie lange die Fahrt insgesamt gedauert habe, kann sie dagegen nicht einschätzen, immer wieder sei sie eingeschlafen, bis sie schließlich mit fremder Kleidung – bestehend aus einer Jogginghose und einem Sweatshirt – und mit auf den Rücken gefesselten Händen in dem Zimmer aufwachte, das für die nächsten drei Wochen ihr Gefängnis sein würde. Sie beschreibt, wie sie versuchte, die fest sitzenden Kabelbinder von ihren Handgelenken zu lösen, wie sie versuchte, sie mit den Zähnen durchzubeißen, und sich dabei ihre Lippe verletzte … Moment mal, waren ihre Hände nicht gerade noch auf dem Rücken gefesselt? Wie ist es Sherri gelungen, sie nach vorne zu manövrieren? Oh, daran erinnere sie sich leider nicht mehr. So, wie sie sich an vieles nicht mehr erinnert, zum Beispiel an den Grund, aus dem ihr das Brandmal beigebracht wurde. Vor vier Tagen noch hatte sie gesagt, es sei die Strafe für einen Fluchtversuch gewesen, respektive der Wunsch des ominösen Käufers. Heute sagt Sherri, das Brandmal habe sie bekommen, weil sie zu viel Krach gemacht hätte. Keine Rede mehr davon, dass sie eine Erwachsenenwindel habe tragen müssen, stattdessen berichtet sie davon, wie sie den Frauen vorschlug, den Eimer, der ihr als Toilette diente, mit einer Plastiktüte auszukleiden und Katzenstreu hineinzufüllen – das würde die ganze Sache doch um einiges erleichtern. Derselbe Eimer, der in Sherris erster Aussage vor vier Tagen bereits mit Katzenstreu befüllt parat stand, als sie erstmals in dem Zimmer aufwachte? Wieder kleine Ungereimtheiten, ein Muster, das sich durch jede weitere Befragung ziehen wird. Beim nächsten Mal würde Sherri nach ihrer Entführung nicht in einer Jogginghose und einem Sweatshirt aufwachen, sondern nur in einem T-Shirt, und zu essen bekäme sie manchmal Weizenbrei.

Dennoch: die Polizei nimmt Sherri ernst. Sie wäre nicht die Erste, bei der ein traumatisches Erlebnis das Erinnerungsvermögen, die Wahrnehmung, die Logik verrückt hätte. Die menschliche Psyche ist komplex und verfügt über allerlei eigenartige Schutzfunktionen. Allein deswegen tritt Sheriff Bosenko nun abermals vor die Presse. Er will offiziell klarstellen, dass man nicht an Sherri zweifelt: »Nach unseren Gesprächen mit Sherri Papini und basierend auf den uns vorliegenden Informationen, glauben wir ihr. Wir glauben, dass dies eine Entführung war.« Mit entsprechendem Hochdruck werden die Ermittlungen weitergeführt, über die nächsten Monate hinweg, fast ein ganzes Jahr lang – ohne Erfolg.

Im Oktober 2017 entschließt sich das Shasta County Sheriff's Office in Zusammenarbeit mit dem FBI, die Phantombilder zu veröffentlichen, die unter Sherris Angaben von ihren beiden Entführerinnen entstanden sind. Zusätzlich wird noch einmal eine Belohnung von 10.000 Dollar ausgelobt für Hinweise, die zur Identifizierung der beiden mutmaßlichen Täterinnen führen. Der Fall muss gelöst werden, nicht nur für die Statistik. Allen Beteiligten scheint klar zu sein, dass es um so viel mehr geht. Da ist noch immer eine Frau, ein Opfer, das als vermeintliche Lügnerin durch die Medien gezerrt wird. Da ist ihre gesamte Familie, die darunter leidet. Gleichzeitig sind da zwei Frauen einer ethnischen Gruppe, die der regierende Präsident durch den Bau einer Mauer am liebsten aus seinem Land aussperren würde. Da geht es an allen Fronten um Vorurteile, um Vorverurteilung, da ist über die letzten Monate hinweg ein toxisches Klima entstanden, das nur durch Klarheit wieder entgiftet werden kann.

Sherri und Keith unterstützen die Entschlossenheit der Polizei. Sie verfassen ein Statement, in dem es heißt: »Wir hoffen, dass die Veröffentlichung zusätzlicher Informationen durch die Strafverfolgungsbehörden die Festnahme von Sherris Entführerinnen beschleunigen wird. Es war eine außerordentlich schwierige Zeit für unsere gesamte Familie. Wir bitten die Medien, unser Bedürfnis nach Privatsphäre zu respektieren, während Sherri sich weiterhin erholt und wir gemeinsam daran arbeiten, in unseren Alltag zurückzufinden.«

Und wäre es nicht schön, wenn das Leben an dieser Stelle nun endlich etwas Einsicht zeigen würde, nach allem, was Sherri und Keith durchleiden mussten? Wäre es nicht schön, wenn dieser zweite, abscheuliche Teil einer ehemals so märchenhaften Geschichte doch noch die Kurve in Richtung eines guten, schnellen Endes kriegen würde? Wenn sich eine Spur zu den beiden bösen Hexen ergäbe, die daraufhin gefangen genommen und für alle Zeiten in den tiefsten, dunkelsten Kerker gesperrt werden könnten? Weil das nun mal einfach geschehen *muss*, mit Menschen, die anderen etwas Schlimmes angetan haben, exakt und nur aus diesem einzigen Grund heraus?

Und irgendjemand – vielleicht sogar Sherri selbst – müsste das auch noch mal ganz konkret auf den Punkt bringen, es ganz laut herausschreien: Nein, das Böse hat nichts mit einer bestimmten Gruppe zu tun! Das Böse sucht sich seinen Wirt nicht nach der Hautfarbe aus, auch nicht nach Religion, Geschlecht oder sexueller Orientierung. Es geht nicht um die Herkunft und schon gar nicht um eine Pauschalierung, sondern einzig und allein darum, dass ein Verbrechen bestraft gehört. Und so könnte es doch enden, oder nicht? Mit dem Erfolg eines gelösten Falls, mit einer Berichterstattung, die auf gewisse Attribute bestenfalls ganz verzichtet, weil sie nun mal überhaupt nichts mit der Sache an sich zu tun haben, und natürlich mit Sherri, die das Geschehene vielleicht niemals vergessen könnte, aber durch den Rückhalt und die Liebe ihrer Familie dennoch lernen würde, damit zu leben.

Aber nein. Das Leben zeigt sich stur. Es gibt sich noch immer nicht zufrieden und hängt dieser Geschichte einen dritten Teil an, in allerbester Thrillermanier mit einem Plot-Twist, der die ganze Konstruktion dann noch einmal komplett aus den Angeln heben wird. Aber um die Spannung zu erhöhen, muss zunächst noch mehr Zeit vergehen, Jahre gar, in denen die Ermittler immer wieder in Sackgassen geraten, Zeit, in der Sherri immer wieder von Flashbacks heimgesucht wird. Einmal, während einer therapeutischen Sitzung, erinnerte sie sich an heißes Besteck – einen Löffel oder ein Buttermesser –, das ihr auf den Arm gepresst wurde und für die Verbrennungen an dieser Stelle verantwortlich sein könnte. Ein anderes Mal, wie die jüngere ihrer beiden Entführerinnen ihr eine klebrige Flüssigkeit in den Mund geschüttet hätte, wie Sherri daraufhin versuchte, sich den Mund mit ihrer Unterwäsche auszuwischen, und danach eingeschlafen sei. Sherri, die den Ermittlern meldet, dass neuerdings ihr Magen krampfe, sobald sie bestimmte Chevrolet-SUVs sehe, solche vom Modell Tahoe und Suburban. Sherri, die Keith mit einer Zeichnung, die sie von dem Zimmer ihrer Gefangenschaft angefertigt hat, zur Polizei schickt. Und Sherri, die in dem Brandmal auf ihrer Schulter plötzlich ein Wort zu erkennen glaubt: Steht da nicht »Exodus«?

Letztlich gelingt der Durchbruch dann aber eben doch erst durch die Forensik: An der Kleidung und der Unterwäsche, die Sherri am Tag ihrer Rückkehr trug, wurde eine männliche DNS gefunden, die Sherri nicht erklären konnte, denn laut ihren Angaben hatte sie während ihrer Gefangenschaft ausschließlich Kontakt zu ihren beiden weiblichen Entführern. Ob die männliche DNS möglicherweise zu Keith gehört, hatte man längst ausgeschlossen, und im CODIS-System, der DNS-Datenbank des FBI, hatte man auch keinen Treffer erzielt. Die Ermittler erwirken nun die Erlaubnis, die DNS im Hinblick auf Verwandtschaften überprüfen zu dürfen, und stoßen dabei im Frühjahr 2020 tatsächlich auf einen Mann, der der Vater des Gesuchten sein muss. Der Mann hat zwei biologische Söhne – und einer davon – James – war 2006 kurzfristig mit Sherri liiert. Und das ist nun ein Paukenschlag. Was hat Sherris Ex-Freund mit ihrem Verschwinden zu tun? Um zunächst einmal sicherzugehen, dass die DNS wirklich zu ihm gehört, fahren die Ermittler zu James' eingetragener Adresse in Südkalifornien und fischen eine von ihm geleerte Eisteeflasche aus dem Hausmüll. Die anschließende Analyse bestätigt, dass es sich um dieselbe DNS handelt wie die von Sherris Kleidung.

Im Sommer 2020 wird James offiziell befragt. Er ist sofort gesprächsbereit, fast so, als hätte er schon damit gerechnet, irgendwann offiziellen Besuch zu bekommen. Nein, so eröffnet er den Ermittlern, Sherri sei niemals das Opfer einer Entführung gewesen. In Wahrheit habe sie die 22 Tage, in denen sie als vermisst galt, bei ihm in Südkalifornien verbracht. Genauer gesagt: in seiner Wohnung in der Stadt Costa Mesa, die ungefähr sieben Stunden von Redding entfernt liegt. Über das gesamte letzte Jahr vor ihrem Verschwinden hatte Sherri ihn davon überzeugt, von ihrem Ehemann Keith misshandelt zu werden. Mehrmals – so sagte sie James bei den Telefonaten, die sie über Prepaidhandys führten – habe sie Keith bereits angezeigt. James konnte ja nicht wissen, dass es nie auch nur eine einzige Anzeige gegen Keith gegeben hatte und dass Sherri und Keith – im Gegenteil – stets und ständig und überall mit ihrer märchenhaften Liebe und ihrem großen Glück kokettierten. James hingegen beschrieb sie einen Alltag voller Schläge und Vergewaltigungen und bat ihn verzweifelt um Hilfe. Keine Frage, dass er ein guter Freund sein wollte, und möglicherweise habe er auch die klitzekleine Hoffnung gehegt, wieder mit Sherri zusammenzukommen, wenn er sie jetzt unterstützte. Auf jeden Fall musste sie weg von Keith, darin waren die beiden sich einig. Und Sherri hatte auch schon eine Idee. Mit einem Mietwagen sollte James sie an einer bestimmten Stelle des Old Oregon Trail abholen. Kaum eingestiegen, kletterte sie auf die Rückbank und verbrachte dort flach liegend die gesamte Fahrt nach Costa Mesa. Hier lebten sie nun für die nächsten drei Wochen in seiner Wohnung zusammen – allerdings etwas anders, als James es sich erhofft hatte.

Die meiste Zeit sei Sherri für sich allein geblieben. Sie habe ihn auf die Couch ausquartiert und sein Schlafzimmer okkupiert. Die Haare habe sie sich selbst abgeschnitten, und dass sie offenbar Diät hielt, sei ihm auch nicht entgangen. Hinterfragt habe er das alles aber nicht. Nicht mal, als Sherri damit begann, sich selbst zu verletzen. Er hat ihr nichts getan, das schwört er. So wie er in seinem ganzen Leben noch niemals eine Frau verletzt habe. Zumindest bis zu dem Tag, als Sherri ihn darum bat, einen Holzbrenner mit aufsteckbaren Buchstaben aus dem Baumarkt zu besorgen und ihr das Branding an der Schulter beizubringen. Ein Verweis auf einen Bibelvers, Exodus irgendwas. An die genaue Passage, sprich die dazugehörigen Zahlen, erinnere er sich nicht mehr genau. Aber es stimmt, ja, das muss er zugeben: das Brandmal hat er verursacht. Und er hat sich schlecht dabei gefühlt, ist fast verrückt geworden vor Sorge, dass die Stelle sich entzünden könnte. Sherri hingegen schien das nicht zu kümmern, auch über Schmerzen habe sie nie geklagt.

Alles klar, James. Du hast also eine Ex-Freundin, die sich in deiner Wohnung verschanzt, sich selbst verletzt und dich schließlich bittet, sie mit einem Holzbrenner zu markieren. Und all das hast du einfach so hingenommen? Hast nie wissen wollen, was das Ganze eigentlich soll? Hast du denn die Nachrichten nicht gesehen, die Zeitungsberichte und Onlinemeldungen nicht gelesen?

Nein, sagt James, einen Fernseher habe er zu der Zeit nicht besessen, nur Sherri habe manchmal auf dem Handy die Nachrichten gelesen. Und dann, kurz vor Thanksgiving, habe sie ihm mitgeteilt, dass sie wieder nach Hause wolle. Auch diesem Wunsch habe er – natürlich – entsprochen. Er wollte Sherri einfach nur ein guter Freund sein, die möglichen Konsequenzen seien ihm erst bewusst geworden, als sie schon wieder weg war.

Kann das stimmen? Ist dieser Mann wirklich nur eine ahnungslose Schachfigur in Sherris Spiel gewesen, verblendet von der Aussicht auf eine Romanze? Und: Kommt einem diese ganze Geschichte nicht irgendwie vertraut vor? Wirkt sie nicht fast wie eine Real-Life-Kopie des Weltbestsellers ›Gone Girl‹ von Gillian Flynn? Darin geht es um eine Frau, die aus Rache ihr eigenes Verschwinden inszeniert und es so aussehen lässt, als wäre ihr Ehemann dafür verantwortlich. Und auch hier hat die weibliche Hauptfigur einen alten Freund, ein unwissendes, liebestolles Helferchen, das am Ende jedoch mit seinem Leben bezahlt und nicht mehr mitbekommt, wie die Frau nun ihm ihr Verschwinden anhängt und zurück zu ihrem Ehemann kehrt. Den Teil mit dem Mord hat Sherri glücklicherweise nicht kopiert; James erfreut sich bester Gesundheit und auch die Polizei hält ihn für glaubwürdig, sodass er bald als entlastet gelten wird. Dass das Ganze dennoch Spuren hinterlassen haben muss, wird sich später aus dem Umstand ablesen lassen, dass James seine Wohnung in Costa Mesa aufgibt und in die Sonora-Wüste in Arizona zieht, um dort im Haus seines Großvaters zu leben, abgeschieden, weit, weit weg von Menschen.

Doch zurück zu Sherri. Mit James' Aussage im Gepäck suchen die FBI-Agenten Sherri und Keith zu Hause auf. Zuerst lassen sie Sherri nur wissen, dass sie inzwischen herausgefunden haben, zu wem die männliche DNS gehört. Als Sherri James' Namen hört, gibt sie sich schockiert. James? Ihr Ex-Freund James? Die Ermittler wollen doch nicht etwa andeuten, dass James etwas mit ihrer Entführung zu tun hätte? Niemals, sagt Sherri, nicht James. James liebt sie, er ist ihr Freund.

An dieser Stelle weisen die Ermittler Sherri vorsorglich noch einmal darauf hin, dass es eine Straftat ist, Bundesagenten zu belügen. Und zwar eine, die mit einer Haftstrafe von bis zu fünf Jahren geahndet werden kann.

Ja, das wisse sie, sagt Sherri – und lügt weiter. Zu James habe sie schon seit Ewigkeiten keinen Kontakt mehr. Er kann nichts mit ihrer Entführung zu tun haben.

Noch einmal fragen die Ermittler Sherri, ob es ihr wirklich, wirklich bewusst sei, dass es eine Straftat ist, Bundesagenten zu belügen. Und ob sie unter diesen Umständen vielleicht doch noch einmal darüber nachdenken möchte, ob es tatsächlich zwei Frauen waren, die sie entführt haben.

Sherri überlegt. Und antwortet: »Ich erinnere mich nicht mehr.«

Macht nichts, Sherri. So oder so können die Ermittler der Staatsanwaltschaft einen wasserdichten Fall übergeben, der in den nächsten anderthalb Jahren für den Prozess aufbereitet wird. Der Vorwurf gegen Sherri Papini: Falschaussage und Betrug. Zeitweise muss sie sogar in Untersuchungshaft ins Sacramento County Jail, wo sie Zustände erwarten, die ihr nicht zuzumuten sind, denn – so begründet ihr Anwalt vor dem zuständigen Richter: »Sie hat Allergien, aufgrund derer sie das Gefängnisessen nicht verträgt.« Das habe Sherri im Übrigen auch schon dem Gefängnispersonal mitgeteilt, woraufhin man ihr ersatzweise nichts als einen Apfel brachte. Schon deswegen bitte sie darum, bis zum Prozessbeginn auf Kaution nach Hause entlassen zu werden. Die Reaktion des Richters: Er werde Sherris spezielle Diätbedürfnisse weitergeben. Ansonsten lehnt er den Antrag auf Entlassung wegen Fluchtgefahr ab. Eine knappe Woche später darf Sherri dann aber doch nach Hause; die Höhe ihrer Kaution beträgt 120.000 Dollar, zusätzlich muss sie ihren Pass abgeben.

Noch bevor Anfang März 2022 der Prozess beginnt, besprechen Sherri und ihr Anwalt einen Deal mit der Staatsanwaltschaft. Demnach werde sie sich in beiden Anklagepunkten schuldig bekennen und sich außerdem zu einer Rückzahlung von über 300.000 Dollar verpflichten. Eine Summe, die sich zusammensetzt aus knapp 150.000 Dollar, die das Shasta County Sheriff's Office für ihre Suche aufgewendet hat, gut 2.500 Dollar Kosten des FBI, 127.000 Dollar Kosten weiterer Behörden und 30.000 Dollar, die sie unberechtigterweise aus dem Opferfond des Staates Kalifornien erhalten hat. Auch um eine Haftstrafe wird die inzwischen 39-Jährige nicht herumkommen – allerdings wäre die Staatsanwaltschaft bereit, das Strafmaß im unteren Bereich zwischen acht und vierzehn Monaten anzusetzen. Ein guter Deal, wenn man bedenkt, dass die mögliche Höchststrafe 25 Jahre betragen könnte – 20 wegen Betrugs plus fünf wegen Falschaussage.

»Ich schäme mich zutiefst für mein Verhalten und entschuldige mich für den Schmerz, den ich meiner Familie, meinen Freunden und all den guten Menschen zugefügt habe, die wegen meiner Geschichte unnötig gelitten haben«, lässt Sherri ihren Anwalt zu Beginn des Prozesses verlesen. »Ich werde mich für den Rest meines Lebens bemühen, wiedergutzumachen, was ich getan habe.« Reue, das schon, und Scham bestimmt auch. Dahingestellt, ob wegen der Lüge oder weil die Lüge aufgeflogen ist. Aber eine Erklärung? Fehlanzeige.

Warum hat Sherri Papini ihre eigene Entführung inszeniert? Hat ihrer Familie diese Angst zugemutet? Das Gefühl, dass hinter jedem Telefonklingeln die Nachricht stecken könnte, dass man ihre Leiche gefunden habe? Warum hat sie so achtlos und niederträchtig die Manpower und Ressourcen der Polizei verschwendet, und das bei so vielen echten Fällen, die gelöst werden müssen? Der Fall ihrer ehemaligen

Schulkameradin Tera Smith zum Beispiel ist bis heute nicht aufgeklärt. Und überhaupt: Ist es Zufall, dass Sherri sich dieselbe Stelle am Old Oregon Trail und dieselben Umstände beim Joggen ausgesucht hat, um zu verschwinden? Erinnerte sie sich an Teras Schicksal, als sie ihre Scharade plante? Möglich, denn angeblich hat Sherri sich nach ihrer Rückkehr sogar mehrmals mit Teras Familie getroffen – um was zu tun? Sich am Leid anderer Menschen zu ergötzen? Menschen, die bei ihrem Anblick zwangsläufig Hoffnung schöpfen mussten, weil offenbar doch manchmal ein Wunder geschah?

Oder der Fall der 52-jährigen Stacey Smart, die zeitgleich mit Sherri verschwunden ist und die bis heute nicht gefunden wurde. Doch selbst das sind eben »nur« zwei von jährlich 2.000 Vermisstenfällen allein in Kalifornien. 2.000 Menschen mit 2.000 Familien, die darauf angewiesen sind, dass die Polizei effektiv arbeiten kann.

Vielleicht doch noch eine Erklärung, Sherri? Ein Versuch wenigstens? Nein, Sherri schweigt. Sagt »Ja, Herr Richter« und »Nein, Herr Richter«, und manchmal bricht sie auch in Tränen aus. Ihre »psychische Verfassung ist eine sehr komplexe«, sagt ihr Anwalt und wirft die Frage auf, ob seine Mandantin überhaupt selbst weiß, warum sie die Geschichte um ihre Entführung erfunden hat. Mit einem einmaligen Fehler, das scheint ihm bewusst zu sein, kann er nicht argumentieren. Sowohl die Polizei als auch die Medien haben Sherris Vergangenheit längst durchleuchtet und sind dabei auf ein Muster gestoßen: Sherri hat anscheinend schon öfter Geschichten erzählt, in denen sie das Opfer spielte.

Da ist zum Beispiel ein Polizeibericht aus dem Jahr 2003, der festhält, wie Sherris Mutter sich hilfesuchend an die Polizei wandte, nachdem ihre damals 21-jährige Tochter sich selbst verletzt hatte und nun überall verbreitete, von ihren Eltern misshandelt worden zu sein. Da wird ihre frühere Ehe herangezogen, die sie offenbar nur führte, um krankenversichert zu sein. Eine Ehe mit einem Mann übrigens, den sie ebenfalls glauben machte, sie würde von ihren Eltern misshandelt, und der erst nach der Scheidung über gemeinsame Freunde erfuhr, dass das gelogen war. Da ist ein Ex-Freund, mit dem sie eine Beziehung hatte, als sie 20 war und als Jugendberaterin arbeitete. Der Mann, der heute als Collegeprofessor tätig ist, war erst 15 und einer der Teenies, die sie betreute. Er sagt: »Sie ist eine zwanghafte Lügnerin. Manchmal habe ich drei oder vier Tage lang nichts von ihr gehört, bis sie urplötzlich wieder auftauchte, mit einer wilden Geschichte darüber, was ihr in der Zwischenzeit angeblich widerfahren war.« Zum Beispiel, dass man eine schwere Herzkrankheit bei ihr festgestellt habe.

Auch dass die Papinis mit den Spendengeldern, die Keith 2016 für die Suche nach Sherri auf GoFundMe sammelte, ihre privaten Kreditkartenschulden bezahlt haben, ist längst bekannt geworden. Und natürlich wird auch der alte Blog-Post wieder heiß diskutiert. Dabei machen sich viele Medienberichte gar nicht mehr die Mühe zu erwähnen, dass es in diesem Fall mitnichten als gesichert gilt, ob der Text nun wirklich aus Sherris Feder stammt. Es scheint zu genügen, dass Sherri so etwas geschrieben haben *könnte*, es scheint zu ihr zu passen und vor allem die anderen Geschichten zu bestätigen, die ihrerseits glaubwürdig bezeugt sind.

»Gone girl gone wrong« fasst die Presse spöttisch zusammen. Fast täglich erscheinen neue Artikel, neue Meldungen, neuer Gesprächsstoff, und vermutlich wird das auch so bleiben, bis im Juli 2022 Sherris Urteil verkündet werden soll.

Ja, es war einmal …

… ein Märchen, das zu einem völlig absurden Thriller wurde. Oder hat sich diese Geschichte vielleicht doch noch etwas Zauber bewahrt? Immerhin ist Keith in den letzten knapp zwei Jahren, seitdem Sherris Scharade aufflog, weiterhin fest und treu an ihrer Seite geblieben. Trotz böser Schlagzeilen, trotz beginnendem Gerichtsprozess. Ja, vielleicht ist da wirklich noch ein kleiner Rest Märchen übrig, oder zumindest die Geschichte einer Liebe, die einfach alles zu überstehen scheint. Oder sie bekommt – knapp zwei Monate nach Prozessbeginn Ende April 2022 – dann doch noch einen letzten Twist hin zur Realität, und die neueste Schlagzeile lautet: »Keith Papini hat die Scheidung eingereicht.«

Ende, vielleicht.

»Man braucht eine gewisse psychopathische Eigenschaft, um so kalt zu manipulieren.«

Im Gespräch mit Dr. Nahlah Saimeh, Fachärztin für Psychiatrie und Psychotherapie, Schwerpunkt: Forensische Psychiatrie, Düsseldorf

R.H.: Warum Täter*innen ein Verbrechen durch Außenstehende inszenieren, um ihre eigene Tat zu vertuschen, leuchtet mir noch ein. Aber was könnte hinter der Motivation stecken, ein nicht existentes Verbrechen zu erfinden? Mein erster Gedanke war: Aufmerksamkeit – wobei dieser Wunsch dann schon in eine sehr drastische Richtung gehen müsste.

Dr. Saimeh: Ja genau, es geht um Aufmerksamkeit. Es handelt sich dabei mit großer Wahrscheinlichkeit um sehr histrionische Persönlichkeiten, die um jeden Preis Aufmerksamkeit auf sich lenken wollen. Sie wollen im Mittelpunkt stehen und beachtet werden. Anders als der narzisstische Mensch, der gerne im Mittelpunkt steht, weil er bewundert werden will, will ein Mensch mit histrionischen Eigenschaften Mittelpunkt eines »Dramas« sein. Er will Emotionen bei anderen erwecken und sich somit selbst wichtig fühlen. Es geht um die Inszenierung emotionaler Wichtigkeit. Der Narzisst braucht seine Umgebung nur, damit die ihn bewundert. Das reicht ihm völlig. Dem Narzissten sind die Emotionen der anderen egal. Bewunderung reicht völlig aus. Histrionische Menschen wollen prüfen, ob sie anderen Menschen wirklich am Herzen liegen. Dabei sind sie äußerst manipulativ und damit in der Art und Weise, wie sie in Beziehung zu anderen Menschen treten, eben unaufrichtig.

R. H.: Auch die Rolle ist mir noch nicht so ganz klar: Ich könnte noch nachvollziehen, warum manche Menschen eine Tat fingieren, bei der sie eine Heldenrolle einnehmen – das haben wir in Einzelfällen beispielsweise schon bei Feuerwehrleuten gesehen, die zu Brandstiftern werden, um das Feuer anschließend zu löschen und sich feiern zu lassen. Doch worin besteht der Reiz, sich als Opfer zu geben?

Dr. Saimeh: Es geht um das Induzieren von Mitleid und Sorge. Der Feuerwehrmann, der selbst den Brand legt, um ihn zu löschen, will ja der große Held sein. Histrioniker wollen aber echte, schmerzvolle Emotionen in anderen Menschen erzeugen, um sich so ihrer eigenen emotionalen Bedeutung für andere Leute zu versichern. Sie wollen Drama! In ihrer Manipulationsfähigkeit sind sie sehr empathielos. Für Sherri Papinis Kinder war das ja auch furchtbar. Aber das zählt nicht. Sie sind Teil des Spiels. Es wird gelogen mit dem Ziel, wichtig und interessant zu sein und natürlich dann auch etwas Außergewöhnliches so tapfer überlebt zu haben. Alle kümmern sich, alle sammeln Geld, sind in Aufruhr. Man wird vermisst. Es geht um eine Art Experiment, die eigene Wichtigkeit für andere zu testen. Das geht vor allem auch durch das Inszenieren von Hilflosigkeit und das Erzeugen von Sorge. Histrioniker erkennen Sie im Alltag daran, dass alles, was sie erzählen, immer irgendwie dramatisch ist. Irgendetwas ist megatoll, ganz grooooooßartig oder furchtbar und die absolute Hölle, das totaaaaale Desaster … Faktisch ist das Erlebte aber weder großartig noch desaströs.

R. H.: So ausgeartet mein Wunsch nach Aufmerksamkeit auch sein mag: Wie kann ich die Konsequenzen dermaßen ausblenden? Da setzt sich ja nicht nur von Ermittlerseite aus eine gewaltige Maschinerie in Bewegung, da sind ja vor allem auch meine Angehörigen, die nachts vor Sorge nicht mehr schlafen können und wahrscheinlich bei jedem Telefonklingeln zusammenzucken vor Angst, man könnte ihnen mitteilen, man hätte meine Leiche gefunden. Was ist mit meiner Empathie?

Dr. Saimeh: Die Empathie gilt bei Menschen mit ausgeprägten Persönlichkeitsstörungen vor allem sich selbst. Es hat sich alles um sie zu drehen. Dahinter steht aber das Leiden, dass normale, gesunde Emotionen nicht als ausreichend erlebt werden. Im Grunde ist der Histrioniker ja erlebnisarm. Das ist schon eine schwerwiegende Störung. Das darf man nicht vergessen. Die normale Liebe und Zuwendung reicht nicht. Es muss alles immer XXXXL sein. Es geht ja darum, dass alle sich vor Sorge nur wegen mir fast umbringen. Es soll ja gerade keiner mehr schlafen. Außerdem ist das Maß des gesammelten Geldes ein Maß für den eigenen Wert. Und dann muss man natürlich eine Story bieten, die Mitleid erregt. Man kann ja schlecht sagen: Ich war einfach mal weg, weil ich sehen wollte, ob ihr nach mir sucht. Dann gibt es einen Tritt in den Hintern und Ablehnung. Aber wenn ich als geschundene Frau wieder auftauche, mit vielen Verletzungen, dann haben alle Mitleid, und man bekommt noch mal mehr Aufmerksamkeit. Das ist pathologisch. Außerdem braucht man eine gewisse psychopathische Eigenschaft, um so kalt zu manipulieren. Dann kann auch noch ein ehelicher Beziehungstest dahinter liegen. Man kann schauen, ob der Mann sich wirklich sorgt … Und beweinen die Kinder, dass die Mutti fehlt? Wie wichtig bin ich in der Nachbarschaft?

Hängen überall Plakate? Schaffe ich es in die Nachrichten? Bin ich so wichtig, dass man im Fernsehen über mich berichtet? Nicht, weil ich toll bin, sondern weil ich Menschen so wichtig bin ... Außerdem ist es natürlich zwingend notwendig, dass man irgendwann wieder auftaucht, denn jemand muss die Brandwunden und die kahl geschorenen Haare und blauen Flecken ja sehen. Sonst ist die Wirkung ja umsonst.

R. H.: In unserem konkreten Fall erklärt die betreffende Person sich nicht, und ihr Anwalt zweifelt daran, ob sie sich überhaupt selbst im Klaren über ihr Motiv ist. Kann das zusammenpassen, im Hinblick auf die Berechnung, über ein Jahr lang solch einen Plan zu fassen und dann auch umzusetzen?

Dr. Saimeh: Die tiefer liegenden Motive in der Persönlichkeit sind oft nicht bewusst, aber die Tatplanung an sich und die Idee, ich verschwinde, inszeniere mich als Opfer, und dann sollen alle mal sehen, wie schlimm das ist, wenn ich weg bin, ist natürlich eine bewusste, kognitive, »rationale« Überlegung. Menschen mit schweren Persönlichkeitsstörungen sind ja nicht gestört in der Wahrnehmung von Realität, sondern sie sind gestört auf der Beziehungsebene zu anderen Menschen.

R. H.: Können Sie auf die Ferne einschätzen, ob es sich bei Sherri eher um eine akute Krise handelt, oder sind Anzeichen für eine psychische Erkrankung erkennbar?

Dr. Saimeh: Ich könnte mir vorstellen, dass sie eine schwer histrionisch gestörte Persönlichkeit mit psychopathischen Eigenschaften ist. Sie ist manipulativ, das Lügen und Erzählen von Geschichten gehört zu ihrer Art und Weise, mit anderen Menschen in Kontakt zu treten. Es ist ein Mangel an Echtheit und ein Mangel an Zugang zu den wirklichen, eigenen

Bedürfnissen. Man weiß nie, was stimmt. Heute erzählt sie so, morgen anders und übermorgen gibt es eine dritte Geschichte. Es geht immer um das Erzeugen von Mitleid, aber auch von Bewunderung für das Überleben erlittenen Leids.

R. H.: Sherri entschuldigt sich für ihre Tat und verspricht, für den Rest ihres Lebens alles zu tun, um wiedergutzumachen, was sie ihrer Familie und allen anderen Beteiligten angetan hat. Kann man ihr das abnehmen, oder sagt sie das nur, weil sie aufgeflogen ist und die Wogen glätten will?

Dr. Saimeh: Das ist Teil des mea-culpa-Spiels. Die Rolle des Opfers wird jetzt gegen die Rolle der armen Sünderin getauscht. Kann man auch schön inszenieren. Die Personen finden aber keinen Zugang zu ihren eigentlichen Motiven. Deswegen agieren sie ja so stark. Das ist dann auch Ziel der Psychotherapie, die Person mehr zu sich selbst zu führen und mit sich in Kontakt zu bringen.

R. H.: Wie sollte sich ihre Familie jetzt verhalten? Soll man ihr Beistand leisten, oder täte es besser, sich vorübergehend von ihr zu distanzieren, um ihr die Konsequenzen ihres Handelns wirklich bewusst zu machen?

Dr. Saimeh: Nun ja, es handelt sich um eine Persönlichkeit, die schwer gestört ist. Es ist eine sehr private und persönliche Entscheidung, ob man sich an so einen Partner bindet, und es gehört eine gewisse komplementäre Persönlichkeit dazu, um so jemanden attraktiv zu finden und auch auszuhalten. Histrionische Menschen können sehr verführerisch sein und eine Aura des Raffinierten ausstrahlen. Das spricht bestimmte Männer sehr an, und das Drama ist halt dann der Preis, den man dafür zahlt, so eine Partnerin zu haben. Wenn die histrionische Frau den Partner an sich binden kann, hat sie das Beziehungsspiel schon gewonnen. Es geht ja um Signale von Hilfe, Unterstützung, Loyalität, Verlässlichkeit, nur eben in einer völlig verschobenen Dimension mit letztlich beziehungsschädlichen Mitteln. Da scheint mir eher Familientherapie sinnvoll zu sein. Kinder werden ja in so ein Agierfeld mit hineingezogen. Histrioniker wissen durchaus intuitiv sehr gut, mit wem sie was machen können, und sie wenden immer wieder solche manipulativen Beziehungstests an. Es geht immer irgendwie darum, beim Gegenüber Druck zu erzeugen. Sonst kann man die eigene Wichtigkeit nicht spüren.

Mein Tagebuch: Gibt es Momente, in denen es nicht wehtut?

True Crime, seit 119 Tagen, keine Pause. Bis auf wenige Ausnahmen verlasse ich das Haus nur noch, um mein Kind zur Schule zu fahren und einzukaufen. Meistens vergesse ich dabei die Hälfte. Einmal hatte ich in der Zwischenzeit eine Veranstaltung, bei der ich aus meinem letzten Roman lesen sollte. Ich kam zu spät, weil ich meine Haare mehrmals waschen musste, sie waren völlig verknotet, die letzte Dusche war schon etwas länger her. Ich saß auf der Bühne und erzählte von True Crime. Die Leute im Publikum waren irritiert, sie waren wegen meines Thrillers ›Perfect Day‹ gekommen. Ich machte Witze, dann ging es. Alle Kunstschaffenden seien doch ein bisschen verrückt. Keiner konnte ahnen, dass ich mich langsam wirklich ein wenig so fühlte, aber nicht wegen der Kunst. Es war die Realität, die mich schaffte.

Ein anderes Mal flog ich für drei Tage zum Krimifestival nach Oslo. Ich nahm meine Mutter mit. Im Vorfeld hatte sie mir gesagt, sie freue sich darauf, mich endlich mal wieder in ordentlicher Kleidung zu sehen. Ich antwortete: »Das ist momentan alles nicht wichtig.« Sie hob die Augenbrauen. *Momentan* war ein Begriff, den ich dehnte wie ein Gummiband; für eine Weile würde es wohl noch halten müssen. Schließlich saßen wir im Flugzeug, und während ich nicht wusste, wie ich auf dem winzigen Klapptisch mein Recherchematerial ausbreiten sollte, gab ich ihr den ersten Stoß des Manuskripts zu lesen. Nach 35 Seiten seufzte sie das erste Mal. *Erzähl mir, wie sie war …* Ich wusste, warum. Ein paar der Dinge, die Natalie mir erzählt hatte, hätten genauso gut von ihr stammen können. Sie begriff auch viel schneller, was ich mich erst spät zu fragen begonnen habe: Warum eigentlich Phoebes Fall? Warum bin ich ausgerechnet an ihm dermaßen hängen geblieben? Er passt im Grunde überhaupt nicht in mein Konzept, denn laut der Polizei steckt nicht mal ein Verbrechen dahinter. Ich denke, ich habe mir unbewusst die Geschichte eines Menschen ausgesucht, dessen Persönlichkeit ich verstehe. Nicht in jedem Zug und jedem Belang, aber doch in einigen Teilen. Die ständige Suche, ein Überschuss an Emotionalität. Schreiben als Ventil, Schreiben auf allem, worauf sich schreiben lässt, manchmal in einer Art Trancezustand, weil man anders keinen Zugang findet, die Welt zu begreifen. Ein paar gemeinsame Nenner, die vielleicht erklären, warum ich dieses seltsame Trauergefühl gegenüber einer Person empfinde, die ich nie kennengelernt habe.

Ich glaube nicht, dass das etwas Schlechtes ist. Wenn True Crime Identifikation auslöst, dann ist es keine Unterhaltung mehr. Identifikation verhütet Ignoranz. Schärft den Blick. Laut Statistik des Bundeskriminalamts BKA wurden allein im Jahr 2020 mehr als 148.000 Fälle von partnerschaftlicher Gewalt – sowohl an Frauen als auch an Männern – erfasst; Dunkelziffer: unbekannt. Dazu kommen über 14.500 Fälle von Kindesmissbrauch; Dunkelziffer: unbekannt. Ignoranz begünstigt Dunkelziffern, Ignoranz begünstigt Eskalation.

True Crime, seit 119 Tagen, ich will auch gar keine Pause. Ich will nicht raus, wenn ich nicht muss. Ich will noch ein paar

Geschichten erzählen, will recherchieren und noch mehr erfahren. Auch von Natalie. Ich habe sie nach dem kleinen Café gefragt, das ich aus einer der Dokumentationen über Phoebes Fall kenne. Das, in dem sie sich jeden Freitag mit Phoebe getroffen hat. Ich wollte wissen, ob sie manchmal noch dorthin geht.

Das habe sie lange getan, erzählt sie mir, oft auch zusammen mit Len. Es sei ein Ort gewesen, an dem sie sich gerne trafen, weil er voller glücklicher Erinnerungen steckte, zumal auch die Besitzer des Cafés Phoebe gekannt haben. *Es fühlte sich gut an, sie zu besuchen und sich verstanden zu fühlen*, sagt Natalie.

Doch dann, vor ein paar Jahren, sei das kleine Café abgebrannt. Das zu erfahren, macht mich unheimlich traurig, fast schon wieder wütend, weil es mir vorkommt wie eine zusätzliche Ungerechtigkeit. Hätte man Natalie und Len nicht wenigstens diesen Ort lassen können? Eine klitzekleine Stelle, die nicht mit Schmerz behaftet ist? Wo ist das Leben noch gut, wenn es einem sogar das nimmt? Und wie schafft man es, darüber nicht zu verbittern? Ich frage Natalie, ob es Momente gibt, in denen sie wieder glücklich sein kann. Orte oder Situationen, die ähnlich auf sie wirken, wie es die Besuche in dem kleinen Café getan haben. Ob der Schmerz überhaupt jemals nachlässt.

Es hört niemals wirklich auf, nein. Dazu sitzen der Schmerz und die Trauer einfach viel zu tief. Aber ich gebe mir große Mühe, das Gute und Schöne in den kleinen Momenten des Alltags zu erkennen. Ich empfinde eine enorme Dankbarkeit gegenüber den wunderbaren Dingen, die das Leben mir geschenkt hat. Und das waren viele.

Ich weiß, dass Verlust ein unvermeidbarer Teil in unser

aller Leben ist. Aber Phoebe zu verlieren, war die schlimmste, niederschmetterndste Erfahrung, die ich jemals hätte machen können. Es ist, als würde man Tag für Tag für Tag immer wieder seinen schrecklichsten Albtraum durchleben. Die ersten sieben Jahre waren am schwierigsten für mich. Meine Gedanken kreisten nur um sie, und im Vordergrund stand dabei immer nur ihr Tod – traurig, aber wahr. Draußen in der Natur zu sein, am Meer oder unterwegs im Hinterland, hilft mir, den Schmerz ein wenig herunterzukochen. Manchmal siedet er trotzdem hoch, meistens dann, wenn ich es am wenigsten erwarte. Eine Zeit lang habe ich sehr viel Wodka getrunken, um meine Gefühle zu betäuben. Manchmal habe ich allerdings so viel getrunken, dass ich plötzlich anfing zu schluchzen und der Schmerz unkontrolliert und mit aller Härte aus mir herausbrach. Solche Ausbrüche ständig zuzulassen, würde mein Leben unerträglich machen. Also habe ich die bewusste Entscheidung getroffen, Freude zu empfinden, indem ich mich auf die guten Momente des Lebens konzentriere. Und nicht zu vergessen, ich habe noch Tom und Nik. Sie sind noch hier, sie sind am Leben! Das muss ich mir manchmal bewusst machen, wenn ich in meiner Traurigkeit zu versinke drohe.

Sie hängt mir ein Foto an. Ein West Highland White Terrier, ein »Westie«, der durch sattgrünes Gras tollt. Auch er ist da, schließe ich daraus, ein treuer kleiner Gefährte, ein Lebewesen, das bedingungslose Liebe gibt, um das man sich kümmern muss und das nach Routinen verlangt.

Das ist Mickey, schreibt Natalie dazu. *Er begleitet mich überall hin. Er liebt sein Zuhause, genauso wie den Strand. Er liebt einfach das Leben!*

Weil er es bestimmt gut hat bei dir, denke ich. Weil er nicht erfahren muss, wie grausam das Leben sein kann. Oder besser gesagt: wie grausam manche Menschen sein können. Ich begreife den Unterschied, begreife Natalies Worte. Mit der bewussten Entscheidung, wie wir das Leben und die Welt sehen wollen, beeinflussen wir auch, wie wir uns darin bewegen, wie wir handeln und reagieren. Ich glaube, diese Sicht ist mir in den letzten Tagen etwas abhandengekommen: Nicht das Leben an sich ist grausam, wenn ein Verbrechen geschieht – es ist der Mensch, der gehandelt hat.

Aber nicht mal das ist so einfach. Ein Totschlag im Affekt ist immer noch etwas anderes als ein heimtückisch geplanter Mord, von einem Tötungsdelikt in Notwehr ganz zu schweigen. Keine Handlung geschieht grundlos, hinter jeder Tat stecken auch ein Motiv und eine eigene Geschichte. Ein Mädchen, das zur Mörderin wird, weil sie sich die Liebe ihres Vaters bewahren will. Ein Familienvater, der sein gutes Leben, seinen Ruf, seinen Stand in der Gesellschaft bedroht sieht. Ein Mann, der sich selbst so klein und unbedeutend fühlt, dass er sich minderjährige Jungs holt, bei denen er sich einmal in seinem Leben mächtig fühlen kann. Entartete Wünsche, Ängste, emotionale Beschädigungen, unbefriedigte Bedürfnisse, psychische Derangements. Motive, die eine Rolle spielen bei der Aufklärung der Fälle, bei der Bewertung der Schuldfähigkeit, beim Strafmaß und bei der Entscheidung, ob ein Täter oder eine Täterin ins Gefängnis kommt oder in einer psychiatrischen Einrichtung besser aufgehoben wäre. Das ist richtig und wichtig, keine Frage.

Cinnamon zum Beispiel. Wer könnte in ihr ausschließlich eine Mörderin sehen? Wer entwickelte nicht auch in irgendeiner Form Mitleid mit ihr? Wer würde in ihr eine grundsätzliche Gefahr sehen, die niemals hätte aus dem Gefängnis hätte entlassen werden dürfen? Und doch ist ihre Stiefmutter tot, genauso tot wie die kleine Tiahleigh, bei deren Fall das Motiv einfach nur wütend und fassungslos macht. In beiden Fällen bleiben Angehörige, für die es niemals ein »der Tat angemessen« geben wird. Für die keine Haftstrafe der Welt den Schmerz aufwiegen kann, der durch den Verlust eines geliebten Menschen entstanden ist. Es wird immer ein Gefühl von »unfair« zurückbleiben. Denn die, die handelten, hatten im Gegensatz zu ihren Opfern in den meisten Fällen eben doch die Möglichkeit, eine Entscheidung zu treffen. Und manche bereuen diese Entscheidung nicht mal, sondern höchstens, dass sie sie nicht schon früher getroffen haben. Sie kommen auf den Geschmack. Und entwickeln daraus ein abscheuliches Spiel …

»Ich wollte schon als kleiner Junge Schriftsteller werden, meiner Fantasie freien Lauf lassen, Geschichten erfinden und Erzählungen aufs Papier bringen. Zum Thriller hat es mich verschlagen, weil mich die Hintergründe des Bösen faszinieren: Wie kommt es, dass jemand so abscheuliche Taten begeht? Was muss im Kopf solcher Täter vorgehen? Viele meiner Romanthemen sind einfach nur der Tatsache geschuldet, dass ich für mich eine Erklärung finden wollte, warum so etwas überhaupt möglich sein kann. Ich wollte den Auslöser begreifen, um zu verstehen, warum so etwas in der Welt existiert. Leider ist die menschliche Psyche viel dunkler, als der verrückteste Autor es sich ausmalen kann. Für mich ist Schreiben daher nicht nur Spaß und Unterhaltung, sondern gleichermaßen Therapie.«

Andreas Gruber

True Crime ist ...

GRAUSAMKEIT

Der Fall des Abbotsford-Killers

Abbotsford/Kanada, Oktober 1995

Misty versucht die Augen zu öffnen. Ihre Lider flattern. Etwas stimmt nicht; etwas ist sehr, sehr falsch. Da ist Schmerz, eine Art von Schmerz, die sie bisher nicht gekannt hat. Misty blinzelt. Es ist Nacht, Nacht überall, und sie mittendrin, niedergestreckt in der Schwärze, im kalten, nassen Gras. Es muss geregnet haben, aber das hat sie nicht mitbekommen. Was ist passiert? Wie lange liegt sie schon hier? Ihre Hand zittert, als sie nach der pochenden Stelle an ihrem Schädel fasst. Blut, stellt sie fest, und: eine Delle, ein richtiges Loch. Ein Gedanke blitzt auf, ein Bild, eine Erinnerung. Etwas Silbernes, das im Mondlicht reflektiert. Ein Baseballschläger. Misty keucht. Ihr Blick zuckt durch die Dunkelheit, auf der Suche nach einer Silhouette, dem Körper ihrer Freundin. Wo ist sie? Wo ist Tanya? Sie sind doch immer zusammen, seit Jahren unzertrennlich; Tanya und Misty, Misty und Tanya. Und sie waren es auch heute Nacht. Eine Geburtstagsfeier; Musik, Tanzen, Lachen – kein Alkohol, schließlich sind sie erst 16, und es reizt sie auch nicht. Sie sind keine Rebellinnen, keine schwierigen Teenies, keine Sorgenkinder. Sie sind doch einfach nur zwei Mädchen; sie haben niemandem etwas getan.

Misty schafft es nicht, sich aufzurichten. Ihr linker Arm hängt schlapp neben ihr, so als wäre er gar nicht mehr Teil ihres Körpers, und ihr Kopf, ihr Kopf, das Loch darin und all das Blut ... »Tanya«, krächzt sie. Keine Antwort. Tanya ist nicht da. Misty weiß noch, dass sie unterwegs waren – zusammen wie immer – von der Geburtstagsfeier zu einer anderen Party. Noch ein Stündchen oder zwei; immerhin war es Freitag und sie würden morgen ausschlafen können. Doch dann, in der Nähe der Schule, von hinten, aus den Büschen, tauchte *er* plötzlich auf: der Mann mit dem silbernen Baseballschläger. Misty stirbt. Das spürt sie, das spürt sie ganz deutlich. Wenn sie sich jetzt dem Schmerz ergibt und einfach hier liegen bleibt – dann wird sie sterben. Nein, denkt sie. Nicht hier, nicht heute. Sie muss es auf die Beine schaffen. Hilfe holen. Für sich, für Tanya. Die weg ist – bloß wo? Hat der Mann sie mitgenommen? Konnte sie fliehen? *Bitte, lieber Gott, mach, dass sie fliehen konnte.*

Misty taumelt über die regennasse Wiese, eine große freie Fläche, die an ein Wohngebiet grenzt. Es ist nicht der Ort, an dem sie und Tanya überfallen wurden. Aber wie ist sie dann hierhergekommen? Hat sie sich selbst hierhergeschleppt? Ist hier zusammengebrochen und war schon einmal für eine Weile bewusstlos? Oder hat er sie hierhergebracht? Hat sie zum Sterben hier abgelegt oder sie für ohnehin längst tot gehalten? Mistys Kopf ist wirr vom Schmerz, aber sie kann sich orientieren. Wenn sie schon nicht weiß, wie sie hierhergekommen ist, dann weiß sie zumindest, wo sie hinmuss. Immer weiter, bloß nicht stehen bleiben; immer weiter – irgendwie. Bis sie in der Ferne ihr Ziel erkennt: das Krankenhaus von Abbotsford.

Von drinnen sieht man sie. Eine junge Frau, die blutüberströmt auf den Eingang der Notaufnahme zuwankt. Bewegung entsteht – oh Gott, holt sie rein! Dem Ersten, der Misty erreicht, fällt sie bereits in die Arme, klappt einfach zusammen. »Meine Freundin Tanya«, bettelt sie noch. »Sie müssen Sie finden. Der Mann mit dem Schläger …« Dann verliert Misty das Bewusstsein.

Eine komplizierte Schädelfraktur, Blutergüsse im Gehirn, Schwellungen, dazu ein gebrochener Arm. Misty schwebt in Lebensgefahr. Sie wird sofort operiert, man alarmiert die Polizei. Dass sie auf brutalste Art und Weise zusammengeschlagen worden sei, erfahren die Ermittler vom Krankenhauspersonal. Und dass es wohl noch ein zweites Opfer gebe: ein Mädchen namens Tanya. Die Polizisten versuchen unter Hochdruck, den Tatort zu ermitteln. Dort, so hoffen sie, werden sie auch Tanya finden, die womöglich ebenfalls dringend lebensrettende Hilfe braucht. Da es sowieso schon an ein Wunder grenzt, dass Misty es mit ihren schweren Verletzungen selbstständig ins Krankenhaus geschafft hat, geht man davon aus, dass der Tatort in der Nähe liegen muss. Grünflächen werden abgesucht, Lichtungen – doch nichts. Dass es letzte Nacht über Stunden hinweg geregnet hat, macht die Sache zusätzlich kompliziert; das Blut, das bei dem Angriff geflossen sein muss und den Tatort unverkennbar markieren würde, hätte der Regen längst weggewaschen. Den Ermittlern bleibt nichts anderes übrig, als systematisch weiterzusuchen und auf ihr Glück zu hoffen.

Mittlerweile wurden auch die Eltern der Mädchen verständigt; beide Paare bangen um das Leben ihrer Töchter. Die eine mit der Prognose »Machen Sie sich auf das Schlimmste gefasst« auf der Intensivstation, die andere mit der gleichen Prognose, aber spurlos verschwunden. So eine Tragödie, so eine Abscheulichkeit, und das ausgerechnet hier in Abbotsford. Hier, in einer Großstadt, die doch gar nicht so wirkt – so groß, so anonym, so gefährlich. Hier, wo man sonntags im Gottesdienst miteinander betet, den kleinen Pfadfindern an der Tür selbst gebackene Kekse abkauft und nachts seine Häuser unverschlossen lässt.

Gegen acht Uhr morgens – gut drei Stunden, nachdem Misty im Krankenhaus aufgetaucht ist – erreicht ein Angler den etwa 15 Kilometer außerhalb der Stadt gelegenen Veder River. Es ist Samstag, der Mann will Lachse fangen. Aber er kommt gar nicht erst dazu, sich am Ufer einzurichten – er sieht es sofort: Auf dem Wasser treibt der nackte Körper einer jungen Frau. Der Angler ruft die Polizei. Ein sofortiger Verdacht bestätigt sich: Bei der Toten handelt es sich um Tanya, Mistys vermisste Freundin. Sie lag nicht lange genug im Wasser, um – wie es in solchen Fällen oft geschieht – bis zur Unkenntlichkeit aufzuschwemmen. Doch Wasser ist immer noch Wasser …

»Spuren an der Körperoberfläche werden Ihnen wahrscheinlich verloren gegangen sein.«

Im Gespräch mit Dr. med. Markus A. Rothschild, Direktor am Universitätsklinikum Köln

R. H.: Was geschieht bei einem Verwesungsprozess, der im Wasser stattfindet? Geht das schneller als bei einer Leiche, die in einer trockenen Umgebung liegt?

Prof. Dr. Rothschild: Zunächst einmal geschieht da nichts anderes als an der Luft, nur mit dem Unterschied, dass der Körper – zumindest in einem öffentlichen Gewässer wie einem Fluss oder See, wo die Wassertemperatur ungefähr der Umgebungstemperatur entspricht – initial etwas schneller abkühlt. Dadurch verlangsamen sich die Vergängnisprozesse sogar etwas. Eine Besonderheit jedoch gibt es: Wenn Sie eine Leiche, die bei normalen Temperaturen bereits für mehrere Tage im Wasser lag, an die Luft holen – sprich: bergen, gehen die Fäulnisprozesse plötzlich relativ schnell voran. Diese Leiche muss dann so schnell wie möglich in eine Kühlzelle, sonst können Sie förmlich dabei zusehen, wie sie zerfällt. Woran genau das liegt, ist noch nicht richtig verstanden, doch es hat offenbar mit bakteriellen Prozessen zu tun. Archäologen in etwa berichten Ähnliches, wenn sie zum Beispiel alte Schiffswracks heben. Sie müssen die Holzteile im

Wasser transportieren, denn an der Luft würden sie sofort korrodieren. Aber die Wasserleiche in Ihrem Fall hat maximal acht Stunden im Wasser gelegen, bis sie gefunden wird – da haben wir es noch mit einer frischen Leiche zu tun. Kritisch wird es erst nach ungefähr drei bis vier Tagen, je nach Temperatur. Eine Leiche, die im Winter in einem Gewässer gefunden wird, kann auch nach einer Woche noch frisch sein, im Sommer ist es oft schon nach zwei bis drei Tagen vorbei.

R. H.: Wie behandle ich eine Wasserleiche bei der Untersuchung?

Prof. Dr. Rothschild: Eine frische Leiche mit einer Wasserliegezeit von acht Stunden wird sich nicht überproportional schneller fäulnisverändert haben als eine Leiche, die acht Stunden lang zum Beispiel in einer Wohnung lag. Daher würden wir bei der Obduktion auch nicht sonderlich anders verfahren. Die spannende Frage ist jetzt eher die nach der Todesursache. Ist hier jemand ertrunken? Handelt es sich um einen natürlichen Tod, der nur eben im Wasser stattgefunden hat, also einen sogenannten »Badetod«? Oder ist da jemand außerhalb des Wassers gestorben und anschließend im Wasser abgelegt worden, um etwas zu vertuschen?

R. H.: Wie stelle ich denn ein Ertrinken fest?

Prof. Dr. Rothschild: Bei Ertrunkenen sind die Lungen oft stark überbläht – »balloniert« nennt man das auch, oder lateinisch: »Emphysema aquosum«. Das hat man beim sogenannten »typischen Ertrinken«. Typisches Ertrinken bedeutet, dass jemand im Wasser zum Beispiel einen Krampf bekommt oder aus anderen Gründen feststellt, dass er sich nicht mehr über Wasser halten kann. Er geht unter, kämpft sich wieder hoch, geht wieder unter, kommt wieder hoch… Das heißt, die Person atmet sowohl im Wasser als auch an der Luft. Gelangt dabei nun Wasser in die Atemwege, wird es durch die heftigen

Atembewegungen hin- und her geschüttelt, und da der Schleim der Schleimhäute unserer Atemwege sehr viel Protein enthält, kommt es dabei zur Schaumbildung. Beim »atypischen Ertrinken« – das bedeutet, wenn jemand seinen Kopf nach dem Untertauchen gar nicht mehr über die Wasseroberfläche bekommt und ausschließlich im Wasser atmet – werden Sie keine ausgeprägt ballonierten Lungen finden, genauso wenig wie den Schaum in den Atemwegen. Was wir in jedem Fall machen werden, ist ein Diatomeen-Nachweis – eine Untersuchung auf Kieselgelalgen. Diese kommen teilweise auch minimal in der Luft, aber in verstärkter Form eben in Gewässern vor – und zwar in jedem Gewässer. Wenn eine Person also ertrunken ist, dann sind mit dem eingeatmeten Wasser auch Kieselgelalgen in die Lunge geraten. Anlässlich der Obduktion entnehmen wir für diesen Nachweis Lungengewebe, das im Anschluss chemisch verascht wird. Dabei wird das gesamte Gewebe durch schwere Säuren aufgelöst. Was übrigbleibt, sind nur noch Kalk- und Silikatbestandteile, unter anderem die Skelette dieser Kieselgelalgen. Nun muss noch geklärt werden, *warum* die Person ertrunken ist. Wäre ein Tod aus innerer Ursache möglich, zum Beispiel durch einen Schlaganfall oder einen Herzinfarkt? Liegt eine Intoxikation vor? Gibt es Hinweise auf Verletzungen, die darauf schließen lassen, dass die Person festgehalten und gewaltsam unter Wasser gedrückt wurde?

R. H.: In unserem Fall wird sofort vermutet, dass eine Fremdeinwirkung stattgefunden hat. Nur wie wahrscheinlich ist es denn – gerade aufgrund der Tatsache, dass die Leiche im Wasser lag –, dass man noch Spuren wie Fremd-DNA, Fasern oder Sperma finden kann?

Prof. Dr. Rothschild: Spuren an der Körperoberfläche der Leiche werden Ihnen wahrscheinlich verloren gegangen sein.

Sperma – wenn es im Körper hinterlassen wurde – werden Sie dagegen noch nachweisen können. Das ist nach dieser kurzen Zeit von acht Stunden überhaupt kein Problem.

R. H.: Gibt es einen Punkt, wo Sie sagen, da kommt die Rechtsmedizin an ihre Grenzen? Ich denke dabei an einen anderen Fall, den ich behandelt habe (Tiahleigh Palmer). Das Opfer wurde ebenfalls im Wasser aufgefunden, aber in diesem Fall konnte nicht einmal mehr die Todesursache geklärt werden, von irgendwelchen Spurenfunden ganz zu schweigen. Allerdings lag das Mädchen auch schon sechs Tage lang im Wasser, bei Frühlingstemperaturen.

Prof. Dr. Rothschild: Ja, in solch einem Fall sind Ihre Chancen extrem gering. Was Sie natürlich immer feststellen können – auch bei einer hochgradig fäulnisveränderten Leiche – ist, ob es Frakturen gibt oder Verletzungen des Kehlkopfgerüsts oder des Zungenbeins. Aber die Weichteile kann man oft nicht mehr beurteilen. Selbst beispielsweise eine Stichverletzung in den Bauch, wo anders als am Brustkorb keine Rippen engmaschig liegen, würde man bei einer hochgradig fäulnisveränderten Leiche unter Umständen nicht mehr nachweisen können.

R. H.: Gibt es in Ihrer langen Karriere einen Anblick, den Sie noch immer schwerlich verkraften? Liegen da noch Menschen auf Ihrem Tisch, oder muss man solche Gedanken vollständig abstreifen, um sich auf die Arbeit konzentrieren zu können?

Prof. Dr. Rothschild: Nein, wir arbeiten ja schon mit einer gewissen professionellen Versachlichung; so nah kommen die Dinge nicht an uns heran. Doch, klar, gibt es auch Ausnahmesituationen. Zum Beispiel, wenn wir Kontakt zu Angehörigen bekommen. Das geschieht zwar nicht oft – schon allein aus Neutralitätsgründen nicht –, aber es kam eben doch schon vor, dass wir Eltern bei uns hatten, deren Kind tödlich im Straßenverkehr verunglückt war, und die nun Abschied nehmen wollten. Das ist herzzerreißend und schrecklich, zumal wir in so etwas auch nicht wirklich geübt sind. Wir arbeiten ja nicht im Krankenhaus, wo man ständig mit den Angehörigen in Kontakt käme. Und dann ist da noch eine Sache, eine ganz profane eigentlich: Gerüche. Gerüche triggern unheimlich. Das Riechhirn ist entwicklungsgeschichtlich sehr bedeutsam für uns wie für Säugetiere, und daran hat sich auch nichts geändert. Sie können einen Geruch vor dreißig oder vierzig Jahren zum letzten Mal wahrgenommen haben, und trotzdem klickt es im Kopf, wenn Sie heute damit konfrontiert werden. Sie haben sofort die Bilder ihrer Kindheit vor Augen, mit allen Details, die zu der jeweiligen Situation gehörten. Oder wenn man eine Leiche bekommt, die dasselbe Parfum trägt wie jemand, den man gut kennt und vielleicht sogar sehr mag. Diese Riechassoziationen können schon irritieren. Es gibt beispielsweise auch beginnende Fäulnisprozesse, bei denen Bakterien beteilig sind, die es typischerweise in der Käseproduktion gibt. Da kann es vorkommen, dass man sich an diesem speziellen Tag dann doch mal das Käsebrot verkneift.

R. H.: Wie ist das denn so ganz grundsätzlich: Wie sieht man das Leben, wenn man sich täglich mit dem Tod beschäftigt?

Prof. Dr. Rothschild: Ich führe ein ganz normales Leben, und das kann ich auch sehr gut. Womöglich bin ich in manchen Situationen etwas risikoaverser, zum Beispiel, wenn es um schnelles Fahren geht. Was ich auch lernen musste, war, meine Kinder ein Stück weit loszulassen und ihnen bewusst zuzugestehen, ihre eigenen Erfahrungen zu machen. Wenn man dauernd verunfallte Kinder obduziert, dann macht man sich automatisch Sorgen. Aber das muss man zulassen. Vielleicht lebe ich auch manches bewusster. Ich denke oft: Ist das gerade schön. Da kann es um Kleinigkeiten gehen, wie das Wetter oder ein nettes Gespräch. Oder manchmal, wenn ich im Sektionssaal Ermittlungsunterlagen vor mir habe und in einer Krankenakte lese, dass der Mensch, der jetzt auf meinem Tisch liegt, seit Jahren Schmerzen hatte, gegen die kein Medikament half, bis er es nicht mehr ausgehalten und sich umgebracht hat, dann denke ich, wie dankbar ich dafür sein kann, dass es mir gut geht und ich gesund bin. Aus diesen kleinen Momenten ziehe ich eine Menge Energie.

*

In Abbotsford hat man mit so etwas noch nie zu tun gehabt; selbst Ermittler, die schon seit Jahrzehnten im Dienst sind, sind wie gelähmt vom Anblick der toten Tanya: ein erst 16-jähriges Mädchen, augenscheinlich grausam zugerichtet, geschändet. Ihr ganzer Körper weist massive Verletzungen auf, dazu eine tiefe Bisswunde in der rechten Brust. Abbotsford, so scheint es, *war einmal* ein friedlicher Ort, wo man gemeinsam betete und nachts seine Türen unverschlossen ließ. Innerhalb nur weniger Stunden hat irgendjemand diese Welt auf links gedreht. Jemand, der anscheinend nicht das geringste Interesse daran hat, seine schrecklichen Taten zu verbergen. Jemand, der, nicht weit vom Ufer entfernt, gut sichtbar Tanyas Kleidung an den Ästen mehrerer Bäume aufgehängt hat. Jemand, der offenbar ganz bewusst wahrgenommen werden will. Vorsichtig wird Tanya aus dem Fluss gezogen; ihre Hände werden mit Tüten geschützt, ihr Körper in einen Sack gelegt. Alles mit dem Ansinnen, eine weitere Verunreinigung potenzieller Spuren zu stoppen, vor allem aber in der Hoffnung, überhaupt noch welche zu finden.

Während Tanya zur Obduktion gebracht wird, kämpft Misty nach überstandener Operation weiterhin um ihr Leben. Immer wieder kommt sie zu Bewusstsein, immer wieder sackt sie weg. Doch die Polizei braucht ihre Aussage; Misty muss ihnen alles erzählen, woran sie sich aus der letzten Nacht noch erinnern kann. Die Ärzte erlauben eine vorsichtige Befragung, können jedoch aufgrund der komplizierten Kopfverletzung nicht für ihre Verlässlichkeit garantieren. Aber Misty will helfen, unbedingt. Für Tanya, ihre Tanya, ihre beste Freundin, ihre zweite Hälfte … *er* hat sie ihr weggenommen. Unter größter Anstrengung berichtet sie tapfer, wie der Fremde sie und Tanya nahe der Schule überfallen hat. Er habe sie in ein Dickicht am Wegrand gezwungen und dort mit seinem silbernen Baseballschläger auf sie eingeprügelt, einfach so und gnadenlos.

Der Tatort steht damit also fest und wird auch sofort auf Spuren untersucht. Doch außer einem Ohrring, den Misty dort verloren hat, lässt – bedingt durch den starken Regen in der letzten Nacht – sonst nichts auf die Attacke schließen. Es gibt kein Blut, keine Fußabdrücke, keine einzige weitere Spur. Die Polizei setzt jetzt auf Hilfe aus der Bevölkerung. Eine Pressemitteilung wird herausgegeben und eine Hinweis-Hotline eingerichtet. Zunächst erfolglos, niemand hat etwas Hilfreiches beobachtet. Dafür ist die gesamte Stadt nun wie lahmgelegt vor Angst. Mit Einbruch der Dunkelheit sind die Straßen leer; keiner traut sich mehr aus dem Haus. Misstrauen verknöchert den Alltag und das Miteinander. Mit Tanya hat auch ein Stück von Abbotsford sein Leben verloren.

Vier Tage später macht ein Farmer auf seinem Grundstück in der Nähe des Flusses eine Entdeckung: Am Feldrand liegt ein Baseballschläger aus Aluminium. Zwar sieht er für das bloße Auge sauber aus, aber aus der Presse weiß der Farmer, dass es sich bei seinem Fund um die Tatwaffe handeln könnte. Er meldet sich bei der Polizei, die den Schläger daraufhin sofort auf Spuren überprüfen will.

Am selben Nachmittag geht der Anruf eines Mannes bei der Hinweis-Hotline ein. Er behauptet, der Täter zu sein, und identifiziert sich über ein Detail, das die Polizei nicht an die Öffentlichkeit herausgegeben hat: die Verletzung an Tanyas Brust. Der Mann sagt: »Ihr rechter Nippel hat so gut geschmeckt.« Dann legt er auf. Der Anruf kann zurückverfolgt werden – zu einer Telefonzelle, die im Jahr 1995 im Gegensatz zu heute noch allerorts zur typischen Infrastruktur dazugehört. Doch der Mann ist längst weg, als die Polizei dort ankommt. Ihre Hoffnung liegt nun darin, in der Telefonzelle Fingerabdrücke zu sichern. Während die Beamten vor Ort genau damit beschäftigt sind, klingelt es keine 20 Minuten nach dem ersten Anruf erneut bei der Hinweis-Hotline.

»Ihr Jungs arbeitet ja echt gründlich«, sagt der Mann am anderen Ende der Leitung. »Aber denkt ihr echt, ich wäre dumm genug, euch Fingerabdrücke zu hinterlassen, wenn ich telefoniere?« Wieder legt er auf. Er, der die Arbeit der Ermittler genau zu beobachten scheint. Er, der sie von nun an regelmäßig kontaktiert. Ein weiterer Anruf, schon am nächsten Abend: »Na? Habt ihr Schwierigkeiten, den Killer zu finden? Ich gebe euch die Chance, es zu versuchen. Ich werde ein bisschen herumfahren und mir jemand Neuen aussuchen.«

Die Androhung, es wieder zu tun. Der Kontakt mit der Polizei. Der Spaß, den er sich daraus zu machen scheint. Der forensische Psychologe Bernard Poulin vom Philippe Pinel Institut in Montreal erstellt ein psychologisches Profil. Er sagt: »Normalerweise distanzieren sich Täter von ihren Verbrechen. Dieser hier will der Polizei demonstrieren, dass er schlauer ist als sie. Und er hält die Aufregung über das Verbrechen bewusst hoch, indem er sich telefonisch meldet.« Außerdem stellt er damit wohl klar, in wessen Gesellschaft er sich sieht: der Zodiac-Killer, BTK oder der Son of Sam – ihr zweifelhafter Ruhm beruht zu einem großen Teil auch darauf, dass sie sich mit den Medien oder der Polizei in Verbindung setzten und sie mit ihren höhnischen Rätseln fütterten.

Für die Ermittler ein Worst-Case-Szenario. Mit wem auch immer sie es hier zu tun haben: er ist stolz auf das, was er tut. Misty wird unter Polizeischutz gestellt, vor ihrem Zimmer stehen Tag und Nacht Wachen. Ein Aufgebot von Streifenwagen wird durch die Stadt geschickt, besonders durch Gegenden mit öffentlichen Telefonzellen. Denn auch das steht für die Polizei fest: Der Täter wird wieder anrufen, denn er genießt es – sein Spiel, die Aufmerksamkeit. Und die Polizei hat: nichts. Der Baseballschläger kommt ergebnislos aus der Spurenanalyse zurück, und auch das Phantombild, das man unter Mistys Angaben anfertigen und in allen Medien veröffentlichen ließ, bringt keine neuen Hinweise. Es ist das Bild eines Mannes mittleren Alters, mit schmalen Wangen, dunklen, nackenlangen Haaren, die sich am Ansatz bereits lichten, und einem Oberlippenbart. Ein Bild von einem, der aussieht wie viele, und gleichzeitig eins, das niemandem konkret zugeordnet werden kann.

Dann kommen die Ergebnisse von Tanyas Obduktion: Auch sie erlitt durch die Schläge mit dem Baseballschläger einen Schädelbruch – der ist allerdings nicht die Ursache für ihren Tod gewesen. Anhand des Zustands ihrer Lungen war klar, dass sie noch geatmet hat, als sie in den Fluss geworfen wurde, und letztlich ertrunken ist. Zudem wurde sie vor ihrem Tod brutal vergewaltigt und in die rechte Brust gebissen. Bernard Poulin, der psychologische Experte, hält das Verbrechen dennoch für zweitrangig sexuell motiviert. »Ich denke, es war ein Spontanakt, eine Art Vergeltungstat. Der Mörder hat in Misty und Tanya eine Möglichkeit erkannt,

Dampf abzulassen. Dabei ist der sexuelle Aspekt nicht maßgeblich gewesen, sondern eher eine zusätzliche Art, seine Opfer zu demütigen.«

Nur hat der Täter sich offenbar zu sehr darauf verlassen, dass das Wasser im Veder River wirklich *alle* Spuren vernichtet, denn: tatsächlich kann an Tanyas Leiche Sperma für ein DNS-Profil gefunden werden. Und dann sind da auch noch die Bissspuren an ihrer Brust. Hierbei hat ihr Mörder die Rechnung ohne die forensische Odontologie (oder auch: forensische Zahnmedizin) gemacht. Die individuellen Charakteristika von Zähnen und zahnärztlichen Eingriffen sind in ihrer Identifizierungssicherheit nämlich vergleichbar mit dem Fingerabdruck. Ein Experte wird damit beauftragt, anhand der Bissspuren ein plastisches Modell des Tätergebisses zu erstellen. Ein erster kleiner Erfolg, bloß: es fehlen die Vergleichsmöglichkeiten. Die DNS des Täters ist in keiner Datenbank zu finden, und auch das Zahnmodell bleibt nutzlos, solange es keinen Verdächtigen gibt, dessen Gebiss man damit abgleichen kann.

Zwölf Tage nach der Attacke meldet sich der Täter erneut bei der Polizei, nur, um sie wissen zu lassen, von wo aus er gerade anruft: Es ist eine Telefonzelle in der Nähe des Krankenhauses, in dem Misty sich von ihren Verletzungen erholt. Wieder wird sofort ein Streifenwagen losgeschickt, doch wieder entkommt der Mann – und fortan: Stille. Kein Anruf mehr für die nächsten Wochen. Das kann die Polizei nicht einordnen. Ist der Täter aus der Gegend geflohen? Oder hat er sich nur kurzfristig zurückgezogen? Plant er etwas? Hat er sein nächstes Opfer schon gefunden und sagt ihnen erst Bescheid, wenn es schon zu spät ist? Die Bevölkerung dagegen lässt die Hinweis-Hotline glühen. Sage und schreibe

9.500 Tipps gehen ein. Der Grund: Die Polizei hat Auszüge der Anrufe und somit die Stimme des Täters in den Medien veröffentlicht. Man kann sie im Fernsehen und im Radio hören, dazu überall das Phantombild sehen. Am 1. Dezember – gut sechs Wochen nach der Attacke auf Tanya und Misty – wird endlich ein Verdächtiger festgenommen. Es ist ein 28-jähriger Mann, der nicht nur der Phantomzeichnung ähnlich sieht, sondern der Polizei auch bereits durch einen anderen sexuellen Übergriff bekannt ist. Der Mann, der seine Unschuld beteuert, stimmt einem DNS-Abgleich zu und lässt auch anstandslos seine Dentalabdrücke untersuchen. Das Ergebnis: negativ. Der 28-Jährige ist nicht der Killer. Genauso wenig wie die anderen fünf Verdächtigen, die die Polizei in den nächsten drei Monaten überprüft.

Erst Mitte Februar – vier Monate nach dem Überfall – kommt es zu einer neuen Entwicklung. Die Redaktion des ortsansässigen Radiosenders Radio Max erreicht ein Anruf. Am Telefon ist ein Mann, der angibt, Tanyas Mörder zu sein. Er sagt: »Schaut mal auf eurem Parkplatz nach.« Das tun die Mitarbeiter – und trauen ihren Augen nicht: Auf der Motorhaube ihres Firmenwagens liegt ein Grabstein. Tanyas Grabstein. Jemand hat ihn mit wasserfestem Filzstift überschrieben. »Ich bin immer noch hier draußen« steht da quer über der Grabinschrift, und: »Misty, du bist die Nächste«. Die Redaktionsmitarbeiter alarmieren sofort die Polizei, die ebenfalls fassungslos ist. Tanyas Grab zu schänden, ihren Grabstein auszugraben und zu beschmieren, ihre letzte Ruhe zu stören. Wer tut so etwas? Vor allem aber: Wer tut so etwas, ohne dabei beobachtet zu werden? Immerhin hat der Täter am helllichten Tag einen knapp 70 Kilo schweren Grabstein durch die Gegend geschleppt und auf der Motorhaube eines

Autos platziert, das auf einem großen Parkplatz steht. Und doch gibt es keinen einzigen Zeugen, keine Kamera hat etwas aufgezeichnet. Es scheint, als jagten die Ermittler nach einem Geist. Ein Geist, der nun offenbar auch wieder mit ihnen telefonieren möchte. »Hat euch mein Geschenk gefallen?«, fragt er zwei Tage später amüsiert durch die Leitung, dann legt er auf. Die Telefonzelle, von der aus er sich gemeldet hat, liegt gerade mal zwei Straßen von der Polizeiwache entfernt. Ein Geist, der seinen Spaß hat.

Weitere zwei Tage später: Es ist abends. Ein willkürlich ausgesuchtes Haus in einer willkürlich ausgesuchten Straße. Ein ganz normales Wohngebiet in Abbotsford. Eine Mutter und ihr Sohn sitzen gemeinsam auf der Couch und schauen sich einen Film an. Da splittert es, klirrt es, ein gewaltiger Krach. Jemand hat das Wohnzimmerfenster eingeworfen. Mit einem kleinen, aber offenbar schweren Päckchen. Auf dem mit Klebeband umwickelten braunen Umschlag steht: »Vom Abby-Killer. Wählen Sie die 911.«

Die Polizei untersucht das Päckchen. Es enthält einen Schraubenschlüssel und einen mit der Schreibmaschine getippten Brief. »Hallo, ich bin's«, grüßt der Verfasser freundlich. »Ja, die Herren, Tanyas Nippel hat wirklich sehr gut geschmeckt.« Weiter behauptet er, vor Tanya und Misty schon drei andere Frauen überfallen und getötet zu haben. Zum Beleg hat er diverse Zeitungsausschnitte beigefügt. Darin geht es um Linda Tatrai, eine 18-jährige Prostituierte aus Vancouver, die 24-jährige Rechtsanwaltsfachangestellte Colleen Shook aus Burnaby und die 21-jährige Rezeptionistin Kim Stolberg aus Richmond. Ungeklärte, kalt gewordene Mordfälle aus den 1980er-Jahren, alle Tatorte nicht weiter als eine Stunde von Abbotsford entfernt. »Und ich werde wieder zuschlagen«, droht der Mann, der sich mit »The Abby Killer« nun auch einen eigenen Namen gegeben hat. »Ich werde die Stadt nicht verlassen. Bis bald, Jungs!«

Das Päckchen samt Inhalt geht sofort in die Forensik, und tatsächlich: Am Klebeband wird der Abdruck eines Zeigefingers gefunden. Die Ermittler haben nun die DNS vom Sperma, den Gebiss- und jetzt sogar noch einen Fingerabdruck des Täters – so viele eindeutige Spuren … so viele eindeutige, doch noch immer völlig unnütze Spuren. Denn auch der Fingerabdruck ist in keiner Datenbank hinterlegt. Die Polizei sieht nur noch eine Chance: die Stimme des »Abby Killers«. Jeder, wirklich jeder soll sie hören. Dauerschleife im Radio, im Fernsehen, plus: der Verweis auf eine weitere, eigens eingerichtete Hotline, auf der ebenfalls Auszüge aus den Anrufen des Täters abgespielt werden. Um das Engagement der Bevölkerung hochzuhalten, wird außerdem eine Belohnung von 10.000 Dollar für denjenigen Hinweis ausgesetzt, der zu der richtigen Stimme führt. Irgendjemand muss sie einfach kennen.

Irgendjemand heißt Audrey Tighe. Sie lebt in Abbotsford und ist die Frau eines pensionierten Polizisten. Es ist inzwischen Mai – seit dem Überfall an Tanya und Misty sind bereits sieben Monate vergangen. An diesem Donnerstagvormittag ruft Audrey die Stimmen-Hotline an und hört sie ab. Einmal. Noch einmal. Aber das ist doch … nein, unmöglich, nicht er. Sie muss sich irren; jemand wie er kann kein Monster sein. Er ist verheiratet. Ist seinen Söhnen ein hingebungsvoller Vater. Hat früher eine Pfandfindergruppe geleitet. Oder … vielleicht doch? Audrey denkt nach. Beginnt zu zweifeln, puzzelt an einem Sinn, der ihren Verstand übersteigt. Die Sache mit dem Fluss, der Veder River, dort, wo man Tanyas Leiche fand: Da ist er oft, zum Angeln. Dann seine Teilnahme an

Tanyas Beerdigung. »Warum willst du da hin?«, hatte sie ihn irritiert gefragt. »Du kanntest das Mädchen doch gar nicht.« Dass es ihn so sehr erschüttert habe, was mit der armen Tanya geschehen sei, hatte er darauf entgegnet. Und Audrey: fand ihn mitfühlend, so sensibel …

Audrey ruft die Familie zusammen – alle, bis auf einen. Der Telefonhörer wechselt von Ohr zu Ohr. Die anderen sollen es sich auch anhören. Sollen ihr sagen, dass sie falschliegt, verrückt ist. Aber sie alle können es nur bestätigen. Die Stimme – sie klingt nach Terry.

Fassungslosigkeit greift um sich. Der Abby-Mörder soll aus ihrer Familie stammen? Einer von ihnen sein? »Es geht nicht anders«, bestimmt Audrey. Auch wenn es noch so sehr schmerzt, ihr Herz zerbricht und mit dazu ihr gesamtes Weltbild. Sie weiß, was sie zu tun hat. Sie ist die Frau eines ehemaligen Polizisten, eines Mannes, der sein ganzes Leben dem Gesetz und der Gerechtigkeit gewidmet hat. Sie ist eine Frau, die zur Kirche geht und für die Moral und christliche Werte an oberster Stelle stehen. Vor allem aber ist sie selbst eine Mutter, so wie die Mütter der beiden Mädchen. Nur, dass sie die Mutter eines mutmaßlichen Mörders ist. Audrey wählt die Nummer der Polizei und sagt es geradeheraus: »Ich glaube, mein Sohn ist der ›Abby Killer‹.«

Terry Driver, 31 Jahre alt. Angestellt bei einer Druckerei. Verheiratet mit der acht Jahre älteren Val. Zwei kleine Söhne im Alter von vier und fünf Jahren. Keine Vorstrafen. Ein ganz normaler Kerl, mit rotblondem Haar, einem Vollbart, einem freundlichen Lächeln. Einer, der dem Phantombild jedoch nicht im Geringsten ähnlich sieht, wie die Ermittler feststellen, als sie Terry zu Hause aufsuchen. Sie bitten darum, seine Fingerabdrücke und eine DNS-Probe nehmen zu dürfen. Das sei jetzt Standard im Fall des »Abby Killers«, sagen sie, mit dieser Bitte gehen sie von Haus zu Haus. Dass es ausgerechnet seine eigene Mutter gewesen ist, die sie zu ihm geschickt hat, behalten sie für sich. Terry weigert sich – das ist verdächtig, aber sein gutes Recht. Die Ermittler müssen unverrichteter Dinge wieder abziehen.

Als Terrys Frau Val von der Arbeit nach Hause kommt, bemerkt sie schnell, dass er nervös ist. Was los sei. – Ach, die Polizei. Sie wollen seine Fingerabdrücke und eine DNS-Probe, so was Lächerliches. – Na, dann solle er sie ihnen doch einfach geben … Val versteht das Problem nicht. Es ist nicht immer einfach mit Terry, er benimmt sich oft bockig, ist streitselig aus Prinzip. Früher war das anders, *er* war anders. Als sie sich vor sieben Jahren kennenlernten – sie 32, er 24 –, lebte sie nur für ihren Job bei der Bank; die Liebe und den Traum von einer eigenen Familie hatte sie längst abgehakt. Aber Terry war so aufmerksam, so reizend und liebevoll. Schon nach drei Wochen lag eines Morgens ein Ring auf Vals Kopfkissen; Terry bat sie, seine Frau zu werden. Später das Haus, die Hypothek, die Kinder, der Alltag mit seinen Verpflichtungen, mit Druck und Verantwortung. Terry ist zu einem Kontrollfreak geworden; er stoppt sogar die Zeit, wenn Val mit ihrer Schwester oder mit ihren Eltern telefoniert. Wenn ihm etwas nicht passt, dann schlägt er mit der Faust gegen die Wand oder wirft einen Tisch durch den Raum. Aber Val findet immer wieder eine Entschuldigung für ihn; er ist eben sehr temperamentvoll. Fügsam überstreicht sie die Einschlagstellen an den Wänden mit frischer Farbe und rückt die Möbel wieder an ihren ursprünglichen Platz. »Bis dass der Tod euch scheidet«, das hat sie vor Terry und Gott geschworen, und es ist ihr Ernst. Nicht, dass sie nicht schon öfter über eine Scheidung nachgedacht hätte, aber was wäre dann mit den Kindern? Terry würde sie ihr wegnehmen, ganz bestimmt. Also fährt Val das Gegenprogramm, in der Hoffnung, dass alles sich schon wieder einrenken würde, wenn es Terry nur gut geht. Sie lässt ihm seinen Freiraum, ermutigt ihn zu seinen langen Angelausflügen an den Veder River. Manchmal kommt er mit einem Fang zurück, manchmal auch nicht. Aber Val fragt nicht, ob er wirklich angeln war. Sie sagt auch nichts, wenn er wieder stundenlang vor seinem Funkgerät hockt und den Polizeifunk abhört. Das steckt wohl einfach in ihm drin, weil sein Vater Polizist war ... Und auch oder gerade deswegen – weil er eben ganz genau weiß, wie es bei der Polizei läuft und wie wichtig es ist, Verdächtige auszuschließen – braucht er sich doch jetzt nicht so aufzuregen, findet Val. Doch Terry schimpft weiter, er fühlt sich unverstanden von seiner Frau. Also ruft er seinen Chef bei der Druckerei an, den Mann, der ihn seit fünf Jahren als engagierten Angestellten kennt. Terry ist stets pünktlich, verrichtet seine Arbeit klaglos, ist keiner von den Lauten, die sich dauernd beschweren. Im Gegenteil: Terry gehört zu den Ruhigen. Er hält sich an Regeln und respektiert die Hierarchie. Ein guter Mitarbeiter, da gibt es nichts zu beanstanden. Aber auch sein Boss rät ihm eindringlich, mit der Polizei zu kooperieren. Immerhin habe Terry doch nichts zu verbergen.

Am nächsten Tag erscheint Terry auf dem Polizeirevier – in Begleitung seines Anwalts und mit einer Bedingung. Wenigstens seine Fingerabdrücke lässt er sich abnehmen – nur sollen diese unmittelbar nach der Überprüfung wieder gelöscht werden. Terry will nicht zusammen mit Mördern, Vergewaltigern und anderen Verbrechern in einem System abgespeichert werden – er ist schließlich keiner von ihnen. Die Ermittler beschleicht ein Verdacht. Dass nämlich am Klebeband des Päckchens ein Fingerabdruck sichergestellt werden konnte, ist ein weiteres Detail, das nicht an die Öffentlichkeit herausgegeben wurde. Wenn Terry also tatsächlich der Täter wäre, dann würde er vielleicht denken, die Polizei könnte mit seinen Fingerabdrücken sowieso nichts anfangen. Er würde sich in Sicherheit wähnen. Anders bei der DNS-Probe, die Terry immer noch verweigert. Befürchtet er womöglich, dass das Wasser des Veder River doch nicht alle Spuren an Tanyas Leiche vernichtet hat?

Der Abgleich findet direkt vor Ort statt und ergibt einen Volltreffer. Der Abdruck von Terrys Zeigefinger stimmt ohne Zweifel mit dem Abdruck überein, den der »Abby Killer« am Klebeband des Päckchens hinterlassen hat. Terry wird augenblicklich verhaftet; der Überprüfung seiner DNS und seiner Gebissmerkmale kann er sich jetzt nicht mehr entziehen. Und auch diese können ihm eindeutig zugeordnet werden. Inspector Rod Gehl, der den Fall von Anfang an mitbetreut hat, würde diesen Moment später so beschreiben: »Manche von uns hatten Tränen in den Augen, andere brüllten ausgelassen oder gaben einander High Fives. Man spürte, wie mit einem Mal alles Gewicht der Welt von unseren Schultern fiel. Wir hatten den Richtigen in Gewahrsam, die Bedrohung war vorbei.«

Im Herbst 1997 – knapp zwei Jahre nach dem Überfall – muss sich Terry Driver vor Gericht wegen des Mordes an Tanya Smith und des versuchten Mordes an Misty Cockerill verantworten. Hierbei fragt der Richter Misty – die zwar immer noch unter den Folgen ihrer Verletzungen leidet, aber stabil genug ist, um ihre Aussage zu machen –, ob sie unter den Anwesenden ihren Angreifer erkenne. Ohne zu zögern, zeigt sie auf Terry Driver. Der sieht ihr direkt in die Augen und grinst. Er plädiert auf nicht schuldig, will sich höchstens auf Vergewaltigung und Totschlag einlassen. Als er an jenem Abend an der Schule vorbeigekommen sei, so behauptet er, habe er Tanya und Misty dort bereits bewusstlos vorgefunden, offenbar waren sie zusammengeschlagen worden und … ach, verdammt, er habe halt einfach nicht anders gekonnt, als Tanya zu vergewaltigen. Dabei müsse sie irgendwann aufgehört haben zu atmen, woraufhin er in Panik geraten sei. Er habe Misty zum Krankenhaus gefahren und Tanya zum Veder River. Dass sie noch am Leben gewesen sei, als er sie in den Fluss warf, habe er erst später aus der Presse erfahren. Seine Verteidigung erklärt, Terry Driver leide unter einer Zwangsstörung und ADHS – seine Impulskontrolle funktioniere nicht ausreichend, daher neige er zu sexuellen und gewalttätigen Ausbrüchen. Staatsanwalt Sean Madigan kontert: »Es gibt genügend andere Menschen, die tagtäglich beweisen, dass man trotz dieser Leiden als Teil der Gesellschaft sehr gut funktionieren kann. Werfen Sie diese Menschen nicht mit jemandem wie dem Abbotsford Killer in einen Topf.«

Auch Richter Wally Oppal hält Terry Drivers Darstellung der Ereignisse für unglaubwürdig, zumal sie nicht zu seinen Anrufen bei der Polizei und dem Brief passen, den er seinem Päckchen beigelegt hatte. Die Strafe: lebenslang, mit der ersten Chance auf einen Bewährungsantrag nach 25 Jahren. »Es ist ein Tag der Erleichterung«, sagt Tanyas Vater Terry Smith nach der Verkündung des Urteils. »Aber es ist kein Tag der Freude, denn Tanya ist nicht hier. Unser Leben wird nie wieder dasselbe sein. Doch vielleicht können wir jetzt irgendwie anfangen, uns auf die schönen Erinnerungen zu konzentrieren anstatt auf all die schrecklichen Dinge, die passiert sind.«

Und auch Misty, die nach dem Urteil vor Erleichterung in Tränen ausbricht, will neu beginnen. Sie kehrt zur Schule zurück, macht ihren Abschluss, heiratet und bekommt zwei Töchter. Ihre älteste nennt sie im Gedenken an ihre beste Freundin »Tanya«. Heute arbeitet sie mit Menschen zusammen, die Opfer von Gewaltverbrechen geworden sind. Sie ermutigt sie, über ihre Erlebnisse zu sprechen, und unterstützt sie dabei, zurück in den Alltag zu finden. »Man kann es schaffen, man kann es überwinden«, sagt sie in einem Interview mit dem kanadischen Nachrichtendienst CBC. »Man muss nicht für immer ein Opfer bleiben.«

Der Stadtrat von Abbotsford einigt sich nach einigen Debatten darauf, die Belohnung, die zur Ergreifung des »Abby-Killers« ausgesetzt war, an Audrey Tighe auszuzahlen. Sie hat eine Entscheidung getroffen, die keine Mutter jemals treffen möchte. Ihr Sohn, Terry Driver, geht 2001 erfolglos in Berufung. Er stirbt im August 2021 mit 56 Jahren an einem Krebsleiden im Gefängnis. Die Morde an Linda Tatrai, Colleen Shook und Kim Stolberg, zu denen er sich in seinem Brief bekannt hatte, konnten ihm niemals zugeordnet werden. Die Polizei hält es für wahrscheinlicher, dass er sich nur damit brüsten wollte, um seinen Ruf als »Abby Killer« zu verfestigen.

Mein Tagebuch: Geraderücken – mit Leonie Bartsch und Linn Schütze von »Mord auf ex«

Zugegeben: Es ist viel. Eine tägliche Gratwanderung zwischen persönlicher Betroffenheit und dem Versuch, mir eine klare Perspektive zu bewahren. Ich glaube, mein Problem ist, dass ich mich momentan etwas allein fühle. Dass es in meinem Umfeld zwar Menschen gibt, mit denen ich über meine Recherchen reden kann, aber ich bezweifle, dass ich es schaffe, nachvollziehbar auszudrücken, was mich beschäftigt. Da sind die verschiedenen Geschichten, ein Einblick darin, wie sehr das Schicksal eines einzelnen Menschen mit den Leben so vieler anderer verwoben ist. Ein Familienmitglied stirbt, eine ganze Familie ist tot. Da sind die ganzen Fragen. Spezielle, die Fälle betreffende, aber auch die, die uns alle angehen. Ab wann darf eine Akte abgelegt werden? Darf das überhaupt geschehen? Was kann man noch tun, wenn man eigentlich nichts mehr tun kann? Wie bewahrt man sich seinen Glauben an das Gute, die Hoffnung, die Entschlossenheit? Wie gehen wir mit psychischen Erkrankungen um? Könnte der Welt viel Leid erspart bleiben, wenn unser Blick dahin gehend geschärfter wäre?

Meine Stimmung schwankt extrem, was ich in diesem Ausmaß nicht an mir kenne. Kaum habe ich kurzfristig das Gefühl, dass ich mir aus Zahlen und Fakten eine Rettungsleine geknüpft hätte, an der ich mich aus meiner emotionalen Gemengelage heraushangeln kann, sacke ich wieder zurück, weil eine neue Frage meinen Kopf besetzt, die zu viel Gewicht mitbringt. Ich beschließe, dass es höchste Zeit ist, meine Perspektive zu kontrollieren, mich wieder gerade zu rücken. Ich muss reden, und zwar mit jemandem, den ich in einer ähnlichen Situation verorte wie mich selbst. Ich komme auf zwei ganz bestimmte Menschen, mit denen ich unbedingt sprechen will: Leonie Bartsch und Linn Schütze.

Die beiden sind wie ich gelernte Fernsehjournalistinnen und hosten seit knapp drei Jahren ›Mord auf ex‹, einen der erfolgreichsten True-Crime-Podcasts Deutschlands. Darin behandeln sie internationale Kriminalfälle, die »großen«, kriminalhistorisch bekannten, aber auch Einzelschicksale, Todesfälle, von denen oft nur ein paar knappe Schlagzeilen übrig bleiben – Fälle wie die, die mich beschäftigen. Zudem begleiten Leonie Bartsch und Linn Schütze im Rahmen der Investigativ-Reportage ›Die Nachbarn‹ den Fall Andreas Darsow. Darsow, ein bis dato unbescholtener Familienvater aus dem hessischen Babenhausen, geriet ins Visier der Polizei, nachdem im April 2009 im Haus nebenan ein brutales Verbrechen geschah, bei dem sein Nachbar und dessen Frau ermordet wurden. Die Tochter des Paares überlebte nur knapp. Im Sommer 2011 wurde Darsow, der stets seine Unschuld beteuert hat, zu lebenslanger Haft verurteilt und sitzt seitdem im Gefängnis. Leonie Bartsch und Linn Schütze haben den Fall aufgerollt und dabei Unstimmigkeiten entdeckt, die die Frage aufwerfen, ob Darsow möglicherweise zu Unrecht verurteilt wurde.

Ich schreibe also eine E-Mail mit der Bitte um ein Interview. Ich will wissen, wie die beiden arbeiten, vor allem aber auch, wie sie den Spagat empfinden zwischen professioneller Distanz und persönlicher Betroffenheit.

R. H.: Schon für euren Podcast ›Mord auf ex‹ habt ihr des Öfteren Interviews mit Fallbeteiligten und Expert*innen geführt. Steckt dahinter der journalistische Anspruch, eine Geschichte noch etwas umfassender zu erzählen, als andere es möglicherweise tun, oder treibt euch da auch ein persönliches Interesse?

Leo: Das ist so eine Mischung. Mit den Leuten direkt zu sprechen, bedeutet, dass man Infos aus erster Hand und damit unverfälscht bekommt. Je mehr Material, je mehr Quellen, desto besser. Das ist der Grundsatz. Dazu kommt aber auch noch das persönliche Interesse. Die Fragen, die wir stellen, stellen wir nicht, weil sie auf einer vorgefertigten Liste stehen würden und abgehakt werden müssten, sondern weil wir wirklich wissen wollen, was passiert ist.

Linn: Das ist auch ein Grund, warum wir uns selbstständig gemacht haben: Als Journalist*in hast du oft gar nicht die Zeit, eine Geschichte ausführlich zu erzählen. Dein Chef gibt dir zwei, höchstens drei Wochen für einen Beitrag. Aber manchmal genügt das eben einfach nicht, um die Hintergründe angemessen zu erfassen, gerade bei True Crime. Man ist so schockiert, dass so etwas wirklich in der Welt passiert. Das kannst du erst in vollem Umfang verstehen, wenn du mit den Leuten sprichst.

R. H.: Gibt es Fälle, die ihr nicht behandeln würdet?

Leo: Grundsätzlich würde ich kein Thema auslassen, aber es darf nicht ausschließlich darum gehen, dass einem Menschen ein möglichst grausames Leid zugefügt wird. Darin sehen wir keinen Mehrwert.

Linn: Mir fallen Fälle mit Kindern schwer.

Leo: Aber wir erzählen sie ja trotzdem – solange wir dabei einen Hintergrund erkennen, der unserer Ansicht nach besprochen gehört. Der Fall Gypsie Rose Blanchard zum Beispiel. Deren Mutter Dee Dee litt am Münchhausen-by-proxy-Syndrom. Sie hat ihre Tochter über Jahre hinweg krank gemacht, um Mitleid und Aufmerksamkeit zu erregen. Es endete damit, dass Gypsie Rose ihre Mutter umgebracht hat, weil sie anders keinen Weg sah, jemals ein normales Leben zu führen. Ich denke, es kommt immer auf die Art und Weise an, wie man einen Fall erzählt. Wir wollen nicht das pure Entertainment füttern, sondern eine Einordnung geben und Erklärungen finden, warum Täter*innen tun, was sie tun.

R. H.: Und das Interesse daran ist groß, True Crime boomt. Woher, glaubt ihr, rührt das?

Leo: Vielleicht ist die Faszination am Bösen der Menschheit einfach inhärent. Denk nur mal an Horrorfilme. Es gibt da das Phänomen der Angstlust, das besagt, dass in unserem Gehirn Dopamin ausgeschüttet wird, sobald wir ein Grusel- oder Angstgefühl überstanden haben. Das heißt, es gibt auch irgendwo einen biologischen Grund, warum uns das alles so fasziniert. Aber wenn man über wahre Geschichten und echte Menschen erzählen will, dann sollte man schon bestimmte Bedingungen einhalten. Dass man das Ganze einordnet, sachlich informiert, vielleicht aber auch Hilfestellung leistet.

Linn: Bestimmt kann man das Genre in Teilen kritisch betrachten, aber man muss auch mal sehen, dass wir dadurch ein Werkzeug haben, wichtige Themen zu besprechen. Auch Themen, die – leider – immer noch tabubehaftet sind. Mich berührt es zum Beispiel sehr, wenn uns eine Hörerin schreibt, die selbst Opfer einer Vergewaltigung geworden ist, dass sie sich ihrer Familie anvertraut hat, weil wir so offen und meinungsstark über das Thema gesprochen haben. Opfer sind unheimlich starke Menschen, die etwas durchgestanden haben. Ihre Geschichten sollten erzählt und nicht tabuisiert werden.

R. H.: Inwiefern treffen euch diese Geschichten persönlich? Ich frage, weil ich bei mir in den letzten Monaten festgestellt habe, wie sehr die Wahrnehmung eines Falls sich verändern kann, wenn man sich über einen längeren Zeitraum intensiv damit beschäftigt.

Leo: Die Erfahrung haben wir auch gemacht. Aber dadurch, dass wir zu zweit sind, haben wir glücklicherweise auch immer die Möglichkeit, uns gegenseitig zu reflektieren. Und das tun wir ganz offensiv, sowohl im Podcast als auch bei unserer Investigativ-Reportage ›Die Nachbarn‹. Wir reden nicht nur über die Fälle, sondern auch über uns, über unsere Recherchen und unsere Gefühle dazu.

Linn: Wir waren übrigens der erste Podcast, der das so gemacht hat. Dafür mussten wir anfangs viel Kritik einstecken. Aber für uns stand von vornherein fest, dass wir ehrlich mit unserem Publikum sein wollten. Inzwischen ist es gerade diese persönliche Annäherung, die die Leute so an uns schätzen.

R. H.: Und wie geht es euch damit? Habt ihr Veränderungen an euch festgestellt, seitdem ihr euch hauptberuflich mit Verbrechen beschäftigt?

Leo: Ich habe teilweise echt obsessive Züge entwickelt. Ich bin schon öfters mit Akten eingeschlafen und könnte stundenlang in irgendwelchen Foren über Cold Cases diskutieren. Wenn es irgendwo ein Rätsel zu lösen gibt, bin ich sofort dabei. Was ich noch festgestellt habe, ist, dass ich inzwischen ständig versuche, Menschen zu analysieren. Man hat es bei den Fällen ja oft mit pathologischen Diagnosen zu tun, zum Beispiel Narzissmus, Psychopathie etc. Und wenn ich dann in meinem Umfeld auf bestimmte Leute treffe, dann denke ich manchmal: Hm, das passt schon sehr zu meinem letzten Fall *(lacht)*.

Linn *(lacht ebenfalls)*: Wir sind einsamer geworden! Nein, im Ernst: Was ich an mir bemerkt habe, ist, dass ich dankbarer für alles geworden bin. Ich lebe bewusster. Wenn ich mich mit meiner Familie treffe, machen sich schon alle lustig über mich, weil ich oft Dinge sage wie: Ich bin so glücklich, dass wir alle zusammen sein können, dass es uns gut geht, wir gesund sind und uns keine Sorgen machen müssen. Manchmal werde ich dann schräg angeschaut, so nach dem Motto: Och, Linn, nicht schon wieder. Aber es ist halt einfach so! Und eigentlich ist das ja auch etwas sehr Gutes.

Leo: Man muss allerdings dazu sagen, dass es uns bei ›Mord auf ex‹ um einiges leichter fällt, uns daran zu erinnern, dass es sich bei den Fällen um Einzelschicksale handelt. Die Wahrscheinlichkeit, einem Serienmörder zum Opfer zu fallen, ist deutlich geringer, als vom Blitz getroffen zu werden. Beim Fall Andreas Darsow, den wir in unserer Investigativ-Reportage ›Die Nachbarn‹ begleiten, fühlt sich das noch mal anders an. Eigentlich war es nie geplant, dass wir über zwei Jahre lang an dem Fall arbeiten und dass sich dabei auch Kontakte vom Beruflichen ins Private hin entwickeln würden. Teilweise sprechen die Leute mit uns so, wie man vielleicht mit Therapeut*innen sprechen würde, und vertrauen uns Dinge an, die noch nie veröffentlicht wurden und auch in keiner Gerichtsakte zu finden sind.

Linn: Ich glaube, viele Menschen sind es gar nicht mehr gewohnt, dass ihnen jemand gegenübersitzt, der wirklich zuhört. Aber natürlich bringt das auch viel mit sich. Wir haben die Familie Darsow zum Beispiel auch bei den Prozesstagen begleitet. Dabei saßen wir einmal direkt neben Andreas' Schwester, die vor der Verhandlung noch ein Buch über Wünsche gelesen hatte. Sie hatte so ein gutes Gefühl und war sich sicher, dass nun endlich der Freispruch erfolgen würde. Dann hörst du, wie die Richterin sagt: »Schuldig«, und siehst als Nächstes, wie die Person neben dir komplett zerbricht. Später, auf der Heimfahrt, saßen Leo und ich schweigend im

Auto. Wir konnten nicht darüber sprechen, was wir da gerade erlebt hatten, weil es einfach zu emotional für uns war. Und auch im Anschluss haben wir das Thema zwei Wochen lang vermieden. Distanz ist wichtig, um vernünftig arbeiten zu können, aber manchmal eben auch superschwierig. Ich bin ein extrem emotionaler, empathischer Mensch, was einerseits ganz gut ist, weil die Menschen mir dadurch sehr viel anvertrauen. Andererseits darf ich nicht anfangen, so sehr mit der Familie mitzuleiden, dass ich dadurch wichtige Dinge übersehe.

Leo: Die Leute setzen Hoffnung in uns. Ich glaube, das ist es, was es manchmal schwer macht. Sie klammern sich an uns, weil wir noch da sind, während viele andere schon das Feld geräumt haben. Die Polizei hat dichtgemacht, das Gericht hat dichtgemacht, Gutachter kosten extrem viel Geld. Aber diese Familie hat kein Geld mehr. Sie sind darauf angewiesen, dass Menschen sich pro bono für sie einsetzen, indem sie den Fall überprüfen und für öffentliche Wahrnehmung sorgen.

Linn: Wobei man aber auch hier noch mal festhalten muss, dass wir – sosehr uns das Schicksal der Familie auch berührt – unsere Aufgabe nicht darin sehen, für eine bestimmte Seite zu kämpfen. Wir sind Journalistinnen und wollen die Wahrheit herausfinden – egal, wie diese schlussendlich aussieht.

R. H.: Das heißt, ihr wisst Stand heute auch noch nicht genau, ob ihr seit zwei Jahren im Namen eines Mörders recherchiert oder ob ihr einem Unschuldigen dabei helft, aus dem Gefängnis zu kommen, und damit einen unfassbaren Justizskandal aufdeckt.

Linn: Stand heute nicht, nein. Wir haben kürzlich einen Zeugen gefunden, der etwas behauptet, was den ganzen Fall komplett verändern würde. Das Problem ist, dass wir das zum jetzigen Zeitpunkt noch nicht verifizieren können. Wir müssen uns erst persönlich mit ihm treffen und noch weitere Quellen finden, die bestätigen, was er sagt.

Leo: Das ist zum Beispiel etwas, das mich während unserer Recherchen oft wütend gemacht hat: Warum sind manche Fragen nicht längst von der SoKo gestellt worden? Warum müssen da erst zwei Journalistinnen kommen? Das ist schon frustrierend, genau wie die Erfahrung, die wir mit dem Gericht gemacht haben: Wir hatten die Hoffnung, dass unsere Erkenntnisse beim Zivilprozess gehört werden – aber nichts. Wie kann so etwas in Deutschland passieren? Wir haben bestimmt kein fehlerfreies System, aber doch zumindest eins, von dem man denken möchte, dass es bereit wäre, Fehler zu berichtigen, wenn sie passieren. Wenn Andreas Darsow wirklich seit zehn Jahren unschuldig im Gefängnis sitzen sollte, dann bedeutet das auch, dass jeder von uns in diese Situation geraten könnte. Und das zu wissen, ist schon ziemlich beängstigend.

Linn: Vielleicht ist das aber auch das Gute an dieser ganzen True-Crime-Bewegung: Wir fangen an, über solche Themen zu diskutieren. Wobei ich es schon fast schockierend finde, dass wir mit als Einzige diese investigativen Kriminalfälle machen. Es wird zu selten hinterfragt, aber eigentlich ist doch genau das die Aufgabe der Medien. Es ist wichtig, dass es noch eine Instanz gibt, die draufschaut, wenn Polizei und Justiz Fehler machen. Weil, wie Leo sagt: wir alle leben in diesem System, was auch bedeutet, dass ein Fehler darin jeden von uns treffen kann.

R. H.: Da sagst du was …

»Ich schreibe Kriminalgeschichten, weil sie mir eine solide Grundlage bieten, auf der ich über alle Aspekte der modernen Gesellschaft schreiben kann, sei es über die Politik, ethische Dilemmata oder Diskussionen über moderne gesellschaftliche Trends. Ich sehe mich nicht als Schriftsteller, der tief, tief in den ›Charakter des Verbrechens‹ eindringt. Es ist vielmehr ein Weg, dem man folgen muss, um das meiner Meinung nach viel Interessantere zu erforschen: die Handlung selbst, den Grund dahinter, die dritte Dimension in der Geschichte.«

Jens Henrik Jensen

True Crime ist …

UNGERECHTIGKEIT

Der Fall Tim Cole

Lubbock, Texas/USA, 24. März 1985

Er ist ein Räuber. Ein Jäger und Sammler. Seine Gefährtin ist die Nacht. Sie bietet ihm ein Versteck, eine Verkleidung aus Schatten, stets den perfekten Moment. Wie eine schwere, schwarze Decke breitet sie sich über dem Campus aus. Die Texas Tech ist ein ideales Revier. Viermal hat er hier in den letzten vier Monaten schon Beute gemacht. Er jagt und sammelt junge Frauen, er raubt ihnen die Würde, die Kontrolle, er holt sie sich, weil er es kann und will. Das ist Macht, absolute Überlegenheit, ein Gefühl, nach dem er süchtig geworden ist.

Vielleicht hat er heute ja noch Glück, denkt er, während er im Verborgenen wartet. Und tatsächlich, schon bald nähert sich ein Auto, das auf den Parkplatz einbiegt. Hinter dem Steuer erkennt er eine junge Frau. Sie ist allein, Weidmannsheil. Er tritt aus dem Schatten, steuert zielstrebig auf ihren Wagen zu, klopft an die Seitenscheibe. »Entschuldigung«, sagt er höflich und lächelt. Das ahnungslose kleine Reh kurbelt die Scheibe herunter. Sein Auto springe nicht an, erklärt er ihr. Ob sie ihm wohl mit einem Starterkabel aushelfen könne? Bevor sie weiß, wie ihr geschieht, hat er schon durch das geöffnete Fenster gegriffen, hat die Tür entriegelt und die junge Frau auf den Beifahrersitz gedrängt. In der nächsten Sekunde hält er ihr ein Messer an den Hals, um die Spielregeln klarzustellen. Wenn sie artig ist und nicht schreit, dann wird sie diese Nacht überleben. Sie nickt, versteht – gut für sie. Er fährt los, raucht dabei eine Zigarette, fragt sie nach ihrem Namen. »Michele«, antwortet sie mit zittriger Stimme. Michele, ein hübscher Name. Wie alt? – 24. Er bringt sie zu einem Feld außerhalb der Stadt. Nimmt sie sich. Raucht eine Zigarette, als er fertig ist. Dann weist er sie an, ihn zurück in die Stadt zu fahren, stiehlt ihren Schmuck und ihr Geld und rennt davon, lässt sich verschlucken von seiner Freundin, der Nacht. Auf Nimmerwiedersehen, Michele.

Die Polizei sucht nach ihm, das weiß er. Auch die Medien kennen ihn schon. Sie nennen ihn den »Tech Rapist«. Die Phantomzeichnungen, die sie von ihm veröffentlichen, ändern sich ständig. Er hat nicht das Gefühl, dass sie ihm ähnlich sehen. »Von mittlerer Statur« wird er beschrieben, »kurzes lockiges Haar«, »Raucher«. Und er ist schwarz. Mehr haben sie nicht. Er fühlt sich sicher, unangreifbar. Dass man seine Zigarettenkippen am Tatort und sein Sperma an Micheles Unterwäsche finden könnte – na, und? Was wollen sie damit schon anfangen? Und so ganz falsch liegt er damit nicht, denn wir schreiben das Jahr 1985. So etwas wie DNS-Analyse gibt es noch nicht.

Ortswechsel nach Fort Worth, ein paar Jahre zurückgespult. Hier lebte Tim Cole, ein schlaksiger, sportlicher Junge, ein großer Bruder wie aus dem Bilderbuch. Immer ein offenes Ohr, immer die richtigen Worte. Seinem jüngsten Bruder

Corey brachte er bei, wie man sich die Schuhe zubindet, seine Schwester Karen – nach ihm die Zweitälteste und das einzige Mädchen unter den insgesamt sieben Geschwistern – bestärkte er, wenn sie laut davon träumte, Anwältin zu werden. Sie würde alles schaffen, was sie sich vornahm, versicherte er ihr. Und dabei sei es egal, dass sie schwarz war und ein Mädchen. Aber sie musste an sich glauben, sich in der Schule anstrengen, hart arbeiten und ein guter Mensch sein. Auch die anderen Kinder und Jugendlichen in dem Wohnviertel seiner Heimatstadt Fort Worth sahen ihn so: als einen großen Bruder, eine ruhige, kluge Instanz. »Ears« nannten sie ihn, einen, der immer zuhörte. Er stiftete Frieden, wenn es zu Streitigkeiten kam, organisierte gemeinsame Basketballspiele und andere sportliche Aktivitäten und erinnerte sie daran, ihre Hausaufgaben zu machen. Wer gut in der Schule war, konnte später auf die Universität gehen. Konnte studieren und seine Träume verwirklichen. Auch für sich selbst hatte Tim schon früh einen Plan gefasst: Er würde das College besuchen, die Texas Tech im gut 500 Kilometer entfernten Lubbock. Dort würde er trotz seiner Asthmaerkrankung im Basketballteam mitmischen, und mit einem Studienabschluss in BWL in der Tasche würde er eines Tages seine eigene Firma gründen. Und genau so lief es an: 1979 zog Tim zum Studieren nach Lubbock.

1981, nach bereits zwei Jahren an der Texas Tech, entschloss sich der inzwischen 21-jährige Tim, eine Pause einzulegen. Er hatte lange nachgedacht, sich den Kopf zerbrochen. Seine Geschwister sollten doch auch studieren – aber wie wäre das für die Familie finanziell zu bewältigen? Er hatte also nachgedacht – und war auf die »G. I. Bill« gekommen. Die »G. I. Bill« ist ein Gesetz aus dem Jahr 1944, das verabschiedet wurde, um Soldaten nach ihrem Dienst den Wiedereinstieg in das Berufsleben zu erleichtern. Die enthaltenen Leistungen sehen unter anderem vergünstigte Kredite, vor allem aber eine großzügige staatliche Beteiligung an den Studiengebühren vor. Tim würde sich also für die nächsten drei bis vier Jahre bei der Army verpflichten, damit er sich den Rest seines Studiums anschließend selbst finanzieren konnte. Somit bliebe seinen Eltern mehr Geld, um die Ausbildung der anderen sechs Kinder sicherzustellen.

Als Tim zurückkam, studierten bereits auch seine Schwester Karen und sein Bruder Reggie an der Texas Tech. Wie stolz er auf die beiden war, besonders auf Karen. Sie war die einzige afroamerikanische Studentin an der juristischen Fakultät. Beschämende andere Zeiten; bei insgesamt ungefähr 22.000 Studierenden an der Texas Tech machten Schwarze gerade mal einen Anteil von ungefähr 500 Leuten aus, ein klägliches Verhältnis und doch – noch – traurige Normalität.

Tim zog in die Wohnung von Reggie ein, nahm sein Studium wieder auf, lernte wie besessen, arbeitete nebenbei als Tellerwäscher, ging ab und zu feiern. Ein typisches Studentenleben – bis er eines Abends im April 1985 einen Freund von dessen Schicht bei einer Pizzeria in der Nähe des Campus abholen will und dabei auf Rosana trifft. Er kennt die junge Frau nicht, aber sie gefällt ihm auf Anhieb. Ein gegenseitiges Lächeln, ein paarmal Blickkontakt – und dann Tims Kumpel, der ihm mitteilt, er müsse leider Überstunden machen. Ob Tim ihn auch später noch abholen könne? Natürlich, kein Problem. Tim verlässt die Pizzeria und geht zu seinem Wagen, Rosana folgt kurz darauf. Tim will seine Chance nutzen und bietet der jungen Frau eine Mitfahrgelegenheit an, die sie ablehnt. Zu Fremden steige sie nicht ein. Dass sein Name Tim sei, ruft er Rosana zu. Tim Cole! Jetzt ist doch er kein Fremder mehr, oder? – Doch, das ist er. Erneut lässt sie ihn abblitzen. Echt nicht? – Nein. – Schade, aber na gut. Tim fährt davon, nichts ahnend, dass Rosana nicht einfach nur ein missglückter Flirt ist, sondern eine verdeckte Ermittlerin im Einsatz auf der Suche nach dem »Tech Rapist«. Eine, die sich direkt nach der Begegnung mit ihm eine Notiz macht: Tim Cole. Er muss es sein. Er ist der gesuchte Vergewaltiger.

Unverzüglich erstattet Rosana ihrem Vorgesetzten Bericht. Woher sie sich so sicher sei, fragt ihr Chef. Na, die Art und Weise, antwortet Rosana. Wie penetrant der Typ sie zum Mitfahren bewegen wollte – überaus verdächtig. Außerdem sehe dieser Tim Cole einer der Phantomzeichnungen verdammt ähnlich. Damit hat Rosana ihren Chef überzeugt: Tim Cole soll überprüft werde – allerdings so, dass er vorerst keinen Verdacht schöpft. Was sie jetzt dringend bräuchten, wäre ein Foto von ihm, das sie Michele, dem letzten Opfer, das er – na gut, *mutmaßlich* er – vergewaltigt hat, zur Identifizierung vorlegen könnten. Das Problem ist, dass Tim Cole polizeilich noch nie zuvor aufgefallen ist; er hat keine Akte, die ihnen den Gefallen täte, ein Bild auszuspucken. Was es allerdings gibt: einen Polizeibericht von vor einigen Monaten. Damals, im Januar, hat Tim Cole Anzeige erstattet, nachdem er nach einer Party überfallen und bestohlen worden war. Unter dem Vorwand, es gäbe Neuigkeiten, den Überfall betreffend, werden zwei Beamte zu Tims Adresse geschickt. Man habe einen Verdächtigen, aber dem müssten sie – um die ganze Sache zu verifizieren – ein Foto von Tim vorlegen. Ob sie wohl schnell ein Polaroid schießen dürften? – Na, klar. Tim lächelt auf dem Bild sogar.

Noch am selben Tag besuchen die Beamten auch Michele in deren Wohnheim. Sie haben die Fotos mehrerer Männer dabei und die gute Nachricht, dass man davon ausgehe, ihr Vergewaltiger sei unter ihnen. Die Fotos sämtlicher Männer: typische Mugshots. Nur eins sticht auffällig heraus: das Polaroid von Tim Cole. Michele zögert. Zögert. Die Blicke der Beamten: erwartungsvoll. Michele tippt vorsichtig auf das Bild von Tim Cole. »Ich denke, das ist er.«

Nein, sagt Tim bei seiner Verhaftung. Er sei das nicht gewesen, das schwöre er. Er sei kein Vergewaltiger. Er kenne Michele nicht mal, er habe sie noch nie gesehen. Und in der Nacht, in der sie vergewaltigt wurde, sei er zu Hause gewesen und habe gelernt. Sein Bruder Reggie könne das bezeugen. Und nicht nur der, denn Reggie habe an dem Abend Freunde zu Besuch gehabt, sie hätten in der Wohnung gefeiert. Ach, komm schon, Junge. Ob er einem Vergewaltigungsopfer unterstellen wolle, es hätte das Gesicht seines Peinigers vergessen? Tim wird angeklagt werden, ganz klar, aber vorerst darf er auf Kaution gehen. Seine Mutter Ruby reist nach Lubbock und holt ihn raus. Zusammen fliegen sie nach Hause, nach Fort Worth.

Am nächsten Morgen bekommt Ruby einen Anruf: Am Abend zuvor hat es in Lubbock wieder eine Vergewaltigung gegeben. Das tut Ruby leid, aber sie versteht nicht, was das mit ihrem Sohn zu tun haben soll, denn der hat zum Tatzeitpunkt mit ihr zusammen in einer Maschine der Delta Airlines nach Fort Worth gesessen. Unerheblich – es steht bereits in fetten Lettern in der Zeitung: Man habe den »Tech Rapist« gefasst, endlich. Für die Familie ist klar, dass Tim unschuldig ist; der ganze Zirkus: völlig unnötig, aber das wird die Polizei ja sicher bald selbst feststellen, wenn sie alles noch einmal genau überprüft hätte.

Ein Irrtum. 18 Monate später – im September 1986 – steht Tim wegen der Vergewaltigung von Michele vor Gericht. Man bietet ihm Bewährung an, doch er lehnt ab. Bewährung für was? Er hat nichts getan. Sein Anwalt argumentiert, dass es keine Beweise gegen Tim gebe. Die Zigarettenkippen? Absurd. Tim sei schwerer Asthmatiker und habe noch nie in seinem Leben auch nur eine einzige Zigarette geraucht. Auch seine Fingerabdrücke seien nicht in Micheles Wagen festgestellt worden, und ein Alibi für die Tatnacht habe er durch seinen Bruder Reggie und dessen Freunde auch. Die Staatsanwaltschaft kontert: Wer würde einem Familienmitglied kein Alibi verschaffen, wenn es um 25 Jahre Gefängnis geht? Man hält eben zusammen, das ist doch ganz offensichtlich. Abgesehen davon hat die Staatsanwaltschaft den überzeugendsten aller Beweise: die Identifizierung durch eine Augenzeugin, durch das Opfer selbst – Michele. Im Zeugenstand wird sie erneut gefragt: »Haben Sie den Angeklagten identifiziert, als man Ihnen die Fotos vorlegte?« Michele antwortet: »Ich habe gesagt, ich denke, dass er es ist.« Genug, um die Jury zu überzeugen. Ein Opfer würde niemals das Gesicht des Menschen vergessen, der ihm Leid angetan hat. Und selbst wenn die Geschädigte in diesem Moment etwas unsicher wirken sollte, dann hat das möglicherweise weniger mit ihrer Überzeugung zu tun als mit der strapaziösen Situation, noch einmal im Detail von der Tat zu berichten, während alle Augen – vor allem auch die des Täters – auf sie gerichtet sind. Eine Augenzeugin kann sich nicht irren, niemals, nein.

Wirklich nicht?

Forscher haben herausgefunden, dass sage und schreibe 75 Prozent aller Verurteilten entlastet werden können, wenn der Identifizierung durch Augenzeug*innen DNS-Beweise entgegengesetzt werden. DNS-Beweise, die allerdings in den 1980er-Jahren aufgrund der fehlenden technischen Möglichkeiten noch nicht zu erbringen sind. Dr. Gary Wells, Psychologieprofessor an der Iowa State University, beschäftigt sich seit Jahrzehnten mit der Problematik der Augenzeugen-Identifizierungen. Er hält es für desaströs, wenn die Polizei bei der Identifizierung von vornherein den Eindruck vermittelt, dass der Täter oder die Täterin sicher unter den präsentierten Personen sei. Er sagt: »Die Tendenz der Zeug*innen geht dann dahin, die Person auszuwählen, die dem Täter oder der Täterin schlichtweg am ähnlichsten sieht.« Laut Wells müsse das Vorgehen »doppelblind« sein: Auch die Beamt*innen, die die Identifizierung betreuen, sollten im Vorfeld nicht wissen, welches Foto den oder die wahre Verdächtige zeigt. Anders würden sie – wenn auch unbewusst – immer eine Reaktion vorgeben – ein Lächeln, ein Nicken, irgendeine bestätigende oder ablehnende Gestik oder Mimik, die den Zeugen oder die Zeugin in eine vorgefertigte Richtung navigiert.

Es sieht schlecht aus für Tim Cole, das zeichnet sich im Prozess schon früh ab. Er ist schwarz, das Opfer weiß, und das in einem Fall, der sich in Lubbock zugetragen hat, einer Stadt, über der bisweilen noch immer ein Schatten der bis 1917 geltenden Rassentrennungspolitik liegt. Im Osten und Norden lebt die afroamerikanische Bevölkerung, im Süden und Westen die weiße. Erst im Jahr 2006 wird die Verordnung über die räumliche Trennung in Lubbock offiziell aufgehoben werden. Bis dahin werden die Menschen selbst für eine Aufweichung der Grenzen gesorgt haben, wird es nicht mehr unüblich sein, dass Kinder aller Hautfarben dieselbe Schule und Studenten jeglicher ethnischen Herkunft die Universität besuchen.

Aber noch haben wir 1986. Haben wir mit Tim Cole einen Afroamerikaner, der einer Jury gegenübersteht, die sich aus neun weißen Männern und drei weißen Frauen zusammensetzt. Zudem ist die Ex-Frau eines Jurymitglieds erst kürzlich zum Opfer eines sexuellen Übergriffs geworden; der Mann ist wütend und sensibilisiert. Der Staatsanwalt präsentiert Michele als unfehlbare Zeugin und die, die Tims Alibi bestätigen, als Lügner.

Tims Anwalt, Mike Brown, sieht nur noch eine Chance, um wenigstens Zweifel zu säen: ein anderer Verdächtiger. Der Name, den er dabei fallen lässt, lautet Jerry Wayne Johnson. Ein junger Mann, der seit zwei Monaten im Gefängnis sitzt, während gegen ihn der Vorwurf einer Vergewaltigung geprüft wird. Johnson soll im vergangenen Juli nach einer Party eine junge Frau vergewaltigt haben. Brown bringt sogar ein Foto von Johnson mit. Es zeigt einen Mann von mittlerer Statur und mit kurzen, lockigen Haaren, so wie ihn Michele beschrieben hat. Außerdem ist Johnson starker Raucher. Doch Brown kommt nicht weiter dazu, auf den anderen Mann einzugehen, denn der Richter spricht ein Verbot aus: Johnsons Name soll im Prozess nicht fallen – keine Tricks, Herr Anwalt. Die Jury wird angewiesen, Browns Einwurf zu ignorieren. Und das tut sie.

Nach sechs Stunden Beratung befinden sie Tim Cole der Vergewaltigung an Michele für schuldig. Das Urteil: 25 Jahre Gefängnis. Tim bricht in Tränen aus, als er das Strafmaß hört. Er sackt von seinem Stuhl auf den Boden des Gerichtssaals. Seine Mutter Ruby stürzt zu ihm; man lässt sie gewähren. »Mein Sohn, ein 26-jähriger Mann, lag in den Armen seiner Mutter«, wird sie sich später an den Moment erinnern. »Das war alles, was ich für ihn tun konnte. Und es war das letzte Mal, dass ich mein Baby so halten konnte.« Dann wird Tim abgeführt und zum Gefängnis gefahren.

Es ist kaum zu ertragen. Das Schluchzen, jede Nacht. Wie es sich zwischen den Gitterstäben hindurchdrängt, an den dicken kalten Wänden abprallt, den gesamten Trakt mit Echos schwemmt. Tränen, die anscheinend einfach nicht versiegen wollen. Der Junge tut ihm leid. Er hat dessen Geschichte über die Zeitungen mitverfolgt, das war schon unangenehm genug. Aber dass er auch noch ausgerechnet *hier* landen musste, im selben Gefängnis, in einer nahe gelegenen Zelle im selben Trakt. Ist das Zufall? Ein Zeichen? Eine Prüfung?

Er würde ja, aber er kann nicht. Er muss erst seinen eigenen Prozess abwarten, immerhin geht es bei ihm um die Todesstrafe. Er hat es schon zu oft getan, hat seinem Trieb nachgegeben, wieder und wieder, immer ein Stückchen weiter in Richtung Abgrund, bis er in diesem Moment seines Lebens direkt in ihn hineinblickt und unter seinen Füßen bereits lockeres Geröll spürt. Wenn er jetzt das Gleichgewicht verliert, dann ist es vorbei. Ich werde mich darum kümmern, Junge, verspricht er ihm stumm, und reibt sich die eigenen Tränen aus dem Gesicht.

Du hast es versaut, Jerry Wayne Johnson, so richtig versaut.

Geboren 1959, ist er kaum älter als der Junge, dessen Weinen er jede Nacht hört. Doch ihre Geschichten unterscheiden sich gravierend. Er wuchs in Lubbock auf, in einem verarmten Viertel im Osten, zwischen brachliegenden Feldern und baufälligen Häusern. Seine Urgroßmutter kümmerte sich um ihn, dabei lebten auch die anderen in der Nähe, seine Mutter, seine Oma, sein Vater. Manchmal stand er draußen am Zaun, der das Haus seines Vaters von der Straße abtrennte, und blickte sehnsüchtig hindurch. Aber er wusste, dass er hier nicht erwünscht war; die neue Frau seines Daddys würde ihn vertreiben, wenn sie mitbekäme, dass er sich schon wieder hier herumtrieb. Zu seiner Mutter und seiner Großmutter hatte er Kontakt, aber auch sie schienen ihn nicht zu wollen, sonst hätten sie ihn nicht bei der Urgroßmutter abgesetzt. Er liebte sie trotzdem, alle. 1971, da war er gerade mal zwölf, erschoss seine Mutter einen ihrer Freunde, der sie mit einem Billardqueue angegriffen hatte. Notwehr, zehn Jahre auf Bewährung. Er sehnte sich nach Normalität, machte immer wieder Ansätze in diese Richtung, aber nichts gelang. Die Highschool: abgebrochen. Irgendwie hielt er sich trotzdem über Wasser, suchte sich Arbeiterjobs, Stellen für Leute, die keine Angst hatten, sich die Hände schmutzig zu machen. Er heiratete sogar und bekam mit seiner Frau zwei Kinder. Aber nie war irgendetwas von Dauer, nie – so schien es ihm – schaffte er es, sich irgendetwas zu bewahren. Nur über die Mädchen, die jungen Frauen, über die hatte er die Kontrolle, die er sonst vermisste. War es das? Hatte er sie sich deswegen geholt und all diese Dinge mit ihnen gemacht? Darüber will er nicht nachdenken. Kann er auch nicht, denn in seinem Kopf spukt nur noch der Junge herum, den er jede Nacht weinen hört. Eines Tages, Junge, versprochen …

Tim beschließt, sich zusammenzureißen. Keine Tränen mehr. Was hat er seinen Geschwistern und den Kindern in der Nachbarschaft früher immer eingetrichtert? Man kann alles schaffen, was man will, wenn man nur fest genug an sich glaubt und bereit ist zu kämpfen. Seiner Schwester Karen, die Jura an der Texas Tech studiert und nach seinem Gerichtsprozess am liebsten alles hinschmeißen will, schreibt er: »Tu das nicht. Ich glaube immer noch an das Rechtssystem, auch wenn es nicht an mich glaubt.« Und an seine Mutter verfasst er folgende Zeilen: »Ich möchte vollständig entlastet werden, um eine Begnadigung vom Gouverneur von Texas zu erhalten, die ich dann an einer Wand in meinem zukünftigen Büro anbringen werde.« Sie alle sollen stark sein und bleiben, fordert er von seiner Familie. Seine Geschwister sollen fleißig lernen und aufs College gehen. Vor allem aber soll sich niemand um ihn sorgen. »Bewahrt euch euren Glauben und vergesst nie, wie sehr ich euch liebe.«

Sie schicken ihm Briefe und Fotos, aufgenommen bei ihren Schulabschlussfeiern, Fotos, wie sie heiraten, Fotos ihrer neugeborenen Babys, seiner Nichten und Neffen. Kein einziges hängt er in seiner Zelle auf, denn er weigert sich, sich dort häuslich einzurichten. Er schreibt Kommentare auf die Rückseiten und schickt die Bilder dann zurück. Tim kämpft. 1991 – fünf Jahre nach seiner Inhaftierung – kann er in Berufung gehen, doch das Gericht entscheidet, dass seine Verurteilung bestehen bleibt. Die Justiz ist davon überzeugt, dass er der »Tech Rapist« ist – seltsam nur, dass der »Tech Rapist« neben Michele noch vier weitere Frauen vergewaltigt hatte. Vier weitere Vergehen, für die Tim jedoch nicht angeklagt wird, die als offene Fälle weitergeführt werden.

1992 darf Tim bei der Bewährungsbehörde vorsprechen. Dabei wird er gefragt, ob es ihm leidtue, was er getan habe. Tim antwortet: »Ich habe nichts getan.« Die Bewährung wird ihm verweigert. All seine Hoffnung setzt er jetzt auf die neu entwickelte DNS-Technologie, denn der Täter hatte sein Sperma und einige Schamhaare an Micheles Unterwäsche hinterlassen. *»Liebe Mutter«*, schreibt er 1993 in einem Brief an Ruby. *»Es ist ganz klar, dass der nächste Schritt ein DNS-Test sein sollte … Dieser DNS-Test wird zu meinen Gunsten ausfallen.«* Doch trotz seines engagierten Anwalts gelingt es Tim nicht, einen DNS-Test durchzusetzen. 1996 wird ihm erneut der Antrag auf Bewährung abgelehnt. Aufgeben will er trotzdem nicht.

Er träumt von der Begnadigung durch den Gouverneur und von einer finanziellen Entschädigung für die vielen Jahre, in denen er unschuldig im Gefängnis gesessen hat. Von dem

Geld würde er für sich und seine Familie ein schöneres Haus kaufen, das er dann am liebsten nie mehr verlassen will, außer, um einkaufen zu gehen. Er möchte zu Hause sein, einfach nur gut essen, ein bisschen trainieren und tun, was ihn glücklich macht – so zumindest formuliert er es in einem weiteren Brief an seine Mutter. Er scheint zu spüren, dass es genau das wäre, was er jetzt bräuchte. Die Bedingungen im Gefängnis – der Staub, die Hitze, die schlechte Belüftung – tun ihm nicht gut; sein Asthma verschlimmert sich. Zweimal wird er ohnmächtig in seiner Zelle aufgefunden und als Notfall auf die Krankenstation gebracht. Wenn seine Familie ihn besucht, gibt er sich tapfer. Sie sollen sich keine Sorgen machen. Nur seine Briefe enthüllen ansatzweise, wie er sich wirklich fühlt, wenn er schreibt: »Wie weit muss dieser Justizirrtum noch gehen, bis ich endlich meine Unschuld beweisen kann?«

Jahre vergehen, 21 seit Tims Inhaftierung. Es ist das Muttertags-Wochenende im Mai 2007. In Fort Worth erledigt Ruby gerade den Abwasch, als Tims Bruder Rodney zu ihr in die Küche kommt, mit der Post, die er eben aus dem Briefkasten gefischt hat. Da sei ein Brief dabei, adressiert an Tim, teilt er Ruby mit. »Na, mach ihn auf«, sagt seine Mutter. Rodney tut, wie ihm geheißen – und ist fassungslos. »Da spielt uns jemand einen kranken Streich«, erklärt er Ruby und reicht den Brief an sie weiter.

»Lieber Mister Cole«, ist darin zu lesen. *»Mein Name ist Jerry Wayne Johnson. Ich sitze momentan in Texas im Gefängnis. Vielleicht sagt Ihnen mein Name noch etwas, von Ihrem Gerichtsprozess wegen der Vergewaltigung damals in Lubbock. Ihr Anwalt versuchte zu beweisen, dass ich die Vergewaltigung begangen hatte. Seit 1995 habe ich versucht, mit Ihnen in Kontakt zu treten, weil ich gestehen möchte, dass tat-*

sächlich ich es war, der die Vergewaltigung zu verantworten hat, für die Sie fälschlicherweise verurteilt wurden. Es muss doch möglich sein, dass ein schriftliches Geständnis meinerseits und die Durchführung eines DNS-Tests Sie von den Vorwürfen entlasten, Sie folglich aus der Sexualstraftäter-Datenbank entfernt werden und zudem eine Entschädigung für die Zeit erhalten, in der sie zu Unrecht im Gefängnis saßen. Falls dieser Brief Sie erreicht, melden Sie sich bitte bei mir, damit wir die nächsten Schritte besprechen und die Dinge in Gang setzen können. Was auch immer nötig ist – ich bin bereit, es zu tun. Hochachtungsvoll, Jerry Wayne Johnson.«

Er hatte abgewartet. Zuerst seinen eigenen Prozess im Jahr 1988, der mit der Todesstrafe hätte enden können. Es ging um den Fall der jungen Frau, die er im Juli 1986 nach einer Party vergewaltigt hatte, und um ein 15-jähriges Mädchen, das er im Oktober 1986 entführt und ebenfalls vergewaltigt hatte. Dessen hatte man ihn für schuldig befunden und zu lebenslanger Haft verurteilt, die er seitdem in Snyder, Texas, absitzt. Aber Jerry Wayne Johnson wollte kein Risiko eingehen. Lieber wartete er noch etwas länger ab, bis schließlich auch die Vergewaltigung von Michele verjährt war. Neun Jahre, von 1986 bis 1995. Dann war er sicher, dann konnte er das Versprechen einlösen, das er Tim damals im Stillen gegeben hatte. Auf die Frage nach seiner Motivation, die die Journalistin Beth Schwartzapfel ihm im Rahmen eines Interviews später stellen würde, würde er antworten: »Es gibt viele Menschen, die ein falsches Leben führen; alles, was sie tun, ist eine Lüge. Da ist niemals auch nur die Spur von Aufrichtigkeit. Manche von ihnen gehen so auch in den Tod. Aber ich möchte nicht irgendwann so sterben.«

Also stellte Johnson 1995 einen Antrag an das Gericht:

Man solle ihm einen Anwalt schicken, damit er gestehen könne. Eine Kopie dieses Antrags schickte er auch an den Bezirksstaatsanwalt. Eine Antwort darauf bekam er nicht. Er schrieb einen weiteren Brief an das Gericht, seinen vorigen Antrag begründend: »Richter, ich glaube, ich habe hier ein wichtiges Thema, dessen sich das Gericht dringend annehmen sollte. Sicherlich würde der Verurteilte wollen, dass sein Name reingewaschen wird.« Diesmal erhielt er eine Antwort auf seinen Antrag: keine Erklärung, nur der Stempel mit dem Wort »Abgelehnt«. Weitere Briefe, an Zeitungsredaktionen, Rechtsprofessoren, private Ermittlungsfirmen, das »Texas Innocence Project«. Doch zunehmend frustriert verlor er sich auch zunehmend in Hetztiraden über die Ignoranz des Justizsystems, was zur Folge hatte, dass man seine Briefe aufgrund des wütenden Tons schon nach dem Lesen weniger Worte nicht mehr ernst nahm.

Erst 2007 hatte er, nach allen anderen vergeblichen Versuchen, die Adresse von Tims Familie herausgefunden, und schrieb den Brief, den Tims Mutter Ruby nun in den Händen hält. Und den sie wiederum, nachdem sie den ersten Schock verkraftet hat, nun an genau die Zeitung weiterleitet, die Tim damals als den »Tech Rapist« in die Schlagzeilen gebracht hatte. Es folgt ein Zeitungsartikel, in dem von dem Brief und gleichermaßen von der Hoffnung der Familie berichtet wird, dass der Verfasser Tim möglicherweise entlasten kann.

Auch er – Jerry Wayne Johnson – liest diesen Artikel in seiner Zelle – und ist seinerseits fassungslos. Denn ebenfalls zu lesen in dem Artikel ist, dass Tim Cole bereits im Dezember 1999 im Alter von 39 Jahren verstorben sei – im Gefängnis, nachdem sein Herz während eines schweren Asthmaanfalls aufgehört hatte zu schlagen. Johnson kann es nicht glauben, er liest den Artikel wieder und wieder. Tim Cole ist tot. Für die Öffentlichkeit ist er als verurteilter Vergewaltiger gestorben.

Tim bekommt es nicht mehr mit, wie sein jüngster Bruder Corey das »Innocence Project« wegen eines Anwalts mobil macht, der Johnsons Geständnis aufnimmt. Wie der öffentliche Druck auf das Büro der Staatsanwaltschaft zunimmt, die nun einen DNS-Test mit Johnson durchführt und die Ergebnisse mit den 1986 gesicherten Spuren nach der Vergewaltigung an Michele abgleicht. Bekommt nicht mit, wie sein Fall wieder aufgenommen wird und im Februar 2009 der Richter offiziell verkündet: »Ich befinde, dass Tim Cole hiermit von jeglicher Schuld im Zusammenhang mit dem sexuellen Übergriff auf Michele Murray Mallin entlastet wird. Sein Ruf wurde zu Unrecht zerstört.« Er ist nicht dabei, als seine Familie und Michele, die Frau, die ihn irrtümlicherweise als Täter identifiziert hat, sich weinend in den Armen liegen, weil Menschen Fehler machen, und Tim – da sind sich seine Angehörigen ganz sicher – gewollt hätte, dass sie Michele vergeben. Er ist nicht dabei, als im März 2010 der Gouverneur von Texas im Konferenzsaal eines Hotels in Fort Worth eine Zeremonie abhält, bei der er Tim vor der Presse offiziell als begnadigt bestätigt und sich im Namen des Staates bei der Familie Cole für das Versagen des Justizapparates entschuldigt. Wie der Gouverneur dabei aus der Bibel zitiert und schlussendlich vor den klickenden Fotoapparaten und den laufenden Fernsehkameras Mutter Ruby umarmt.

Sie wiederum nimmt die Entschuldigung und das offizielle Dokument zu Tims Begnadigung mit düsterer Miene entgegen – so, als ahnte sie bereits, dass derselbe Gouverneur nur kurze Zeit darauf erneut vor die Fernsehkameras treten und sein Vertrauen in das texanische Justizsystem bekräftigen wird. Nein, er habe noch keine schlaflose Nacht verbracht beim Gedanken daran, dass ein unschuldiger Mensch verurteilt werden könnte. Immerhin seien während seiner Amtszeit 56 Personen entlastet worden. Aus seiner Sicht zeige das kein Problem im System auf, sondern belege im Gegenteil, wie gut es funktioniere. Kein Wort davon, dass diese entlasteten Personen zuvor Jahre, manchmal gar Jahrzehnte lang unschuldig im Gefängnis, teils sogar im Todestrakt, gesessen hatten. Kein Wort davon, dass seit 1989 insgesamt über 2.600 Menschen entlastet werden konnten[6], nachdem sie zusammengenommen fast 24.000 Jahre inhaftiert gewesen waren. 24.000 verschwendete, geraubte Jahre. Kein Wort über weitere Statistiken, die besagen, dass von hundert zum Tode Verurteilten aller Wahrscheinlichkeit nach vier unschuldig sind, und doch nur zwei rechtzeitig vor der Vollstreckung des Urteils entlastet werden können. Dass nicht nur Augenzeugenidentifizierungen und falsche Beschuldigungen unter Zivilpersonen zur Verurteilung von Unschuldigen führen, sondern auch fehlerhaft geführte Ermittlungen und Prozesse.

Kein Wort darüber, dass der Fall Tim Cole womöglich auch noch ein anderes Problem aufzeigt, das beschämend ist für das 21. Jahrhundert: Wenn es um Mord geht, werden Schwarze mit einer siebenmal höheren Wahrscheinlichkeit zu Opfern von Fehlurteilen und verbringen im Schnitt drei Jahre länger in Haft. Bei Drogendelikten ist die Wahrscheinlichkeit zwölfmal höher, bei Vergewaltigungen 3,5mal. Dabei sitzen Unschuldige bis zu viereinhalb Jahre länger im Gefängnis, bevor sie schließlich entlastet werden, was in den meisten Fällen durch DNS-Beweise gelingt. Aber auch hier gilt es, einer unbequemen Wahrheit ins Auge zu blicken. Denn wo zum Beispiel bei Vergewaltigungen und Morden oft DNS-Spu-

6 Stand heute

ren gesichert werden können, gibt es in zahlreichen anderen Fällen – wie beispielsweise bei Raubüberfällen, Schießereien oder Drogendelikten – eben kein analysierbares Material. Und das bedeutet, dass die reelle Zahl an zu Unrecht Verurteilten möglicherweise noch um einiges höher ist. Viele von ihnen gestehen schließlich doch noch das Verbrechen, das sie niemals begangen haben, um einen Deal auszuhandeln oder Bewährung zu erhalten. Lieber deklarieren sie sich als schuldig als ein Leben lang eingesperrt.

Ein fauler Kompromiss, der für Tim Cole nie in Frage kam. Er ist der erste Mensch in der Geschichte von Texas, der posthum begnadigt wurde. *Posthum* – das ist das Schlüsselwort. Denn so unbegreiflich es schon ist, dass ein unschuldiger Mensch überhaupt im Gefängnis landen kann, hat Tim selbst nichts mehr von seiner Begnadigung. Und das System hat nicht nur an ihm versagt, sondern auch an Jerry Wayne Johnson, der über Jahre hinweg versucht hat, sein Verbrechen zu gestehen, und nicht angehört wurde. Zur Erinnerung: Bereits 1995 – vier Jahre vor Tims Tod – hatte Johnson das Gericht darum gebeten, ihm einen Anwalt zu schicken, der sein Geständnis aufnähme. Wäre Tim noch am Leben, wenn man seinen Fall früher wieder aufgerollt hätte und er den seinen Gesundheitszustand verschlimmernden Bedingungen im Gefängnis dadurch früher entkommen wäre? Man wird es nie erfahren – aber es könnte eben doch ein Gedanke sein, der nicht nur einen Gouverneur nachts um den Schlaf bringen sollte.

Tims jüngster Bruder Corey, der mittlerweile Vize-Präsident des »Innocence Project« in Texas ist und sich in dieser Funktion um Fälle wie Tims kümmert, bringt Gesprächspartner*innen oft zu einem ganz speziellen Ort: zu Tims

Grab auf dem Mount Olivet Cemetery in Fort Worth. Corey nennt diesen Ort »Reality of Finality«, die Realität der Endgültigkeit. Tim hatte niemals Kinder, konnte die Schule nicht beenden oder heiraten – viele Dinge, die wir gemeinhin für selbstverständlich halten. Für ähnlich selbstverständlich wohl wie auch ein funktionierendes Justizsystem. Dass Tim trotz allem nie aufgab und sich seinen Glauben bewahrte – das sei sein Vermächtnis, sagt Corey. Ein starkes und wichtiges Vermächtnis, das zu Veränderungen führte.

Da ist zum einen der »Timothy Cole Act«, der eine Entschädigungszahlung von 80.000 Dollar pro unschuldig verbrachtem Gefängnisjahr vorsieht. Zudem hat die texanische Legislative das »Timothy Cole Advisory Panel on Wrongful Convictions (TCAP)« ins Leben gerufen, um bisherige Fehlurteile näher zu untersuchen und Methoden zu entwickeln, rechtswidrige Verurteilungen in Zukunft zu verhindern. Und das ist nicht alles: Tims Geschichte gab den Auslöser, dass die Strafverfolgungsbehörden ihre Praktiken bei der Identifizierung durch Augenzeugen reformiert haben. Auch in den Medien entbrannte eine selbstkritische Diskussion darüber, wie eklatant eine Vorverurteilung sein kann, und dass Briefe, die aus Gefängnissen kommen, manchmal eben doch einen genaueren Blick erfordern. Denn nicht zwangsläufig steckt hinter dem Absender ein gelangweilter Irrer – vielmehr könnte es auch ein zu Unrecht Verurteilter sein, der dringend Hilfe braucht, oder ein Geständiger, der etwas wiedergutmachen will.

Corey ist stolz auf dieses Vermächtnis, dennoch kommen ihm auch über 20 Jahre nach Tims Tod noch die Tränen, wenn er über seinen Bruder spricht. Tim, der ihm beigebracht hat, wie man sich die Schuhe zubindet. Tim, der sie alle so viel gelehrt hat, über Träume, Ziele und Menschlichkeit. Nach seinem Tod, so erzählt Corey in einer Dokumentation von 2015, habe die Familie einen Schuhkarton aus dem Gefängnis erhalten. Darin stapelweise Belege und Spendenquittungen für gemeinnützige Projekte und christliche Einrichtungen, die Tim mit seinen Ersparnissen aus Zeiten seiner Tätigkeiten bei der Army unterstützt hat. Von ehemals 14.000 Dollar war zum Zeitpunkt seines Todes bis auf sechs Dollar und ein wenig Kleingeld nichts mehr übrig. So sei er gewesen, sagt Corey. Das sei die Person gewesen, die das System habe sterben lassen. Ein Mensch, dessen eigene Hilflosigkeit ihn nicht davon abgehalten habe, sich um andere zu kümmern.

Neben der öffentlichen Entschuldigung, die der Gouverneur bei Tims Begnadigungszeremonie ausgesprochen hat, hat seine Familie eine Entschädigungszahlung über rund eine Million Dollar erhalten. Eine Summe, die nicht annähernd genug erscheint für so viele zerstörte Leben. Schon gar nicht in einem Land, in dem ein Gericht in Albuquerque einen Fast-Food-Riesen einmal zu einer Entschädigung von über drei Millionen Dollar verpflichtet hat, nachdem sich eine 79-jährige Kundin Verbrennungen durch einen zu heißen Kaffee zugezogen hatte – ein Vergleich, der die tatsächlich nicht unerheblichen gesundheitlichen Folgen für die Kundin nicht schmälern soll, aber dennoch die Frage aufwirft, wie ein persönliches Leid bemessen wird.

In Lubbock, der Stadt, in der Tim verhaftet und verurteilt wurde, hat man eine fast vier Meter hohe Statue errichtet. In Bronze gegossen steht dort Tim – ordentlich gekleidet in Hemd und Pullover, ein paar Bücher im rechten Arm, den Blick fest zum Campus der Texas Tech gerichtet. Ein überlebensgroßes Mahnmal. Eine Erinnerung daran, dass Justitia die Augen besser in alle Richtungen weit offen halten sollte.

Mein Tagebuch: Differenzieren. Ein Gespräch mit dem System

Es geht um Differenzierung, ganz klar. Der Abgrund in einem einzelnen Menschen, der Abgrund in einem ganzen System – Dinge, die geschehen *können*. Dabei ist es wohl immer leicht, von der Couch aus oder am Stammtisch zu schimpfen; es ist leicht, mit der Faust auf die Tischplatte zu dreschen, Fehler in Grundsätzlichkeiten umzumünzen, und denen, die für das System stehen, mutwillige Ignoranz zu unterstellen. Es ist leicht und in einigen Fällen sogar verständlich, in anderen aber nicht weniger ungerecht als die Tatsache, dass eine Familie wie Phoebes eine Polizeiermittlung als abgeschlossen hinnehmen muss, obwohl so viele Fragen offengeblieben sind. Oder wie die Tatsache, dass mit Tim Cole ein unschuldiger Mann im Gefängnis gestorben ist. Ich beschließe, dass ich auch die andere Seite kennenlernen will, die Gedankenwelt derer, die im Dienst des Systems stehen.

Ein Gespräch mit …

Corinna Sassenroth
Jugendrichterin am Amtsgericht Berlin-Tiergarten. Im Dienst seit 1993, anfänglich Erwachsenenstrafrecht, inzwischen Jugendrecht

Richterin X
OLG-Bezirk Bayern, 1. Instanz, möchte anonym bleiben. Im Dienst seit Ende der 80er Jahre, anfänglich Strafrecht, langjährig im Familienrecht

Thomas Ebner
Polizeihauptkommissar Polizeiinspektion Landshut. Im Dienst seit 1981

Prof. h.c. (UTP del Perú) Dr. Ingo Bott
Fachanwalt für Strafrecht, Inhaber ›Plan A – Kanzlei für Strafrecht‹, Düsseldorf, Ehrenprofessor der Universidad Tecnológica del Perú für Strafrecht, Wirtschaftsstrafrecht und Compliance, Autor von Sachbüchern und Romanen. Tätig als Anwalt seit 2012

Wie definieren Sie den Begriff »Gerechtigkeit«?

Richterin Sassenroth: Der Begriff »Gerechtigkeit« bedeutet für jeden etwas anderes; er definiert sich sehr stark aus der persönlichen Lebens- und Erfahrungssituation heraus. Wie ich den Begriff als Richterin auffassen muss, ist in unseren Gesetzen geregelt – allerdings mit genügend Spielraum, den ich auch gerne in Anspruch nehme. Für mich ist es wichtig, eine Mitte zu finden, wo Opfer sich aufgehoben fühlen, und gleichzeitig Täter*innen eine Chance zur Resozialisation bekommen. Ich halte nichts davon, jemanden ohne Konzept wegzusperren. Das ist auch ein Grund, warum ich vom Erwachsenenstrafrecht zum Jugendstrafrecht gewechselt habe: Ich möchte etwas bewirken. Bei Jugendlichen geht das in vielen Fällen noch sehr gut, bei Erwachsenen ist der Zug häufig leider schon abgefahren. Das fühlte sich für mich oft unbefriedigend an.

Richterin X: Als Richterin vermeide ich den Begriff »Gerechtigkeit« und ersetze ihn lieber durch den Ausdruck »maximale Fairness«. Das erscheint mir leistbarer in Anbetracht dessen, dass man zwei verschiedene Parteien mit unterschiedlichen Ausgangssituationen, Biografien und Anliegen oft auf »subjektive Wahrheiten« fixiert. Aber man kann die Menschen annähern und ihnen gegenseitige Augenhöhe verschaffen. Was ich nicht könnte, wäre, in einem Schwurgericht zu arbeiten. Ich persönlich sehe mich nicht dazu in der Lage und bin deshalb auch nicht bereit, über Mord und Totschlag zu entscheiden oder mir die Bilder der Opfer anzuschauen. Genauso wenig könnte ich einen Menschen zu lebenslanger Haft verurteilen – auch wenn die Strafe gerechtfertigt wäre. Ich fand es schon im Jugendstrafrecht schwierig, einen jungen Menschen ins Gefängnis zu schicken. Mal zwei Wochen Arrest, das hält jeder aus – doch eine Strafe über Jahre ist ein Eingriff in ein fremdes Leben, den ich persönlich nicht vornehmen möchte. Ähnlich schwer habe ich mich mit Freisprüchen in dubio pro reo getan. Ein Freispruch wegen Unschuld – wunderbar. Hingegen ist es sehr belastend, wenn man jemanden gehen lassen muss, weil es für den Nachweis nicht gereicht hat, es aber dennoch zahlreiche Indizien gibt, oder weil Aussage gegen Aussage stand. Ein Röntgenblick steht mir nicht zur Verfügung.

Polizeihauptkommissar Ebner: Unter »Gerechtigkeit« verstehe ich Gleichberechtigung, Gleichbehandlung und den gleichen Maßstab für alle, ohne Ansehen der Person. Als Polizeibeamter sehe ich mich sowohl im privaten als auch im dienstlichen Bereich an die geltenden Gesetze gebunden, was die verbreitete Einstellung »Auge um Auge, Zahn um Zahn« nicht zulässt.

Strafverteidiger Dr. Bott: »Gerecht« ist für mich eine Lösung, mit der Menschen, die an einem Konflikt beteiligt sind, gut leben können. Als Anwalt und als Privatperson mache ich dabei keinen Unterschied. Wenn ich einen Menschen verteidige, setze ich mich authentisch und nach allen Kräften für ihn ein. Das heißt nicht, dass ich immer uneingeschränkt Verständnis dafür habe, was die betreffende Person getan hat. Ich finde allerdings schon, dass man jeden Menschen anhören und ihm eine faire Chance geben sollte.

Stichwort »Fehler im System«, sei es hinsichtlich polizeilicher Ermittlungsarbeit oder in Bezug auf Fehlurteile des Gerichts. Aus den USA hören wir öfter von derlei Fällen. Wie sehen Sie die Lage für Deutschland?

Richterin X: In den USA werden Staatsanwälte und Richter politisch besetzt, das heißt: Ein Urteil entscheidet nicht nur über die Zukunft eines Angeklagten, sondern möglicherweise auch über die eigene Karriere. Hinzu kommt das Geschworenensystem, das ich für problematisch halte. Als Laie ist man doch gar nicht in der Lage, seine privaten Ansichten dabei zurückzuhalten. Vorsichtig formuliert ist hier leider auch oft ein Gruppendenken erkennbar. Ich spreche bewusst nicht von Rassismus, aber die Tatsache, dass in den USA in den Todestrakten überproportional viele Schwarze sitzen, entspricht einfach nicht der Wirklichkeit einer Gesellschaft. Dahinter muss also definitiv etwas anderes stecken. Hier in Deutschland haben wir – anders als in den USA – die Unabhängigkeit der Richter*innen in Artikel 97, Absatz 1 im Grundgesetz festgeschrieben: »Die Richter sind unabhängig und nur dem Gesetze unterworfen.« Das gilt als Vorschrift seit Ende der NS-Zeit, zusammen mit der Gewaltenteilung, die das Fundament unserer funktionierenden Demokratie ist. Wir haben eine strikte Teilung zwischen Exekutive, Legislative und Judikative. Das heißt, sowohl von der Regierungsseite als auch von ausführender administrativer Seite darf uns – der Justiz – niemand reinreden. Zudem gibt es bei uns vor Gericht keine Unterscheidung bei Hautfarbe, Geschlecht oder Religion. Selbst Kolleg*innen, die politisch an einem anderen Ende stehen als ich, würden da nie einen Unterschied machen. Das ist unser Ethos, das ganz tief in uns verankert ist. Was meiner Meinung nach auch noch ein Grund ist, dass unsere Fehlerquote niedriger ist als in den USA, ist der beinhart umgesetzte Grundsatz »In dubio pro reo« – *Im Zweifel für den Angeklagten.* Selbst wenn mein persönlicher Eindruck manchmal dahin geht, dass ich einen Täter oder eine Täterin vor mir sitzen haben könnte, muss ich ihn oder sie – wenn die Beweise nicht ausreichen – freisprechen. Für die Opfer ist das furchtbar, aber es geht nicht anders. Daher glaube ich, dass es in Deutschland eher dazu kommt, dass eine schuldige Person freigesprochen wird, als dass eine unschuldige Person zu Unrecht verurteilt wird.

Polizeihauptkommissar Ebner: Grundsätzlich stellt sich ja zuerst einmal die Frage, wann ist etwas ein Fehler, und wer ist autorisiert, diesen Fehler endgültig festzustellen. Was ich kritisch sehe, ist, dass vorhandene Strafrahmen häufig so unterschiedlich ausgeschöpft werden, dass es zwangsläufig zu Verständnisproblemen kommt. Als Beispiel hierfür sehe ich insbesondere das Thema, dass Vermögensdelikte sehr häufig höher bestraft werden als sexueller Missbrauch oder Vergewaltigung.

Richterin Sassenroth: Manchmal ergibt sich aber auch leider die Situation, dass die Ermittlungsarbeit nicht ausreichend ist. Besonders schwierig wird es dann, wenn man nichts anderes hat als Augenzeug*innen. Man sagt nicht umsonst, dass Augenzeug*innen das unzuverlässigste Beweismittel sind, was es gibt. Das Gedächtnis kann einem Streiche spielen, sodass – unwissentlich – falsche Aussagen gemacht werden, die letztlich auch die falsche Person belasten können. Aber: Wenn es tatsächlich einmal zu einer ungerechtfertigten Verurteilung kommen sollte, dann besteht immer noch die Möglichkeit, dass der Fehler von einer weiteren Instanz korrigiert werden kann. Das ist in den USA zwar auch so, aber – wie die Kollegin sagt – kommen dort im Gegensatz zu uns auch politische Hintergründe und Gedanken an die eigene Karriere nicht unwesentlich zum Tragen. Nehmen wir zum Beispiel die Staatsanwaltschaft: In Amerika herrscht da ein enormer Erfolgsdruck; es ist sozusagen ein »Orden«, möglichst viele Verurteilungen erwirkt zu haben. Das ist mit der Situation bei uns nicht ansatzweise vergleichbar. Natürlich geht auch hier die Staatsanwaltschaft mit dem Ziel einer Verurteilung in ein Verfahren – klar, denn sie ist ja zunächst einmal von der Schuld der betreffenden Person überzeugt, sonst hätte sie die Anklage gar nicht erst geschrieben. Aber letztlich wäre jeder Staatsanwalt und jede Staatsanwältin neutral genug, festzustellen, die Beweislage reicht nicht aus, ich beantrage einen Freispruch. Grundsätzlich halte ich die Fehlerquote bei uns für deutlich geringer – allein schon, weil in Deutschland Berufsrichter mit der entsprechenden Aus- und stetigen Weiterbildung urteilen, und keine Laienrichter, wie es beim Jury-System in den USA der Fall ist.

Strafverteidiger Dr. Bott: Frau Sassenroth spricht hier einen wichtigen Punkt an. Nach dem deutschen Strafrecht ermitteln die Strafverfolgungsbehörden sowohl Be- als auch Entlastendes. Die Richter*innen selbst sind keine Partei. Ihren Optimismus, dass jede Staatsanwältin und jeder Staatsanwalt im Zweifel auch bereit ist, einen eigentlich greifbar verlorenen Fall auch sein zu lassen, teile ich allerdings nicht. Ein praktisches Beispiel gibt einer der von mir verteidigten Fälle: das sogenannte Loveparade-Verfahren. Hier hatte sich die Staatsanwaltschaft bei ihren jahrelangen Ermittlungen völlig verrannt, dann aber trotzdem verbissen an einer von vielen Seiten (nicht nur von der der Verteidigung) gescholtenen Anklage festgehalten – mit dem Ergebnis, dass sie genau diese Anklage nach eineinhalb Jahren Hauptverhandlung zurücknehmen musste. Das Ergebnis war eine Katastrophe: Die Angehörigen, die gehofft hatten, zu erfahren, warum ihre Kinder, Geschwister, Freunde bei der Tragödie der Loveparade 2010 ums Leben gekommen waren, wissen das bis heute nicht. Die Angeklagten mussten eineinhalb Jahre damit leben, dass die Staatsanwaltschaft ihnen die Schuld für den Tod von vielen Menschen gab – obwohl das einfach nicht stimmte.

Richterin Sassenroth: Sicherlich kommt es vor, dass manche Staatsanwälte oder Staatsanwältinnen sich in eine Sache verbeißen. Aber Gott sei Dank bildet auch das eine Ausnahme, und am Ende entscheidet ja das Gericht.

Was können wir tun – sowohl das System, sprich Polizei und Justiz, als vielleicht auch wir als Gesellschaft im Allgemeinen –, um zu verhindern, dass es zu Fehlern kommt?

Richterin Sassenroth: Ich denke, im Kern ist es schon mal wesentlich, Polizei und Justiz personell adäquat auszustatten, sodass es zeitnah zu den Verfahren kommen kann. Je länger sich ein Verfahren nämlich hinzieht, desto höher ist auch die Wahrscheinlichkeit, dass bestimmte Beweismittel unzuverlässig werden.

Polizeihauptkommissar Ebner: Bei Ermittlungen gegen einen vermeintlichen Täter muss offen in beide Richtungen ermittelt werden. Das heißt, wir als Polizei müssen sowohl Beals auch Entlastendes zusammentragen und dürfen uns nicht von vornherein auf eine Richtung versteifen. Eine Vorverurteilung durch die Medien darf weder in die Ermittlung noch in das spätere Urteil mit einfließen. Insbesondere bei Mehrfach- und Wiederholungstätern sollte der vorhandene Strafrahmen nach oben ausgeschöpft werden. Genau wie wir sollten aber auch die Medien einen offenen Blick behalten; eine fundierte Recherche muss wichtiger sein als eine möglichst reißerische Schlagzeile, die sehr leicht zu einseitiger Meinungsbildung und Beeinflussung der Allgemeinheit führen kann. Grundsätzlich sollten wir uns als Gesellschaft vor vorschnellen Urteilen hüten und bei unserer Meinungsbildung auch andere Ansichten berücksichtigen.

Richterin X: Das stimmt: Die Rolle der Medien ist nicht zu unterschätzen – insbesondere auch aufgrund ungenauen Sprachgebrauchs, wenn es um das Thema »Vorverurteilung« geht. Ein wichtiger Punkt wäre, dass die Medien lernen, nicht von »Täter*innen« zu schreiben oder zu sprechen, sondern bei dem Ausdruck »Verdächtiger« oder »Verdächtige« zu bleiben. Denn in dem Moment, wo man von »Tätern« spricht, suggeriert man den Bürger*innen bereits Schuld, was oft zu Unmut führt, wenn die- oder derjenige dann später doch freigesprochen wird. Im Grunde gibt es das Wort »Täter« bei uns auch gar nicht. Bei der Polizei heißt es »Beschuldigter« oder »Beschuldigte«, wenn der Staatsanwalt die Anklage schreibt, »Angeschuldigte/r«, und nach Zulassung der Anklage durch einen Richter dann »Angeklagte/r«. Erst wenn die Person rechtskräftig verurteilt ist, darf man sie »Verurteilter« oder »Verurteilte« nennen. Allein diese sprachliche Stufung zeigt, dass wir unbefangen arbeiten, und man kann und sollte auch Journalist*innen dringend dazu anhalten, dahin gehend zu differenzieren, um Vorverurteilungen zu vermeiden. Genauso sollte darauf verzichtet werden, vor dem Prozess Bilder der betreffenden Person zu veröffentlichen. Damit stigmatisiert man nämlich nicht nur einen möglicherweise unschuldigen Menschen, sondern auch dessen komplettes Umfeld inklusive betroffener Kinder.

Strafverteidiger Dr. Bott: Auch ich sehe eine große Gefahr beim Thema »Vorverurteilung«. Bei vielen meiner Verfahren waren sich die Behörden, die Staatsanwaltschaft, das Gericht, aber auch die Medien und die im Saal sitzende Öffentlichkeit völlig einig darin, dass jemand schuldig sei, obwohl das letztlich gar nicht der Wahrheit entsprach. Beispielhaft ist mir eine Anklage wegen versuchten Mordes aus Hamburg in Erinnerung. Die Verhandlung ging über vier Stunden. Drei Stunden lang wirkte mein Mandant wie ein grausamer Mensch, und ich war, da ich mich für ihn einsetzte, – salopp formuliert – der Depp im Raum. Dann aber kam der Hauptbelastungszeuge, derjenige, der behauptet hatte, dass mein Mandant versucht habe, ihn zu töten. Nach einer sehr langen Vernehmung, in der wir uns richtig aneinander abgearbeitet hatten, gestand er, dass alles eine Lüge gewesen war, um die Versicherung zu betrügen. Für ca. 30.000 Euro hatte er meinen Mandanten solchen Vorwürfen ausgesetzt und in Kauf genommen, dessen Existenz zu zerstören. Am Ende beantragte selbst die Staatsanwaltschaft hier auch tatsächlich gerechtfertigterweise einen Freispruch. Aber ganz klar: Es gibt nicht nur solche Fälle – manchmal stellen Menschen abscheuliche Dinge an. Doch es ist wichtig, genau hinzusehen, nachzufragen und sich intensiv mit allem auseinanderzusetzen. Nur so kann eine gerechte Entscheidung getroffen werden.

*

Es geht um Differenzierung, das wird mir nur umso klarer. Sie beginnt schon im Kleinen, bei unserer Sprache. Sie bedeutet auch, unsere individuellen Schwachstellen zu erkennen, zu wissen, dass unsere persönlichen Lebenserfahrungen sich auf unsere Urteilsfähigkeit auswirken können und dass wir als Menschen nun mal anfällig sind für unsere eigenen über die Jahre hinweg angesammelten Vorurteile. Angenommen, man setzte uns einen Mann und eine Frau vor mit der Information, dass es sich bei einem von beiden um ein Opfer von Partnerschaftsgewalt handelt, dann würden wir vermutlich zuerst einmal davon ausgehen, dass es die Frau ist. Tatsächlich ist das auch meistens so – meistens, aber eben nicht immer. Laut Statistik kommt bei vorsätzlicher einfacher Körperverletzung in Partnerschaften auf vier weibliche Opfer ein männliches, in Fällen von gefährlicher Körperverletzung auf fünf weibliche Opfer zwei männliche. Die Dunkelziffer ist – beiderseitig – unbekannt. Und das ist nur ein Beispiel, wie getrübt die menschliche Sicht manchmal sein kann, durch unsere Sozialisierung, unser Weltbild, oder schlichtweg das, was uns durch die Medien an Informationen erreicht.

Ich glaube nicht, dass Objektivität und persönliche Betroffenheit sich zwangsläufig im Weg stehen müssen – solange man differenzieren kann. Den Gedanken trage ich schon seit meinem Gespräch mit ›Mord auf ex‹ in mir. Die Objektivität muss gewahrt bleiben, keine Frage. Gleichzeitig kann persönliche Betroffenheit als ein Antrieb wirken, bestimmte Themen nach außen zu tragen und zur Diskussion zu bringen. Es ist schrecklich, was auf der Welt geschieht, schrecklich, wozu Menschen in der Lage sind. Aber genau deswegen ist es umso wichtiger, darüber zu sprechen, unseren Blick zu erweitern, unsere Lehren zu ziehen. True Crime konfrontiert uns mit vielen Fragen – die nach Motiven, Abläufen, Konsequenzen sind nur einige davon.

Ich erinnere mich an Corinna Sassenroths erste Reaktion, als ich sie am Telefon nach ihrer Definition von »Gerechtigkeit« fragte. Da lachte sie und sagte: »Das ist ja schon fast eine philosophische Frage.« Ganz ähnlich reagierte Polizeihauptkommissar Ebner. Womöglich haben die beiden recht damit, die Beschäftigung mit True Crime bringt neben vielen praktischen Fragen auch größere mit sich. Fragen, die sich im Nachgang eines Verbrechens für die Betroffenen ganz selbstverständlich anschließen, über die wir als Außenstehende womöglich aber nicht mehr groß nachdenken, denn für uns ist die Geschichte eines Verbrechens meistens mit dem Moment zu Ende erzählt, wenn das Strafmaß verkündet wird. Aber wie geht es ab da weiter? Mit welchen Gefühlen muss man sich auseinandersetzen? Zähmt die Bestrafung der Täter*innen den Schmerz, den Hass? Kann man vielleicht sogar vergeben?

»Indem ich über das Böse schreibe, nehme ich für eine Weile dessen Platz ein. Ich bin gezwungen, zu verstehen, warum Menschen einander grausame Dinge antun, und ich komme immer wieder zu dem Schluss, dass diejenigen, die furchtbare Verbrechen begehen, vermutlich letztlich das Gute suchen. Heilung, Erlösung, vielleicht sogar Frieden. So, als seien ihre Taten ein Pflaster, das sie schmerzvoll abreißen müssen, um endlich zur ihrem Ziel, zu ihrer Befreiung, zu gelangen. Und weil das nicht funktionieren kann, versuchen sie es wieder und wieder.«

Vincent Kliesch

True Crime ist …

VERGEBUNG

Der Fall Erin Caffey

Emory, Texas/USA, 1. März 2008

Nur das leuchtende Display zeugt davon, dass das Autoradio überhaupt läuft. Jemand hat den Ton heruntergedreht. Musik war ihnen wie eine gute Idee vorgekommen, zur Ablenkung. Ein kläglicher Versuch, die Anspannung zu überspielen. Sie werden es tun. Vier Menschen, eine Mission. Keine Zweifel, keine Gnade. Meter für Meter schiebt sich das Fahrzeug näher an das Ziel heran: das Haus der Familie Caffey. Das Licht der Scheinwerfer streift über das massive Holzschild neben der nachtschwarzen Auffahrt. »The Caffeys« steht dort in Großbuchstaben eingebrannt, und daneben die Inschrift: Josua 24.15., der Verweis auf einen Bibelvers. »Gefällt es euch aber nicht, dass ihr dem HERRN dient, so erwählt euch heute, wem ihr dienen wollt: den Göttern, denen eure Väter gedient haben jenseits des Stroms, oder den Göttern der Amoriter, in deren Land ihr wohnt. Ich aber und mein Haus wollen dem HERRN dienen.«

Und das tun sie, die Caffeys. Eine Familie wie aus dem Bilderbuch, eine Familie, die nach der Bibel lebt, für Gott, den Allmächtigen. Jeden Sonntag Kirche, dazu gemeinnützige Arbeit. Vater Terry, 41, arbeitet, neben seinem Hauptberuf bei einem Unternehmen für Sanitätsbedarf, als Küster in der Miracle Faith Baptist Church. Auf seinen Knien schrubbt er den Kirchenfußboden, er teilt Gesangbücher aus, richtet den Blumenschmuck für den Altar und zündet die Kerzen an. Seine Frau Penny und die drei gemeinsamen Kinder engagieren sich im Chor. Besonders, wenn die 16-jährige Erin ihre Solos singt, erfasst eine besondere, fast heilige Stimmung den Gottesdienst; kein Auge, das da trocken bleibt, kein Herz, das sich nicht weitet. ›Amazing grace‹, amazing Erin. Ein Engel, genau wie ihre beiden jüngeren Brüder, der achtjährige Tyler und der dreizehnjährige Matthew. So gut erzogene Kinder – was für ein Glückspilz, dieser Terry. Begnadet von seinem Herrn, dem Allmächtigen.

Mal sehen, was dein Gott gegen Kaliber 22 ausrichten kann.

Ein Zischen geht durch den Innenraum des Fahrzeugs, das in diesem Moment auf das Haus der Caffeys zusteuert: »Scheinwerfer aus!« Die vier Insassen wollen – dürfen – nicht bemerkt werden. Nicht noch einmal. Es ist der zweite Versuch in dieser Nacht, nachdem Buddy, der Labrador der Familie, sie beim ersten Anlauf durch sein lautstarkes Bellen zum Abdrehen gezwungen hat. Gut zwei Stunden sind seitdem vergangen, zwei Stunden, in denen sie diskutiert haben. Sollen sie es wirklich tun? Gibt es keine andere Möglichkeit? »Nein«, hat eine Stimme aus dem Fond entschieden. »Just do it.« *Tut es einfach.* Keine Zweifel, keine Gnade. Der Wagen hält etwas abseits, zwei Männer steigen aus, bewaffnet mit einer Pistole und einem Samuraischwert. Nichts zu sehen von Labrador Buddy, und auch sonst sind da nur sie und die Nacht. Das Haus der Caffeys liegt außerhalb von Emory, einer Bezirkshauptstadt, die ungefähr eine Stunde von Dallas entfernt ist und gerade mal 1.600 Einwohner zählt. Lautlos, wie Geister, dringen die Männer in das Haus ein. Schleichen Stufe um Stufe die Treppe zum ersten Stock hinauf, zum Elternschlafzimmer.

Und niemand kann uns stoppen, Terry, weder dein Hund noch dein Gott.

Die Tür wird aufgetreten, unbarmherzig kracht sie gegen die Wand. Ein Geräusch, das das Ehepaar Caffey aus dem Schlaf reißt. Das ist Tyler, der mal wieder einen Albtraum gehabt hat, denkt Terry im ersten Moment, und will sich gerade aufrichten, als ihn bereits der erste Schuss trifft. Und der zweite, und der dritte. Terry schreit, seine Frau Penny ebenfalls, ihre Stimmen verhaken sich unter den donnernden Salven der Schüsse. Terry rollt sich auf Penny, um sie zu beschützen. Ein weiterer Schuss, in seinen Kopf diesmal – eine gewaltige Wucht, die ihn aus dem Bett schleudert. Er landet hart auf dem Boden, über sich sieht er die Silhouetten zweier Männer. Ihre Gesichter erkennt er nicht, dazu ist es zu dunkel. Aber er hört ihr angestrengtes Atmen und das Klicken, als die Pistole nachgeladen wird. Wieder Schüsse. Penny, die schreit: »Wo ist mein Mann? Wo ist Terry?«, und zur Antwort eine Gegenfrage: »Warum stirbst du nicht einfach, Schlampe?«

Diese Stimme. Irgendwie kommt sie Terry bekannt vor. Er versucht sich zu bewegen. Schafft es nicht, der Schmerz verschlingt seinen ganzen Körper. Er sieht, wie etwas durch die Luft schwingt. Ist das ein Schwert? Mit einem Mal ist Penny still, bis auf das seltsame Gurgeln, das sie von sich gibt. Ein Gurgeln, das auch bald verstummt und nun von den entfernten Schreien seiner Kinder abgelöst wird. Die Männer verlassen das Schlafzimmer. Terry versucht, ihnen hinterher zu kriechen, doch wieder und wieder rutscht er in seinem eigenen Blut aus. Er hört Matthew weinen: »Warum tust du das, Charlie? Bitte, hör auf!«

Charlie?

Terry muss sich verhört haben. »Nein, Charlie, nicht, bitte, Charlie, bitte …« Wieder Schüsse, diesmal offenbar auf Matthew, jeder einzelne durchlöchert auch das Herz seines Vaters. Jetzt weint Matthew nicht mehr. Terry muss sie aufhalten – Charlie und den anderen Mann, die beiden Monster –, er muss etwas tun, um wenigstens noch das Leben seiner anderen beiden Kinder zu retten. Aber sein Körper streikt, nichts funktioniert mehr, nur seine Ohren. Sie erfassen die schweren Schritte auf der Treppe, die zum zweiten Stock hinaufführt. Dorthin, wo sich neben Matthews Zimmer auch die von Erin und Tyler befinden. Sie erfassen das Quietschen einer Kleiderschranktür, deren Scharnier Terry längst ölen wollte. Sie erfassen ein leises Wimmern, erfassen ein Geräusch, das klingt wie ein Schlag. Das war's, vorbei. Terry kollabiert, elf Kugeln haben seinen Körper und sein Gesicht zerfetzt. Ein letztes Gebet, *dein Reich komme …*

Plötzlich ist Terry wieder wach. Er glaubt zu wissen, wo er ist: Rauch und Flammen und sengende Hitze, und alle, die er liebt, sind tot – das muss die Hölle sein, ganz so, wie sie in der Bibel beschrieben steht. Er braucht einen Moment, um zu begreifen, dass er noch am Leben ist. Und dass Charlie und sein Komplize offenbar das Haus in Brand gesteckt haben. *Raus hier!* Terry kann noch nicht sterben, nicht in dem Wissen, dass es Charlie war, der seine Familie getötet hat. *Steh mir bei, lieber Gott. Gib mir die Kraft.* Terry bewegt seinen schwerverletzten Körper, kriecht aus dem Schlafzimmer, in dem seine Penny mit aufgeschlitzter Kehle im Bett liegt, vorbei an der Treppe, auf deren oberem Absatz sein dreizehnjähriger Sohn mit einem Kopfschuss niedergestreckt wurde. Er stellt fest, dass die untere Etage bereits in Flammen steht, der Weg durch die Haustür ist durch das Feuer versperrt. Also schleppt er sich zum Badezimmer im ersten Stock. Dort klettert er aus dem Fenster, lässt sich fallen, schlägt auf dem Boden auf. Schmerz spürt er inzwischen schon kaum mehr, seine gesamte rechte Körperhälfte ist taub. Blut rinnt aus seinem Mund, seiner Nase, seinen Augen und Ohren. *Bitte, lieber Gott, lass es mich zu Tommy schaffen.*

Tommy Gaston, der nächste Nachbar der Caffeys, ein freundlicher älterer Herr. Sein Haus liegt mehrere Hundert Meter entfernt; die beiden Grundstücke sind bewaldet und durch einen kleinen Bach getrennt. Terry taumelt über die unbefestigten Wege, strauchelt, fällt, beinahe ertrinkt er in dem Bach. Aber er schafft es. Als Tommy – aufgeschreckt durch den ungewohnten Krach mitten in der Nacht – seine Haustür öffnet, weiß er im ersten Moment gar nicht, wer da auf seiner Veranda zusammengebrochen ist. Es ist ein Mann, so viel ist klar. Nur ist dieser über und über mit Blut verschmiert. »Terry, bist du das?« Tommy kann es kaum fassen, sein altes Herz stolpert. Er hilft dem Schwerverletzten ins Haus und wählt kurz darauf den Notruf.

– *911, wie lautet Ihre Adresse und Ihr Notfall?*
– *Hier ist Tommy Gaston. Ich habe einen Mann bei mir, auf den geschossen wurde.*

– *Okay, er wurde angeschossen? Wir schicken Ihnen einen Krankenwagen, bleiben Sie in der Leitung. Sind Sie gerade beim Patienten?*
– *Ja.*
– *Wie alt ist er?*
– *41.*
– *Ist er bei Bewusstsein?*
– *Ja.*
– *Atmet er?*
– *Ja.*
– *Wann ist das passiert?*
– *Ich weiß nicht … Gerade eben. Sein Haus brennt.*
– *Und das Haus brennt?*
– *Ja.*
– *Haben Sie ihn angeschossen?*
– *Nein! Genaueres weiß ich nicht. Ich muss auflegen und ihm helfen.*

Ihm wird nicht mehr zu helfen sein, dessen ist sich Terry ganz sicher. Er sieht nur noch eine Aufgabe in diesem Leben, das ihm ohne seine Familie sowieso nicht mehr sinnvoll erscheint: den Namen des Täters preisgeben.

»Charlie«, flüstert er Tommy kraftlos zu. »Charlie hat das getan.«

»Charlie Wilkinson?«, fragt Tommy zurück.

Emory ist klein, hier kennt man sich. Charlie ist 18 Jahre alt und stammt aus schwierigen Verhältnissen. Ein typischer Bad Boy, einer von den Rauen, einer, der die Highschool abgebrochen hat und in dem heruntergekommenen Trailer seines großen Bruders lebt. Und: er ist Erins Ex-Freund. Keiner hatte je so richtig verstanden, was das brave blonde Mädchen an ihm fand. Terry schon gar nicht. Charlie war nicht direkt Erins erster Freund, aber die Sache damals mit Michael, den sie letzten Sommer im Bibelcamp kennengelernt hatte, war schnell wieder erledigt gewesen. Zwei unbedarfte 16-Jährige, ein Aufblitzen von Erwachsensein, ein erster kurzer Tanz der Hormone, nur ein paar Wochen lang. Und dann kam Charlie. Erin hatte, nachdem sie in der neunten Klasse aus dem Homeschooling auf die Highschool gewechselt war, einen Nebenjob bei einer Fast-Food-Kette angenommen. Sie wollte sich etwas Geld dazuverdienen – und warum auch nicht? Sie hatte jetzt schließlich auch den Führerschein, und ein Auto kostete Unterhalt. Zwar hatte Terry es immer befürwortet, dass Penny die Kinder zu Hause unterrichtete, wo sie geschützt waren vor störenden Einflüssen und sich voll und ganz auf ihre Schulbildung konzentrieren konnten. Aber er verstand auch, dass es Erin nach draußen zog, sie wollte neue Freunde finden und neue Dinge tun. So war das nun mal, wenn die Kinder flügge wurden. Also erlaubte Terry ihr – genau wie ihren beiden Brüdern – den Wechsel auf die öffentliche Schule. Sie alle brachten gute Noten heim, besonders Erin galt als Musterschülerin. Allein deswegen gab es nichts dagegen einzuwenden, dass sie sich zusätzlich noch einen Job suchte. Im Gegenteil, wie stolz er doch auf sein gar nicht mehr so kleines, fleißiges Mädchen war. Bis er eines Abends von der Arbeit kam und im Wohnzimmer Charlie in seinem Sessel sitzend vorfand. Erin hatte bereits von dem Jungen erzählt, den sie zusammen mit seinen Freunden als Gast im Fast-Food-Restaurant kennengelernt hatte. Dass er unglaublich nett und süß sei, hatte sie geschwärmt. »Du bist also Charlie«, sagte Terry und streckte ihm seine Hand entgegen. Charlie sah nur auf, anstatt sich höflichkeitshalber aus Terrys Sessel zu erheben, und sagte: »Ja. Und Sie sind?«

Terry war perplex. Wer er sein sollte? Dies war sein Haus, sein Wohnzimmer, sein Sessel. Er war hier das Oberhaupt, ein Mann, der alles für seine Familie tat und seine Kinder nach Gottes Geboten und traditionellen Werten erzog. Strebsamkeit, Freundlichkeit, Respekt. Und dieser Junge stand nicht mal auf, wenn man ihm die Hand reichte. Penny sah das lockerer. Neben allem anderen war Terry eben auch nur ein Vater, der sich wohl noch etwas schwer damit tat, einzusehen, dass seine Tochter erwachsen wurde und er möglicherweise nicht mehr der einzige Mann in ihrem Leben war. »Geben wir dem Jungen eine Chance«, beschloss Penny und lud Charlie – sehr zur Freude ihrer Tochter – fortan regelmäßig zum Abendessen ein. An ein paar Regeln musste sich das junge Paar aber halten: Um 21 Uhr war Zapfenstreich, dann musste Charlie gehen. Übernachtungen kamen nicht infrage. Und: Charlie sollte die Familie sonntags zur Kirche begleiten. Zumindest Letzteres entpuppte sich als schlechte Idee, denn anstatt der Predigt zu lauschen, knutschten Charlie und Erin im Gottesdienst vor aller Augen wild herum.

Überhaupt erkannten Terry und Penny ihre Tochter allmählich kaum mehr wieder. Ihre Noten sackten ab, sie hielt sich nicht an Absprachen und rastete richtiggehend aus, wenn sie einmal nicht mit Charlie telefonieren durfte. Und schließlich: der Ring. Kurz nach Weihnachten war das, als Terry in die Küche kam und dort Erin antraf, die am Tisch saß und gedankenverloren an ihrem Finger herumspielte. Was das sei, wollte Terry wissen. »Ein *promise ring*«, gab Erin zurück. Ein *promise ring* ist kein Verlobungsring, aber oft die Vorstufe davon. Ein in Gold eingefasstes Zeichen tiefer Verbundenheit, Treue und gegenseitiger Verpflichtung. Ein kleiner Diamant, der auf großen Ernst schließen ließ. Schlagartig wurde Terry klar, dass die Sache mit Charlie wohl doch nicht so schnell überstanden sein würde – nicht, wenn Erin jetzt auch noch den Ring von Charlies Großmutter am Finger trug.

Zusammen mit Penny suchte er das Gespräch zu seiner Tochter. Die Quintessenz: Charlie sei kein guter Einfluss, Terry und Penny forderten Erin zur Trennung auf. Deren Antwort – überraschend: »Danke.« Terry und Penny wechselten erstaunte Blicke. Hatte Erin sich gerade dafür bedankt, dass sie ihr Charlie ausreden wollten? Keine Tränen, kein wütendes Geschrei? Nein, nichts von alldem. Kleinlaut gestand Erin ihren Eltern, dass sie in Wahrheit schon länger nicht mehr glücklich sei. Die Spannungen zu Hause, Charlies besitzergreifendes Verhalten, seine Eifersucht und das Gefühl, dass er versuchte, sie mehr und mehr von anderen abzuschotten. Nun, so sagte Erin, habe sie einen Grund, Charlie zu verlassen. Nun könne sie sich wieder frei fühlen.

Wie Charlie die Trennung aufgenommen habe, erkundigte sich Terry bald darauf. Dass er sauer gewesen sei, berichtete Erin. Wie ihre Eltern es wagen können, immerhin habe er ihr einen Ring geschenkt und sei fest entschlossen, sie zu heiraten. Aber letztlich werde er schon darüber hinwegkommen. Auf Erin zumindest schien das zuzutreffen: Wie auf Knopfdruck hatten Terry und Penny ihre alte Erin zurück. Samt ihrem freundlichen Wesen, ihren guten Noten, ihrem engelsgleichen Gesang in der Kirche. ›Amazing grace‹, amazing Erin.

Er wird schon darüber hinwegkommen, erinnert sich Terry an Erins Worte, während er schwerverletzt im Flur seines Nachbarn Tommy Gaston liegt. Nein, offenbar ist Charlie nicht darüber hinweggekommen. Im Gegenteil: er hat sich auf grausamste Art und Weise gerächt.

Als der Morgen anbricht, ist nichts mehr so, wie es einmal war im kleinen, beschaulichen Emory. Da hat eine Familie gestern Abend vor dem Zubettgehen noch eine Kissenschlacht veranstaltet. Da haben alle gelacht. Da hat keiner geahnt, dass die meisten von ihnen den nächsten Tag nicht mehr erleben würden. Die Luft hängt wie ein schweres graues Laken über dem Ort, Aschepartikel schweben durch die Luft wie dicke schwarze Schneeflocken. Das Haus der Caffeys ist vom Feuer komplett zerstört worden. Terry liegt im Krankenhaus und wird auf seine Operation vorbereitet. Man versucht, sein Leben zu retten – ein Leben, das er gar nicht mehr will.

Zur gleichen Zeit fahren Polizisten zum Trailer von Charlie Wilkinson. Charlie, der anscheinend seelenruhig geschlafen hatte, als die Beamten an seine Tür klopften, wird festgenommen und unverzüglich auf die Wache gebracht. Vor seiner Vernehmung jedoch kehren die Polizisten mit einer Durchsuchungserlaubnis zu seinem Trailer zurück. Sie wollen Beweise sichern – ein schwieriges Unterfangen bei den Zuständen hier. Überall liegt Müll herum, leere Pizzaschachteln, Berge von Kleidung. Durch die Räume zu gehen, gleicht einem Hindernislauf. Nichts ahnend greift einer der Polizisten neben sich auf den Boden, wo zwischen lauter Unrat etwas liegt, das er zunächst für ein ausgestopftes Tier hält. Doch das ist nicht das helle Fell eines toten Tieres – das sind Haare! Das ist ein Kopf! Das ist Erin! Erin, die blinzelt. Sie wirkt schwach und völlig desorientiert, und alles, was sie zunächst sagen kann, ist: »Feuer!« Aber: sie ist am Leben und scheint zumindest äußerlich unverletzt zu sein.

Terry soll gerade in den OP geschoben werden, als er davon erfährt. Er bricht in Tränen aus. Die Nachricht, dass Erin nicht – wie er geglaubt hat – ebenfalls tot ist, gibt ihm einen Grund zu kämpfen. Er will die OP überstehen und weiterleben, für alles, was ihm jetzt noch geblieben ist: seine Tochter.

Auch Erin wurde inzwischen auf die Wache gebracht, die Ermittler brauchen ihre Aussage. Sie gibt sich Mühe, doch ihre Erinnerung an die letzte Nacht erscheint lückenhaft. Zwei Männer in Ninja-Outfits seien in das Haus ihrer Familie eingedrungen und haben sie entführt. An mehr kann sie sich nicht erinnern, möglicherweise haben die Männer sie unter Drogen gesetzt. Die Ermittler entscheiden, dass Erin auf Betäubungsmittel und mögliche Spuren eines Missbrauchs hin untersucht werden soll, und organisieren ihren Transport zum Krankenhaus. Bei der Gelegenheit könne sie auch ihren Vater sehen, der die Bluttat wie durch ein Wunder überlebt habe. Erin ist einverstanden, wirkt aber leicht irritiert. Genauso irritiert wie die Ermittler: »Feuer«, war das Erste, was Erin sagte, nachdem man sie in Charlies Trailer gefunden hatte. Das bedeutet, dass sie den Brand in irgendeiner Form mitbekommen haben muss. Nur: warum riecht das Mädchen dann nicht nach Rauch?

»Charles Waid und Bobbi Johnson«, beantwortet ein paar Räume weiter gleichzeitig Charlie Wilkinson die Frage nach seinen Mittätern. Charles ist Charlies bester Freund, 20 Jahre alt, und er steckt nach einer Scheidung gerade mitten in einem Sorgerechtsstreit um seine kleine Tochter. Charles habe wegen des Geldes mitgemacht. Ein Rechtsstreit ist teuer, genauso wie ein Anwalt, und das Geld – die 300 Dollar, die die Caffeys in einer Geldkassette im Badezimmer versteckt hatten – seien ihm als Finanzspritze da gerade recht gekommen. Ein lächerliches Handgeld für die Auslöschung einer ganzen Familie.

Charles Waid wird festgenommen, ebenso dessen Freundin

Bobbi Johnson. Und auch sie sagen – genau wie Charlie – sofort und bereitwillig aus. Bobbi sei es im Gegensatz zu Charles, nicht ums Geld gegangen, sondern darum, »das Richtige zu tun«. »Sie schien ein starkes Gefühl für richtig und falsch zu haben, ein sehr striktes, moralisches Wertesystem«, wird Bobbi später von Menschen beschrieben werden, die sie kennen. »Eine fröhliche Seele, aufgeweckt, intelligent und wortgewandt.« Es habe niemanden gegeben, der nicht mit ihr zurechtgekommen sei. Und ausgerechnet diese junge Frau soll an einem grausamen Familienmord beteiligt gewesen sein? Die Ermittler zeigen sich verwirrt. Bobbi erklärt sich: Sie wollte Erin helfen, die ihr anvertraut habe, wie sie von ihren Eltern geschlagen werde.

»Erins Eltern wollten nicht, dass wir zusammen sind«, gibt indes Charlie zu Protokoll. »Ich habe ihr vorgeschlagen, dass wir abhauen, vielleicht nach Maine.« – »Und als sie das ablehnte, haben deine Freunde und du beschlossen, ihre Familie zu töten«, schlussfolgern die Ermittler. Nein, so sei das nicht gewesen, sagt Charlie, und zitiert Erins Antwort auf seinen Vorschlag, gemeinsam wegzulaufen, mit: »›Tötet sie einfach. Und dann steckt das Haus an.‹«

Die Ermittler sind schockiert. Erin soll die treibende Kraft hinter den schrecklichen Taten gewesen sein? Amazing Erin, der Engel aus dem Kirchenchor? »Ja«, sagen Charlie, Charles und Bobbi einhellig und beschreiben die Ereignisse der Nacht so: Zwischen 23.46 Uhr und 00.40 Uhr habe Erin Charlie sechsmal auf dem Handy angerufen, woraufhin Charlie, Charles und Bobbi zum Haus der Caffeys gefahren seien. Doch Labrador Buddy war zu dieser Zeit draußen und bellte, als sich das Auto dem Grundstück näherte. Aus Angst, entdeckt zu werden, drehten die drei Freunde wieder ab, als ein weiterer Anruf von Erin sie erreichte. »Wo zum Teufel seid ihr?«, wollte sie wissen. Charlie erklärte ihr, dass der Hund sie abgeschreckt habe. Erin versprach, dafür zu sorgen, dass Buddy ihnen nicht mehr in die Quere käme und sie ihn gegebenenfalls einsperren würde. Charlie zögerte. »Ich weiß nicht, Erin. Vielleicht sollten wir noch mal in Ruhe über die ganze Sache reden.« »Okay«, gab Erin zurück. »Holt mich ab.«

In ihrem Schlafanzug stieg Erin kurz darauf zu den drei anderen ins Auto. Gemeinsam fuhren sie zum Friedhof und redeten. Erin erinnerte Charles an seinen teuren Sorgerechtsstreit und beschrieb ihm detailliert, wo sich die Geldkassette ihrer Eltern befand. Sie appellierte an Bobbis Helfersyndrom und an Charlies Versprechen seiner unendlichen Liebe, das er ihr erst kürzlich in Form des Diamantrings seiner Grandma an den Finger gesteckt hatte. Und die drei anderen ließen sich überzeugen. Terry und Penny sollten sterben, danach sollte das Haus in Brand gesteckt werden, um Spuren zu vernichten. »Und deine Brüder?«, fragte Charlie und erhielt als Antwort ein Schulterzucken: »Sie wären Zeugen, die euch identifizieren könnten.«

»Komm schon, Erin«, versuchte Charlie es ein letztes Mal, nachdem die Gruppe zum Haus der Caffeys zurückgekehrt war. »Hol einfach dein Zeug und dein Taschengeld, und wir hauen ab. Niemand muss heute Nacht sterben.« »Nein«, entgegnete Erin, die sich in Wahrheit niemals von ihm getrennt hatte. »Just do it.« *Tut es einfach.*

Charlie und Charles stiegen aus dem Wagen und führten den Plan aus. Zuerst Terry, der als erwachsener Mann die größte Gegenwehr darstellte. Elf Schüsse. Dann Penny, die durch den Schlag mit dem Schwert beinahe enthauptet wurde. Matthew am oberen Ende der Treppe, wie er schrie und bettelte. *Nein, Charlie, nicht, bitte!* Die Schüsse trafen ihn mitten im Gesicht. Der kleine Tyler, der sich im Kleiderschrank seines Zimmers versteckte – vergeblich. Dreimal schlug Charles mit dem Schwert auf ihn ein und traf ihn dabei tödlich am Hals. Als Charlie und Charles zum Auto zurückkamen, hatten sie die 300 Dollar aus der Geldkassette dabei und Erins kleine Reisetasche, die sie bereits im Vorfeld gepackt hatte. Bobbi gab Vollgas. Während im Rückspiegel das Haus der Caffeys in Flammen aufging, so behaupten alle drei, habe Erin gerufen: »Heilige Scheiße, das war großartig!« Und: »Ich bin frei!«

Drei Täter, ein- und dieselbe Aussage. Glaubwürdig – finden die Ermittler. Zumal die Anrufliste von Charlies Handy und diverse SMS diese Version zu bestätigen scheinen. Und dann ist da noch die Sache mit der Geldkassette. Woher hätten Charlie und Charles wissen können, wo sie versteckt war, wenn nicht von Erin?

Der Wagen, mit dem die 16-Jährige gerade auf dem Weg zum Krankenhaus ist, wird augenblicklich gestoppt. Erin wird festgenommen und zurück auf die Wache gebracht. Wegen ihres Alters darf sie noch nicht mündlich verhört werden. Stattdessen verfasst sie jetzt in typisch runder Teenieschrift ein Papier, in dem sie auf ihrer Version der Ereignisse um die beiden als Ninjas verkleideten Männer beharrt. Die Ermittler glauben ihr kein Wort. Als Terry erfährt, wie sich das Bild um die Hintergründe der grauenvollen Nacht inzwischen gestaltet, beginnt er zu weinen und zu schreien. Kein körperlicher Schmerz, keine noch so gefährliche Verletzung sei damit zu vergleichen, wird er später sagen. »Es war wie Sterben.«

Und genau das will er, genau das empfindet er als den einzigen Ausweg. Für ihn ergibt es einfach keinen Sinn, dass die Ärzte ihn so komplikationslos wiederherstellen konnten, dass sein Körper – im Gegensatz zu seinem Kopf und seinem Herzen – offenbar doch noch irgendwie am Leben hängt. Kurz nach seiner Entlassung aus dem Krankenhaus kauft er sich eine Neun-Millimeter-Pistole und ein altes Wohnmobil und zieht – zusammen mit Labrador Buddy, der das Feuer ebenfalls überlebt hat – zurück auf sein ehemaliges Grundstück, zurück zu dem Ort, wo nur noch Schutt und Asche davon zeugen, dass hier einmal das Haus der Familie Caffey stand. Seine Tage verbringt er damit, die verbrannten Überreste seines Lebens zu durchwühlen. Er findet ein Spielzeugauto, eine Tasse und eine hufeisenförmige Gürtelschnalle, die ihm die Kinder zu Weihnachten geschenkt hatten. Nachts liegt die Neun-Millimeter auf seiner Brust. Ohne sie kann er nicht schlafen, er muss das Gefühl haben, dass sie jederzeit griffbereit ist. Denn Charlie und Charles kehren immer wieder zurück; jede Nacht in seinen Träumen töten sie Penny, töten sie Matthew, töten sie Tyler erneut. Und er selbst? Ist machtlos. Posttraumatische Belastungsstörung und Depressionen, diagnostizieren seine behandelnden Ärzte. Sie versuchen ihm bestmöglich zu helfen. Aber das geht nicht – wie auch? Niemand kann ihm mehr helfen. Nicht einmal Gott.

Terrys Entschluss steht fest. Er kann nicht mehr, er spürt, wie er von Tag zu Tag kraftloser wird, müder und erschöpfter von der immergleichen Frage nach dem *Warum*. Aus der Untersuchungshaft heraus hat Erin ihm einen Brief geschrieben: *»Lieber Daddy, nichts von alldem war deine Schuld – wenn überhaupt, dann war es meine. Ich wollte nie, dass all das geschieht. Ich habe nur befolgt, was Charlie mir eingeredet hat. Er hat mich mit seinen Lügen gefüttert. Ich fühle mich so schuldig deswegen. Ich bin traurig, aber auch gleichzeitig froh, dass der Druck, der von Charlie ausging, nun endlich weg ist.«* Von Erins Anwälten weiß Terry, dass sie sich schuldig bekennen wird. Er weiß nicht, was er dabei fühlen soll. Was er überhaupt fühlen soll, wenn es um seine Tochter geht. Er glaubt ihr, das schon, selbst, wenn er der Einzige zu sein scheint, der das noch tut. Für alle anderen ist sie eine kaltblütige Mörderin, die Strippenzieherin hinter einer unsäglichen Tat. Terry denkt eher, dass sie mit ihren gerade mal 16 Jahren leicht zu beeinflussen war und deswegen in etwas hineingeraten ist, das sie schon bald nicht mehr kontrollieren konnte. Dass Charlie sie manipuliert hat, sie mit »seinen Lügen gefüttert« hat, ganz so, wie es in ihrem Brief steht. Doch das macht es auch nicht besser; Erin wird für viele Jahre ins Gefängnis kommen. Vielleicht sogar für den Rest ihres Lebens. Damit ist sie genauso weg wie Penny und die Jungs.

Es ist so weit, es geht nicht mehr. Heute ist der Tag. Terry stellt sich inmitten der Trümmer seines Hauses, die Mündung der Neun-Millimeter an seine Schläfe gepresst. »Warum hast du das getan, Gott?«, brüllt er in den Himmel. »Warum hast du mir meine Familie genommen?« Da bemerkt er etwas aus seinem Augenwinkel. Es ist ein Stück Papier, das zwischen Schutt und Asche Aufmerksamkeits heischend im Wind flattert. Eine einzelne bedruckte Seite mit verkohlten Rändern. Terry hebt sie auf und liest: ›Ich konnte nicht verstehen, warum du mir meine Familie genommen und mich mit diesem Kampf zurückgelassen hast. Vielleicht werde ich das nie verstehen, aber ich weiß, dass du der Herr bist. Ich ergebe mich deiner Führung.‹ Die Seite stammt aus dem Roman ›Blind Sight‹ von James H. Pence, einem Buch, das von einem Mann handelt, der seine Familie bei einem Autounfall verloren hat und nun lernen muss, mit der Tragödie umzugehen. Es war Pennys Buch; Terry selbst hat es nie gelesen. Später wird er diesen Moment so beschreiben: »Als ich diese Worte las, dachte ich: ›Wow‹ und sank auf meine Knie. Diese halb verkohlte Buchseite beschrieb exakt meine Situation. Da wurde mir klar, dass all das hier unter Gott geschehen war und er mich aus einem bestimmten Grund verschont hatte.«

Mit dieser Sekunde schöpft Terry neuen Lebensmut. Wo er zuerst noch für die Todesstrafe war, die Charlie und Charles bei dem für Oktober 2008 angesetzten Prozess erwarten würde, startet er nun eine Petition dagegen. Die beiden sterben zu sehen, käme ihm wie Vergeltung vor, und Vergeltung ist nicht das, was er anstrebt. Terry möchte heilen, doch das kann er nicht, solange sein Herz mit Hass und Rachegefühlen gefüllt ist. Wie soll er das Gedenken an Penny und seine Söhne ehren, wenn er sich von all den negativen Gefühlen zerstören lässt? Nein, beschließt er. Er will kein verbitterter alter Mann werden. Außerdem findet er es wichtig, dass Charlie und Charles Zeit haben, sich mit sich selbst, mit ihren Taten und mit Gott auseinanderzusetzen.

Das Gericht entspricht seinem Wunsch und verurteilt die beiden jungen Männer zu jeweils lebenslanger Haft ohne Chance auf Bewährung. Anfang 2009 stehen auch Bobbi Johnson und Terrys Tochter Erin vor Gericht. Bobbi wird wegen Komplizenschaft zu 40 Jahren Gefängnis verurteilt. Erin, die wegen ihres Alters weder selbst aussagen muss noch ins Kreuzverhör genommen werden darf, bekennt sich – genau wie die drei anderen – zwar schuldig –, doch nicht etwa in ihrer Rolle als Drahtzieherin des Verbrechens. Vielmehr bestehe ihre Schuld, laut ihrer Verteidigung, darin, von Charlies Vorhaben gewusst zu haben und nicht eingeschritten zu sein. Sie habe geglaubt, die Mordpläne seien nur Gerede, entstanden aus der Wut heraus, dass ihre Eltern gegen die Beziehung waren. Die Geschehnisse haben sie dementsprechend überrollt, ein tragischer Selbstläufer. Die Anklage sieht das anders und holt Erins Ex-Freund Michael Washburn – den Jungen, den sie im Bibelcamp kennengelernt hatte – in den Zeugenstand. Michael sagt aus, dass Erin sich schon bei ihm darüber ausgelassen habe, wie sehr sie unter ihren strengen, überbehütenden Eltern leide. »Ich wünschte, sie wären tot«, habe sie ihm gestanden und ihn geradeheraus gefragt: »Würdest du meine Eltern für mich umbringen? Danach kannst du das Haus niederbrennen und niemand würde es je erfahren.« Er habe das zwar nicht wirklich ernst genommen, den Kontakt zu Erin nach diesem Gespräch aber dennoch abgebrochen. Eine Aussage, die schwer wiegt und Erins Version nur noch weiter demontiert. Letztlich wird sie zu zweimal lebenslanger Haft plus 25 Jahren verurteilt, wobei das Gericht ihr zugesteht, im Alter von 59 Jahren Bewährung zu beantragen. 42 Jahre hätte sie dann im Gefängnis verbracht.

2014, fünf Jahre nach ihrer Inhaftierung, stimmt Erin einem Interview mit Phil McGraw zu. Der Psychologe und TV-Moderator ist in den USA unter dem Namen ›Dr. Phil‹ bekannt; die gleichnamige Sendung, die er zusammen mit Talkshow-Legende Oprah Winfrey entwickelt hat, zählt seit 2002 zu den beliebtesten Dauerbrennern im amerikanischen Fernsehen und hat schon zahlreiche Preise gewonnen. Dr. Phil besucht Erin im Gatesville-Gefängnis in Texas und versucht, die inzwischen 21-jährige zu einem Geständnis zu bewegen. Ihr Vater Terry, der weiterhin zu seiner Tochter hält und als Einziger regelmäßigen Kontakt pflegt, habe es – so Dr. Phil – verdient, endlich die Wahrheit über ihre Rolle bei den Morden zu erfahren. Erin bleibt bei ihrer Version: Sie habe niemanden – weder Charlie noch davor Michael – jemals darum gebeten, ihre Familie zu töten. Doch: »Möglicherweise habe ich Öl ins Feuer gegossen.« Ein mehrdeutiger Satz, wenn man bedenkt, dass das Haus der Caffeys in Brand gesteckt wurde. Auffällig ist, dass Erin durchweg in kurzen Sätzen auf Dr. Phils Fragen antwortet, sodass das Interview weniger wie ein Gespräch als vielmehr wie ein Verhör wirkt. Eine – so scheint es – Pflichtveranstaltung für Erin, was rätseln lässt, warum sie sich überhaupt dazu bereit erklärt hat.

Eine Gruppe von vier namhaften Experten für nonverbale Kommunikation und Körpersprache, die sich selbst das »Behavior Panel« nennt und die das Interview später analysieren wird, hat dazu eine Theorie: Erin sei nicht, wie von Dr. Phil erhofft, auf Katharsis aus. Vielmehr sehe sie ihr Ansehen als das von den Geschehnissen überrumpelte, unreife Mädchen gefährdet. Die Experten vermuten, dass sie in Dr. Phil stellvertretend ihren Vater sieht, den einzigen Menschen, den sie noch hat, und der ihr weiterhin glauben soll. Sie verhalte sich auffallend regressiv, wie ein Kind, das mit aufgesetztem Schuldbewusstsein die Predigt eines Erwachsenen über sich ergehen lasse.

»Nein, Sir«, antwortet sie leise auf die Frage, ob sie nach der Tat zu ihren Freunden »Heilige Scheiße! Das war großartig!«, gesagt habe, und senkt den Blick. Ein weiteres, noch leiseres »Nein, Sir«, ob sie anschließend »Ich bin frei!«, gejubelt habe. Und schließlich ein fast nur noch gehauchtes »Nein«, als Dr. Phil wissen will, ob es ihre Idee gewesen sei, ihre Eltern zu töten. Je offenkundiger die Beschuldigungen in Dr. Phils Fragen mitschwingen, desto leiser und kleiner erscheint Erin. Der Körpersprachen-Experte Mark Bowden sagt: »Jemand, der unschuldig mit derart heftigen Vorwürfen konfrontiert wird, reagiert eher gegenteilig. Er gerät außer sich, weil er sich grundlos angegriffen fühlt.« Dies geschehe unkontrollierbar und ganz automatisch wie in einer Art Kurzschluss, da im Gehirn der Spiegel des als »Glückshormon« bekannten Dopamins drastisch abfalle. Dopamin ist als Neurotransmitter für die Steuerung emotionaler und motorischer Reaktionen zuständig. Erin dagegen wirke über die längsten Strecken des Interviews äußerst kontrolliert. Bowdens Kollege Scott Rouse hat den Eindruck, sie spiele auch hier nur wieder eine Rolle: »Sie gibt sich so, wie sie denkt, dass ein normaler Mensch sich in diesem Moment geben würde. Trotzdem hat man das Gefühl, dass da etwas nicht stimmt. Sie blinzelt kaum, und ihr Gesicht ist völlig ausdruckslos.« Erst, als Dr. Phil sie ganz konkret fragt, ob sie ihre Familie tot sehen wollte, durchzuckt eine Regung ihr starres Gesicht. Die vier Experten werten dies als einen Riss in der Fassade und, mehr noch: als ein leichtes Lächeln. Sie sind sich einig: »Hier sehen wir die wahre Erin.« Deren Antwort auf Dr. Phils Frage lautet übrigens: »Ich war nicht wütend auf meine Familie oder so. Es ist eben einfach passiert.«

»Damit schiebt sie jede Verantwortung von sich«, schlussfolgert das Behavior Panel. Erin, die selbst nichts getan hat und – zwar in anderer Hinsicht als ihre Familie, aber eben dennoch – zu einem Opfer der Umstände geworden ist. Diese Selbstdarstellung lasse den Experten zufolge auf narzisstische Züge schließen. Scott Rouse geht sogar so weit zu sagen: »Erin ist ein eindeutiges Beispiel für Psychopathie.«

Oder vielleicht ist sie doch nur ein Mädchen, das verbohrt in jugendlichem Trotz die Auswirkungen ihrer Entscheidungen nicht begriffen hat? Das sich in Gegenwart von Dr. Phil und dem Kamerateam zur Kontrolle zwingt, um zu überspielen, wie eingeschüchtert sie in Wirklichkeit ist? Faktisch erlaubt allein die Analyse der Körpersprache eines Menschen keine sicheren Diagnosen. Sie wird in der Verhaltenspsychologie angewendet, um die Zusammenhänge zwischen verschiedenen Persönlichkeitsmerkmalen zu erforschen – nicht mehr und nicht weniger.

Als Terry, der in Dr. Phils Talkshow zu Gast ist, die Aufnahmen aus dem Gefängnis sieht, wird erneut deutlich, wie sehr er trotz allem immer noch hinter seiner Tochter steht. »Ich will nicht, dass die Leute sie für ein Monster halten«, sagt er. »Ich will, dass man die Erin sieht, die sie früher war. Und ich will, dass man anerkennt, welche Fortschritte sie dabei macht, sich mit sich selbst und ihrer Schuld auseinanderzusetzen.« Er hält es weiterhin für ausgeschlossen, dass Erin die Tat heimtückisch initiiert hat, für ihn ist sie genau das: ein Mädchen, das nicht wusste, was es tat. Ein Mädchen, dessen einziger Fehler es war, nicht einzuschreiten, als die Dinge begannen, aus dem Ruder zu laufen.

Terry weiß, dass die meisten Menschen ihn für einen verblendeten Vater halten, der die Wahrheit reinweg aus Selbstschutz nicht anerkennen will. Zwar hat Erin in dem Interview mit Dr. Phil noch einmal klargestellt, dass ihre Eltern sie niemals schlecht behandelt oder gar geschlagen haben. Dennoch würde Terry sich wohl mit der Frage quälen, ob und was er bei ihrer Erziehung falsch gemacht haben könnte. Für ihn steht fest, dass er nicht an jener Art von Gefühlen festhalten will, die ihn vor fünf Jahren, im Schutt seines abgebrannten Hauses stehend, die Neun-Millimeter an seine Schläfe haben führen lassen. Er will auf Gott vertrauen, »heilen«, wie er immer wieder betont. Dafür sieht er nur einen Weg: Vergebung.

»Ja«, sagt er und nickt bekräftigend. »Ich habe Erin vergeben.« Und den anderen dreien? »Ihnen auch. Aber es war schwerer als bei meiner Tochter und hat länger gedauert.« Vergebung wie auch der Trauerprozess an sich seien langwierige Angelegenheiten. Nichts, wobei man einfach so einen

Schalter umlegen könne und wie auf Knopfdruck sei alles wieder gut. »Natürlich habe ich immer noch widrige Momente, manchmal ganze Tage, an denen ich nur weine. Aber der Abstand zwischen solchen Tagen wird immer größer.«

14 Jahre nach der Tat ist Terry mittlerweile wieder verheiratet. Seine Frau Karen hat zwei Töchter und einen Sohn mit in die Ehe gebracht; zusammen haben sie noch einen kleinen Jungen bekommen. Ganz selbstverständlich gehört für Terry auch Erin mit zur Familie. Sooft er kann, besucht er sie im Gefängnis. »Sie hat noch einen langen Weg vor sich«, berichtet er. Doch er ist fest entschlossen, diesen Weg mit ihr zu gehen – im Vertrauen auf Gott und auf die Kraft der Vergebung.

Seid aber untereinander freundlich und herzlich
und vergebt einer dem andern,
wie auch Gott euch vergeben hat in Christus …
(Epheser 4.32)

Mein Tagebuch: Könntest du verzeihen?

Es ist der Abend des 8. Mai, als ich Natalie eine neue E-Mail schicke, Betreff: Forgiveness, *Vergebung*. Ich frage sie, wie sie damit umgehen würde, wenn sich eines Tages doch noch sicher herausstellen würde, dass eine oder mehrere andere Personen in Phoebes Tod verwickelt gewesen wären. Wenn doch noch ein handfester Beweis auftauchte, ein Beteiligter aus Versehen oder – wie im Fall Tim Cole – aus freien Stücken ein Geständnis ablegen würde. Könnte sie vergeben? Ihren Schmerz und ihre Wut der Hoffnung auf einen Heilungsprozess unterordnen, so wie Terry Caffey es getan hat? Kann man wirklich derart aus der eigenen Haut?

Darüber habe ich selbst auch nachgedacht, und ich komme zu dem Schluss, dass ich Terry Caffey zutiefst bewundere. Nur stocken meine Gedanken an diesem Punkt dann auch direkt wieder. Könnte *ich* es? Demjenigen vergeben, der mir das Liebste genommen hätte? Ganz ehrlich: Ich bezweifle es. Vielleicht ist es das eine, dem eigenen Kind zu verzeihen, vielleicht sogar etwas Naturgegebenes. Schließlich hat man ihn aufgezogen, diesen Menschen, der jetzt ein Täter oder eine Täterin ist; man ist geprägt auf das winzige, hilflose Bündel, das man einst im Arm hielt und dem man ein ewiges Versprechen gegeben hat. Und vielleicht kann man auch allein deshalb nicht anders, als dem eigenen Kind zu verzeihen, weil es gleichzeitig bedeutet, sich selbst zu verzeihen in dem Sinn, dass man sich als Eltern immer ein Stück weit auch selbst die Verantwortung gibt. Hat man etwas falsch gemacht bei der Erziehung? Hat man ein Warnsignal übersehen? Hätte man seinem Kind helfen können, nicht auf den falschen Weg zu geraten, wenn man nur aufmerksamer gewesen wäre? Doch Terry Caffey hat auch Erins Freunden vergeben, drei für ihn fremden Menschen. Das sei ihm schwerer gefallen, wie er zugab. Und doch scheint es ihm am Ende geglückt zu sein.

Ich frage also Natalie. Dabei bedenke ich nicht, dass – während wir auf dieser Seite der Erde noch den 8. Mai haben – in Australien bereits ein neuer Morgen begonnen hat. Der Morgen eines ganz speziellen Tages.

Liebe Romy,
ich habe deine Nachricht geöffnet, als es draußen noch dunkel war, schreibt sie mir zurück. *Wie seltsam, dass ich ausgerechnet heute solch eine Frage von dir bekomme, denn es ist Phoebes Geburtstag. Ein Tag, der wie jedes Jahr gemischte Gefühle mit sich bringt. Sie wäre jetzt 36. Ich frage mich oft, was aus ihr geworden wäre.*

Zu deiner Frage … Was für eine große das ist! Ich würde gerne glauben, dass ich vergeben könnte, weil ich denke, dass Vergebung für uns Menschen etwas Essenzielles ist. Jedes Leben ist eine Reise, mit der Lektionen einhergehen, die wir unterwegs lernen sollen. Manche Lektionen sind größer als andere. Genauso gibt es Entscheidungen, die gravierender sind als andere. Jemandem absichtlich das Leben zu nehmen, ist die gravierendste Entscheidung, die man treffen kann. Doch selbst, wenn es sich um einen Unfall handelt – eine unbeabsichtigte Tat –, bleibt immer noch die Entscheidung, wie man sich danach verhält. Eine Entscheidung, die genauso bedeutsam ist. Mein Herz sagt mir, dass ich vergeben wollen würde – aber ich glaube, das wäre schwer, denn vergessen könnte ich mit Sicherheit nie. Der oder die Täter hätten ja nicht nur Phoebes Leben genommen, sondern zu einem großen Teil auch das all derer, die sie geliebt haben.

Mit einer Entschuldigung allein könnte ich nichts anfangen, denn Worte sind leicht dahingesagt. Ich denke, ich müsste es in den Augen des- oder derjenigen erkennen; ich müsste sehen, dass mein Gegenüber wirklich Reue empfindet, bevor ich ihm Vergebung anbieten könnte.

Erneut beeindruckt mich Natalie mit ihrer Offenheit und ihrer klaren Sicht. In der Theorie – so denke ich auch – ist Vergebung eine wunderbare Sache, ein Zeugnis von Großherzigkeit, so wie uns die Religionen dazu anleiten. Doch am Ende sind wir Menschen, samt unseren Fehlbarkeiten, unserem Schmerz, unseren inneren Grenzen. Ich glaube, Natalie könnte vergeben, gerade weil sie so ist, wie sie ist, ein Mensch voller Stärke, Liebe und Bewusstsein für sich selbst und ihre Umwelt. Sie kennengelernt zu haben – selbst unter diesen Umständen – ist ein Geschenk. Happy Birthday, Phoebe. Deine Mutter ist eine großartige Frau.

*

Inzwischen rede ich nicht mehr vom *Projekt* ›True Crime‹. Der Ausdruck fühlt sich falsch an. Ein Projekt wäre irgendwann abgeschlossen; es bezeichnet eine Aufgabe, die es zu erledigen gilt. Bald werde ich dieses Buch beenden, das schon. Als abgehakt fühlt es sich trotzdem nicht an. Vielleicht, weil ich weiß, dass es noch so viele Geschichten da draußen gibt, Geschichten über Menschen, die nicht vergessen werden dürfen, Geschichten, die Themen mit sich bringen, die uns alle betreffen. Es gibt noch so viele Fragen zu beantworten, auf so vielen Ebenen. Am schwersten allerdings wird es mir fallen, dieses Buch in dem Wissen zu beenden, dass zumindest eine Familie noch immer keine Antworten hat und diese möglicherweise auch nie erhalten wird. Weil am Ende doch nichts anderes bleibt als Spekulationen, die das von der Ungewissheit ausgehöhlte Loch stopfen müssen.

Bevor ich mich mit Phoebes Tod beschäftigt habe, haben mich solche Fälle besonders gereizt. Ich sah darin abstrakte Rätsel, und der Versuch, sie zu knacken, war ein spannender Zeitvertreib. Sicherlich geht es vielen True-Crime-Konsument*innen so. Zahlreiche Internet-Plattformen wie zum Beispiel »Reddit« bieten uns selbst erklärten Sherlocks und Miss Marples ein interaktives Büro und Tausende von Gleichgesinnten, die zu Kolleg*innen werden. Es werden Sachverhalte diskutiert und Theorien gewälzt – manchmal mit erstaunlichem Erfolg.

Zum Beispiel im Fall von Jason Callahan aus South Carolina, der 1995 als 19-Jähriger spurlos verschwand. 20 Jahre musste seine Mutter mit der Ungewissheit darüber leben, was mit ihrem Sohn geschehen war – bis Internet-Detektiv*innen den Zusammenhang zu einem Autounfall in Südvirginia herstellten, bei dem zwei Männer ums Leben gekommen waren. Beide Leichen waren völlig entstellt, doch während die Identität des Fahrers sich anhand der Überprüfung des Autowracks klären ließ, blieb die des Beifahrers nicht zu ermitteln. ›John‹ oder ›Jane Doe‹ werden unbekannte Leichen bei der Polizei genannt. In diesem Fall bekam die männliche Leiche den Namen ›Grateful Doe‹, da sie ein T-Shirt der Rockgruppe ›Grateful Dead‹ trug und auch zwei Konzerttickets der Band in der Hosentasche hatte. Obwohl man später dank der technischen Neuerungen anhand des Schädels des Toten ein computergeneriertes Bild seines Gesichts anfertigen konnte, blieb der Ermittlungserfolg aus. Doch dann stolperte 2015 die damals 28-jährige Australierin Layla Betts über den ungelösten Fall des ›Grateful Doe‹. Sie machte ihn auf »Reddit« bekannt und fand so – zusammen mit anderen User*innen, die sich ihr auf der Suche nach Antworten angeschlossen hatten – erst einen ehemaligen Mitbewohner des Toten und schließlich dessen Mutter. Diese hatte jahrelang geschwankt zwischen der Annahme, dass ihrem Sohn etwas zugestoßen war, und der Theorie, ob Jason – der bereits früher öfter unangekündigt als Tramper auf Reisen gegangen war – sich freiwillig dazu entschieden hatte, ein neues Leben zu beginnen. Ein DNS-Abgleich bestätigte schließlich, dass es sich bei ›Grateful Doe‹ um Jason handelte – ein Moment, den Layla in einem Interview später als einen sehr persönlichen beschreiben würde: »Es ging gar nicht so sehr darum, dass ein Fall nach 20 Jahren doch noch gelöst werden konnte. Es ging darum, dass wir mithelfen konnten, Jason nach Hause zu bringen, und dass seine Familie endlich Gewissheit hatte.«

Doch mit steigendem Interesse und Engagement geraten auch wir Hobbydetektiv*innen an Stellen in unserem eigenen System, wo wir uns Fehler eingestehen müssen. Wo wir unsere Objektivität verlieren, und als Menschen, die wir nun mal sind, manchmal vielleicht auch nur das sehen, was wir eben sehen wollen – oder was andere uns glauben machen.

»Wenn ich in meinem gemütlichen Büro sitze und aus der Geborgenheit dort über das abgrundtief Böse schreibe, dann erzeugt diese Diskrepanz eine emotionale Fallhöhe, die mir jedes Mal einen Schauer über den Rücken jagt.«

Arno Strobel

True Crime ist …

SPEKULATION

Der Fall Kate Yup

YouTube, April 2018 bis Oktober 2019

Mein Name i**S**t Kate. Ich drehe Vide**OS** für YouTube. Mukbang heißt der Trend. Mukbang – das ist ein Kunstwort aus »muok-da«, was auf Koreanisch »Essen« bedeutet, und »bangsong«, was so viel heißt wie »Sendung«. Wollt ihr wissen, woher das rührt? Also: In Südkorea wird das Essen traditionell als Gemeinschaft zelebriert, aber viele Koreaner*innen sind Singles oder sie arbeiten ein höllisches Pensum. Sie vermissen genau das: gemeinsame Mahlzeiten und das Gefühl von Verbundenheit, das damit einhergeht. Daher haben sie angefangen, sich über das Internet zum Essen zu treffen. Sich mit ihren Tellern vor die Kameras ihrer Laptops zu setzen und ihre Mahlzeiten zusammen einzunehmen. Das war der Ursprung, alles noch ganz gesittet.

Mittlerweile hat sich Mukbang zu einem YouTube-Phänomen entwickelt. Dabei geht es schon längst nicht mehr um Gemeinschaft. Manche kommen aus einem Faible für ASMR heraus – »Autonomous Sensory Meridian Response« (Autonome sensorische Meridianreaktion). Diese Bezeichnung steht für ein wohliges Gefühl – angefangen bei tiefster Entspannung bis hin zum Orgasmus –, das bei einigen Menschen durch bestimmte Töne oder Klänge ausgelöst wird. Das kann ein Flüstern sein, die Stimme von Bob Ross, wenn er die Arbeitsschritte für ein Gemälde erklärt, Meeresrauschen – oder eben auch ein Essgeräusch wie Kauen oder Schmatzen.

Andere klicken aus blankem Voyeurismus. Da filmt sich jemand, wie er isst – nein, frisst. Einen kompletten Tisch voll mit Zeug, am besten möglichst eklig. Und die anderen schauen zu. Ich esse zum Beispiel eine ganze Goldbrasse, einen Wolfsbarsch, Garnelen, einen Riesentintenfisch, zwei Hummer, die Beine einer Königskrabbe, drei Lachse. Alles innerhalb einer Mahlzeit, oft roh, samt Sc**H**alen, Gräten, Augen, Innere**l**en. Bis zu zehn Ki**L**o Meeresgetier schaf**F**e ich auf **E**inmal, und das so schnell wie niemand anders. Ich schlinge auch frittierte Mehlwürmer oder Grillen hinunter oder bereite mir vor euren Augen Schweinehirne im Sandwichmaker zu. Ich habe über 1,3 Millionen Abonnent*innen. Ihr seht mir zu, fasziniert vom Ekel, getrieben von der Gier nach Sensation. Was wird sie wohl als Nächstes essen? Die Antwort ist einfach: alles. Elf handgroße **B**ienenwaben, das Gel aus v**I**er Aloe Vera-Blä**TT**ern, von d**E**nen allein eines schon länger ist als mein eigener Arm.

Während ich das tue, trage ich – im Gegensatz zu vielen anderen Mukbang-Youtuber*innen, die sich von der Community offensiv feiern lassen – eine Augenbinde. Ich will, kann oder darf meine Identität nicht preisgeben. Ich spreche auch nicht in meinen Videos, höchstens hauche ich zu Beginn ab und an mal ein knappes »Hey guys« in die Kamera und winke euch zu. Ich bin sehr schlank, fast schon sehe ich ausgehungert aus, so als würde ich außerhalb meiner Videodrehs kein Essen zu mir nehmen. Darüber macht ihr zu Anfang noch Witze. Kate, die in der Lage ist, dieses eklige Zeug derart hastig in sich hineinzuschlingen, die förmlich danach zu gieren scheint, weil sie wohl schon seit Tagen nichts mehr zu essen hatte. Ein paar von euch vermuten eine Essstörung, Bulimie, eine psychosomatische Erkrankung, bei der auf jede Hungerphase eine Fressattacke folgt, die wiederum damit endet, sich zu übergeben. Ich wäre eine von geschätzt 70 Millionen Menschen weltweit, die an einer Essstörung leiden. Menschen, die sich in der Regel dafür schämen und sich niemals während eines Anfalls vor einer Kamera platzieren würden.

Bald schon gehen euch jedoch die Witze aus, und auch die Theorien über eine Essstörung nehmen ab. Ihr bemerkt meine Verletzungen. Die blauen Flecken an meinem Arm, den Riss an meiner Lippe. So als wäre ich misshandelt worden. *Geht es dir gut?*, beginnt ihr zu fragen. *Brauchst du Hilfe?* Ihr fangt an, misstrauisch zu werden, fangt an, meine Videos Frame für Frame zu analysieren. Ihr stellt fest, dass ich nicht allein bin. Dass sich wie von Zauberhand eine Schüssel auf dem Tisch vor mir bewegt. Dass da wohl ein Mann bei mir ist. Ihr hört sein Flüstern. »Faster«, soll er ganz leise im Hintergrund gesagt haben – *schneller*. Oder »Come on«, *komm schon*. In den Kommentaren überschlagt ihr euch. Da stimmt doch etwas nicht. Tut Kate das alles etwa gar nicht freiwillig? Besonders ein Satz, den ihr glaubt gehört zu haben, macht euch regelrecht panisch: »I will kill you« – *Ich werde dich töten*. Und dann seht ihr auch noch, wie mir beim Kauen ein Zahn ausfällt. Ich spucke ihn in meine Handfläche und esse weiter. Weil ich es muss? Ihr schreibt, dass ihr Schritte hört, die sich mir nähern, und dass ich daraufhin panisch Luft hole. Ihr schreibt, dass ihr einen Schatten seht, den einer Pistole, die auf mich gerichtet wird. Ihr bittet darum, dass ich ein Video drehe, in dem ich euch versichere, dass es mir auch wirklich, wirklich gut geht und ich nicht in Gefahr bin.

Ich drehe kein Video. Stattdessen verfasse ich in der nächsten Folgenbeschreibung einen Text:

Hallo zusammen,
ich muss wohl dringend meine Situation klarstellen. Es ist alles okay mit mir. Niemand zwingt mich zum Essen und gesundheitliche Probleme habe ich auch keine. Die Flecken an meinem Arm stammen von der Sonne und die Wunde an meiner Lippe ist nur ein kleiner Herpes. Ich liiiiiiebe, was ich tue, seid euch dessen versichert.

Sage ich die Wahrheit? Kann nicht sein. Ansonsten würde ich doch einfach das Video drehen, das ihr euch wünscht, und euch auf direktem Weg mitteilen, wie es um mich steht. Tja, der Schuss ging wohl nach hinten los. Anstatt euch zu beruhigen, löst mein Text nur noch größere Besorgnis aus. Könnte ich ein Entführungsopfer sein? Werde ich irgendwo gefangen gehalten? Zwingen mich meine Entführer zu den Videos, weil sie mit dem Mukbang-Trend Geld verdienen wollen? Könnte eine Entführung der Grund sein, warum ich mein Gesicht nicht zeige? Und würde das nicht auch meine Verletzungen erklären, genau wie meinen Hunger? Was ist mit der Bandage an meinem linken Handgelenk? Muss ich sie vor der Kamera tragen, weil sich an der Stelle ein Tattoo oder ein Muttermal befindet, irgendein eindeutiges Zeichen, das mich identifizieren könnte? Ihr wisst es nicht, und das macht euch verrückt.

In das nächste Video mit dem Titel ›I am alive‹ *(Ich bin am Leben)* füge ich in der Nachbearbeitung eine Bauchbinde ein.

Hey!! I'm still alive my friends, you can see to my smile … *(Hey! Ich bin noch am Leben, meine Freunde, das könnt ihr an meinem Lächeln sehen …)*

Everything is ok for me! *(Bei mir ist alles okay!)*

Look at me, are you really thinking I am forced to eat? *(Seht mich an, glaubt ihr wirklich, dass ich zum Essen gezwungen werde?)*

Prawn, just smaller than giant shrimps and easier to eat 'cause I removed the skin. *(Garnelen, nur kleiner als Riesengarnelen und leichter zu essen, weil ich die Schale entfernt habe.)*

Ihr bemerkt sofort, dass ich die Buchstaben am Satzanfang markiert habe, und fühlt euch bestätigt: Ich hinterlasse euch versteckte Botschaften. Ein anderes Mal schreibe ich: »The meat is **S**o delici**O**u**S**« *(Das Fleisch ist so lecker)*. Oder ich tippe beim Essen mit den Fingern einen Rhythmus gegen den Rand einer Soßenschüssel. Einige von euch erkennen darin einen Morsecode, die Bitte um Hilfe. Nein, setzen andere dagegen, Morsen funktioniere ganz anders. Das seien nur zufällige Fingerbewegungen.

Und dann … bin ich plötzlich weg.

Mein letztes Video erscheint am 25. Oktober 2019. Meine letzte Mahlzeit beende ich mit Schweinehirnen aus dem Sandwichmaker, meine letzte Nachricht an euch lautet: »Stop worrying about me and take care of yourself. LoOove you my friends! Subscribe to my channel if you want more videos.« *(Macht euch keine Sorgen um mich und passt auf euch auf. Ich liiiebe euch, meine Freunde! Abonniert meinen Kanal, wenn ihr mehr Videos wollt.)* Das tut ihr, sogar zahlreich. Nie hatte ich höhere Klickzahlen und mehr Abonnent*innen. Und doch komme ich nie wieder zurück. Im Gegensatz zu euch.

Ihr besucht weiterhin meinen Kanal, baut eure Theorien aus. Wer bin ich? Und was könnte mit mir geschehen sein?

Fangen wir bei meinem Namen an. Heiße ich denn überhaupt Kate Yup? Vermutlich nicht – denkt doch mal nach. Streicht das »K« und das »Y«, dann steht da »ate up« – *aufgegessen*. Ein netter kleiner Gag für die Betreiberin eines Mukbang-Kanals, oder? Nur: Wer hat ihn sich ausgedacht? War ich das selbst? Oder waren es meine Entführer?

Das Lager der Besorgten sagt, es erkenne Ähnlichkeiten zwischen mir und einem Mädchen namens Karlie Gusé. Die 16-jährige Amerikanerin verschwand im Oktober 2018 aus Chalfant Valley in Kalifornien – ein mysteriöser Fall, der bis heute nicht aufgeklärt ist. Karlie hatte sich am Abend vor ihrem Verschwinden mit Freunden getroffen und Drogen genommen. Dabei ist sie auf einem ziemlich üblen Trip hängen geblieben, fühlte sich vom Teufel verfolgt. Zwar verbrachte sie die Nacht zu Hause unter der Aufsicht ihres Vaters und ihrer Stiefmutter, doch als diese am nächsten Morgen aufwachten, war Karlie weg. Zeugen sagten, sie hätten sie in den frühen Morgenstunden in Richtung des nahe gelegenen Highway 6 laufen sehen, einer berüchtigten Route für Menschenhändler. Ist Karlie ihnen zum Opfer gefallen, ist sie verschleppt und verkauft worden? Andere vermuten, die Zeugen haben sich geirrt und Karlie sei in Wahrheit an den Folgen ihrer Drogeneinnahme zu Hause gestorben; hartnäckig wird über eine Vertuschungsaktion ihrer Stiefmutter geunkt. So oder so fehlt von der 16-Jährigen seitdem jede Spur. *Kate sieht ihr ähnlich*, sagen einige von euch. *Kate hat dasselbe Muttermal am Schlüsselbein. Schwachsinn*, entgegnet wiederum die andere Front. *Kates Kanal existierte bereits ein halbes Jahr vor Karlies Verschwinden*. Und: *Kate ist doch viel älter, locker Mitte zwanzig.* Zudem sei Karlie Amerikanerin – ich jedoch habe meine ersten Folgenbeschreibungen auf Französisch geschrieben. Und auch die Formulierungen und kleine grammatikalische Fehler in meinen Bauchbinden lassen daran zweifeln, dass Englisch wirklich meine Muttersprache ist.

Kurze Zeit später habt ihr die nächste Person im Visier: eine polnische Kickboxerin namens Joanna Jędrzejczyk. Ihr markantes Kinn fällt euch auf und die Tatsache, dass sie als aktive Sportlerin öfter mal Verletzungen erleidet, so wie ihr sie auch an mir seht, scheint euch zunächst zu bestätigen. Doch auch hier müsst ihr bald Zweifel einräumen. Wieder sind es Muttermale an unterschiedlichen Stellen, die eure Theorie zunichtemachen.

2020 entdeckt die YouTuberin Toria Kinlove auf Facebook ein Foto aus einem Escape Room in Grenoble, Frankreich. Es zeigt eine Gruppe von Freunden, unter ihnen eine junge Frau, die mit dem Namen »Kate Yup« verlinkt ist. Ähnlichkeiten erkennt Toria in den langen sandblonden Haaren und in den Fingerringen der jungen Frau, die – laut Toria – genauso aussehen wie die, die ich in meinen Videos trage. Nur: die Ringe sind schlicht, ohne signifikante Merkmale, und auch die Haarfarbe ist keine, wie sie nur selten vorkommen würde. Es dauert nicht lange, bis die Betreiber*innen des Escape Room das Foto löschen. *Warum?*, fragt ihr euch? Habe ich sie darum gebeten, weil ich meine Identität weiterhin schützen will? Möglich. Wobei: Sieht mir die junge Frau denn wirklich so ähnlich? Wirkt sie nicht auch schon wieder um einiges jünger als ich? Was, wenn es sich bei der Verlinkung einfach nur um einen Markierungsfehler gehandelt hat? Eine Kate mit einem ähnlichen Nachnamen, vor oder nach mir in der Liste markierbarer Personen, und ein Klick, der etwas zu schnell vonstattenging? Wer weiß. Ratet weiter.

Ich bin Kate, ein Entführungsopfer in höchster Gefahr, vielleicht gar längst tot. Um das herauszufinden, habt ihr schon mehrere Petitionen auf change.org gestartet. YouTube und das FBI sollen mich ausfindig machen, sollen sicherstellen, dass ihr euch irrt – oder dass ihr recht habt. Dann muss ich schleunigst befreit werden aus der Gefangenschaft meiner Entführer – wenn es denn nicht schon längst zu spät ist.

Vielleicht bin ich auch einfach nur Kate, eine YouTuberin, die geme**R**kt hat, wi**E**v**I**el mehr Klicks und Abo**N**nent*innen so ein Mysterium mit sich brin**G**t. Denn würd**E** es wirk**L**ich Sinn **E**r**G**eben, dass meine En**T**führer mich die Videos, zu denen sie mich eurer Meinung nach gezwungen haben, selbst schneiden ließen? Dass ihnen meine – offenbar ja doch nicht so subtilen – Hilferufe dabei entgangen wären? Andererseits: Wäre es mir tatsächlich nur um Aufmerksamkeit gegangen, warum hätte ich auf dem Höhepunkt meiner Popularität einfach so verschwinden sollen?

Vielleicht stimmt es, und ich habe Probleme. Vielleicht leide ich an einer psychosomatischen Krankheit oder unter jemandem, der mich misshandelt. Vielleicht habe ich aber auch einfach nur ein Hobby – Kampfsport, so wie Joanna Jędrzejczyk ihn betreibt –, weswegen ihr die ganzen Verletzungen an mir erkannt habt.

Ich bin Kate. Ich könnte Hilfe brauchen, oder auch nicht.

Ich könnte verschwunden sein, weil ich längst tot bin. Oder ich könnte Bammel bekommen haben, weil mir das Ganze durch eure wilden Theorien dann doch etwas zu groß und heikel geworden ist, und ich überhaupt keinen Bock darauf habe, dass man sich von offizieller Seite aus dazu bemüßigt fühlt, meine Identität zu klären. Nicht, dass eines Tages tats**Ä**chlich noch die Polizei bei mir zu Hause auf**T**aucht und ich in **SCH**wierigkeiten gerate. LoOove you my friends, aber das seid ihr mir dann doch nicht wert.

Belassen wir es also einfach dabei: Ich bin Kate, ein Mysterium. Ich bin genau das, was eure Spekulationen aus mir machen.

»Dünnes Eis ist mit großer Vorsicht zu betreten.«

Im Gespräch mit Stefan Wette, Gerichtsreporter und Journalist bei der WAZ, Essen

R. H.: Herr Wette, Sie sind ausgebildeter Journalist – da gibt es viele Einsatzfelder. Warum haben Sie sich ausgerechnet dafür entschieden, über Verbrechen zu berichten?

Stefan Wette: Ich habe mich nie dafür entschieden, über Verbrechen zu berichten. Mein Thema sind die Menschen in Ausnahmesituationen, sei es als Täter oder Opfer, als Staatsanwalt oder Verteidiger, als Richter oder Zeuge. Meine Aufgabe sehe ich darin, den Lesern/Hörern zu verdeutlichen, warum Menschen zum Mörder, Räuber, Betrüger werden und wie Opfer mit den Folgen der Tat umgehen. Zur Gerichtsreportage bin ich eher zufällig gekommen. Als Jungredakteur in der Dorstener WAZ-Redaktion hatte ich auch über die Polizei zu berichten. Da interessierte mich, wie deren Ermittlungen von einem Gericht bewertet werden. Mich hat sofort die menschliche Seite eines jeden Falls fasziniert. Mit zwölf Jahren stand für mich fest, Journalist werden zu wollen. Damals, Anfang der 1970er Jahre, wuchsen wir in einer hochpolitisierten Welt auf. Es ging um die Ostpolitik, um mehr Demokratie und den Terrorismus der Baader-Meinhof-Bande. Mich wunderte, wie viele Menschen darüber diskutierten, ohne über die nötigen Informationen zu verfügen. Deshalb wollte ich mithelfen, das Fachvokabular der Experten für die Allgemeinheit zu übersetzen. Nichts anderes mache ich bis heute. Der erste Schritt ist zu übersetzen, was im Gerichtssaal passiert. Erst der zweite Schritt ist die Kontrolle der dritten Gewalt in unserem Staat. Aber das müssen aus meiner Sicht grundlegende Fehler sein. Ich streite mich nicht über ein, zwei Jahre Haft mehr oder weniger. Aber zu den Fehlern zählen auch der arrogante Ton des Richters oder die schlecht vorbereitete Verteidigerin. Und all das gibt mir die Gelegenheit, über die Psyche der an einem Strafverfahren beteiligten Menschen zu berichten. Gelingt mir das, gewinnen Leser/Hörer im besten Fall Erkenntnisse für ihr eigenes Leben.

R. H.: Sie arbeiten seit 1990 als Gerichtsreporter – das heißt, »True Crime« ist seit Jahrzehnten ihr Alltag. Wie beobachten Sie die Entwicklung hin zum »Trend-Genre«? Inwiefern sehen Sie positive Aspekte darin, dass wir uns inzwischen gefühlt alle für wahre Verbrechen interessieren? Inwiefern sehen Sie vielleicht auch kritische Punkte?

Stefan Wette: Diese Entwicklung scheint mir nicht neu zu sein. 1990 gab es schon ein paar Jahre die privaten TV-Sender, einige Jahre später kam das Internet auf. Beide Medien setzten verstärkt auf die Kriminalitätsberichterstattung. Denken Sie allein an das Gladbecker Geiseldrama, als die Verbrecher Live-Interviews im TV, sogar in den ›Tagesthemen‹, gaben. Und das Internet sorgt erst recht dafür, dass jeder Fall gebracht wird, der Klicks verspricht. Dadurch bekommt die Öffentlichkeit aber ein falsches Bild vermittelt. Nehmen Sie das Beispiel Gewalt auf dem Fußballplatz. Das Thema gab es früher auch. Ich kann Ihnen aus meiner Jugend im bürgerlichen Essener Süden Beispiele aus eigener Anschauung nennen, wie etwa ein vom Heimverein gestellter Linienrichter bei einem Kreisligaspiel mit seiner Fahne auf den Schiedsrichter losging, weil ihm dessen Pfiff gegen die eigene Mannschaft nicht passte. Das hat außerhalb des Platzes nie einer mitbekommen. Heute hat sofort ein Zuschauer mit dem Smartphone gefilmt und die Szene gepostet. Schon stürzen sich die Online-Medien darauf. Der Eindruck zunehmender Gewaltbereitschaft entsteht, daraus werden rechtspolitische Forderungen abgeleitet. Dabei hat sich im Grunde gegenüber früher nichts geändert. Das Interesse an True-Crime-Podcasts bewerte ich zunächst positiv, weil es den Bürgern einen wichtigen Aspekt unserer Gesellschaft und unseres staatlichen Systems näherbringt. Das trifft aber nur bei den Produktionen zu, die auf seriöse Berichterstattung achten. Kritisch sehe ich deshalb die reißerische, sensationslüsterne Präsentation. Sie schürt eher das Unbehagen an der Justiz, an der Sicherheit in unserer Gesellschaft. Dabei gibt es in der Welt nur wenige Länder, in denen die Menschen freier und sicherer leben als in Deutschland.

R. H.: Welche sind Ihre persönlichen Leitsätze bei Ihrer Arbeit – was insbesondere auch Recherche, Sorgfaltspflicht oder den Umgang mit Spekulationen angeht?

Stefan Wette: Das sind die Grundsätze, die im Grunde jeder gute Journalist beherzigt. Ich mache mir zunächst Gedanken über ein Thema, das nach meiner Einschätzung ein größeres Interesse hervorruft. Dann sammle ich Informationen aus unterschiedlichen Quellen und bin offen, zu welchem Ergebnis mich meine Recherche führt. Lohnt sich das Ergebnis, schreibe ich meine Geschichte auf. Zu dieser Arbeit gehört natürlich, dass ich die Würde der Menschen achte, über die ich zu berichten habe. Sie werden bei mir nie lesen, dass ein Angeklagter eine Bestie oder ein Monster ist. Ich reduziere auch niemanden auf seine Herkunft, sein Geschlecht oder seine Religion. Es sind alles Menschen. Klar ist, dass ich mich nicht bestechen oder beeinflussen lasse, auch nicht von den Leuten, die mir vertrauliche Informationen zukommen lassen. Detaillierte Darstellung von Grausamkeiten oder sexuellen Handlungen gehören nach meinem Verständnis nicht in einen Zeitungsbericht. All diese Grundsätze finden Sie auch im Pressekodex des Deutschen Presserates. Welche Informationen meiner Recherche ich für den Text auswähle, ist natürlich subjektiv. Um bei der Gerichtsreportage zu bleiben: Der Angeklagte wünscht in meinem Text vermutlich andere Details als die Staatsanwältin, und der Richter findet zu wenig gewürdigt, wie brillant er sein Urteil aufgebaut hat. Objektivität gibt es da nicht. Mir ist wichtig, dass ich fair und logisch auswähle und keinen wichtigen Aspekt nur deshalb auslasse, weil er mir nicht passt. Außerdem müssen die Fakten stimmen. Sie müssen durch mindestens zwei unabhängige Quellen bestätigt werden. Spekulationen und Gerüchte mache ich als solche kenntlich. Beim Schreiben überlege ich oft, ob ich meine Formulierungen vor Gericht belegen kann, wenn mich ein Betroffener verklagen sollte.

R. H.: Besonders zum Thema »Spekulationen« habe ich mir in letzter Zeit viele Gedanken gemacht. Einerseits können Spekulationen in manchen unaufgeklärten Fällen tatsächlich dazu führen, eine bisher unentdeckte Wahrheit zu offenbaren – andererseits können (haltlose) Verdächtigungen ganze Existenzen zerstören. Das ist ziemlich dünnes Eis, finde ich. Wie gehen Sie mit diesem Thema um?

Stefan Wette: Genau so, wie Sie es in Ihrer Frage formuliert haben. Dünnes Eis ist mit großer Vorsicht zu betreten. Gerade in Strafverfahren wird mit Spekulationen über andere Täter gerne mal der Verdacht vom Angeklagten abgelenkt. Das lässt sich anfangs nicht immer als durchsichtiges Manöver erkennen. Es hilft aber, sachlich nachzudenken, wie die

Beweislage gegen den Angeklagten ist und was überhaupt für den »neuen« Täter spricht. Zwei Beispiele habe ich selbst als Gerichtsreporter miterlebt und zunächst Druck von der Redaktion bekommen, warum ich diese neuen Verdächtigen nicht stärker würdige. Der erste Fall war 1993 der Solinger Brandanschlag. Vier rechtsgerichtete junge Solinger hatten nachts das Haus einer türkischen Familie angezündet. Fünf Frauen der Familie Genc starben in den Flammen. Weil einer der Angeklagten der 15 Jahre alte Sohn eines politisch linksstehenden Ärzte-Ehepaares mit guten Kontakten war, erhielten die Angeklagten viel Unterstützung in den Medien nach dem Motto, hier säßen Unschuldige vor Gericht. Immer wieder wurden vor Gericht neue Täter eingeführt. Höhepunkt war ein gefälschtes Fax aus Berlin, das die Opfer als eigentliche Täter darstellte. Immer wieder habe ich Kollegen darauf hingewiesen, dass die bisherige Beweisaufnahme diese Behauptungen widerlegte.

Der andere Fall war Ende der 1980er Jahre der Fall Monika Weimar, die in Hessen ihre beiden Töchter getötet hatte. Sie ist zu lebenslanger Haft wegen Mordes verurteilt worden, aber zwischenzeitlich galt sie als Opfer einer von Männern beherrschten Justiz. Deshalb stürzten sich viele Journalisten auf die von Monika Weimar in die Welt gesetzte Behauptung, ihr Ehemann Reinhard, der Vater der Kinder, habe die beiden ermordet. Das konnte von der Beweislage her nicht stimmen. Dennoch veröffentlichten viele diese Spekulation. Auch diese Berichterstattung hat den Mann, der seine Kinder verloren hatte, psychisch fertig gemacht. In beiden Fällen habe ich über diese Spekulationen natürlich auch berichtet, weil sie zur Beurteilung des Falls gehörten. Ich habe sie aber jeweils vor dem Hintergrund der Beweislage entsprechend eingeordnet.

R. H.: Nach über 30 Jahren als Gerichtsreporter haben Sie sicher einige Geschichten erlebt, die Sie persönlich bewegt haben. Wie gelingt es Ihnen, sich trotzdem Ihre Objektivität zu bewahren?

Stefan Wette: Objektivität, ich hatte es zuvor gesagt, nehme ich für mich nicht in Anspruch. Auch ein Gericht ist nach meinem Verständnis nicht objektiv, sondern im positiven Fall fair und logisch. Das sind die Begriffe, die ich auch für mich reklamiere. Emotionen sind wichtig, ohne sie könnte ich meine Leser/Hörer nicht bewegen. Aber sie haben bei der Bewertung der Indizien und Beweise nichts zu suchen. Professionelle Sachlichkeit ist nicht nur bei den Juristen im Saal gefragt, sondern auch beim Gerichtsreporter. Vom Arzt in der Notaufnahme verlangen wir ja auch, dass er nicht vor Mitleid zusammenbricht, wenn die Opfer eines Massenunfalls ins Krankenhaus gebracht werden. Die genannten Fälle Solinger Brandanschlag und Monika Weimar sind zwei Prozesse, die mich emotional sehr stark bewegt haben. Da war das Schicksal der Opfer, es hat mich mitleiden lassen. Hören Sie mal zu, wenn die Mutter Genc vor Gericht erzählt, dass sie in der Brandnacht ihre Töchter und Nichten verloren hat. Es ist zum Heulen. Und dennoch habe ich in beiden Fällen immer wieder durchgespielt, ob ich die Beweisaufnahme richtig bewerte. Oder lag ich falsch und hätte mit meinen Artikeln Unschuldige vor dem Gefängnis bewahren müssen? Aber genau das muss der Gerichtsreporter trennen, so wie es auch vom Richter und den anderen Juristen zu erwarten ist. Die emotionale Betroffenheit muss zurückstehen, wenn es um die sachliche Bewertung der Indizien und Beweise geht. Ich empfinde große Sympathie für zwei Aussagen, die ich in meiner Arbeit gehört habe: »Im Zweifel für den Angeklagten. Es ist besser, zehn Schuldige freizusprechen, als einen

Unschuldigen zu verurteilen.« Und: »Wenn die Opfer Recht sprechen, beginnt die Barbarei.« Das sind die Grundsätze, die mich seit drei Jahrzehnten geleitet haben. Zu meinem Job gehört, dies den Lesern/Hörern nachvollziehbar zu vermitteln, ohne dabei belehrend zu wirken. Das gelingt, so glaube ich, weil ich dies verinnerlicht habe. Bestärkt fühle ich mich, wenn ich aus einem Rechtsstaat wie den USA höre, dass Menschen im Todestrakt saßen oder sogar hingerichtet wurden, obwohl sie Jahre später mit den Mitteln moderner Kriminaltechniker als unschuldig zu gelten hatten. Verurteilt wurden sie von einer aus Laien bestehenden Jury, die ohne Begründung aus dem Bauch heraus entschied. Ihre Mitglieder hatten sich offensichtlich von einer persönlichen Betroffenheit leiten lassen. Bis in die späten 1920er Jahre gab es dieses Geschworenensystem übrigens auch noch bei uns in Deutschland.

R. H.: Wenn man über 30 Jahre »True Crime« lebt und täglich damit konfrontiert wird, wozu Menschen in bestimmten Situationen fähig sind – wie sieht man da die Welt? Glauben Sie noch an das Gute im Menschen?

Stefan Wette: Um Falco ein wenig abzuwandeln: »Das Gute ist immer und überall.« Ich bin ganz gut geerdet, habe eine intakte Familie und bin selbst – toi, toi, toi – bislang nicht Opfer schwerer Kriminalität geworden. Aber das sind die meisten Deutschen nicht, trotzdem klagen sie darüber, dass die Welt unsicher geworden sei. Zahlen belegen das nicht. Und Studien arbeiten immer wieder heraus, dass die Angst der Deutschen vor dem Verbrechen größer ist als die Gefahr, selbst Opfer eines Verbrechens zu werden. Meine Arbeit für den Podcast ›Der Gerichtsreporter‹, in dem ich oft Jahrzehnte zurückliegende Verbrechen behandele, zeigt mir immer wieder, dass es früher keineswegs besser war. Kürzlich saßen wir mit Bekannten in einem Café im Essener Stadtteil Kray, wo viele Migranten leben. Irgendwie kam eine Frau auf das Thema Kriminalität und dass alles schlecht geworden sei. Ich habe sie gefragt, warum die Bedienung uns Kaffee und Kuchen gebracht habe, ohne direkt zu kassieren. Okay, sagte sie, die weiß, dass keiner abhaut, ohne zu bezahlen. Und sie kam selbst zu der Erkenntnis, dass der Großteil der Menschen eigentlich ehrlich ist. Ich will damit sagen, dass ich zwar jeden Tag Verbrecher erlebe, dennoch an das Gute im Menschen glaube und mich recht wohl in der Welt fühle. Ich habe in meinem Alltag immer wieder Hilfsbereitschaft und Freundlichkeit erlebt. Aus meinem Berufsalltag kann ich sagen, dass kein Mörder immer Mörder ist und auch Räuber ihre guten Momente haben. Vor Gericht habe ich libanesische Angeklagte kennengelernt, mit denen ich beim Gang durch die Essener City als Privatmann immer wieder ins Gespräch kam. Aber auch Manager wie Thomas Middelhoff, der Karstadt-Gelder veruntreut hatte, gehörten zu meinen Gesprächspartnern in Sitzungspausen. Ebenso der Essener Chefarzt des Uni-Klinikums, Christoph Broelsch, der manche Patienten nur gegen eine Spende ›bar und in kleinen Scheinen‹ in Höhe von rund 8.000 Euro operierte, nachdem er ihnen ohne seine OP den sicheren Tod versprochen hatte. Das ist dann der echte Falco: Das Böse ist immer und überall. Ich bin mir aber bewusst, dass ich vor Gericht nur die Negativ-Auswahl meiner Mitbürger erlebe. Und irgendwie hilft mir bei meinem Job, dass auch die Bibel recht früh über den Brudermord von Kain an Abel berichtet.

Mein Tagebuch: Was bleibt

Ich sitze auf meiner Terrasse, es ist 3.28 Uhr. Um mich herum ist alles dunkel bis auf das Licht des Laptopbildschirms. Ein paar aufgeregte Motten stürzen sich darauf und umflattern wild meine Worte. Der Sommer nimmt Anlauf, das spüre ich. Selbst jetzt, mitten in der Nacht, ist es angenehm mild. Verrückt, denke ich. Jetzt gehe ich mit der Arbeit an diesem Buch in die dritte Jahreszeit. Und so, wie sich die Natur in all der Zeit verändert hat, hat sich auch ›True Crime‹ verändert. Irgendetwas ist hier gewachsen, hat sich verzweigt, hat den Stürmen meiner Empfindungen getrotzt, hat mir einiges abverlangt und mir gleichzeitig jeden Tag aufs Neue so viel gegeben. Ich habe vieles gelernt, über Verbrechen und die Menschen, die sie begehen, über die, an denen sie geschehen, und über die, die zurückbleiben. Wie schmal der Grat manchmal ist, wie dünn die Grenze zwischen Hell und Dunkel, wie schnell die Dinge sich ändern können, und mit einem einzigen Wimpernschlag nichts mehr ist, wie es einmal war, für keinen der Beteiligten.

Aber ich habe auch etwas über Stärke gelernt, über Verantwortung – und über das Schreiben. Die Fiktion ist ein schönes weiches Bett, stelle ich fest, ein Ort, von dem aus es sich bequem Regie führen lässt. Ich bin nur umso überzeugter davon, dass nichts, was wir Autor*innen uns zusammenfantasieren könnten, jemals auch nur annähernd die Grausamkeit und mitunter Absurdität des wahren Lebens erfassen würde. Genauso bin ich nur umso entschlossener, in meinen Thrillern nicht »zum Spaß« oder des größtmöglichen Schockeffekts wegen grausam zu sein – denn wer weiß, ob die Geschichte, die ich aus meiner sicheren Distanz konstruiere, nicht in Wahrheit schon irgendwo auf der Welt so oder zumindest so ähnlich wirklich stattgefunden hat? Es ist das eine, sich einen verzweifelten Vater wie Matthias Beck in ›Liebes Kind‹ auszudenken, aber etwas anderes, einen verzweifelten Großvater wie Lorne Campbell in der Realität kennenzulernen.

Respekt, ich glaube, darum geht es. Unsere Geschichten, unsere Figuren, unsere Themen mit Respekt zu behandeln. Umsichtig zu sein, sowohl in der Fiktion als auch miteinander im echten Leben. Es wird weiterhin Ungerechtigkeiten geben auf der Welt, keine Frage. Menschen werden ihr Leben verlieren, weil andere es bewusst so entscheiden oder in einem bestimmten Moment einen fatalen Fehler begehen. Daran werden wir nichts ändern, leider. Was wir aber tun können, ist zuhören, uns selbst und unsere Ansichten immer wieder überprüfen, uns sensibilisieren für bestimmte Themen und miteinander in den Diskurs gehen. Vielleicht ist das nicht viel – oder eben doch schon eine ganze Menge.

Nun sitze ich also hier, in dem Wissen, dass ich gerade meinen letzten Tagebucheintrag tippe, und fühle dabei vieles. Da ist nicht mehr das Toben, das mich zwischenzeitlich an meine Grenzen gebracht hat; der innere Sturm hat sich gelegt und die Trümmer einiger alter Denkmuster hinterlassen, die Luft kommt mir klarer vor, und womöglich ist da sogar ein bisschen Frieden. Weil es bei all dem Chaos und der Dunkelheit auf dieser Welt auch immer Menschen geben wird, die ihr Licht mit uns teilen. Die uns daran erinnern, was Liebe bedeutet, wie wertvoll unsere gemeinsame Zeit ist, die uns mit ihrer Beherztheit anstecken, die kämpfen. Menschen wie Steve Haymes, die mehr machen als nur einen Job. Menschen wie Linn Schütze und Leonie Bartsch, die nicht aufhören, Fragen zu stellen. Und vor allem Menschen wie Natalie …

Der Gedanke daran, dass sie und der Rest der Familie weiterhin mit all ihren offenen Fragen werden leben müssen, schmerzt mich. Niemand von uns weiß, was am 2. Dezember 2010 wirklich mit Phoebe geschehen ist. Die Wahrheit könnte ernüchternd einfach sein. Oder auch nicht. Vielleicht ist Ihnen, liebe Leser*innen, aufgefallen, dass ich mich letztlich dazu entschieden habe, Lorne Campbells Antwort auf meine Frage, was sich seiner Ansicht nach an Phoebes Todestag wirklich zugetragen hat, nicht zu veröffentlichen. Ich kann Ihnen sagen, dass Lorne zwei Szenarien sieht, von denen er eines für wahrscheinlicher hält. In beide jedoch sind Menschen involviert, die durch die Veröffentlichung zum Ziel von Spekulationen und/oder möglicherweise falscher Verdächtigung werden könnten. Und sie wäre falsch, jene Verdächtigung, solange es keine handfesten Beweise gäbe. Diese Entscheidung zu treffen, ist mir nicht leichtgefallen, aber ich denke, es ist in moralischer wie auch juristischer Hinsicht die richtige.

Was bleibt also in Momenten, wo sämtliche Rechtsmittel und Möglichkeiten ausgeschöpft erscheinen und der Mensch, so couragiert er auch sein mag, einfach nicht weiterkommt? Vielleicht nur noch die Hoffnung auf das Leben selbst. Darauf, dass es sich irgendwann doch noch als Autor*in bemüßigt und dieser Geschichte ihr wohlverdientes Ende schreibt. Natalie glaubt an Karma. Das hatte sie bereits in den Fernsehdokumentationen und in einigen Zeitungsinterviews geäußert. Auch ich habe sie danach gefragt – beziehungsweise wollte ich genauer wissen, wie sie sich den Glauben daran trotz aller Widerstände bewahrt. Zeit verging seit dieser Frage. Einige Morgen, die ich ohne eine E-Mail von ihr begonnen habe. Das war ungewöhnlich, aber ich habe Natalie gelassen. Als ihre Antwort kam, befand ich mich gerade auf dem Weg zu einer Veranstaltung. Ich las nur die ersten Worte, als mir klar wurde, dass dies meine letzte Frage an sie gewesen war. Da fühlte sich mit einem Mal alles nach Abschied an, bedrückend und falsch, und erneut wurde mir bewusst, wie sehr der Austausch mit ihr zu einem festen Bestandteil meines Alltags geworden war. Noch nicht, dachte ich. So wenig abgeschlossen mir das Projekt als solches vorkam, desto näher rückte doch der Moment, wo ich dieses Buch beenden würde. Ich dachte an die Stapel von Papier, an die vielen Notizen, an Tage und Nächte, die ineinander übergegangen waren, an die Flut von Emotionen in ungekannter Intensität, an meine Freund*innen, die ich immer wieder vertrösten musste, an meinen überquellenden Aschenbecher und viele entfallene Mahlzeiten, daran, dass ich mich zwischenzeitlich beschwerte, wie sehr mich dieses Buch vereinnahmte, dass ich mir oft so einsam und traurig und unverstanden vorkam – bis ich schließlich doch bei dem Gedanken landete, dass alles – so wie es gewesen war – seine Richtigkeit gehabt hatte, samt allen Höhen und Tiefen. Hinter mir lag eine Reise zu einem Ort außerhalb meiner Komfortzone, zu einem Ort ohne Postkarten-Potenzial – einem Ort allerdings, von dem wir nicht vergessen sollten, dass es ihn gibt, dass er echt ist und nicht nur ein irres Gedankenkonstrukt auf 400 Seiten zwischen zwei Buchdeckeln mit dem Aufdruck ›Thriller‹.

Die letzte Frage also, und Natalies Antwort darauf. Und mehr noch: Als ich ihre E-Mail nach einigen Tagen dann doch noch öffnete, stellte ich fest, dass es ihr offenbar ganz ähnlich ging wie mir.

Sie schrieb:

Wie bewahre ich mir meinen Glauben an Karma, nachdem ich so viele Jahre vergeblich gekämpft habe? Das war deine letzte Frage an mich. Ich habe die Antwort eine ganze Weile hinausgezögert. Nicht wegen der Frage an sich, sondern weil mir klar geworden ist, dass es die letzte ist. Es hat mir gutgetan, dir zu schreiben und damit diesen ganzen Prozess zuzulassen – mir Gefühle und Gedanken zu erlauben, die ich über Jahre hinweg in mir vergraben hatte, sie alle herauszuholen und in fürsorgliche Hände abzugeben. Danke, Romy. Und, ja, ich glaube an Karma. Ich bewahre mir den Glauben daran, in dem ich mir bewusst mache, dass Karma – wie alles andere auch – seine eigene Zeit hat. Wenn wir jemandem Schmerz zufügen, dann wird dieser Schmerz irgendwann auf uns selbst zurückfallen. Dasselbe gilt, so denke ich, für das Gute, das wir in die Welt hinaustragen.

Ich habe mich mein Leben lang schwer damit getan, einen Schlussstrich zu ziehen, egal, ob es um Beziehungen ging oder um Arbeitsstellen – sogar Umzüge machten mir zu schaffen. Da kannst du dir vorstellen, was es für mich bedeutet, einzusehen, dass wir mit unserem Kampf für Gerechtigkeit an dieser Stelle einfach nicht weiterkommen. Über viele Jahre hinweg hat dieser Kampf uns verzehrt, besonders Dad und mich, doch auf eine seltsame Weise war es, als könnten wir Phoebe damit am Leben erhalten. Ich werde niemals wirklich aufgeben, aber vielleicht bin ich jetzt an einen Punkt gelangt, an dem ich Phoebe ruhen lassen kann.

Wenn ich mir heute ihre Tagebücher durchlese und ihre Zeichnungen betrachte, dann kommt es mir fast so vor, als hätte sie geahnt, dass ihr nicht viel Zeit auf dieser Welt bliebe. Also hat sie sich ins Leben gestürzt, oft mit wenig Rücksicht auf sich selbst. Sie lebte und liebte mit ganzem Herzen. Und ich glaube, sie kümmert sich auch jetzt noch um uns. Sie würde nicht wollen, dass wir uns nur im Zusammenhang mit ihrem grausamen, frühzeitigen Tod an sie erinnern. Sie würde wollen, dass wir ihr erfülltes, buntes Leben feiern.

Die Liebe, denke ich. Schon wieder. Ich ende immer bei der Liebe, nicht wahr? Das ist in meinen Thrillern so, und nun auch hier. Darf man das? Ein Buch über wahre Verbrechen mit der Liebe beenden? Ja, entscheide ich. Weil dieses Buch nicht dazu gedacht ist, Angst zu machen, trotz all der schlimmen Fälle, die wir darin kennengelernt haben. Es ist nicht denen gewidmet, die den Schmerz und das Chaos gebracht haben, sondern denen, die unverschuldet die Konsequenzen dessen tragen mussten. Ihr seid nicht nur Namen und Schlagzeilen. Wir vergessen euch nicht. Wir werden eure Geschichten erzählen und versuchen, daraus zu lernen.

»Es ist ein Irrtum zu denken, wir würden primär über das Böse und das Grauen schreiben. Jede Beschäftigung mit dem Tod ist in erster Linie eine Beschäftigung mit dem Leben und den Werten, die es gegen den Angriff zu verteidigen gilt. Ein guter Thriller ist wie eine Achterbahnfahrt. Da steigt ja auch keiner in den Wagen in der Hoffnung, wirklich rausgeschleudert zu werden, so wie beim Lesen niemand die Daumen drückt, dass am Ende auch wirklich niemand überlebt und es keine Hoffnung mehr gibt. Das Abtauchen in dunkle Erlebniswelten ist eine gefahrlose und dennoch intensive Nahtoderfahrung. Und was passiert, wenn wir sie durchstanden haben? Endorphine werden freigesetzt. Unsere Empfindungen und Gefühle sind intensiver, auf eine gewisse Weise spüren wir das Leben mehr als zuvor, wenn auch leider immer nur für einen kurzen Moment, bis uns die vermeintlich wichtigen Sorgen des Alltags wieder eingeholt haben.«

Sebastian Fitzek

True Crime ist ...

INSPIRATION

»Leah erinnert sich an ihren ersten Morgen auf der Farm. An die Luft, die sie tief einsog, die sich ausdehnte in ihrer Brust. Es kam ihr vor, als hätte sie noch nie zuvor auf diese Weise geatmet. Sie erinnert sich an die Felder, die sich vor ihren Augen ausbreiteten wie ein endloses, von der Sonne in Orange getauchtes Meer, und wie der Himmel darüber hinwegschwappte, in einem Blau, das sie in dieser Intensität nie zuvor gesehen hatte.

›Was zum Teufel willst du denn auf einer Farm?‹, hatte ihre Freundin Helen sie mit ungläubigem Blick gefragt, als sie ihr davon vorgeschwärmt hatte. Aber Helen hatte halt einfach keine Ahnung. Sie lebte in der Stadt; sie hatte längst vergessen, wie schön der Blick in den Himmel sein konnte, der nicht von wuchtigen grauen Wohnklötzen versperrt wurde, und sich daran gewöhnt, dass der Verkehrslärm alles andere übertönte. Den Gesang der Vögel, das Rauschen des Windes, den eigenen Herzschlag. ›Keine drei Monate überlebst du es da …‹, hatte Helen gesagt, aber ihre Kommentare konnte sie sich sparen. Wenn Leah etwas wollte, dann ließ sie sich nicht aufhalten. Also zog sie zu Damien auf die Farm, mit Sack und Pack und aller Konsequenz. Auf die Fotos aus der Vergangenheit, die sie in engen Paillettenkleidchen, mit bunten

Cocktails in der Hand und Grimassen schneidend auf irgendeiner Party zeigten, folgten Bilder, wie sie lächelnd mit einem Bier auf dem alten Traktor saß, in zerschlissenen Jeans und Gummistiefeln. Ein neues Leben, Natur und ungekannte Freiheit, Damien, der große, attraktive Mann mit den blauen Augen und den blonden Haaren, der das Paradies von seinem Vater geerbt hatte, ein schönes großes Haus, umgeben von hektarweise Weizenmeer, dazu der Ozeanhimmel.

Glücklich, glücklich, glücklich, das Leben ist ein Traum.

Und Leah träumt oft, nicht nur im Schlaf. Sie ist gut darin, sich Dinge vorzustellen, ihre Fantasie ist ihre größte Macht, besonders in Momenten, in denen sie Angst hat. Leah hat oft Angst, manchmal vor der Welt, manchmal vor sich selbst.

Aber noch nie ist ihre Angst größer gewesen als in diesem Moment, wo sie in der Tiefe versinkt, wie in Treibsand, weiter, weiter, immer weiter. Leah will atmen, atmen, so frei und tief, wie sie es an ihrem ersten Morgen auf der Farm getan hat. Der erste Morgen nach der ersten Nacht mit Damien. Damals, als alles noch bedingungslos war und sie das Gefühl hatte, mit ihm an ihrer Seite zu einem neuen Menschen zu werden, zu einem, der klarkam, mit sich und der Welt, der Frieden fühlte und nichts als Liebe. Damals, als Helen noch gänzlich unrecht hatte: *Keine drei Monate überlebst du es da.*

Zehn, korrigiert Leah konsterniert in ihrem Kopf, *es waren zehn Monate.*

Nein. So etwas darf sie jetzt nicht denken, und auch Treibsand ist keine gute Vorstellung. Wasser! Ja, Wasser. Leah stellt sich vor, sie wäre im Wasser. Das fühlt sich besser an, vor allem, weil sie dabei auch automatisch an Papa denken muss. Papa, und wie er ihr als kleines Mädchen das Schwimmen und später das Wellenreiten beigebracht hat. Wie er noch später – wenn es Leah wieder einmal schlecht gegangen ist – immer einen passenden Vergleich parat gehabt hat. ›Im Leben ist es wie beim Wellenreiten, Leah‹, hat er gesagt. ›Wenn eine große Welle kommt, die dich vom Brett wirft und unter Wasser drückt, dann ist das Entscheidende, dass du nicht in Panik verfällst. Lass es einfach zu. Bleib ruhig, halte die Luft an und warte, bis die Welle vorüber ist. Und dann schwimmst du mit kontrollierten Bewegungen zurück an die Oberfläche.‹ So will sie es machen, beschließt Leah. Sie wird sich bis zum Grund sinken lassen und sich dann mit aller Kraft nach oben stoßen. Und bestimmt wird da auch bereits eine Hand sein, die sich nach ihr streckt. Sie überlegt, ob es Damiens Hand sein wird oder doch die von Matt. Matt ist Vorarbeiter auf der Farm und Damiens bester Freund aus Kindheitstagen. Einer, der immer da ist, der einem sofort zu Hilfe eilt. Leah hätte gedacht, dass Matt inzwischen auch ihr Freund geworden wäre. Sollte sie sich wirklich dermaßen in ihm getäuscht haben? Sollte sie sich vor allem dermaßen in Damien getäuscht haben?

So ganz genau weiß sie nicht mehr, was passiert ist; die Erinnerung kommt in Schlaglichtern. Da war Geschrei, da waren böse Worte, die man nie so meint, wie man sie sagt, da war ein Streit, so wie sie und Damien ihn öfter schon einmal gehabt haben, wenn er sie dramatisch fand und sie ihn belehrend. Wenn er sie krank schimpfte und sie ihn ein Arschloch. Sie erinnert sich daran, dass sie ihn gegen die Brust gestoßen hat, und wie er den Stoß im nächsten Moment zurückgab. So etwas ist noch nie vorgekommen, keiner von beiden ist jemals handgreiflich geworden. So eine Wucht, und Leahs Kopf, der gegen den Türrahmen prallte, die rechte Schläfe genau auf die Kante. Und dann? Leah kramt in ihrer Erinnerung, vergebens – Filmriss, alles schwarz, für eine ganze Weile anscheinend, denn als sie das nächste Mal die Augen aufriss, befand sie sich im freien Fall. Für eine Nanosekunde erfasste sie noch das Bild, wie Damien und Matt außerhalb der Luke standen, erfasste ihre erschrockenen Blicke, die sich in ihren brannten. Dass Leah offenbar gerade in den Silo gestürzt war, wurde ihr erst klar, als sie bereits inmitten der Maiskörner versank, und das ging schnell, so schnell, dass sie nicht einmal mehr schreien konnte.

Wasser, Leah, Wasser. Denk nur an Wasser, an eine große Welle. Du bist schon oft vom Brett gefallen, du kennst die Tiefe, die des Meeres, die des Lebens. Du hast es immer wieder zurück an die Oberfläche geschafft, hast dich nach oben gestrampelt, nach oben gekämpft. Denk nicht an Damien, frag dich nicht, ob er dich vielleicht für tot hielt, nachdem du mit dem Kopf gegen die Türkante geprallt warst. Denk nicht darüber nach, ob er möglicherweise Panik bekommen und Matt in seiner Verzweiflung darum gebeten hat, ihm zu helfen, deine Leiche zu entsorgen. Frag dich nicht, ob er deinen Puls geprüft hat. Ob er dabei doch festgestellt hat, dass du noch am Leben bist, und dich trotzdem verschwinden lassen wollte, aus Angst, du könntest ihn nach seiner Attacke verlassen. Könntest herumerzählen, was du weißt. Dass es auf der Farm nicht nur um Getreide geht, sondern vor allem um Drogen. Um Kokain. Dass er es selbst nimmt. Dass er damit handelt. Dass er derjenige ist, zu dem sie alle kommen, wenn sie Bedarf haben. Die ganze Stadt. Und dass auch du, Leah, auf genau diese Weise zu ihm gekommen bist. Du wolltest feiern, du wolltest funktionieren. Und dann wolltest du ihn. Und ihr wart doch glücklich, oder nicht? Eine Liebe wie ein Rausch – Momente, in denen man fliegt, Momente, in denen man abstürzt. Nein, Leah, denk das nicht. Denk dir, dass das alles hier nur ein Traum ist. Ein Albtraum. Du schläfst nur, du träumst, und gleich wirst du aufwachen. Denn das hier ist nicht echt. So etwas geschieht nicht in der Realität. Niemand stirbt in einem Silo voller …«

»Mais?« Mein Vater sieht nicht sonderlich überzeugt aus, als ich ihm bei unserer täglichen Runde um den See von meiner Idee für einen neuen Thriller erzähle.

»Mais, 30.000 Liter«, bestätige ich und nicke dazu bekräftigend. »Leah erstickt. Für Außenstehende ist es ein Tod unter mysteriösen Umständen. Leah hat eine Vorgeschichte mit psychischen Problemen und könnte in einer Art Psychose freiwillig in den Silo gestiegen sein, so wie Elisa Lam damals in den Wasserstank des Cecil Hotel. Oder …«

»Oder sie wurde umgebracht«, stellt mein Vater fest, und ich nicke erneut.

»Wobei das niemand so richtig in Betracht zu ziehen scheint, außer Leahs Papa und ihre beste Freundin Helen. Zwar findet die Polizei einige Spuren, aber die sind uneindeutig, sie könnten alles bedeuten oder auch nichts.«

»Ja, verstehe, aber … Mais?« Mein Vater schüttelt den Kopf. Ich verteidige mich mit zwei Fällen aus Deutschland, die mir untergekommen sind, als ich meine Idee auf ihre Realitätstauglichkeit hin recherchiert habe. 2019 zum Beispiel wollte in Bayern ein 57-Jähriger eine technische Störung im Inneren eines Silos überprüfen und wurde dabei vollständig vom Getreide verschüttet. Und 2020 ist ein 54-Jähriger in der Nähe von Göttingen in ein Silo gefallen und am Getreide erstickt. Beides Unfälle, aber genau darin liegt ja die Spannung: Ein Unfall kann genauso gut ein geschickt getarnter Mord sein.

»Na gut. Und wie kommt dann am Schluss doch noch raus, dass die beiden Männer hinter Leahs Tod stecken?«

»Ganz einfach«, erkläre ich. »Stell dir vor, du bist einer der beiden. Von Leahs Todestag an teilt ihr euch dieses Geheimnis. Das heißt: eure gesamte Existenz hängt fortan davon ab, dass der jeweils andere schweigt. So eine Situation strapaziert bestimmt auch die stärkste Freundschaft, meinst du nicht?«

»Hm.« Mein Vater brummt. »Da muss man sich schon sehr sicher sein, dass man sich aufeinander verlassen kann.«

»Sicher sein oder sicher*gehen*«, führe ich aus. Dabei fällt mir ein Lied ein, der Titelsong einer Serie, ›Pretty Little Liars‹. *Two can keep a secret if one of them is dead.* »Helen und Leahs Papa müssen also gar nicht so viel dazutun, denn am Ende zerstören sich Damien und Matt quasi selbst.« Wir gehen ein Stück weiter den See entlang, vorbei an einem Fischreiher, der in Ufernähe im seichten Gewässer steht und in diesem Moment nach Beute schnappt. »Weißt du, Papa, das ist halt das Schöne an der Fiktion. Hier muss man nicht darauf warten, dass das Schicksal eine Geschichte klärt. Hier hat man einen Autor oder eine Autorin, auf die man zählen kann …«

Dank

Dieses Buch war einmal ein kleiner Gedanke, der mich am Küchentisch erfasst hatte und von dem ich nie gedacht hätte, dass er diese Dimensionen annehmen würde. Das wäre nicht möglich gewesen ohne all die Menschen, die – kaum hatte ich ihnen von dieser Idee erzählt – sofort verstanden haben, worum es mir ging, und das zu einem Zeitpunkt, zu dem ich mein Ziel eigentlich noch kaum in Worte fassen, sondern nur mit einem Gefühl argumentieren konnte. Aber sie haben wohl gespürt, wie wichtig mir diese ganze Sache war, und ohne zu zögern all ihre Kraft, ihre Expertise, ihren eigenen, unermesslichen Anteil zu diesem Buch beigetragen.

Mein größter Dank gilt dabei dir, liebe Nat, für dein Vertrauen und deine Offenheit. Du hast mir – und damit auch meinen Leser*innen – einen Einblick erlaubt, der den Unterschied macht zwischen einer Geschichte, die man hört, und einer, die man fühlt. Ich habe viel von dir gelernt – wahrscheinlich mehr, als du dir vorstellen kannst. Keine »final hug« an dieser Stelle – eines Tages sehen wir uns in Australien, und dann zeigst du mir die Gummibäume.

Lorne, danke für Ihre Geduld, Ihren scharfen Blick, das Material, das Sie mir zur Verfügung gestellt, und die Einsichten, die Sie mir gewährt haben. Ihre Stärke und Entschlossenheit sind beispiellos – danke, dass Sie sind, wie Sie sind, und tun, was Sie tun.

Danke an all die anderen großartigen Menschen, die so klaglos, geduldig und klug meine vielen Fragen beantwortet haben: Monika Wehr, Krystal Hinton, Steve Haymes, Dr. Frank Ochberg (Frank, du weißt es, es war Liebe vom ersten Moment an), Joyce Boaz, Joachim Schneider, Christiane Honer, Dr. Nahlah Saimeh, Professor Dr. med. Markus A. Rothschild, Leonie Bartsch und Linn Schütze, Richterin Corinna Sassenroth, Richterin X, Thomas Ebner, Robert Weber, Dr. Ingo Bott und Stefan Wette, sowie an meine Autorenkolleg*innen Jussi Adler-Olsen, Alice Feeney, Henri Faber, Bernhard Aichner, Andreas Winkelmann, Ursula Poznanski, Judith Merchant, Andreas Gruber, Jens Henrik Jensen, Vincent Kliesch, Arno Strobel und Sebastian Fitzek. Unnötig zu erwähnen, dass ihr ja eh die Besten seid – danke, dass ich euch nach eurer Motivation fürs Schreiben befragen durfte, und für eure wunderbaren Antworten.

Gleiches gilt für die, die im Hintergrund keine unwesentlichere Rolle gespielt haben: meine Lektorin Bianca Dombrowa und meine Agentin Caterina Schäfer, die sich niemals beklagen über Sprachnachrichten, die grundsätzlich mit »Alter!« beginnen, in jeder Stimmungslage und zu den unmöglichsten Zeitpunkten. Danke für euren bedingungslosen Rückhalt, eure Strapazierfähigkeit und eure immer wertvollen Gedanken. Danke an Rita Bollig, dafür, dass du sofort sämtliche Türen eingerannt hast, und auch an dich, Sabine Buss, für dein mega Engagement. An Dr. Mark Benecke, der mir nach über 20 Jahren heillosem »Fangirlen« einen großen Traum erfüllt hat und zusammen mit mir den Podcast zum Buch gestaltet. An Andrea Seibert und Constanze Chory für das, was ihr grundsätzlich tut, und ganz speziell für sofortige

Verarztung bei E-Mails mit Betreff »Hilfe!«. An Björn »Anmerkung« Brüggemann nicht nur dafür, dass du auch vor den miesesten Aufgaben nicht zurückschreckst. An meine Familie und Herz-Gefährt*innen, die Strunzgeraden von der Blumenwiese, und natürlich an meine Leser*innen – all jene, die mir jeden Tag einen Grund geben, zu sein, wer ich bin, und zu tun, woran ich glaube. Liebe für euch.

Kurzbiografien der Gesprächspartner*innen

NATALIE HANDSJUK

Natalie Handsjuk, geboren 1962, ist die Mutter der 24-jährigen Phoebe Handsjuk, die am 02. Dezember 2010 unter mysteriösen Umständen in Melbourne ums Leben kam. Acht Jahre lang hat Natalie zusammen mit ihrem Vater Lorne Campbell vergeblich dafür gekämpft, dass Phoebes Fall neu aufgerollt wird, um die genauen Todesumstände zu klären. Natalie betreibt den Blog https://www.phoebehandsjuk.com.

MONIKA WEHR

Monika Wehr, geboren 1964, ist Diplompsychologin mit Weiterbildung in Trauerbegleitung, Traumatherapie, Familientherapie und Gestalttherapie. Ihr Tätigkeitsfeld umfasst u.a. die Arbeit in Einrichtungen für traumatisierte Kinder und Jugendliche, Familienberatungsstellen und in der Straffälligenhilfe.

STEPHEN »STEVE« HAYMES

Stephen »Steve« Haymes ist pensionierter Bezirksleiter der Bewährungshilfe »Missouri Board of Parole and Probation« und ehemaliger Betreuer des Serienmörders John Edward Robinson. Mit Steves Hilfe konnte nach über 15 Jahren das Schicksal mehrerer verschwundener Frauen geklärt werden.

DR. FRANK OCHBERG

Dr. Frank Ochberg, geboren 1940 in New York City, gilt als Mitbegründer der modernen Psychotraumatologie. Als Absolvent der medizinischen Fakultät der Harvard-Universität und der Johns Hopkins Medical School hat er unter anderem an der Definition und Erforschung der posttraumatischen Belastungsstörung (PTSD) mitgewirkt. Für seine Arbeit erhielt er zahlreiche Auszeichnungen, unter anderem den ›Lifetime Achievement Award‹ der ISTSS (International Society for Traumatic Stress Studies). Zudem ist er Mitbegründer des »Trust for Trauma Journalism«: https://www.traumajournalism.org.

LORNE CAMPBELL

Lorne Campbell wurde 1940 geboren. Er ist der Großvater der verstorbenen Phoebe Handsjuk und ein ehemaliger Detective Sergeant der Victoria Police. Zusammen mit seiner Tochter Natalie Handsjuk hat er jahrelang für eine Neuuntersuchung der Todesumstände seiner Enkelin gekämpft. Zudem war er maßgeblich an einer Reform des »Coroner's Act« beteiligt, dessen neue Regelung Phoebes Fall fristbedingt jedoch nicht mehr zugutekommt.

JOACHIM SCHNEIDER

Joachim Schneider, geboren 1965, ist Polizeidirektor und Geschäftsführer des Programms Polizeiliche Kriminalprävention der Länder und des Bundes (Pro PK). Neben der Strafverfolgung befasst sich die Polizei in Deutschland intensiv mit der Vorbeugung von Kriminalität. Hierzu entwickelt das Pro PK als Zusammenschluss aller Polizeien bundesweite Konzepte, Medien und Initiativen, die über Kriminalität aufklären und Schutzempfehlungen vermitteln. Joachim Schneider vertritt die polizeiliche Prävention bundesweit in zahlreichen Fach- und Programmbeiräten, Lenkungsgremien und Kuratorien und ist international – insbesondere in Südosteuropa – als Berater beim Aufbau polizeilicher Präventionsstrukturen und Konzeptentwicklungen tätig.

DR. NAHLAH SAIMEH

Dr. Nahlah Saimeh, geboren 1966, studierte Humanmedizin in Bochum und Essen. Nach ihrer Facharztausbildung an der Heinrich-Heine-Universität Düsseldorf wurde sie 1998 Oberärztin der Abteilung für Allgemeine Psychiatrie. Sie promovierte 1999 in Bochum. Von 2000 bis 2004 war sie als Chefärztin an der Klinik für Forensische Psychiatrie und Psychotherapie am Klinikum Bremen-Ost tätig, anschließend bis zum Jahr 2018 als Ärztliche Direktorin im LWL-Zentrum für Forensische Psychiatrie in Lippstadt. Seit 2018 arbeitet sie als forensische Psychiaterin in Düsseldorf und doziert zudem an der Friedrich-Schiller-Universität in Jena. Über ihre Arbeit hat Nahlah Saimeh bereits mehrere Bücher geschrieben. https://www.nahlah-saimeh.com

MARKUS A. ROTHSCHILD

Markus A. Rothschild, 1962 in Berlin geboren, studierte Humanmedizin an der Freien Universität, in Hong Kong und Nord-Borneo. Seit 1998 arbeitete er im Auftrag des UN-Kriegsverbrechertribunals wiederholt in Bosnien-Herzegowina und im Kosovo, um Massengräber zu untersuchen. Für sein Engagement und seine Studien erhielt er 2000 den Preis der Konrad-Händel-Stiftung zur Förderung der rechtsmedizinischen Wissenschaften. Heute leitet er das Institut für Rechtsmedizin der Universität Köln. Markus A. Rothschild ist Ordinarius am Lehrstuhl für Rechtsmedizin sowie Prodekan für Studium und Lehre an der Universität zu Köln. Er berät u.a. das Bundesministerium des Innern in Fragen »Medizin, Dopinganalyse, Behindertensport« sowie die mehrfach ausgezeichnete ZDF-Krimireihe ›Der letzte Zeuge‹.

LEONIE BARTSCH

Leonie Bartsch studierte Wirtschaftswissenschaften und Literaturwissenschaften. Nach ihrem Studium absolvierte sie mehrere Praktika im Printjournalismus, arbeitete anschließend als Freie Journalistin u. a. für ›Die Zeit‹ und ›Die Welt‹ und absolvierte ein Volontariat im Bereich Formatentwicklung Comedy bei der ProSiebenSat.1 Media SE. Inzwischen ist sie als Freie Journalistin, Host und Produzentin für ›Mord auf ex‹ tätig, den Podcast, den sie seit 2019 zusammen mit Linn Schütze betreibt. ›Mord auf ex‹ zählt zu den erfolgreichsten True-Crime-Podcasts in Deutschland. Zudem begeben sich Leonie Bartsch und Linn Schütze in der Audioreportage ›Die Nachbarn‹ auf investigative Spurensuche im Kriminalfall Andreas Darsow. https://www.mordaufex.de

LINN SCHÜTZE

Linn Schütze studierte Kommunikationswissenschaften und Geschichte an der Universität in Erfurt. Nach ihrem Studium arbeitete sie drei Jahre lang als Werkstudentin beim MDR und anschließend als Redakteurin für die Produktionsfirma maz&more. Zusätzlich absolvierte sie ein Volontariat bei ProSieben (›taff‹). Heute ist sie, zusammen mit Leonie Bartsch, als Freie Journalistin, Host und Podcast-Produzentin von ›Mord auf ex‹ tätig. Für ihre Investigativ-Reportage ›Die Nachbarn‹ über den Fall Andreas Darsow sind Linn Schütze und Leonie Bartsch aktuell für den Deutschen Podcast-Preis nominiert, außerdem arbeiten sie an einem Dokumentarfilm über den Fall. https://www.mordaufex.de/die-nachbarn

CORINNA SASSENROTH

Corinna Sassenroth, geboren 1963, ist Jugendrichterin am Amtsgericht Berlin Tiergarten. Im Dienst seit 1993, verhandelte sie zunächst Erwachsenenstrafrecht, danach Betreuungs- und Unterbringungsrecht. Von 1995 bis 1997 war sie als Pressesprecherin der Senatsverwaltung der Justiz tätig. Zudem war sie eine der ersten Richter*innen in Berlin, die Kinder, die Opfer sexueller Gewalt wurden, per Video vernommen hat.

RICHTERIN X

Richterin X am OLG-Bezirk Bayern, 1. Instanz, möchte anonym bleiben. Die Richterin ist seit Ende der 80er-Jahre im Justizdienst; tätig als Staatsanwältin und Richterin, zunächst im Strafrecht, später nur noch im Familienrecht. Gefragt nach dem Grund, warum sie ihren Namen nicht nennen möchte, erklärt sie: »Solange Richter*innen nicht in Pension sind, laufen sie bei Darstellung persönlicher Einstellungen und Ansichten grundsätzlich Gefahr, dass ihnen Befangenheit mit der Folge einer Richterablehnung unterstellt werden könnte – selbst wenn ihre Äußerungen überhaupt nicht im Zusammenhang mit einem laufenden Verfahren stehen. Zur Verhinderung solcher Probleme macht es Sinn, nicht in personam aufzutauchen.«

THOMAS EBNER

Thomas Ebner ist Polizeihauptkommissar bei der Polizeiinspektion Landshut und hat sein Leben der Gerechtigkeit verschrieben. Er ist seit 41 Jahren im Polizeidienst. Bei unserem Gespräch wurde er von seinem Chef und Dienststellenleiter, dem Leitenden Polizeidirektor Robert Weber, begleitet.

PROF. H.C. (UTP PERÚ) DR. INGO BOTT

Ingo Bott, geboren 1983, war erst Partner in einer Wirtschaftskanzlei, bevor er 2018 mit ›Plan A – Kanzlei für Strafrecht‹ in Düsseldorf seine eigene Kanzlei gründete. Man kennt ihn als Verteidiger von Unternehmen und Privatpersonen in vielen namhaften Fällen. So verteidigte er zum Beispiel einen Angeklagten im ›Loveparade-Verfahren‹. Aktuell vertritt er die Eltern zweier Mädchen, die von den jeweils anderen in das sogenannte ›Querdenker-Milieu‹ gewechselten Elternteilen nach Paraguay entführt wurden. Im Zuge der Fahndung nach den Kindern ist er im Juni 2022 nach Paraguay geflogen, um persönlich – und letztlich erfolgreich – mit den Entführer*innen zu verhandeln. Die ›WirtschaftsWoche‹ listet Dr. Bott als einen der renommiertesten Anwälte im Wirtschaftsstrafrecht und die von ihm gegründete ›Plan A – Kanzlei für Strafrecht‹ als Top-Kanzlei in den Bereichen Wirtschaftsstrafrecht und Compliance. Ingo Bott hat den Europarat in Strafrechtsfragen vertreten und hält Vorträge im In- und Ausland. Zudem ist er als Autor tätig, seine Krimi-Reihe ›Pirlo‹ erscheint bei Scherz (S. Fischer Verlage). https://kanzlei-plan-a.de

STEFAN WETTE

Stefan Wette ist seit 1990 Gerichtsreporter bei der Westdeutschen Allgemeinen Zeitung in Essen. Er hat Germanistik und Geschichte an der Ruhr-Universität in Bochum studiert und war parallel dazu bereits als freier Mitarbeiter für die WAZ in Essen tätig. Schwerpunkte seiner Arbeit als Gerichtsreporter sind die Berichterstattung vom Landgericht Essen für diverse Lokalredaktionen und den Mantel sowie überregionale Berichterstattung. Von spannenden Prozessen, in denen es um Raub, Erpressung und Mord geht, erzählt er seit März 2020 auch in seinem Podcast ›Der Gerichtsreporter‹, der zu den 200 meistgehörten Audio-Formaten in Deutschland gehört. Außerdem ist Stefan Wette als Referent an Journalisten-Akademien und in der Medienschulung von Richtern für die Justizakademie des Landes Nordrhein-Westfalen in Recklinghausen tätig. https://www.waz.de/podcast/gerichtsreporter/

Kurzbiografien der Autor*innen

JUSSI ADLER-OLSEN

Jussi Adler-Olsen, geboren 1950 in Kopenhagen, ist einer der meistgelesenen Thriller-Autoren weltweit. Seit 1997 veröffentlicht er Romane, seit 2007 die erfolgreiche Serie um Carl Mørck vom Sonderdezernat Q. Seine vielfach preisgekrönten Thriller erscheinen in 45 Sprachen und sind mehrfach verfilmt. ›Natrium Chlorid‹ ist bereits der neunte Band der Carl Mørck-Reihe. www.dtv.de/jussi-adler-olsen

ALICE FEENEY

Alice Feeney arbeitete 16 Jahre lang als Nachrichtenredakteurin und Produzentin für BBC News. Mit ihren Psychothrillern, u.a. ›Manchmal lüge ich‹ und ›Glaube mir‹, ist sie weltweit auf den Bestsellerlisten präsent. Nach vielen Jahren in London und Sydney hat sie sich mit ihrem Mann inzwischen in Surrey niedergelassen. www.alice-feeney.de

HENRI FABER

Henri Faber, geboren 1986 in Niederösterreich, studierte Publizistik und Kommunikationswissenschaft und arbeitete u.a. in der Werbung. Heute lebt er als Autor und Texter in Hamburg. Gleich sein erster Psychothriller ›Ausweglos‹ wurde zum Bestseller, im Frühjahr 2022 erschien der Nachfolger ›Kaltherz‹. www.henrifaber.com, www.dtv.de/henri-faber

BERNHARD AICHNER

Bernhard Aichner, geboren 1972, lebt als Schriftsteller und Fotograf in Innsbruck. Er schreibt Romane, Hörspiele und Theaterstücke. Für seine Arbeit wurde er mit mehreren Literaturpreisen und Stipendien ausgezeichnet, zuletzt mit dem Burgdorfer Krimipreis 2014, dem Crime Cologne Award 2015 und dem Friedrich Glauser Preis 2017. Die Thriller seiner ›Totenfrau‹-Trilogie um die Bestatterin Brünhilde Blum standen monatelang an der Spitze der Bestsellerlisten, die Romane wurden in 16 Länder verkauft und von Netflix verfilmt. Mit ›Bösland‹, ›Der Fund‹ und der neuen Reihe rund um den Pressefotografen David Bronski schloss er an seine internationalen Erfolge an. https://aichner.shop

ANDREAS WINKELMANN

Andreas Winkelmann wurde 1968 in Liebenau geboren. Seine seit 2011 veröffentlichten Thriller wurden alle zu Bestsellern, u.a. ›Der Fahrer‹, ›Die Lieferung‹, ›Die Karte‹. Aktuell erscheint sein neues Werk ›Das Letzte, was du hörst‹. Gemeinsam mit Arno Strobel sendet er seit 2020 den Podcast ›2 Verbrecher‹. Er ist verheiratet und lebt mit seiner Familie in der Nähe von Bremen. www.andreaswinkelmann.com

URSULA POZNANSKI

Ursula Poznanski, geboren 1968 in Wien, ist eine der erfolgreichsten deutschsprachigen Jugendbuchautorinnen. Ihr Debüt ›Erebos‹, erschienen 2010, erhielt zahlreiche Auszeichnungen (u. a. den Deutschen Jugendliteraturpreis) und machte die Autorin international bekannt. Inzwischen schreibt sie auch Thriller für Erwachsene, die genauso regelmäßig auf den Bestsellerlisten zu finden sind wie ihre Jugendbücher. Sie lebt mit ihrer Familie im Süden von Wien. www.ursula-poznanski.de

JUDITH MERCHANT

Judith Merchant, geboren 1976, studierte Literaturwissenschaft und unterrichtet heute Creative Writing an der Friedrich-Wilhelms-Universität Bonn. Für ihre Kurzgeschichten wurde sie zweimal mit dem Friedrich-Glauser-Preis ausgezeichnet. Nach der Veröffentlichung ihrer Rheinkrimi-Serie (darunter ›Nibelungenmord‹ und ›Loreley singt nicht mehr‹) begann Judith Merchant mit dem Schreiben von Psychothrillern. Sowohl ›Atme!‹ als auch ›Schweig!‹ wurden zu Bestsellern. https://www.kiwi-verlag.de/autor/judith-merchant

ANDREAS GRUBER

Bestseller-Autor Andreas Gruber, geboren 1968 in Wien, lebt mit seiner Frau und fünf Katzen in Grillenberg in Niederösterreich. Er ist der Erfinder der Maarten S. Sneijder-Reihe und Mit-Initiator des Harzer-Hammer Literaturpreises für Krimi-Nachwuchsautoren. www.agruber.com, www.facebook.com/Gruberthriller

JENS HENRIK JENSEN

Jens Hendrik Jensen wurde 1963 in Søvind, Dänemark, geboren. Er hat 25 Jahre als Journalist im In- und Ausland gearbeitet. Seit 2015 widmet er sich ganz dem Schreiben. Mit seiner Thriller-Serie um den traumatisierten Ex-Elitesoldaten Niels Oxen gelang ihm der internationale Durchbruch. Er lebt mit seiner Frau und zwei Söhnen in seiner Heimatstadt. www.jenshenrikjensen.de, www.dtv.de/jens-henrik-jensen

VINCENT KLIESCH

Vincent Kliesch wurde 1974 in Berlin-Zehlendorf geboren, wo er bis heute lebt. Nach dem Abitur erlernte er zunächst den Beruf des Restaurantfachmanns, bevor er sich ab dem Jahr 2003 der Stand-up-Comedy zuwandte. Nach Auftritten unter anderem in der Sat.1-Castingshow Star Search, im ›Quatsch Comedy Club‹ und bei ›Nightwash‹ wurde er später Moderator im Filmpark Babelsberg in Potsdam, wo er bis 2018 regelmäßig tätig war. Im Jahre 2010 startete er mit dem Bestseller ›Die Reinheit des Todes‹ seine erste erfolgreiche Thriller-Serie, weitere Thriller folgten. Mit ‚Auris‹ schrieb er den Roman zu einer Hörspiel-Idee seines Freundes Sebastian Fitzek. Im Abstand von jeweils einem Jahr erschienen der zweite Teil ›Die Frequenz des Todes‹ sowie der dritte Teil ›Todesrauschen‹. https://vincent-kliesch.de/

ARNO STROBEL

Arno Strobel wurde 1962 in Saarlouis geboren. Nach Abschluss seiner Ausbildung in einem handwerklichen Beruf, seinem Dienst bei der Bundeswehr und seinem Studium der Versorgungstechnik arbeitete er im IT-Bereich. Sein Debüt als Schriftsteller gab er 2007 mit dem Vatikan-Thriller ›Magus – Die Bruderschaft‹. Seit 2010 veröffentlicht er Psychothriller, die regelmäßig auf den Bestsellerlisten vertreten sind, u.a. ›Die App‹ und ›Mörderfinder‹. In Kürze erscheint sein neuestes Werk ›Fake‹. Gemeinsam mit Andreas Winkelmann sendet er seit 2020 den Podcast ›2 Verbrecher‹. Arno Strobel lebt heute mit seiner Frau in der Nähe von Trier.

SEBASTIAN FITZEK

Sebastian Fitzek, geboren 1971 in Berlin, gilt als erfolgreichster deutscher Thriller-Autor. Seit seinem Debüt ›Die Therapie‹ (2006) ist er mit allen seinen Romanen ganz oben auf den Bestsellerlisten zu finden. Seine Bücher wurden in vierundzwanzig Sprachen übersetzt und sind Vorlage für internationale Kinoverfilmungen und Theateradaptionen. Er lebt mit seiner Familie in Berlin. www.sebastianfitzek.de

Quellen

VERRAT: Der Fall Cinnamon Brown

Rule, Ann: ›If you really loved me‹, 01.04.1992, Pocket Books

Pinsky, Mark I.: ›Girl in Brown Family Slaying Case Paroled After 8 Years: Crime: Now 21, she was convicted of murdering her stepmother when she was 14, then later implicated her father as the attack's mastermind‹, 29.02.1992, Los Angeles Times, https://www.latimes.com/archives/la-xpm-1992-02-29-me-2474-story.html

Wellborn, Larry: ›Her confession was always suspicious‹, 04.12.2009, The Orange County Register, https://www.ocregister.com/2009/12/04/her-confession-was-always-suspicious/

Lichtblau, Eric: ›An Almost Perfect Murder: David Brown Finally Will Pay for His Fatal Manipulation of Others‹, 19.08.1990, Los Angeles Times, https://www.latimes.com/archives/la-xpm-1990-08-19-vw-3027-story.html

CBS News: ›Man Who Plotted Wife's 1985 Murder That Inspired 2 Books, TV Miniseries Dies At 61‹, 22.03.2014, https://www.cbsnews.com/losangeles/news/man-who-plotted-wifes-1985-murder-that-inspired-2-books-tv-miniseries-dies-at-61/

Deseret News: ›'85 Slaying takes bizarre twist imprisoned teen says dad was her stepmom's real

killer‹, 24.09.1988, deseret.com, https://www.deseret.com/1988/9/24/18779166/85-slaying-takes-bizarre-twist-imprisoned-teen-says-dad-was-her-stepmom-s-real-killer
Markowitz, Robert: ›Love, Lies and Murder‹, 1991, CBN, https://www.youtube.com/watch?v=HfLmEvTUa8I&t=7s
Oprah Winfrey Show: ›The Teen Manipulated Into Killing Her Stepmom By Her Dad‹, 1991, OWN, https://www.youtube.com/watch?v=yxuepIE7YWI
Hinton, Krystal: ›Memorial video in honor of my mother Linda Marie Brown‹, 26.05.2018, https://www.youtube.com/watch?v=frBgsx-uWss
Linda Marie Brown Memorial Page: https://www.facebook.com/LindaMarieBrown1985

ERKENNTNIS: Der Fall Lisa Stasi

Yang, Allie & Stangeland, Brooke: ›For 15 years he was just Uncle John, until she learned he was a serial killer who had murdered her mother‹, 02.10.2019, abc News, https://abcnews.go.com/US/15-years-uncle-john-learned-serial-killer-murdered/story?id=65958840
The Charley Project: Lisa Stasi, https://charleyproject.org/case/lisa-stasi
McClintick, David: ›Serial Killer J. R. Robinson's sinister alter ego‹, 03.09.2013, Vanity Fair, https://www.vanityfair.com/news/2001/06/jr-robinson-serial-killer
Stangeland, Brooke & Paparella, Andrew & Francis, Enjoli: ›'He didn't look dangerous': The truth about serial killer, con man John Robinson‹, 03.10.2019, abc News, https://

abcnews.go.com/US/dangerous-truth-serial-killer-con-man-john-robinson/story?id=65855274
Young, Beth: ›Kidnapped by mum's killer, then raised by his family‹, 15.07.2020, that's life!, https://www.thatslife.com.au/kidnapped-by-mums-killer-then-raised-by-his-family
Abc 20/20: ›Sole Survivor‹, 2019, abc News, Part 1: https://www.youtube.com/watch?v=5lJt2hHd2c8, Part 2: https://www.youtube.com/watch?v=6TX1_L4waBc, Part 3: https://www.youtube.com/watch?v=LpjAsloGgTg, Part 4: https://www.youtube.com/watch?v=ahO637KfKPk, Part 5: https://www.youtube.com/watch?v=tJrTiU_NkAo, Part 6: https://abcnews.go.com/2020/video/detectives-john-robinson-case-find-remains-women-murdered-66075178, Part 7: https://abcnews.go.com/2020/video/heather-robinson-discovers-john-robinson-biological-mothers-killer-66075179, Part 8: https://abcnews.go.com/2020/video/heather-robinson-illegally-adopted-brother-mothers-killer-part-66075180, Part 9: https://abcnews.go.com/2020/video/heather-robinsons-biological-family-discovers-shes-alive-part-66075181, Part 10: https://abcnews.go.com/2020/video/john-robinson-trial-murders-kansas-part-10-66075183, Part 11: htttps://abcnews.go.com/2020/video/heather-robinson-learns-long-letter-supposedly-lisa-stasi-66075184
Marosi, Richard & Becerra, Hector: ›Fullerton Connection to Serial Killings‹, 16.06.2000, Los Angeles Times, https://www.latimes.com/archives/la-xpm-2000-jun-16-me-41565-story.html
courttvnews: Internet ›Slavemaster‹ Murder Trial, 2006, Courtroom Television Network LLC., https://web.archive.org/web/20070121194127/http://www.courttv.com/trials/robinson/

60 Minutes Australia: ›Who really murdered foster child Tiahleigh Palmer?‹, 2018, Channel 9, https://www.youtube.com/watch?v=iJpL25ygt8c&t=1251s

abc News: ›Tiahleigh Palmer's murder and how the investigation unfolded‹, 24.03.2014, https://www.abc.net.au/news/2015-11-13/tiahleigh-palmer-murder-timeline/6926556?nw=0&r=HtmlFragment

Kyriacou, Kate: ›Cindy Palmer's heartbreaking choice: domestic violence or foster home for daughter Tiahleigh‹, 28.05.2018, The Courier Mail, https://www.couriermail.com.au/news/queensland/cindy-palmers-heartbreaking-choice-domestic-violence-or-foster-home-for-daughter-tiahleigh/news-story/9c7d114cba00a81e0b0ef6d66 88f2195

Coletta, Frank & Tolj, Brianne & Noble, Freya & Thackray, Lucy: ›'We have lost a smiling face that would light up a room': Hundreds pay tribute to tragic Tiahleigh Palmer as the murdered schoolgirl is laid to rest at a funeral adorned with her favourite colour purple‹, 14.11.2015., Daily Mail, https://www.dailymail.co.uk/news/article-3318081/Murdered-schoolgirl-TiahLeigh-Palmer-farewelled-family.html

Tran, Jack: ›Tiahleigh Palmer's funeral‹, The Daily Telegraph, 14.11.2015, https://www.dailytelegraph.com.au/news/special-features/in-depth/tiahleigh-palmers-funeral/image-gallery/f740829548840ceea7948ff94162b868

Coroner Bentley, Jane: Findings of inquest – Inquest into the death of Tiahleigh Alyssa-Rose Palmer, 18.06.2021,https://www.courts.qld.gov.au/__data/assets/pdf_file/0008/687131/cif-palmer-ta-20210618.pdf

Hill, Ben: ›Haunting texts, damning recordings and a chilling confession: How the twisted Thorburn family conspired to cover-up Tiahleigh Palmer's murder – before justice finally caught up with her killer foster father and rapist brother‹, 27.05.2018, Daily Mail, https://www.dailymail.co.uk/news/article-5776749/How-twisted-Thorburn-family-conspired-cover-Tiahleigh-Palmers-death.html
Antrobus, Blake & Ransley, Ellen: ›Final moments of Tiahleigh Palmer's life finally revealed by Rick Thorburn in explosive inquest‹, 19.06.2021, NCA NewsWire, https://www.news.com.au/national/queensland/courts-law/final-moments-of-tiahleigh-palmers-life-finally-revealed-by-rick-thorburn-in-explosive-inquest/news-story/bda6f5b523daebb0cd2b822e1cf5dd8b
Hulme S & Morgan A & Brown R, 2015: CCTV use by local government: Findings from a national survey. Research in practice no. 40. Canberra: Australian Institute of Criminology. https://www.aic.gov.au/publications/rip/rip40
Utting, Alexandria: ›British video technology put killer in the frame‹, 26.05.2018, The Courier Mail, https://www.couriermail.com.au/news/queensland/crime-and-justice/ounsel-video-technology-put-killer-in-the-frame/news-story/6ae2ab8acea2906a358197249 76eb145
Graham, Ben: ›Rick Thorburn gave his son a cover-up story for Tiahleigh Palmer's killing‹, 28.05.2018, news.com.au, https://www.news.com.au/entertainment/tv/current-affairs/rick-thorburn-gave-his-son-a-coverup-story-for-tiahleigh-palmers-killing/news-story/414df81b219caf5f1bd2e17636ff2574
Branco, Jorge: ›Tiahleigh Palmer's foster brother ›told

cousin he had sex with her', court hears‹, 21.09.2016, Brisbane Times, https://www.brisbanetimes.com.au/national/queensland/tiahleigh-palmers-foster-father-in-coma-wont-appear-in-court-20160921-grkwvf.html
9news: ›Tiahleigh Palmer's mother fuming after foster brothers attend dance event‹, 26.06.2018, 9news National, https://www.9news.com.au/national/tiahleigh-palmer-biological-mother-furious-foster-brothers-dance-event/3af8264a-04c5-4806-b1c0-1aed987ad1a8
Piotrowski, Daniel: ›'If you'd been a better parent she may still be alive': Cruel trolls attack Tiahleigh Palmer's mother for her 12-year-old daughter being in foster care when she was killed‹, 27.09.2016, Daily Mail, https://www.dailymail.co.uk/news/article-3809035/Tiahleigh-Palmer-s-mother-Cindy-attacked-trolls-giving-12-year-old.html#:~:text='My%20other%20three%20children%20will,'
Siganto, Talissa: ›Convicted murderer Rick Thorburn tells inquest he thinks he accidentally suffocated foster child Tiahleigh Palmer‹, 08.06.2021, abc News, https://www.abc.net.au/news/2021-06-08/qld-rick-thorburn-admits-to-killing-daughter-tiahleigh-palmer/100197674
Australian Associated Press & Parsons, Levi for Daily Mail Australia: ›Monster who murdered his 12-year-old foster daughter Tiahleigh Palmer because his son, 18, had sex with her explodes in court outburst after finally confessing how he killed her – as his wife's bizarre and desperate disguise is exposed‹, 08.06.2021, Daily Mail, https://www.dailymail.co.uk/news/article-9663193/Tiahleigh-Palmer-killer-Inquest-Rick-Thorburn-explodes-court-wife-wears-wig-fool-media.html

ANPASSUNG: Der Fall Shawn Hornbeck

Cawthorne, Nigel: ›Against their will, Sadistic Kidnappers and the Courageous Stories of Their Innocent Victims‹ (English Edition), 2012, Ulysses Press

Weber, Tom: ›Abducted Boys Rescued Near St. Louis‹, 13.01.2007, NPR, https://www.npr.org/templates/story/story.php?storyId=6849631&t=1646291495970

Harris, Paul: ›Home at last: the boy they feared dead‹, 14.01.2007, The Guardian, https://www.theguardian.com/world/2007/jan/14/usa.paulharris

abc News: ›Abducted Boy May Have Had Hard Time Leaving Psychologically‹, 15.01.2007, https://abcnews.go.com/GMA/Health/story?id=2795400&page=1

abc News: ›Mother of Kidnapped Boy Angry With Questions About Why He Didn't Escape‹, 19.01.2007, https://abcnews.go.com/GMA/story?id=2807595&page=1

Jewers, Chris: ›The Missouri Miracle: Family of Shawn Hornbeck who was kidnapped and held captive for four years by pizza shop boss – celebrate 14th anniversary of his safe return home‹, 12.01.2021, MailOnline, https://www.dailymail.co.uk/news/article-9138549/Today-marks-14-years-Shawn-Hornbeck-reunited-family-four-years-captivite.html

The Associated Press: ›Mystery deepens on Mo. boy's 4-year absence‹, 15.01.2007, NBC News, https://www.nbcnews.com/id/wbna16634903

CNN.com: ›Alleged kidnapper left few clues to secret life‹, 16.01.2007, edition.cnn.com/2007/US/01/15/neighbors.missouri/

Abad-Santos, Alexander: ›This Is What Happens When

Talk-Show Psychics Talk About Kidnap Cold Cases‹, 08.05.2013, The Atlantic, https://www.theatlantic.com/national/archive/2013/05/sylvia-browne-cleveland-kidnapper/315507/
Gay, Malcolm: ›Monster Next Door?‹, 24.01.2007, RFT Riverfront Times, https://www.riverfronttimes.com/stlouis/monster-next-door/Content?oid=2479631
abc News: ›Kidnapping Suspect: ›Low-Key, Regular Guy'‹, 15.01.2007, https://abcnews.go.com/GMA/Health/story?id=2793926&page=1
CBS News: ›Boy Spoke To Cops 10 Months Into Abduction‹, 20.01.2007, https://www.cbsnews.com/news/boy-spoke-to-cops-10-months-into-abduction/
Rhodes, Chris: ›'Missouri Miracle': Today Marks 14 Years Since Shawn Hornbeck And Ben Ownby Found‹, 12.01.2021, Riverbender, https://www.riverbender.com/articles/details/today-marks-14-years-since-shawn-hornbeck-and-ben-ownby-was-found-46988.cfm
Riccardi, Nicholas: ›Web offers clues to Shawn‹, 15.01.2007, Los Angeles Times, https://www.latimes.com/archives/la-xpm-2007-jan-15-na-boys15-story.html
Sandberg, Britta & Mathieu von Rohr: ›Fall Natascha Kampusch – Acht Jahre im Keller‹, SPIEGEL, https://www.spiegel.de/jahreschronik/a-453214.html
Diaz, Joseph & Pearle, Lauren & Valiente, Alexa: ›What Life in Captivity Was Like for Cleveland Kidnapping Survivors Amanda Berry and Gina DeJesus‹, 27.04.2015, abc News, https://abcnews.go.com/US/life-captivity-cleveland-kidnapping-survivors-amanda-berry-gina/story?id=30532737
Cassier, Philip: Patti Hearst – ›Sie ist derzeit ein gefühlskalter Zombie‹, 18.09.2021, WELT, https://www.

welt.de/geschichte/kopf-des-tages/article233863812/Patty-Hearst-Sie-ist-derzeit-ein-gefuehlskalter-Zombie.html
National Post Staff & The Associated Press: ›Alarmed neighbours twice called police to kidnap home but say officers never went in‹, 07.05.2013, National Post, https://nationalpost.com/news/block-ashamed-they-I-spot-ariel-castro-the-man-who-allegedly-held-three-women-in-his-house-for-10-years
Dr. Frank Ochberg & Joyce Boaz: Post Traumatic Stress Disorder Information & Healing (PTSD) – Gift from Within, https://www.giftfromwithin.org. Background information Stockholm Syndrome: https://www.giftfromwithin.org/html/FAQ-Stockholm-Syndrome-and-Child-Abuse-Survivors.html
Dr. Frank Ochberg: Trust for Trauma Journalism, https://www.traumajournalism.org

ENTSCHLOSSENHEIT: Der Fall Phoebe Handsjuk

Handsjuk, Natalie: ›What happened to Phoebe?‹, 09.03.2013, www.phoebehandsjuk.com
Bowles, Robin: ›Into the Darkness: The mysterious death of Phoebe Handsjuk‹ (English Edition), 03.10.2916, Scribe
Coroner White, Peter: Finding into death with inquest, 10.12.2014, https://www.smh.com.au/interactive /2016/phoebesfall/CoronerFinding.pdf
Campbell, Lorne: Statement, 24.02.2012, http://media.heraldsun.com.au/crime_online_pdfs/LorneCampbellStatement_PhoebeHandsjuk_46051o_Redacted.pdf

Campbell, Lorne: Commentary by Lorne Campbell on the findings of Coroner White, delivered on 10th December, 2014 following the inquest into the death of Phoebe Handsjuk, 10.01.2015, www.phoebehandsjuk.com
Baker, Richard & Bachelard, Michael with McKenzie, Nick: ›Phoebe's Fall – The short life and brutal death of Phoebe Handsjuk‹, 2016, The Sydney Morning Herald, https://www.theage.com.au/interactive/2016/phoebesfall/index.html
Baker, Richard & Bachelard, Michael: ›Phoebe's grandfather: Coroner's Act changes don't go far enough‹, 22.06.2018, The Sydney Morning Herald, https://www.theage.com.au/national/ounsell/phoebe-s-grandfather-coroner-s-act-changes-don-t-go-far-enough-20180622-p4zn6m.html
60 Minutes Australia: ›Who killed Phoebe?‹, 2016, Channel 9, https://www.youtube.com/watch?v=Tq4qVwouXul
Under Investigation: ›The Mystery of the Girl in the Chute: How did she die?‹, 2021, Channel 9, https://www.youtube.com/watch?v=DcLJ2LeczoE&t=148s
Diodorus Siculus, Library of History 5. 66. 1 (Greek historian C1st B.C.)
Hesiod Theogonie 136.
Bibliotheke des Apollodor 1, 1, 3.
Schmeilzl, Bernhard: ›Wann und wozu braucht man einen Barrister?‹, 10.12.2019, https://www.cross-channel-lawyers.de
Rote Liste – Patienteninfoservice: Stilnox, https://www.patienteninfo-service.de/a-z-liste/s/stilnox
Gelbe Liste – Pharmaindex: Zolpidem, https://www.gelbe-liste.de/wirkstoffe/Zolpidem_10432
The European Monitoring Centre for Drugs and Drug Addiction (EMCDDA): Benzodiazepine Drogenprofil,

https://www.emcdda.europa.eu/publications/drug-profiles_de
Hahn, Martina & Roll, Sibylle C.: ›Benzodiazepine: Vom Wundermittel zur Risikomedikation‹, 07.11.2019, Pharmazeutische Zeitung, https://www.pharmazeutische-zeitung.de/vom-wundermittel-zur-risikomedikation/

BESESSENHEIT – Der Fall Cari Farver

Rule, Leslie: ›A Tangled Web: A Cyberstalker, a Deadly Obsession, and the Twisting Path to Justice.‹ (English Edition), 28.04.2020, Citadel Press
Crane, Emily: ›Nebraska woman killed her love rival and then posed as her in texts and social media for FOUR YEARS to cover up the crime – as ex-boyfriend says he would receive more than 160 messages per day‹, 04.12.2020, Daily Mail, https://www.dailymail.co.uk/news/article-9015931/Texts-Nebraska-woman-sent-family-murdered-Cari-Farver.html
Gowen, Gwen & Deutsch, Gail & Effron, Lauren: ›What seemed like a horrific stalking case was a jealous lover's cover for murder‹, 03.12.2020, abc News, https://abcnews.go.com/US/horrific-stalking-case-jealous-lovers-cover-murder/story?id=74431142
Abc 20/20: A Tangled Web – Full Episode, 04.12.2020, abc News, https://www.youtube.com/watch?v=Kfs2Z4e1XrU
Abc News: ›Police find horrific ›keepsake' photo from Cari Farver's killer‹, abc 20/20 https://abcnews.go.com/2020/video/police-find-horrific-keepsake-photo-cari-farvers-killer-74549315

Papini, Sherri: ›Our story‹, http://www.mywedding.com/papini/stories.html

World Population Review: Missing Persons per State, https://worldpopulationreview.com/state-rankings/missing-persons-by-state

Fulton, Veronica: ›Family pushing for justice in 1998 disappearance of daughter Tera Smith in Redding, California‹, 17.04.2022, NBC News, https://www.nbcnews.com/dateline/family-pushing-justice-1998-disappearance-daughter-tera-smith-redding-california-n1294488

Dowd, Katie: ›Dateline features mysterious case of missing California homecoming queen Tera Smith‹, 18.04.2022, SFGATE, https://www.sfgate.com/bayarea/article/Dateline-features-case-of-Tera-Smith-17086654.php

Trost, Rachel: ›As Missing Woman Stacey Smart's Birthday Passes, Family Holds On to Hope‹, 03.01.2017, NBC News, https://www.nbcnews.com/feature/missing-in-america/missing-woman-stacey-smart-s-birthday-passes-family-holds-hope-n702436

Schram, Jamie: ›Abducted jogger was nearly killed by driver who saved her‹, 01.12.2016, New York Post, https://nypost.com/2016/12/01/abducted-jogger-was-nearly-killed-by-driver-who-saved-her/

Sheriff Bosenko Papini Press Conference, Redding Record Searchlight, https://www.youtube.com/watch?v=vQFn4bgLrsQ

CBS Sacremento: Full Text Of Press Conference Held By Sherri Papini's Sister, Sheila Koester, 25.11.2016, CBS

Local, https://sacramento.cbslocal.com/2016/11/25/full-text-of-press-conference-held-by-sherri-papinis-sister-sheila-koester/
Adams, Char: ›Sherri Papini's Husband Reveals Her Horrific Condition After Release: Broken Nose, Hair ›Chopped' and Weighing 87 Lbs.‹, 29.11.2016, People, https://people.com/crime/sherri-papinis-husband-reveals-horrific-condition-after-her-release-covered-in-bruises-hair-shaved-and-weighing-87-lbs/
Parry, Ryan: ›Sheriff's office is investigating bizarre blog allegedly written by kidnapped supermom spewing hatred against Latinos – but her husband blasts claims her ordeal was part of a ›race war'‹, 29.11.2016, Daily Mail, https://www.dailymail.co.uk/news/article-3980270/Sheriff-s-office-investigating-bizarre-blog-spewing-hatred-against-Latinos-purportedly-written-kidnapped-mom-two-Sherri-Papini-ex-husband-says-malicious-prank-isn-t-racist.html
Herbst, Diane: ›Sherri Papini's Dad Blames ›Some Punks' for 2003 Racist Post Written Under Her Maiden Name‹, 08.12.2016, People, https://people.com/crime/sherri-papini-missing-racist-letter-online/
Dailymail.com Reporters: ›Sheriffs are forced to deny they think Sherri Papini abduction case is a HOAX after rogue employee says they haven't ruled it out‹, 03.12.2016, Daily Mail, https://www.dailymail.co.uk/news/article-3997526/Sheriffs-forced-deny-think-Sherri-Papini-abduction-case-HOAX-rogue-employee-says-haven-t-ruled-out.html
Shulman, Alayna: ›Update: Keith Papini issues statement on latest details of wife's case‹, 25.10.2017, Record Searchlight, https://eu.redding.com/story/news/

local/2017/10/25/anniversary-papini-case-nears-phones-been-ringing-off-hook/795090001/
Hanlon, Greg: ›Sherri Papini's Husband Says He Was ›Traumatized by Her Disappearance' in Court Papers Seeking Custody‹, 25.04.2022, People, https://people.com/crime/sherri-papini-husband-traumatized-disappearance/
Pelisek, Christine: ›Authorities Release Suspect Sketches in Alleged Sherri Papini Abduction and Reveal She Was Not Sexually Assaulted‹, 25.10.2017, People, https://people.com/crime/sherri-papini-sketches-released-suspect-alleged-abduction/
Record Searchlight staff: ›Prior to Sherri Papini's arrest, these were the major events in her ›kidnapping' case‹, Redding Record Searchlight, https://eu.redding.com/story/news/local/2022/03/03/sherri-papini-kidnapping-timeline-arrest/9368973002/
Moret, Jim: ›Sherri Papini Is ›a Compulsive Liar,' Says Man Who Once Dated Her‹, Inside Edition, 05.03.2022, https://www.youtube.com/watch?v=RogjVZRtKBU
Bonvillian, Crystal: ›Sherri Papini: Feds detail how missing mom branded, starved self in 2016 kidnapping hoax‹, 09.03.2022, WHIO, https://www.whio.com/news/trending/sherri-papini-feds-detail-how-missing-mom-branded-starved-self-2016-kidnapping-hoax/CUMZAUDLFBELNHZRAL5VBTM7KE/
Helsel, Phil: ›Sherri Papini made up story of 2016 abduction in California, officials say‹, 04.03.2022, NBC News, https://www.nbcnews.com/news/us-news/ounsellin-woman-sherri-papini-made-2016-abduction-officials-say-rcna18682
Smith, Jennifer: ›Sherri Papini mimicked plot of Gone Girl

by ›convincing ex-boyfriend to save her from abusive husband‹: Police say California mom cut off her hair, starved herself and convinced ex-lover to brand her then returned home and made up hoax kidnap‹, 04.03.2022, Daily Mail, https://www.dailymail.co.uk/news/article-10578441/California-mom-Sherri-Papini-copied-plot-Gone-Girl-faked-2016-kidnapping.html

Sobieraj Westfall, Sandra & Pelisek, Christine & Herbst, Diane: ›Look Back at People's 2017 Cover Story on the Mysterious Kidnapping Case of Calif. Mom Sherri Papini‹, 04.03.2022, People, https://people.com/crime/sherri-papini-people-cover-story-2017/

United States District Court for the Eastern District of California: Case No. 3:22-mj0001 DMC, August 2017 & August 2020, https://www.justice.gov/usao-edca/press-release/file/1479901/download

Byrne, Kerry J: ›Sherri Papini, husband allegedly paid off credit cards with $49,000 donated to kidnapping hoax‹, 05.03.2022, New York Post, https://nypost.com/2022/03/05/sherri-papini-paid-debt-with-49000-donated-during-kidnap-hoax/

Wilburn, Joshua: ›Sherri Papini Allegedly ›Allergic‹ To The Food In Jail After Being Arrested For Reportedly Staging Her Own Kidnapping‹, 05.03.2022, Radar, https://radaronline.com/p/sherri-papini-allegedly-allergic-food-jail-arrested-staging-kidnapping/

Fonrouge, Gabrielle: ›Alleged kidnapping faker Sherri Papini released on $120K bond‹, 08.03.2022, New York Post, https://nypost.com/2022/03/08/sherri-papini-to-be-released-on-120k-bond-judge/

Hernandez, Marjorie: ›Sherri Papini signs plea deal in California kidnapping hoax‹, 12.04.2022, New York Post,

https://nypost.com/2022/04/12/sherri-papini-accepts-guilt-in-kidnapping-hoax/
Pelisek, Christine: ›Sherri Papini, Who Once Paid Off Credit Cards with Donations from Hoax, Now Owes $309,688 in Restitution‹, 13.04.2022, People, https://people.com/crime/sherri-papini-owes-300-thousand-restitution/
Anguiano, Dani: ›Sherri Papini pleads guilty to kidnapping hoax that led to huge search‹, 19.04.2022, The Guardian, https://www.theguardian.com/us-news/2022/apr/18/sherri-papini-california-pleads-guilty-kidnapping-hoax-thanksgiving-2016
Styles, Ruth: ›Ex-boyfriend who was duped into hiding Sherri Papini during abduction hoax is seen for the first time since her arrest – living in remote Arizona home he shares with his grandfather‹, 10.03.2022, Daily Mail, https://www.dailymail.co.uk/news/article-10598701/Ex-boyfriend-hid-Sherri-Papini-abduction-hoax-seen-time.html
Feuerherd, Ben: ›Husband of ›super mom' Sherri Papini files for divorce from kidnapping fraudster‹, 22.04.2022, New York Post, https://nypost.com/2022/04/22/kidnapping-fraudster-sherri-papini-gets-divorced-from-husband/

GRAUSAMKEIT: Der Fall des Abbotsford-Killers

Steele, Scott: ›Fear and mourning in the Bible Belt‹, 01.04.1996, Maclean's (Archive), archive.macleans.ca/article/1996/4/1/fear-and-mourning-in-the-bible-belt
Brandt, Aviva L.: ›Canadian Killer Taunts Police, Threatens

to Strike Again‹, 26.02.1996, AP News, https://apnews.com/article/d295f1e8bb01dd65b46238432303e8a8
Mensch, Carola: ›So viel Leben nach dem Tod‹, 03.10.2013, ZEIT Wissen Nr. 5/2013, https://www.zeit.de/zeit-wissen/2013/05/hightech-forensik-institut-niederlande?utm_referrer=https%3A%2F%2Fwww.google.de%2F
Hall, Liam: ›Terry Driver — The Abbotsford Killer‹, 04.03.2020, Medium, https://zeph456.medium.com/terry-driver-the-abbotsford-killer-bdee5e09e989
Alt, K. W.: ›Dental Fingerprinting‹ – Identifikation durch die Forensische Odontologie. Vortragsabstract zum 2. Kongress der Gesellschaft für Anthropologie in Berlin, 3.–6. Oktober 1996.
Dark Waters of Crime: ›The Mom Who Caught Her Killer Son‹, Real Crime, https://www.youtube.com/watch?v=ecpazBaO1Hk
Hall, Neal: ›Killer's wife to tell her story for first time in TV series‹, 15.10.2011, Vancouver Sun, https://www.pressreader.com/ounse/ounselli-sun/20111015/285937449229163
Investigation Discovery: ›The Devil You Know – The Ultimate Betrayal‹, 15.10.2011, Investigation Discovery, https://www.dailymotion.com/video/x4plixa
Hall, Neal: ›Convicted Abbotsford killer suspected in 3 more murders‹, 17.10.1997, Vancouver Sun, https://walnet.org/csis/news/ounselli_97/vansun-971017.html
Lakemann, Lee: ›Who Killed Linda Tatrai?‹, Februar 1982, Vancouver Rape Relief & Women's Shelter, https://rapereliefshelter.bc.ca/who-killed-linda-tatrai/
Justice for Native People: ›Colleen Shook, Unsolved British Columbian Murder from 1985‹, 27.08.2019,

www.justicefornativewomen.com/2019/08/colleen-shook-unsolved-british.html
Campbell, Allan: ›Cold case heats up‹, 24.11.2010, Richmond News, https://issuu.com/canwestcommunitypublishing/docs/rmdwed20101124
Matas, Robert: ›Reward debate forces community to revisit murder‹, 02.02.2002, The Globe and Mail, https://www.theglobeandmail.com/news/national/reward-debate-forces-community-to-revisit-murder/article4130813/
Regular ounsel Abbotsford, 04.02.2002, https://abbotsford.civicweb.net/document/3595/
CBC News: ›Abbotsford killer declared a dangerous offender‹, 13.01.2000, CBC News, https://www.cbc.ca/news/ounse/abbotsford-killer-declared-a-dangerous-offender-1.209680
CBC News: ›Woman who survived ›Abbotsford Killer' devoted to helping others‹, 19.05.2009, CBC News, https://www.cbc.ca/news/ounse/ounsel-columbia/woman-who-survived-abbotsford-killer-devoted-to-helping-others-1.861220
Radio City News 1130: ›'I don't have to worry': Abbotsford killer dies in prison, survivor of attack relieved‹, 23.08.2021, City News 1130, https://vancouver.citynews.ca/2021/08/23/abbotsford-killer-terry-driver-dies-prison/

UNGERECHTIGKEIT: Der Fall Tim Cole

Donelly, Keryn: ›Michele Malin agreed to help a stranger with his car. Three lives were forever changed‹, 08.04.2017, MamaMia, https://www.mamamia.com.au/michele-mallin/

Goodwyn, Wade: ›Family Of Man Cleared By DNA Still Seeks Justice‹, 05.02.2009, npr, https://www.npr.org/2009/02/05/100249923/family-of-man-cleared-by-dna-still-seeks-justice?t=1650789832971
Goodwyn, Wade: ›Judge Posthumously Clears Man Convicted Of Rape‹, 07.02.2009, npr, https://www.npr.org/templates/story/story.php?storyId=100383293
Wells, Gary: ›Eyewitness testimony‹, 01.01.2002, Iowa State University (Digital Repository), https://dr.lib.iastate.edu/entities/publication/5846eea0-f8e3-4492-901b-2d945f72ee54
Schwartzapfel, Beth: ›No Country for Innocent Men‹, January/ February 2012 Issue, Mother Jones, https://www.motherjones.com/politics/2011/12/tim-cole-rick-perry/
Fort Worth Star Telegram/ Christopher, Jared L.: ›Long Road to Justice – The Tim Cole Story‹, 2015, https://www.youtube.com/watch?v=rIEnMN3EXYU&t=30s
Jervis, Rick: ›Man wrongly imprisoned for rape gets statue in Texas‹, 18.09.2014, USA Today, https://eu.usatoday.com/story/news/nation/2014/09/18/ounsel-tim-cole-exonerate-state/15813943/
Moskovska, Andriana: ›33 Startling Wrongful Convictions Statistics [2021 Update]‹, 13.10.2021, The High Court, https://thehighcourt.co/wrongful-convictions-statistics/
Nations, Reece: ›Chasing a Moving City: Residential segregation's historical impact on Lubbock‹, 13.12.2019, The Hub@TTU, https://www.ttuhub.net/2019/12/chasing-a-moving-city-residential-segregations-impact-on-lubbock/
The National Registry of Exonerations, The University of Michigan: https://www.law.umich.edu/special/exoneration/Pages/about.aspx

The National Registry of Exonerations, The University of Michigan: https://www.law.umich.edu/special/exoneration/Pages/detaillist.aspx
The National Registry of Exonerations, The University of Michigan: https://www.law.umich.edu/special/exoneration/Documents/RaceReport2.7.pdf
Texas Coalition to Abolish the Death Penalty (tcadp): ›The IRS and the Timothy Cole Act‹, 02.03.2010, https://tcadp.org/2010/03/02/the-irs-and-the-timothy-cole-act/
Consumer Attorneys of California: ›The McDonald's Hot Coffee Case‹, https://www.caoc.org/?pg=facts
Innocence Project: https://innocenceproject.org
Innocence Project Texas: https://innocencetexas.org

VERGEBUNG: Der Fall Erin Caffey

Caffey, Terry: ›Terror by night‹, 30.09.2009, Tyndale House Publishers
Worley, Will: ›Woman who planned the murder of most of her family reveals why she did it‹, 04.05.2016, Independent, https://www.independent.co.uk/news/world/ounsell/erin-caffey-piers-morgan-woman-who-tried-to-murder-her-entire-family-speaks-out-a7012401.html
Jeffries, Mark & Dean, Jon: ›Killer Women: Shocking footage shows moment police find teen who masterminded family's murder in killer boyfriend's home‹, 11.05.2016, Irish Mirror, https://www.irishmirror.ie/whats-on/harrowing-moment-devastated-father-weeps-7950180

KLTV: ›Brutal Slaying Of Family; Daughter Arrested‹, 05.03.2008, KLTV, https://www.kltv.com/story/7954646/brutal-slaying-of-family-daughter-arrested/
KLTV: ›Dad Wants Daughter In Triple Murder To Go Home‹, 08.04.2008, KLTV, https://www.kltv.com/story/8132265/dad-wants-daughter-in-triple-murder-to-go-home/
Mitschnitt des Notrufs von Tommy Gaston: https://www.youtube.com/watch?v=kG35cg7DcCc
Dr. Phil: ›My Family Slaughtered for My Daughter's Teenage Love – Can a Father Forgive‹, 04.02.2014, CBS/ OWN, https://www.youtube.com/watch?v=wwUcfIc2eB4
Morgan, Piers: ›Daddy's girl Erin Caffey: Why I had family killed‹, 04.05.2016, news.com.au, https://www.news.com.au/world/north-america/daddys-girl-erin-caffey-why-i-had-family-killed/news-story/c9437ca1cdf303682471917fe00e0465
The Behaviour Panel: ›Body Language of a Psychopath? Erin Caffey True Crime Casefile ft. Dr Phil‹, https://www.youtube.com/watch?v=D3FtA8Romoc
The Forgiveness Project: Terry Caffey, https://www.theforgivenessproject.com/stories-library/terry-caffey/

SPEKULATION: Der Fall Kate Yup

YouTube-Kanal von Kate Yup: https://www.youtube.com/c/KateYup
Runde, Melina: ›Mukbang-Trend: Wenn das Essen vor der Kamera zum Spiel mit der Gesundheit wird‹, 16.12.2021, rnd, https://www.rnd.de/

lifestyle/was-ist-mukbang-wie-kann-essen-vor-der-kamera-zum-spiel-mit-der-gesundheit-werden-RIEPEASBIVCA5HSECBXW5NT36E.html
Poerio GL, Blakey E, Hostler TJ, Veltri T.: ›More than a feeling: Autonomous sensory meridian response (ASMR) is characterized by reliable changes in affect and physiology‹, PloS One. 2018 Jun 20;13(6):e0196645. Doi: 10.1371/journal.pone.0196645. PMID: 29924796; PMCID: PMC6010208
North Dakota State University/The Alliance for Eating Disorders Awareness: Eating Order Statistics, https://www.ndsu.edu/fileadmin/ounselling/Eating_Disorder_Statistics.pdf
Dowd, Katie: ›3 years ago, Karlie Lain Gusé walked out of her California home. She's never been seen again‹, 17.10.2021, SFGATE, https://www.sfgate.com/bayarea/article/Karlie-Lain-Guse-Chalfant-Valley-15650908.php
Offizielle Suche des FBI nach Karlie Gusé: https://www.fbi.gov/wanted/kidnap/karlie-lain-guse
Joanna Jędrzejczyk: https://www.ufc.com/athlete/joanna-jedrzejczyk
Mabengeza, Maja (YouTube-Kanal): ›Kate Yup: Who Is She?! Karlie Gusé / Joanna Jędrzejczyk Theories | MAJA COVERS A MYSTERY‹, https://www.youtube.com/watch?v=Mu91-jDRNao
Kinlove, Toria (YouTube-Kanal): ›Kate Yup face has been revealed!?? Update on Kate Yup!! Where is she now?‹, https://www.youtube.com/watch?v=_Cf6Jy2eT8k
The Kate Yup-Conspiracy auf Reddit: https://www.reddit.com/r/kateyupconspiracy/
change.org: ›Initiate Investigation for YouTuber Kate Yup's kidnapping/abuse‹, https://www.change.org/p/

youtube-initiate-investigation-for-youtuber-kate-yup-s-kidnapping-abuse
change.org: ›Help the YouTuber Kate Yup!‹, https://www.change.org/p/youtube-help-the-youtuber-kate-yup

Weitere Quellen (Tagebuch):

Bundeskriminalamt BKA: Partnerschaftsgewalt, Kriminalstatistische Auswertung – Berichtsjahr 2020, https://www.bka.de/DE/AktuelleInformationen/StatistikenLagebilder/Lagebilder/Partnerschaftsgewalt/partnerschaftsgewalt_node.html
Bundeskriminalamt BKA: Polizeiliche Kriminalstatistik – PKS 2020 PKS-Tabellen, https://www.bka.de/DE/AktuelleInformationen/StatistikenLagebilder/PolizeilicheKriminalstatistik/PKS2020/PKSTabellen/pksTabellen_node.html
Bundeskriminalamt BKA: Kriminalstatistische Auswertung: Gewalt in Partnerschaften bleibt auch 2019 auf hohem Niveau, https://www.bmfsfj.de/bmfsfj/aktuelles/alle-meldungen/gewalt-in-partnerschaften-bleibt-auch-2019-auf-hohem-niveau-162194
Australian Bureau of Statistics: Recorded Crime – Victims, 24.06.2021, https://www.abs.gov.au/statistics/people/crime-and-justice/recorded-crime-victims/latest-release
Bundeszentrale für gesundheitliche Aufklärung: Was passiert bei wie viel Promille? Akute Auswirkungen von Alkoholkonsum, https://www.kenn-dein-limit.de/alkoholkonsum/folgen-von-alkohol/was-passiert-bei-wie-viel-promille/
Dean, Josh & Streck, Annette (Übersetzung): ›Die Frau im

Hotel – Der Fall Elisa Lam‹, Stern Crime, Ausgabe 35, Februar/März 2021, Gruner+Jahr
Berlinger, Joe: ›Verschwunden – Tatort Cecil Hotel‹, 2021, Netflix
Doyle, Bridget: ›Family mystified by death of woman, 80, who plunged down trash chute‹, 03.04.2013, Chicago Tribune, https://www.chicagotribune.com/news/breaking/chi-gold-coast-tash-chute-fall-neighborhood-20130401-story.html
CBS Chicago: ›Police: Man Found Dead In Garbage Chute Was Looking For His Cell Phone‹, 31.07.2013, https://www.cbsnews.com/chicago/news/police-man-found-dead-in-garbage-chute-was-looking-for-his-cell-phone/
Cavallier, Andrea: ›Two years after Lara Prychodko was found dead at bottom of Manhattan trash chute, father maintains she was murdered‹, 12.07.2020, NBC News, https://www.nbcnews.com/dateline/two-years-after-lara-prychodko-was-found-dead-bottom-manhattan-n1233596
Dorn, Sara: ›NYC mom killed in trash-chute fall was buried in debt, her lawyers say‹, 27.07.2020, New York Post, https://nypost.com/2020/06/27/nyc-mom-killed-in-trash-chute-fall-was-buried-in-debt-lawyers/
Smith, Jennifer: ›Father of wealthy Manhattan woman who fell down trash chute to her death claims she was strangled by hitman hired by her estranged husband to stop her from
taking his money in their divorce‹, 25.02.2021, Daily Mail, https://www.dailymail.co.uk/news/article-9300289/Father-Manhattan-woman-fell-trash-chute-death-claims-strangled-hitman.html
DeGregory, Priscilla & Musumeci, Natalie: ›Dad of

wealthy trash chute victim now claims she was killed by hitman‹, 25.02.2021, New York Post, https://nypost.com/2021/02/25/dad-of-trash-chute-victim-now-claims-she-was-killed-by-a-hitman/

Associated Press: ›Grateful Doe: unidentified man named as Jason Callahan 20 years after death‹, 11.12.2015, The Guardian, https://www.theguardian.com/us-news/2015/dec/11/grateful-doe-unidentified-man-named-jason-callahan-20-years-after-death

Rogers, Katie: ›»Grateful Doe‹ is identified 20 years after road trip death‹, 11.12.2015, The New York Times, https://www.nytimes.com/2015/12/12/us/grateful-doe-is-identified-20-years-after-road-trip-death.html

Kelly, Meghan B.: ›How Reddit Helped Solve A Missing Persons Case‹, 30.11.2018, wbur, https://www.wbur.org/endlessthread/2018/11/30/grateful-doe

Reddit ›Grateful Doe‹: reddit.com/r/gratefuldoe/comments/3w43xo/our_imgur_post_relating_to_the_positive/?utm_content=title&utm_medium=post_embed&utm_name=a90d2c9ecb9e4a5da55412acad8005cd&utm_source=embedly&utm_term=3w43xo

ntv.de, ftü/dpa: ›Mann versinkt in Getreidesilo und stirbt‹, 20.01.2020. ntv.de, https://www.n-tv.de/panorama/Mann-versinkt-in-Getreidesilo-und-stirbt-article21524514.html

Schäm dich niemals, um Hilfe zu bitten.

Opfer-Telefon des ›Weißen Ring‹: 116 006
https://weisser-ring.de

TelefonSeelsorge: 0800 – 1110111 und 0800 – 1110222
https://www.telefonseelsorge.de